Autour de l'anthropologie économique

Ethique Economique

Collection dirigée par François Régis Mahieu

L'éthique rejoint l'économie dans la recherche du bonheur pour soi et pour les autres. L'individu n'est pas totalement opportuniste, il concilie égoïsme et altruisme. Reconnaître les formes de l'éthique est une priorité en économie : vertu, responsabilité, discussion, justice. Une attention particulière est accordée à l'éthique du développement, en particulier à la considération accordée à la justice intra et intergénérationnelle dans le cadre du développement durable. L'éthique se traduit par des évaluations et des sanctions vis-à-vis de ceux qui ont la responsabilité de la *vie bonne*.

Cette collection concilie recherche et pédagogie, réflexion et action, dans l'optique la plus large possible.

Déjà parus

Jérôme BALLET et Mahefasoa RANDRIANALIJAONA (eds.), *Vulnérabilité, insécurité alimentaire et environnement à Madagascar*, 2011.

Jean-François TRANI (ed.), *Development efforts in Afghanistan: Is there a will and a way?*, 2011.

Arnaud MAIGRE, *De l'éthique en économie*, 2010.

Ali TOUSSI, *Le taux d'intérêt dans un système financier islamique*, 2010.

Ali TOUSSI, *La banque dans un système financier islamique*, 2010.

Jean CARTIER-BRESSON, *Economie politique de la corruption et de la gouvernance*, 2008.

Réseau IMPACT, *Repenser l'action collective. Une approche par les capabilités*, 2008.

Laurent PARROT (coord.), *Agricultures et développement urbain en Afrique subsaharienne. Gouvernance et approvisionnement des villes*, 2008.

Laurent PARROT (coord.), *Agricultures et développement urbain en Afrique subsaharienne. Environnement et enjeux sanitaires*, 2008.

Samir ZEMMOUR, *Vers une certification de qualité halal ?*, 2007.

Samir ZEMMOUR, *Le marché de la viande Halal : évolutions, enjeux et perspectives*, 2006.

Jérôme BALLET, Katia RADJA, *Le capital social en action*, 2005.

J. BALLET, J.-L. DUBOIS, F.-R. MAHIEU, *L'autre développement*, 2005.

J.P. MINVIELLE et A. LAILLER, *Les politiques de sécurité alimentaire au Sénégal depuis l'indépendance*, 2005.

Roland GUILLON, *Les tensions sur l'activité en Afrique de l'Ouest. Une apporche comparative Nord-Sud*, 2003.

Jérôme BALLET, Roland GUILLON, *Regards croisés sur le capital social*, 2003.

Coordination

François-Régis Mahieu et Thierry Suchère

Autour de l'anthropologie économique

Actualité des écrits du professeur André Nicolaï

L'Harmattan

5-7, rue de l'Ecole-Polytechnique, 75005 Paris

http://www.harmattan.fr
diffusion.harmattan@wanadoo.fr
harmattan1@wanadoo.fr

ISBN : 978-2-343-04709-6
EAN : 9782343047096

S'interrogeant sur ses motivations à vouloir continuer ce travail qui consiste à penser le monde, Michel Foucault écrivait : «*Que vaudrait l'acharnement du savoir s'il ne devait s'assurer que l'acquisition de connaissances et non pas, d'une certaine façon et autant que faire se peut, l'égarement de celui qui connaît ? Il y a des moments dans la vie ou la question de savoir si on peut penser autrement qu'on ne pense et percevoir autrement qu'on ne voit est indispensable pour continuer à regarder et à réfléchir*» (Michel Foucault [1984], *Histoire de la sexualité II : l'usage des plaisirs,* éditions Gallimard, p. 15-16).

Ces propos font écho à ceux d'André Nicolaï qui, parlant de son positionnement au sein de la communauté des économistes, écrivait : «*La marginalité permet certes par décentrement de briser parfois le cercle trop vertueux de l'universitaro-centrisme. Mais les «sorties» et le discours du marginal s'écrasent sur la surdité psychologique (et sociologique) du centre : il ne suffit pas d'avoir (éventuellement) raison, il faut encore faire entendre raison à l'opinion utile (à quoi, à qui, c'est encore un problème)*» (André Nicolaï [1974] «*Anthropologie des économistes»,* Revue Économique, volume 25, n°4, p. 610).

SOMMAIRE

Introduction / André Nicolaï [1921-2011] : penseur aux frontières de l'économie

Thierry Suchère

Relire *Comportement économique et structures sociales* (1960) avec pour ambition de saisir toute la modernité du propos d'André Nicolaï : En 1957, André Nicolaï rédige sa thèse intitulée *Comportements économiques et structures sociales* publiée en 1960 par les Presses Universitaires de France, puis rééditée en 1999 par L'Harmattan grâce au travail d'anciens étudiants[1]. S'appuyant sur les apports du courant structuraliste et de la systémique[2], l'apprenti chercheur qu'était alors André Nicolaï prend le risque de produire un discours original :

- André Nicolaï suppose le tout significativement différent de la somme des parties. La logique de reproduction des systèmes sociaux fonctionne comme un possible point de départ analytique. S'intéressant au théorème d'impossibilité d'Arrow, André Nicolaï montre qu'il ne peut y avoir de reproduction des systèmes sociaux que moyennant la restriction de l'éventail des choix possibles chez les individus. Et de remonter ainsi des structures jusqu'aux schémas de comportement (et non pas l'inverse). Les écrits d'André Nicolaï participent d'un courant de pensée : la sociologie économique. S'y inscrivent les fondateurs de la « revue économique» : Jean Lhomme, André Marchal.... L'originalité de cette école de pensée se situe dans le parti pris d'une lecture holiste des phénomènes sociaux laquelle s'oppose à l'individualisme méthodologique préconisé par les marginalistes (Von Mises...).
- Par leur comportement, les individus se font les supports du système de sorte que la structure n'est pas tirée de l'imagination de l'intellectuel qui formalise ce qu'il voit : elle est le réel. Pour comprendre comment on parvient à ce résultat, il convient de se placer au niveau de la sphère anthropoeïtique : l'étude de la reproduction des individus selon une double dimension à la fois physique et sociale. Sont mis en évidence des mécanismes dits de socialisation dans lesquels des institutions telles que la famille ou l'école jouent un rôle central et dont l'objectif est de permettre à l'enfant d'inscrire son activité dans une société qu'il ne choisit pas. Devenu ultérieurement plus familier avec le vocabulaire de la psychanalyse, André Nicolaï dira qu'ici se fabrique du surmoi : du contrôle social ancré jusque dans la tête des agents.

---

[1] Cf. Sophie Boutillier et Dimitri Uzunidis

[2] A l'université de Paris X Nanterre, dans le cadre de son cours de «*Dynamique des systèmes*» André Nicolaï conseillait à ses étudiants de lire deux références : Piaget J. [1968], *Le structuralisme*, collection Que sais-je ? n° 1311, éditions PUF et Durant D. [1979], *La systémique*, collection Que-sais-je ? n°1795, éditions PUF.

- Pour autant, l'humanité n'est pas une fourmilière. La société ne dicte pas leur comportement aux individus. Il faut compter avec des failles dans le mécanisme de socialisation (Cf. La famille lieu de déchirement possible, les échecs du système scolaire…) et également avec le fait que les contraintes et incitations doivent être réinterprétées par des individus qui ont besoin que la situation fasse sens pour eux en construisant des représentations. De sorte que la complémentarité entre les actions des agents est imparfaite produisant des conjonctures, des crises. Les configurations dites d'équilibre sont vues comme des exceptions. Reste à réfléchir aux conditions qui autorisent aux dépassements des contradictions. Or, la société sait tirer parti de la façon qu'ont certains hommes de penser différemment, de s'adapter, de promouvoir de nouveaux schémas de comportement et d'agréger autour d'eux une foule de suiveurs[3].

A la relecture, *Comportement économique et structures sociales* nous apparaît comme une œuvre extrêmement ambitieuse. André Nicolaï y entreprend de dépasser un certain nombre de querelles de méthode du champ des sciences sociales. Soit :

- L'opposition entre individualisme et holisme méthodologique avec cette idée qu'il faut arriver à penser de manière non-contradictoire l'homme comme support des rapports sociaux et comme étant à l'initiative de possibles bouleversements de ces mêmes rapports sociaux bien que les résultats finaux soient rarement conformes aux plans initiaux des agents[4];
- L'opposition entre les approches statique (Cf. La notion d'équilibre chez les économistes marginalistes, les schémas de reproduction simple chez les marxistes…) et dynamique. Le désordre peut être vu comme une source de changement dont l'origine est à rechercher dans les comportements d'adaptation des agents, voire dans l'intervention du politique lorsque les initiatives individuelles sont prises en défaut et qu'il y a risque d'effondrement de la société.

Réflexions autour du projet de construction d'une anthropologie économique. Dans l'article intitulé «*Évolution et problèmes actuels de la sociologie économique*» (1967), André Nicolaï expose ses axes de recherche. Il plaide pour un dialogue entre les économistes et les sociologues source d'émulation sur le plan de la recherche. En conclusion de son propos, il avance l'idée que le dialogue doit s'élargir y invitant toutes les disciplines du champ des sciences sociales. «*L'erreur de la sociologie économique serait de se fermer à l'Histoire, l'Ethnologie et la Psychologie : une coopération*

---

[3] Dans *Le manifeste du parti communiste* (1848), Karl Marx et Friedrich Engels avancent l'idée qu'aucune société ne disparaît sans avoir épuisé tout son potentiel de développement.

[4] Héritier de la révolution française, Napoléon avait pour ambition de conquérir l'Europe et d'exporter ainsi les idées des lumières. De son action, il nous reste aujourd'hui le code civil, la légion d'honneur, l'école polytechnique… !

élargie, la découverte de concepts trans-spécifiques éviteront la clôture. La sociologie économique n'est qu'une étape vers l'anthropologie économique en attendant d'en devenir une branche» (Cf. Nicolaï A. [1967], p. 402)[5]. L'anthropologie économique s'interroge sur la place de l'économie dans la société. Et il y a deux façons de penser la réponse à cette question dans un sens diamétralement opposé :

- André Nicolaï a toujours pensé la rareté comme un fait premier. Avec l'anthropoéitique, l'économie constituerait l'une des deux activités dites socialement indispensables : on ne peut délibérément l'entraver sans compromettre du même coup la reproduction de la société et de l'espèce. L'économie existant à l'état de nature, ceci signifie qu'il existe des schémas de comportement universel : la rationalité substantielle décrite par Lionel Robbins en termes d'adéquation des moyens rares face à des fins alternatives qui se font concurrence dans la tête des agents Et ces schémas de comportement de se faire suffisamment prégnants pour s'imposer dans des activités aux caractéristiques non intrinsèquement économiques. Dans les travaux du prix Nobel d'économie Gary Becker, on trouve cette idée que les individus sont conduits à prendre des décisions analysables dans les termes de la rationalité économique dans des domaines aussi étranges que le choix du conjoint, le nombre optimal d'enfants, la répartition des tâches domestiques au sein de la famille[6]. L'économie serait donc par tout présente !
- A l'opposé et dans d'autres écrits, André Nicolaï dit de l'activité économique qu'elle n'a pris de l'importance qu'avec l'époque moderne. Dans le cas des sociétés primitives, la régulation est principalement d'ordre anthropoeïtique avec des actions de maîtrise de la taille du groupe, voire des migrations pour ne pas prendre le risque d'épuiser la nature environnante. De même, André Nicolaï se dira d'accord avec Maurice Godelier pour en venir à considérer l'économie comme domaine d'activité spécifique avec des lois qui lui sont propres (Cf. Les lois de la valeur versus les lois du marché) et comme aspect de toutes les autres activités. Le même raisonnement

---

5 Dans sa contribution Albert Gueissaz raconte qu'André Nicolaï a été pressenti à la fin des années 60 pour devenir le directeur des «*Cahiers de sociologie économique et culturelle*» émanation de l'Institut havrais de sociologie économique et de psychologie des peuples. Dans une lettre, André Nicolaï fait part de son souhait de rebaptiser la revue «*Anthropologie économique*». Dans les années 70, il crée le Centre d'Anthropologie Économique et Sociale Application et Recherche (CAESAR) avec le soutien de Carlo Benetti (économiste), Eugène Enriquez (psychosociologue) et Michèle Salmona (sociologue). De même et dans sa contribution, Philippe Adair rappelle que par une sorte de ruse de l'histoire, le projet de construction d'un programme pluridisciplinaire en sciences sociales va trouver sa meilleure incarnation possible dans l'enseignement du second degré avec la création du baccalauréat série B (sciences économiques et sociales) grâce à l'apport du psychosociologue Guy Palmade qui se trouve être un ami d'André Nicolaï. Ce projet ne trouvera pas de débouché dans l'enseignement supérieur.

6 Cf. Becker G. [1981], *A Treatise on the Family*, éditions Harvard University Press.

s'applique aux autres sphères d'activités respectivement anthropoeïtique, politique et ludique (Cf. La famille, l'école et le système de santé feraient ainsi paradoxalement partie de l'infrastructure dès lors que c'est là que s'opère la reproduction de la force de travail dont a besoin l'entreprise). Conséquence, pour l'économiste placé devant des phénomènes syncrétiques, la pluridisciplinarité s'impose. Dans une interview donnée en 1987, André Nicolaï rappelle que la «revue économique» aurait dû s'appeler «revue économique et sociale»[7]. Et dans l'éditorial du premier numéro de la revue, le comité de rédaction faisait part d'une ambition : «*encadrer solidement l'économie politique dans l'ensemble des sciences et des recherches sociales*» partant du principe que «*les faits économiques ne peuvent se détacher de la masse des faits sociaux que par abstraction, par violence, nous dirions volontiers par mutilation*»[8].

La pensée d'André Nicolaï : les raisons d'un oubli que nous tenterons de réparer grâce à cet ouvrage. Dans la préface de la réédition de *Comportement économique et structures sociales*, André Nicolaï dit avoir le sentiment d'un prêche dans le désert et de n'avoir pas été lu par les courants de pensée hétérodoxes apparus récemment dans le champ de l'économie politique (Cf. L'école de la régulation, l'économie des conventions, le MAUSS…). Deux explications seront avancées :

- Le structuralisme a eu peu d'emprise sur les travaux en Économie alors que par ailleurs, il a profondément influencé la recherche en Histoire, Ethnologie, Sociologie… : (i) Le structuralisme est né de travaux en linguistique[9]. Or, les économistes semblent davantage attirés par les modèles mathématiques avec un passage devenu quasi-obligé par la formalisation pour celui qui souhaite obtenir la reconnaissance de ses pairs; (ii) des disciplines comme la Sociologie, l'Histoire, la Psychologie… s'enseignent à la faculté de Lettres / Sciences Humaines alors que l'Economie a longtemps été liée à la faculté de Droit de sorte que nous avons affaire à deux mondes qui ne se côtoient pas et qui communiquent peu[10] ; (iii) Les économistes font le choix majoritairement d'une démarche qui prend ses racines dans l'individualisme méthodologique. Les approches en termes de groupe sont le fait de rares économistes hétérodoxes marxistes et keynésiens. Dans *Les mots et les choses : une archéologie des sciences humaines* (1966), le

[7] Cf. Pouch T. [2001], *Les économistes français et le marxisme : apogée et déclin d'un discours critique (1950-2000)*, éditions Presse Universitaire de Bretagne.

[8] Cf. Steiner P. [2001] «Note de lecture : André Nicolaï, comportement économique et structures sociales» *Cahiers d'économie politique*, n° 38, pp. 167-174.

[9] Cf. De Saussure F. [1916], *Cours de linguistique générale*, éditions Payot.

[10] Symptomatiquement et dans les années 70, l'université de Paris X/ Nanterre se présentait sous la forme d'un bâtiment de Sciences Économiques séparé du bâtiment de Lettres / Sciences Humaines par le bâtiment de Droit.

philosophe Michel Foucault défend l'idée de la mort du sujet humain en tant qu'objet de préoccupation dans les sciences sociales sauf que peu d'économistes ont fait l'effort de lire ce texte et que ce n'est pas l'hypothèse retenue par André Nicolaï (qui par ailleurs ne cite jamais Michel Foucault probablement parce qu'il est resté toute sa vie un incurable humaniste).
- S'appuyant sur un autre texte de Michel Foucault *L'ordre du discours* (1970), on proposera cette clé d'interprétation. Avec cette première leçon donnée au Collège de France, Michel Foucault choisit de traiter de la question du pouvoir dans son rapport aux savoirs. Il y a ce que l'homme est capable de penser fonction de l'épistémè d'une époque et ce qu'il a le droit de dire. Entreprenant de canaliser les discours, le pouvoir recourt au découpage des savoirs en disciplines autonomes définies comme une somme d'énoncés supposés vrais dans un champ donné de sorte que si on est hors-champ, on prend le risque de ne pas être écouté[11]. Partant de la notion de discipline, Foucault en vient à inventer la notion de police discursive. Il rappelle que la référence aux canons de la discipline est quelque chose de largement utilisée pour faire le tri entre le bon gain et l'ivraie : d'un côté, il y a les orthodoxes et de l'autre ceux qui sombrent dans l'hérésie (Cf. Le titre de l'ouvrage de l'économiste Joan Robinson (1971) «*Hérésies économiques*»). Il rappelle également qu'il faut être doté d'une certaine légitimité pour que notre parole puisse être entendue[12] et que le pouvoir contrôle l'accès aux postes dans les universités et les déroulements de carrière. Dans l'article intitulé «*Anthropologie des économistes*» (1974), André Nicolaï avance l'idée que dans la société actuelle, les classes dominantes font appel aux économistes et autres spécialistes en sciences sociales avec pour objectif de produire des images rassurantes du monde dans lequel nous vivons : des idéologies. Les puissants ne tolèrent les critiques que de détails partant du principe que le système connaît certes des défaillances mais qu'on peut toujours espérer s'en sortir moyennant quelques aménagements à la marge.

Sur l'organisation du propos : L'ouvrage reprend les textes de contributions faites dans le cadre du colloque intitulé «*Autour de l'anthropologie économique : actualité des écrits du professeur André Nicolaï-Kiel*» organisé par l'université du Havre les 22 et 23 mai 2014[13].

---

[11] Le mot de discipline renvoie à deux autres définitions à la fois distinctes et assez proches : (i) l'obéissance imposée à un système de règles édicté par une autorité dotée d'une légitimité ; (ii) instrument utilisé pour des châtiments corporels dans les ordres monastiques.

[12] Cf. Pierre Bourdieu [1983], *Ce que parler veut dire : économie des échanges linguistique*, éditions Fayard.

[13] Outre les intervenants, il nous faut remercier l'École Doctorale d'Économie Le Havre Normandie (EDEHN), le Pôle Universitaire de Recherche en Sciences Humaines (PRSH), l'IUT du Havre, les rapporteurs des différents ateliers, Etienne Farvaque, Arnaud Le Marchand, Pascal Ricordel et les facilitateurs que furent Sophie Havard et Stéphane Lauwick.

Concernant l'œuvre d'André Nicolaï, plusieurs clés d'entrée sont possibles qui fonctionnent comme autant de témoignages de la richesse et de la complexité de son propos:
- La macro-économie avec des textes sur la désépargne (1959), l'inflation (1962), le profit (1965);
- Le développement avec des écrits sur la Tunisie (1956) une pratique des missions sur le terrain à Madagascar ou au Brésil, la direction scientifique de l'ORSTOM ou encore la présidence de la mission interministérielle pour l'Aménagement et l'Équipement en Corse;
- Une réflexion sur la politique (vue comme instance de régulation ultime quand la société est au bord du chaos) et sur l'État (la forme donnée au pouvoir et donc à l'administration des hommes et des choses dans les sociétés de classe) avec entre autre un article encyclopédique sur les rapports de domination (1967);
- La sociologie de la connaissance et l'épistémologie avec l'article «*Anthropologie des économistes*» (1975) qui sonne comme une déclaration de guerre faite à la communauté des économistes et puis le manuscrit «*Le bestiaire des économistes*» resté pour un temps encore inédit;
-La rationalité économique avec les derniers textes qu'aura écrits André Nicolaï «*La nécessité, la norme et le jeu en économie*» (1990), «*Rationalité marchande et rationalité entrepreneuriale*» (1993), «*Logique du système et rationalité instrumentale*» (1997), voire les thèses et mémoires qui portent sur ce sujet et qu'il a bien voulu diriger;
- Sans oublier de multiples pistes de réflexion qu'André Nicolaï a esquissées devant un public étudiant attentif et qui n'ont pas donné lieu à une publication. On pense aux prémices d'une réflexion sur le genre[14], voire son intérêt à la fin de sa carrière pour les théories du ludique et l'économie de la culture.

Avec François-Régis Mahieu, nous n'avons pas souhaité cadrer le propos des intervenants en proposant une direction de travail. Nous avons laissé chacun libre de choisir un angle d'attaque de manière à ne bloquer personne dans son inspiration. La structure de l'ouvrage nous est apparue à la lecture des papiers et à l'écoute des différentes interventions. Elle se présente de la façon suivante :
- La première partie fait tenir ensemble les considérations sur la permanence des structures et celles sur le changement social. Françoise Renversez rappelle que la structure est objective dans la mesure ou elle s'impose aux

---

Merci également à Marie-France Jarret pour le travail de relecture de la dernière version de cet ouvrage.

14 Dans les années 70, André Nicolaï a été à l'initiative d'un groupe réfléchissant au travail des femmes et l'oppression de ces dernières dans une société dominée par les hommes. Participaient à ce groupe de réflexion Danielle Chabaud-Rychter, Anne-Marie Devreux, Michèle Ferrand, Dominique Fougeyrollas, Andrée Kartchevsky.

agents sous la forme de modèle de comportement. Andrée Kartchevsky montre que se faisant travailleur, consommateur, parent…, les agents s'appréhendent simultanément comme : (i) des acteurs qui endossent des rôles sociaux ; (iii) des agis parce que supports des structures au travers de leur comportement ; (iii) des porteurs de possibles changements institutionnels moyennant des ruptures dans les régularités des comportements, des renégociations de compromis et une part de bricolage / ré-agencement de l'ancien.

- La seconde partie traite des occasions de changement social au travers de considérations sur les comportements des acteurs. Sophie Boutiller et Dimitri Uzunidis font un portrait de l'entrepreneur / innovateur vu comme un pervers narcissique. N'ayant pas de surmoi, il transgresse, n'est que rarement sanctionné et il est même admiré des autres acteurs pour cela. Jacques Denoyelle examine les cas de déséquilibres organisationnels qui poussent les agents à contourner les règles : lorsque la pression se fait trop forte, lorsque l'organisation entre dans une zone de turbulence … Sont ensuite repérés des types de déviance par rapport aux objectifs annoncés de l'organisation : la fuite devant le travail, le détournement de ressources de l'organisation, le refus de l'engagement chez les jeunes générations…. Thierry Suchère propose d'intégrer à nos représentations des schémas de comportement une composante ludique : lorsque l'agent s'approprie la situation, fait preuve de créativité et ressent du plaisir à acter. Par ailleurs, il rappelle que le ludique est un facteur de désordre potentiel, d'ou les tentatives des sociétés modernes d'essayer de le canaliser avec parfois le risque de tuer l'esprit de jeux.

-La troisième partie regroupe des contributions transversales. Guy Caire prolonge la réflexion entamée avec *Comportement économique et structures sociales* prenant en compte les phénomènes de mondialisation, financiarisation et globalisation, puis appliquant à l'objet travail une grille de lecture en trois temps : structures, comportements et dynamique du système. Nathalie Costa rappelle qu'André Nicolaï s'est fortement intéressé à l'économie de la culture. Homme de gauche et humaniste, André Nicolaï pensait la culture comme un possible point d'appui dans la résistance à opposer à la marchandisation du monde. François-Régis Mahieu emprunte à l'article «*Anthropologie des économistes*» l'idée de dialogue possible entre les sciences économiques et le discours psychanalytique. Sont avancées quelques pistes de réflexion ou se mêlent les considérations sur la rationalité, les pulsions, le calcul conscient, le poids de l'inconscient, la souffrance dont les économistes ne parlent jamais et puis le refoulement des désirs en lien avec le contrôle social et le mécanisme d'élaboration d'un surmoi… Enfin, l'article de Claude Origet rappelle un épisode de la vie d'André Nicolaï : la présidence de la mission inter-ministérielle sur le développement et l'aménagement de la Corse. Pour lui, il s'agissait alors de sortir de sa tour d'ivoire d'universitaire pour mener à bien une expérience concrète qu'il a ensuite racontée et théorisée avec l'article «*Et mourir de plaisir*» (1987).

-La quatrième partie fait le bilan du projet d'élaboration d'une discipline dite d'anthropologie économique mobilisant pour ce faire l'épistémologie des sciences et la sociologie de la connaissance. Philippe Hugon et Hervé Keradec insistent sur le contexte intellectuel et social qui entoure la rédaction de *Comportement économique et structures sociale*s : le poids du structuralisme, le marxisme vu comme horizon indépassable de notre temps selon Jean-Paul Sartre, des économies qui fonctionnaient sur une base nationale, des institutions fortes telles que la famille ou l'Etat avec de l'emprise sur les individus…. Hervé Keradec rappelle également qu'André Nicolaï était un homme d'écriture et de culture (Cf. «*Le style, c'est l'homme*» nous dit Buffon). Albert Gueissaz insiste sur l'exigence de pluridisciplinarité et le besoin d'applications concrètes devant déboucher sur des interventions et donc un renforcement de notre emprise sur le réel (Cf. «*La preuve du pudding réside dans le fait qu'on le mange* » affirmait pour sa part Engels). Philippe Hugon écrit que faire de l'anthropologie, c'est se donner les moyens d'appréhender des réalités hybrides, des particularismes locaux à une époque ou s'impose l'uniformisation des modes de pensée et des façons résultante d'un monde où les idées, les marchandises et les flux financiers circulent à toute vitesse et dans tous les sens[15]. Philippe Adair insiste sur la tension qu'il y a dans l'œuvre d'André Nicolaï entre une possible approche par les structures et des considérations sur les schémas de comportement. L'ouverture d'André Nicolaï à la psychanalyse semblerait faire pencher la balance plutôt du côté des schémas de comportement sauf qu'il faudrait alors pouvoir disposer d'une micro-économie alternative : réfléchir à une redéfinition des critères de la rationalité économique.

- La cinquième partie se présente sous la forme de textes inédits ou devenus depuis longtemps introuvables d'André Nicolaï. «*Lois économiques et lois sociales*» [1966] rend compte de préoccupations épistémologiques anciennes chez lui. «*La nécessité, la norme et le jeu en économie*» [1990] rappelle qu'ayant passé le cap de l'enfance, nous ne cessons jamais tout à fait de jouer de sorte que la dimension ludique devient présente dans le travail, la vie domestique, la politique... ; qu'il n'y a engagement des agents que s'ils éprouvent du plaisir à acter ; voire que le jeu devenu compulsif est une source d'emballement et de dérèglement du réel... «*Ruptures, mutations et complexification en économie*» [1992] revient sur le débat entre équilibre statique et dynamique des systèmes : Comment rendre compte du changement dans la continuité, voire de possibles bouleversements des

[15] Rappel : Le titre de l'ouvrage de Claude Lévi-Strauss [1954] *Triste Tropique* renvoie au constat de disparition des dernières sociétés non définitivement occidentalisées et fermées à la modernité. Viendra le temps ou il n'y aura plus de place pour de possibles travaux en ethnologie.

rapports sociaux ? «*Anthropologie économique : pour une refondation*» [1995] se présente comme une lettre écrite début 1996 et adressée à son ami François-Régis Mahieu. Elle souligne le soin qu'apportait André Nicolaï à sa correspondance scientifique. En conclusion, la parole est donnée à un autre de ses amis proches Eugène Enriquez qui a choisi de parler de l'homme André Nicolaï. Et enfin, on rappellera que notre objectif était moins de commenter la pensée d'André Nicolaï que d'envisager de possibles prolongements et puis de donner à la jeune génération envie de lire les écrits d'André Nicolaï pour ensuite se les ré-approprier de la façon qui lui conviendra le mieux.

Les écrits d'André Nicolaï :

Nicolaï A. [1956] «Approche structurelle et effet de domination. Une application : la Tunisie». *Revue économique*, volume 7, n°5.
Nicolaï A. [1959], «La désépargne» *Revue économique*, volume 7, n°5.
Nicolaï A. [1960], *Comportement économique et structures sociales*, éditions Presses Universitaires de France (réédité par les éditions l'Harmattan en 1999).
Nicolaï A. [1962], «Tunisie : fiscalité et développement». *Tiers-Monde,* tome 3, n°11.
Nicolaï A. [1962], «L'inflation comme régulation», *Revue économique,* volume 13, n°4.
A. Nicolaï [1966], «Lois économiques et lois sociales» in *Etudes à la mémoire du professeur Giraud*, Annales de la faculté de droit et des sciences économiques de Lille.
Nicolaï A. [1967] «Évolution et problèmes actuels de la sociologie économique» in Palmade G., *L'économique et les sciences humaines. Tome II : Psychosociologie et sociologie économiques*. Éditions Dunod.
Nicolaï A. [1967], «Structure, comportement, fonctionnement, évolution économiques» in Palmade G., *L'économique et les sciences humaines. Tome II : Psychosociologie et sociologie économiques*, éditions Dunod.
Nicolaï A. [1967], «Analyse sociologique du concept de domination» in Palmade G., *L'économique et les sciences humaines. Tome II : Psychosociologie et sociologie économiques,* éditions Dunod.
Nicolaï A. [1968] «Epistémologie, marxisme et sociologie de la pensée économique d'après les ouvrages d'Henri Denis», *Revue économique,* volume 19, n° 3.
Nicolaï A. [1974], «Les efficacités de la planification» in Nizard L., *Planification et société*, éditions PUG.
Nicolaï A. [1974], «Anthropologie des économistes» *Revue économique,* volume 25, n°4.
Nicolaï A. [1974], «Et le poussent jusqu'au bout», *Connexions,* n°10.

Nicolaï A. [1980], «La politique et l'étatique : la nécessité, la vertu et le plaisir», in Nizard L. *Rapport CORDES*.
Nicolaï A. et Origet C. [1981], «Electricité et eaux de Madagascar : un service public dans un contexte colonial, un contexte colonial au service d'une entreprise» in *Entreprises et entrepreneurs en Afrique Tome 1 : XIXe et XXe siècles*, collection Racines du présent, éditions L'Harmattan.
Nicolaï A. [1987], «Et mourir de plaisir», *Peuples méditerranéens*, n° 38-39.
Nicolaï A. [1990], «Identifications expérimentales et innovations sociales», *Connexions*, n° 55.
Nicolaï A. [1990], «Les acp, les npi, les transhumants et les autres : les infortunes tiers-mondiales de la nécessité, de la vertu et du plaisir» in Mappa S., *Ambitions et illusions de la coopération nord-sud 1990 Lome IV*, éditions L'Harmattan.
André Nicolaï [1990], «La nécessité, la norme et le jeu en économie», *Revue économie*, Université de Perpignan.
Nicolaï A. [1992], «Ruptures, mutations et complexification en économie» in Grou P. *Rupture et complexité croissante : du Big Bang aux multinationales* - rencontre pluridisciplinaire des 28 et 29 mai 1990. CEREM. Université Paris X-Nanterre.
Nicolaï A. [1993] «Éloge d'une passion pratique: l'économie» in Mappa S. *Rationalité instrumentale, replis identitaires et exclusion*, éditions Karthala.
Nicolaï A [1997], «Logique du système et raison instrumentale» in Desprairies F., Lévy A. et Nicolaï A., *La résistible emprise de la rationalité instrumentale*, éditions Eska.
Nicolaï A. [1997], *État de droit, démocratie et développement*, Forum de Delphes.
Nicolaï A. [1999], «Eugène Enriquez et les monstres froids» in Eugène Enriquez [1999], *Le goût de l'altérité*, collection sociologie clinique, éditions Desclée De Brouwer.

PARTIE 1/ CONJUGUER LES CONSIDÉRATIONS SUR LA PERMANENCE DES STRUCTURES ET LE CHANGEMENT SOCIAL.

Systèmes et structures : concepts opératoires chez André Nicolaï, Claude Lévi-Strauss et Maurice Godelier.

Françoise Renversez

Dans un entretien à propos de la crise mondiale l'anthropologue Maurice Godelier a déclaré «*le système a parlé mais depuis des dizaines d'années les sciences sociales regardaient ailleurs*».[16] On pourrait ajouter que les économistes avaient délibérément choisi de regarder ailleurs. En témoigne la suppression progressive des enseignements de systèmes et structures, d'économie du développement, d'histoire de la pensée.

On peut comprendre que dans un tel contexte André Nicolaï ait donné peu de prolongements à son œuvre initiale parue en 1960 : *Comportement économique et structures sociales* cependant rééditée en 1999 à l'initiative de chercheurs qu'il avait formés. Et aussi, que bien qu'elle ait suscité des vocations il lui a été fait finalement assez peu d'écho dans les travaux ultérieurs (Cf. La contribution de Philippe Hugon dans le présent volume).

Notre objectif sera de montrer la fécondité pour l'analyse économique du concept clef de structure et de celui de système tels que les entend André Nicolaï en les situant par rapport à l'apport majeur en ce domaine, approfondi pendant des décennies, de Claude Lévi-Strauss tel que l'établit Maurice Godelier dans son récent *Lévi-Strauss*[17]. A noter que la fidélité à la réflexion des auteurs conduit dans ce genre d'exercice à d'inévitables et très nombreuses citations auxquelles n'échappe pas cette contribution.

L'ouvrage d'André Nicolaï est publié dans une période à l'évidence très différente tant sur le plan du fonctionnement de l'économie que de son analyse de celles qui l'ont immédiatement suivi et plus encore de l'actuelle. L'épistémè d'alors pour reprendre la formule de Michel Foucault[18] entendant par là la problématique scientifique propre à une période marquée par son environnement institutionnel, politique, intellectuel, ne peut qu'être différente de celles qu'ont induit l'internationalisation de l'activité économique puis la mondialisation qui l'a suivie. Apprécier l'apport d'André Nicolaï c'est aussi le replacer dans cet environnement.

De là le premier point de cette contribution : une démarche insérée dans l'épistémè de l'époque, étape nécessaire pour établir la dimension de l'apport d'André Nicolaï qui fera l'objet du deuxième point et pour dégager sa singularité par rapport à celui de Lévi-Strauss tel que le présente Maurice Godelier et à dégager ainsi dans un dernier point sa position épistémologique.

---

[16] Alternatives Économiques Hors-série n°87 décembre 2010

[17] Godelier M. [2013], *Lévi-Strauss*, éditions du Seuil

[18] Foucault M. [1966], *Les mots et les choses - Une archéologie des sciences humaines*, éditions Gallimard

I/ Une démarche inscrite dans l'épistémè de l'époque.

Il est significatif que dans *Histoire de l'analyse économique*[19] ouvrage de référence des universitaires de la période le terme de structure soit absent de l'index et que celui de système n'apparaisse que rapporté à des modes d'analyse : «Marxian system», «Walrassian system».
Cependant à l'époque la dominance du «main stream» n'est pas établie et l'observation la plus immédiate au niveau international montre des systèmes économiques radicalement différents dans leurs principes et dans leurs fonctionnements, des niveaux de développement très inégaux et une hétérogénéité forte des sociétés.
En France, l'INSEE, la comptabilité nationale, et l'existence au Ministère des Finances d'une division de la Prévision témoignent de la proximité avec une approche macro-économique et keynésienne de l'économie.
Celle-ci est aussi prédominante dans l'université où les travaux de Jean Marchal sur la répartition du revenu souvent cités par André Nicolaï tentent une articulation des comportements économiques aux structures sociales. Les économistes de référence d'A. Nicolaï sont donc avec Marx des universitaires français comme André Marchal, Jean Lhomme, François Perroux. Dans *Comportement économique et structure sociale*, il consacre (page 59) une substantielle note de bas de page à la définition par les économistes d'alors de la structure ou des structures qui lui permettra aussi de marquer sa différence. Il rappelle plusieurs définitions où les notions de proportion et de stabilité particularisent le système économique. Stabilité qu'il retrouve dans d'autres définitions chez Akerman, André Marchal, enrichie chez Jean Lhomme d'une référence à des espaces lieux alors que chez Tinbergen la structure *«c'est l'ensemble des coefficients qui donnent une image architecturale de l'économie»*.
Mais à la différence de la majorité des économistes de cette période André Nicolaï se réfère aussi aux travaux d'autres spécialistes des sciences sociales. Il cite volontiers Talcott Parsons[20] et Jean Piaget[21]. Il est intéressant de noter pour situer les démarches de nos auteurs de préciser qu'on ne trouve pas de référence à Piaget dans la bibliographie impressionnante sur Lévi-Strauss de Maurice Godelier mais qu'en revanche A. Nicolaï cite ces deux contributions majeures dont il reconnaît l'antériorité en particulier dans l'analyse de la rationalité.

---

[19] Schumpeter JA. [1954], *Histoire de l'analyse économique* (2 tomes), éditions Gallimard.
[20] Parsons T. [1935], «Sociological elements in economic though», *Quaterly journal of economics,* août.
[21] Piaget J. [1950], *Introduction à l'épistémologie génétique,* éditions PUF et Piaget J. [1956], *Psychologie de l'intelligence*, éditions Armand Colin.

C'est dans cet environnement que se situe l'apport d'André Nicolaï à l'analyse de la structure auquel sera consacré le second point de cette contribution qui conduira à préciser ensuite sa position épistémologique. Mais au-delà des définitions, c'est aussi une méthodologie que propose André Nicolaï.

II/ L'apport d'André Nicolaï à l'analyse de la structure.

Pour l'étude de la structure, André Nicolaï propose une méthodologie cohérente avec un appareil analytique exhaustif : structure, système, comportements, un «équipement analytique» pour l'observation économique. Son emploi devrait permettre sinon d'agir sur les comportements à tout le moins de les comprendre et d'adapter les politiques économiques en fonction de cette connaissance qui ne rejette pas les apports de Marx dont il propose une citation décisive extraite de la *Critique de l'Économie Politique* : «*Dans la production sociale de leur existence les hommes entrent dans des rapports déterminés, nécessaires, indépendants de leur volonté. L'ensemble de ces rapports constitue la structure économique de la société*» (p. 56).

A. Nicolaï écrit «*On réservera les termes de structures sociales pour désigner des rapports réels et objectifs qui lient les individus en groupes dans l'exercice d'activités où une division sociale des rôles intervient*» (p.60). En ce sens il pose que «L*'existence des structures sociales n'est pas fondée au niveau de la perception ou de la conceptualisation par les chercheurs mais au niveau de l'action des individus étudiés, ce sont des rapports «agis», des structures d'un type particulier qui émergent au travers de comportements d'interrelations cristallisées. Ces rapports imparfaitement perçus sont reconstruits selon une abstraction réaliste par l'observateur*» (p. 53).

Il précise «*Une structure économique ne saurait être n'importe quoi, données techniques, quantités globales, comportements, relations ou coefficients pourvu que doués de stabilité, elle ne se réduit pas à une relation conceptuellement élaborée. Une structure économique est un rapport des hommes à propos de la lutte contre la rareté, rapport qui n'existe que par leur comportement qui s'impose aussi à eux*» (p. 81).

La structure a donc pour notre auteur une réalité objective et observable qui s'exprime au travers des comportements, c'est à travers ceux-ci qu'elle est atteignable. Cet accent mis sur les comportements singularise la démarche d'André Nicolaï par rapport à celle de ses prédécesseurs, de Piaget et plus encore de celle de Lévi-Strauss. Comme économiste il cherche à comprendre le système économique non pas seulement pour faire avancer la connaissance comme le font les anthropologues soucieux de ne pas interférer avec leur objet d'observation, mais précisément pour agir sur son objet.

Il propose «*Raisonnons à partir d'une définition générale du système conçu comme constellation, ensemble cohérent et spécifique de rapports entre éléments différenciés et complémentaires*» (p. 42), définition qu'il note comme étant sous l'influence de la Gestalt-théorie et précise «*Un système social sera donc un ensemble cohérent et spécifique de structures et de comportements afférents à la totalité des activités sociales accomplies*» (p. 43). La structure économique apparaît ainsi comme une composante du système en interdépendance avec ses autres éléments. Cette définition s'inscrit bien dans le vocabulaire des sciences sociales de la période, mais on est loin des définitions proposées par les économistes d'alors.

En revanche Jean Piaget et les perfectionnements à apporter aux conceptions économiques régnantes par les apports de la sociologie et de la psychologie sociale l'ont plus visiblement inspiré. On trouve en note de bas de page 194 en référence à la *Psychologie de l'intelligence*[22] : «*Répétons que l'importance théorique de la pensée de Piaget est considérable et qu'elle présente une utilité pour l'étude du comportement économique*».

André Nicolaï s'estime aussi redevable à Talcott Parsons[23], sociologue qui reconnaît un domaine propre à l'économique, d'avoir posé le problème de la structure dans la détermination des rôles sociaux. On remarquera que J.Schumpeter[24] renvoie à T. Parsons pour l'analyse des besoins et activités chez Alfred Marshall.

Le problème que s'est posé Parsons était de comprendre comment les individus intègrent les valeurs communes. C'est dans cette perspective qu'il a proposé une théorie de l'action sociale différenciant les types d'alternatives en présence desquelles l'individu se trouve selon qu'il se soumet ou non aux valeurs collectives. Dans le même sens pour A. Nicolaï «*la situation structurelle promeut des comportements collectifs d'adaptation*» (p. 160). Il ne s'agit plus alors de comportements qui assurent l'autoréglage via la structure, mais du passage à un autre système. L'ouverture sur l'histoire est capitale. Il est clair que l'observation et l'analyse ainsi comprises des comportements donnent à l'économiste des instruments immédiats pour la mise en œuvre de politiques économiques d'une toute autre portée que l'hypothèse appauvrissante de l'homo oeconomicus (encore que celle-ci soit peu utilisée à l'époque) ou que les propensions synthétisant les comportements de consommation, d'épargne ou d'investissement du keynésianisme simplifié alors en cours et d'une toute autre vigueur. L'accent mis sur les comportements singularise la démarche d'André Nicolaï par rapport à celles de ses prédécesseurs, de Piaget, et surtout de Lévi-Strauss. L'économiste cherche à comprendre le système économique non seulement pour faire avancer la connaissance comme le font les anthropologues mais pour agir sur son objet. Ce sont les comportements des agents qui modifient les caractéristiques du système. Il est donc conforme à sa perspective qu'A. Nicolaï privilégie le rôle des comportements. Cependant lorsqu'il écrit «*les*

---

[22] Piaget J. op. cité.

[23] Parsons T. [1955], *Éléments pour une sociologie de l'action T1*, éditions Plon

[24] Schumpeter J. op. cité page 889

structures sociales s'imposent aux individus qui en sont les supports» (p. 57) son analyse ne se différencie pas de celle de Lévi-Strauss quant à l'efficacité de la structure, ce qui nous ramène à Marx.

Mais il se différencie de ces sources lorsqu'il écrit «*la pierre de touche d'une analyse scientifiquement fondée réside en cette question arrive-t-elle ou non à lier des schémas de structure à des schémas de comportement* » (p. 159) et «*Une structure, ce sont des comportements d'interdépendance*» (p. 160). L'observation et l'analyse des comportements donnent à l'économiste des instruments immédiatement accessibles pour la mise en œuvre de la politique économique d'une toute autre portée que les hypothèses appauvrissantes de la théorie standard et d'une toute autre force si elles s'appuient sur la prise en compte d'une structure propre au système observé.

Bien que les travaux sur la structure se soient développés bien au-delà de la parution de l'ouvrage d'André Nicolaï, celui-ci soulève déjà un débat important en épistémologie sur la nature de la structure.

III/ La position épistémologique d'André Nicolaï.

La différence fondamentale entre les analyses d'André Nicolaï et de Claude Lévi-Strauss se situe au niveau même du statut conféré à la structure. Cette différence est soulignée par A. Nicolaï qui signale que pour Lévi-Strauss les structures n'ont qu'une existence conceptuelle en le citant «*les termes de structures sociales ne concernent pas la réalité empirique mais les modèles qui sont construits d'après celle-ci*» (p. 53).

Or pour André Nicolaï «*L'existence des structures sociales n'est pas fondée au niveau de la perception ou de la conceptualisation par les chercheurs mais au niveau de l'action des individus étudiés : ce sont des rapports «agis» de structures d'un type particulier qui émergent au travers de comportements et d'interrelations cristallisées. Ces rapports imparfaitement perçus par leurs agents sont reconstruits selon une abstraction réaliste par l'observateur*» (p. 53).

L'opposition est radicale avec l'analyse de la structure telle que Lévi-Strauss l'a maintenue dans son œuvre et que la dégage Maurice Godelier dans son ouvrage récent en citant l'*Anthropologie structurale*[25] «*Le principe fondamental est que la notion de structure sociale ne se rapporte pas à la réalité empirique mais aux modèles construits d'après celle-ci. Les relations sociales sont la matière première employée pour la construction des modèles qui rendent manifeste la structure elle-même*» (p. 305). Le commentaire de Maurice Godelier renforce la proposition «*la structure des rapports sociaux n'appartient pas au domaine des réalités observées. Elle doit être*

[25] Lévi-Strauss C. [1958], *Anthropologie structurale*, éditions Plon et Lévi-Strauss C. [1973], *Anthropologie structurale II*, éditions Plon

reconstruite par la pensée... Cette reconstruction prend la force d'un modèle et ce sont ces modèles qui sont le propre des analyses structurales» (p. 305)
Là où par l'observation des comportements, André Nicolaï dégage le fonctionnement d'une structure en œuvre, Lévi-Strauss pense en termes de construction intellectuelle, le modèle qui permet de rendre compte des comportements observés dans leur diversité. Comme l'écrit M. Godelier à propos de ce dernier Cl. Lévi-Strauss «*s'est installé d'emblée au cœur de la problématique des rapports entre système et individus en tant que sujets en mettant toujours l'accent sur le rôle des structures plutôt que sur celui des sujets*» ce qui lui permettra dans son long effort d'analyse des mythes de dégager des invariants invisibles, des fondements identiques. De même les structures de la parenté sous leur apparente diversité reposent toutes sur l'organisation de l'échange des femmes «*marrying out or being killed out*».
Est-ce à dire qu'il serait possible de construire de multiples modèles de structures pour un même objet d'observation ? Pour l'essentiel ce ne peut être le cas pour Lévi-Strauss en raison du lien déterminant qu'il établit entre la construction du cerveau humain et celle de ses productions. En fait, le cerveau humain serait organisé de telle façon qu'il ne peut produire d'autres formes sociales selon des «*itinéraires tracés une fois pour toutes dans la structure innée de l'esprit humain*». Selon M. Godelier «*cet inconscient est cognitif et non pas affectif*» (p. 136). Ceci étant la multiplicité des mythes et des rituels qui leur sont attachés à l'analyse desquels Lévi-Strauss a consacré une part importante de sa vie montre que les itinéraires peuvent prendre des formes très différentes pour l'observateur.
Construction intellectuelle dont l'architecture est qui émane du cerveau humain chez Lévi-Strauss, réalité objective chez Nicolaï observable au travers de comportements ayant l'évidence du visible, les deux démarches relatives à un même objet (la structure) sont totalement étrangères l'une à l'autre. Reste la définition de la structure, finalement commune comme totalité dont les lois de fonctionnement assurent l'auto-réglage et qui détermine ainsi les comportements des agents.
Chez Lévi-Strauss les faits sociaux qu'il observe : les règles d'alliance, la place des liens de parenté dans le fonctionnement de la société ou la composition des mythes fondateurs impliquent une forte soumission des agents à l'ordre de la structure qui si ils y échappent se retranchent du groupe.
A. Nicolaï introduit la deuxième partie de son ouvrage «*Le comportement économique*» en écrivant «*la pierre de touche d'une analyse économique scientifiquement fondée réside dans cette question : arrive-t-elle ou non à lier des schémas de structure à des schémas de comportements*» (p. 159). Ces deux ordres et ces deux niveaux de réalité ont selon lui un même support « l'homme avec autrui » si bien que «*la situation structurelle promeut des comportements d'adaptation*» (p. 160).

Et à ce moment de son analyse André Nicolaï accomplit un pas décisif en avançant *les comportements collectifs d'adaptation promeuvent les mutations structurelles*» si bien que «*les individus sont sujets conscients et volontaires de leur propre histoire*» (p. 176). Il introduit ainsi la possibilité d'une dynamique qui peut aller jusqu'à la mutation en d'autres termes le changement de système.

Or, se situer au niveau des comportements permet à l'économiste sinon d'agir à tout le moins de proposer des voies d'action. Ce faisant, il se conforme à l'observation de Lévi-Strauss[26] notée par M. Godelier «*par conséquent l'étude de la parenté, celle du système économique et celle du système linguistique offrent certaines analogies. Toutes trois relèvent de la même méthode, elles diffèrent seulement par le niveau où chacune choisit de se situer au sein d'un univers commun*». La fonction de l'économiste consiste à formuler une observation aussi élaborée que possible des comportements de lutte contre la rareté et de leurs conséquences sociales.

Si, comme l'observe Maurice Godelier, Lévi-Strauss s'est installé au cœur de la problématique des rapports entre système et individus en tant que sujets en mettant toujours l'accent sur le rôle des structures plutôt que sur celui des sujets, en revanche André Nicolaï a privilégié les comportements des sujets parce que ceux-ci peuvent contribuer à l'évolution de la structure, à la dynamique du système.

Conférant un rôle majeur à la structure, mais éclairant l'évolution observable des sociétés, l'analyse d'André Nicolaï n'a pas eu l'écho qu'on pouvait lui prévoir. Une raison majeure est qu'elle s'inscrivait dans un ensemble de sciences sociales plus que strictement dans une discipline.

Compatible cependant avec les travaux en économie conduits dans la période à l'INSEE, au Plan, à la division de la Prévision, à l'ORSTOM, et avec certaines dimensions de la recherche économique universitaire (Cf. Marchal, Jean Lhomme…), la proposition épistémologique d'André Nicolaï supposait des recherches en psychologie sociale pour étayer les hypothèses sur les comportements.

En 1960, date de la parution de son ouvrage, les grandes administrations économiques se limitaient à des hypothèses tirées de la macroéconomie keynésienne sur les comportements considérés comme décisifs : consommation, épargne, investissement. Elles les ont progressivement affinées en se fondant sur des enquêtes statistiques, en introduisant par exemple dans leurs modèles les délais de réaction aux mesures de politique économique. L'efficacité de la politique économique n'incitait pas à l'approfondissement des liens structure / comportements que suggéraient les propositions d'A. Nicolaï.

Marquée par l'impact de la crise pétrolière de 1973, la décennie suivante voit une partie du champ théorique se partager en économie entre la réflexion sur

[26] Lévi-Strauss C [1958], op. cité p.326

Marx qui se développe dans des voies différentes avec d'une part Althusser, Balibar, Poulantzas[27], et d'autre part, les travaux sur le mode de production capitaliste à la suite du *Capitalisme monopoliste* de Baran et Sweezy paru en 1970, de l'ouvrage de Maurice Dobb[28] au moment même où s'opère un retour de la théorie néo-classique introduit en France en particulier par la synthèse walrasso-keynésienne de D. Patinkin[29].

Il faut remarquer que dans les années qui ont suivi la publication de sa thèse, se consacrant sans doute à ses enseignements, faute peut-être aussi de sollicitations, dans une période où la pression du «publish or perish» n'existait pas, la fonction de professeur étant prépondérante par rapport aux publications, André Nicolaï a peu publié d'articles développant son apport épistémologique à l'exception de sa contribution à l'ouvrage collectif de Palmade *L'économie et les sciences humaines*[30] dont on observera qu'il s'agit d'une publication pluridisciplinaire.

Et surtout, il est vrai qu'en privilégiant le rôle de la structure dans la détermination des comportements A. Nicolaï accomplit un pas décisif qui l'éloigne d'une grande partie de ses contemporains économistes qui tentent alors d'ériger leur domaine de compétence en discipline autonome au sein des sciences sociales. Son propos est totalement contraire à cette démarche. Il publiera cependant deux articles appréciés par ses collègues concernant les comportements : l'un sur l'épargne, l'autre sur l'inflation[31].

Mais il avait marqué sa différence en écrivant «*la structure économique est une structure partielle d'une société globale et les individus qui les supportent n'ont pas une conduite mutilée*» (p. 124) et «*Le système des rapports politiques était le dernier ensemble manquant à l'analyse pour redonner à l'homme économique ses principales dimensions sociales pour lui conférer ses traits d'homme total engagé dans une activité partielle*» (p.158).

Il place ainsi l'analyse économique dans le champ de l'économie politique. Il partage les mêmes options théoriques que Maurice Godelier lequel dégage de son itinéraire d'anthropologue des conclusions originales pour ne pas dire iconoclastes : ni la parenté, ni les rapports économiques ne font société. M. Godelier fonde cette position sur son travail d'une vingtaine d'années (de 1967 à 1988) sur les Baruyas et sur son analyse toujours poursuivie des résultats de l'anthropologie contemporaine. Il en tire la conclusion que pour qu'une société existe, il faut l'adhésion à un système de croyances, et, le lien

---

[27] Althusser L., Rancière, J. et Macheray P. [1965], *Lire le Capital,* éditions Maspero et Poulantzas N. [1976], *La crise de l'État*, éditions PUF.

[28] Dobb M. [1950], *Studies in the development of capitalism*, éditions Routledge London.

[29] Patinkin D. [1972], *La monnaie, l'intérêt et les prix*, éditions PUF.

[30] Palmade G. [1967], *L'économie et les sciences humaines*, éditions Dunod.

[31] Nicolaï A. [1959], «La désépargne», *Revue économique* et Nicolaï A. [1962], «L'inflation comme régulation», *Revue économique*.

reconnu entre celles-ci et certains individus qui fonde le lien religieux va soit se confondre avec le pouvoir politique soit l'appuyer. Au-delà de l'observation des sociétés primitives et de la connaissance de leur histoire telle qu'elle peut être établie à partir des récits de leurs membres actuels l'anthropologue renforce sa proposition par de multiples exemples historiques illustrés par des travaux de spécialistes notamment sur la Chine ou l'Egypte pharaonique.
Et il conclut ainsi son ouvrage de 2007 *Au fondement des sociétés humaines. Ce que nous apprend l'anthropologie*[32] en soulignant «*le rôle fondateur des rapports politico-religieux dans l'institution des sociétés, la place subordonnée des rapports économiques dont le rôle grandit en importance avec l'apparition des classes ou des castes, l'importance de l'imaginaire et des pratiques symboliques dans la pratique des rapports sociaux*» (p. 247). Son ultime conclusion porte sur l'apport décisif des Lumières qui ont tranché dans nos sociétés le lien du politique et du religieux.

En conclusion :

Ce que Maurice Godelier établit et vérifie au terme d'un itinéraire de quarante années de recherche en anthropologie, André Nicolaï l'avait proposé comme hypothèse méthodologique à partir de l'état des sciences sociales qui lui étaient contemporaines. Il formulait ainsi un programme de recherche qui supposait la pluridisciplinarité dans les sciences sociales.
Le choix du titre de son livre affirme cette position en conjuguant comportement économique et structures sociales. On voit pourquoi l'organisation des sciences sociales, en particulier en France, où les formations sont très axées sur les disciplines, a été très défavorable à la diffusion de ses propositions chez les économistes. Pourquoi aussi les programmes d'enseignement ont progressivement supprimé les cours et séminaires de recherche portant sur les systèmes et structures, l'histoire des faits économiques, le développement et parfois marginalisé l'histoire de la pensée économique.
André Nicolaï avait probablement mesuré cette difficulté en orientant sa démarche de recherche vers les questions de développement qui rendent inévitables les ouvertures pluridisciplinaires et dont la recherche au Havre porte témoignage.
A l'exception des interventions médiatisées de quelques prix Nobel et de quelques noyaux actifs peu intégrés au système de publication académique les travaux et les programmes d'enseignement économique universitaires ont peu évolué en France depuis l'ébranlement du système économique mondial par la crise.

---

[32] Godelier M. [2007], *Au fondement des sociétés humaines, ce que nous apprend l'anthropologie*, éditions Albin Michel.

La démarche des économistes du Havre est-elle le signe d'une avancée vers la prise en compte de la nécessaire ouverture sur les apports des autres sciences humaines, ou la structure politique (voire même religieuse, on l'a vu récemment) ?

Bibliographie :

Althusser L., Rancière J. et Macherey P. [1965], *Lire le Capital* éditions Maspero.

Dobb M. [1950], *Studies in the development of capitalism*, éditions Routledge.

Foucault M. [1966], *Les mots et les choses. Archéologie des sciences humaines,* éditions Gallimard.

Godelier M. [2007], *Au fondement des sociétés humaines. Ce que nous apprend l'anthropologie*, éditions Albin Michel.

Godelier M. [2013], *Lévi-Strauss*, éditions Seuil.

Lévi-Strauss C. [1949], *Les structures élémentaires de la parenté*, éditions PUF.

Lévi-Strauss C. [1958], *Anthropologie structurale*, éditions Plon.

Nicolaï A. [1999], *Comportement économique et structures sociales*, éditions L'Harmattan.

Nicolaï A. [1992], «Rupture et complexité en économie» in Grou P. *Rupture et complexité croissante : du Big Bang aux multinationales* - rencontre pluridisciplinaire des 28 et 29 mai 1990. CEREM. Université Paris X-Nanterre.

Palmade G. [1967], *L'économie et les sciences humaines*, éditions Dunod.

Parsons T. [1935], «Sociological elements in economic though», *Quaterly Journal of Economics,* août.

Parsons T. [1955], *Éléments pour une sociologie de l'action*, éditions Plon.

Patinkin D. [1972], *La monnaie, l'intérêt et les prix*, éditions PUF.

Poulantzas N. [1976], *La crise de l'État*, éditions PUF.

Piaget J. [1950], *Introduction à l'épistémologie génétique*, éditions PUF.

Piaget J. [1956], *Psychologie de l'intelligence,* éditions Armand Colin.

Piaget J. [1968], *Le structuralisme*, collection Que sais-je, n°1311, éditions PUF.

Schumpeter JA. [1954], *Histoire de l'analyse économique* (2 tomes), éditions Gallimard.

Normes, règles et socialisation : du contrôle au sentier, des perspectives institutionnalistes

Andrée Kartchevsky

Dans une perspective institutionnaliste, cette contribution cherche à décrypter la construction de règles et de normes en relation avec les institutions. Pour cela, nous nous appuierons sur les analyses et concepts initiés par Commons, repris et développés pour certains par North, sans oublier toutefois que ce dernier a aussi proposé une problématique qui à certains égards s'écarte de celle de Commons (mais il ne s'agit pas ici de faire une exégèse des écrits de l'un et/ou de l'autre).

André Nicolaï écrivait en 1992 dans un texte intitulé «Ruptures, mutations et complexification en économie» : «*Rares sont les économistes qui traitent du changement par rupture et encore moins du tableau d'une éventuelle complexification après chaque crise profonde du système*».

Selon lui, il y a donc une rareté théorique relevant de plusieurs raisons, mais la plus fondamentale, souligne-t-il, est la difficulté (logique) d'admettre que dans les sociétés humaines et donc aussi dans la sphère des activités économiques, les agents sont simultanément : des **agis** par la logique de reproduction-changement des rapports (ou structures) du système, logique et rapports qui préexistent aux agents et donc s'imposent à eux ; des **acteurs** du système puisque, par leurs comportements, ils sont les supports de ses structures ; des **auteurs**, même si c'est involontairement, des changements qui s'y produisent. Il poursuit en soulignant qu'il y a difficulté d'admettre donc que la détermination des comportements n'est pas totale et que chaque agent dispose d'un éventail de modèles possibles ; que la complémentarité entre ces agents n'est pas parfaite, ce qui laisse place à la possibilité de crises mais aussi à la possibilité de stratégies dans les zones de complémentarité imparfaite. A. Hirschman (1971) s'élève pour sa part contre la tendance, qu'il qualifie de compulsive, des chercheurs en sciences sociales à dégager des lois, des régularités constantes. Il ajoute que si cette recherche est d'une certaine manière légitime, elle ne doit pas pour autant occulter une dimension liée à la capacité intrinsèque des communautés humaines de s'adapter. Il est en conséquence indispensable, selon lui, «*de souligner la multiplicité, la créativité même désordonnée qui caractérise l'aventure humaine, de mettre en lumière le caractère unique d'une occurrence particulière et de concevoir une façon entièrement neuve de tourner une page d'histoire*». Il insiste en développant l'idée selon laquelle le fait qu'existe une multiplication d'effets et d'enchaînements possibles, à partir d'une action initiale, n'exclut pas la possibilité et la volonté de connaissance en vue d'une adaptation. Les options possibilistes «*ne sont simplement qu'un moyen de défendre les droits d'un avenir ouvert (non projected future), cette option constituant certainement l'un des droits inaliénables des individus et des nations*».

André Nicolaï ne se doutait peut-être pas en écrivant les lignes citées plus haut qu'à partir de la fin des années 90, et aujourd'hui encore davantage, des économistes, pour les uns confirmés pour d'autres entrés depuis peu dans ce phalanstère, découvriraient ou redécouvriraient les travaux des premiers institutionnalistes américains et s'en inspireraient pour développer à leur tour de nouvelles analyses, proposer des paradigmes plus ou moins novateurs. Nous présenterons dans un premier temps ce qui, grâce notamment aux débats au sein du séminaire qu'il animait, a nourri certains de nos premiers travaux pour ensuite envisager tel ou tel de ces thèmes d'un point de vue plus explicitement institutionnaliste.

I/ Normes, règles et socialisation.

En l'absence de prototype matériel, le contrôle sur (effectué par, à travers) tel ou tel type d'institutions est généralement défini comme examen de la conformité à une norme et mise en oeuvre de moyens pour la produire. C'est là qu'intervient le glissement d'un sens à l'autre du mot «norme». Il convient d'ajouter qu'admettre que toute norme dissimule une représentation, que toute norme est **située**, ne va pas de soi pour nombre d'économistes.

1.1. La norme comme règle.

Dans le premier sens, la norme est édictée explicitement ; la norme est synonyme de règle. Ainsi dans l'enseignement, l'armée… on est en face de règlements, de circulaires, de programmes. Et l'on a des inspecteurs, des officiers qui à la fois vont vérifier et remettre de l'ordre en cas de contrôle négatif. En revanche, si nous prenons le cas de l'institution famille, les choses diffèrent : le Code Civil ne régit pas directement les détails de la vie familiale. Il ne reste qu'une issue face à cette absence de normes réglementaires : expliquer que la norme est produite par ceux-là mêmes qui la subissent.

1.2. La norme comme modèle social « courant ».

Dans le deuxième sens, la norme c'est ce qui est habituel, courant. Etre normal dans ce cadre ne consiste pas à obéir en tous points aux codes convenus, c'est bien plutôt être, plus ou moins, comme les autres, ne pas être déviant.
Mais il s'agit de tout autre chose que le premier sens ; identifier les deux acceptions reviendrait à supposer que tous ceux qui ne suivent pas une ou des règles, sont par définition des déviants. Que se passe-t-il alors si le cas de figure le plus couramment rencontré est celui d'individus ne se conformant majoritairement pas à la norme ? Perfusée ou non, la norme n'hypnotise pas ; elle est là mais on ruse avec elle. Identifier les deux sens,

c'est aussi, dès qu'une habitude est observée, produire une « loi » au sens épistémologique, et en faire ensuite une règle.
Si l'on glisse encore et si l'on suppose que la famille est le lieu où s'apprennent non pas tant les normes familiales (sous réserve qu'elles existent en tant que telles), mais les normes requises par ce qui serait extérieur à la famille, on s'apercevrait alors que, plutôt que lieu de normalisation, la famille est une fabrique d'anormaux : anormaux les vieux, anormaux les piliers de bistrot, anormaux les enfants, anormales les femmes qui travaillent etc…etc… Quel déchet !

Pour synthétiser, nous dirons que les normes ne sont pas neutres. Elles sont **historiquement** situées, elles transmettent des représentations et à ce titre elles prennent fondamentalement part aux rapports de force en présence à un moment donné, elles sont emblématiques des appareils de pouvoir. Enfin, elles sont bien l'émanation de **principes**, ces derniers néanmoins se masquent en leur sein bien que les ayant produites.

1.3. Norme et socialisation.

Pour ce qui est de leur relation, il nous semble que le corollaire premier de la norme est la socialisation.
Derrière un consensus apparent, les banalités proférées à l'égard de la socialisation des divers membres d'une société, situent en fait la complexité des plans dans lesquels le thème s'inscrit : registre du politique, de l'idéologique, de l'affectif… ; domaine du discours, des représentations sociales et du vécu quotidien ; problème de la pluralité des normes et des systèmes culturels et aussi du processus de légitimation d'une norme dominante. Socialisation va donc de pair avec rapport social. Et ceci signifie contradictions, refus de considérer que les structures dominantes sont totalement déterminantes et que les pratiques sociales ne font que refléter ces déterminations.
La socialisation est d'abord un problème politique au sens plein du terme, qui s'inscrit dans un contexte social, culturel, historique car en effet aucune société ne peut se désintéresser de la formation-constitution de ses membres et de la transmission inter-générationnelle de ses règles et de ses normes considérées comme les plus essentielles.
En somme, la socialisation s'inscrit dans la durée et la dynamique. La socialisation introduit la dynamique en mettant les contradictions, les antagonismes au centre d'une analyse ; combativité et soumission sont alors les deux faces d'une même pratique.
A cet égard, Piaget affirmait que l'enfant n'est pas un pur **agi**, il est aussi **actif** dans la transformation qu'il effectue en éléments personnels de ce qu'il intériorise peu ou prou ; il y a en somme possibilité de transformer quelque part le monde extérieur, et l'identification peut fort bien aboutir au non-

conformisme. Alain Cottereau (1980) illustre ce même propos en disant *«chacune des manières d'affronter un destin de travailleur comporte toujours une part de résignation, une part de dérive et une part de refus de la condition d'ouvrière ou d'ouvrier»*. C'est donc bien d'une contradiction vivante toujours en voie de modification, de re-création qu'il s'agit.
Finalement, les rapports de socialisation, la «normalité» comme les luttes étant fondamentalement contradictoires, il devient possible de soutenir avec Karel Kosik que si les individus étaient complètement normalisés, il n'y aurait plus d'Histoire.

II/ Pour un renouvellement du débat : une perspective institutionnaliste.

Selon Commons, les institutions, en tant qu'outils de régulation, permettent une canalisation des conflits et l'établissement d'un ordre qui, à un moment donné, les stabilise. Cet ordre est la traduction concrète de ce qu'on pourrait nommer des «préférences collectives» du moment. En ce sens, il traduit le bien. Néanmoins, en tant que dépendant des conflits et des rapports de force, il est par définition mouvant et susceptible d'évolution.

Comment s'explique cette évolution ?

2.1. Règles et processus institutionnels.

Si nous admettons avec Commons que les institutions définissent les droits et devoirs, les possibilités et les contraintes, et qu'elles s'articulent autour de rapports sociaux plus ou moins juridiquement formalisés (le droit étant fondamentalement issu des rapports de pouvoir et simultanément les cristallisant), nous comprenons alors que Commons met l'accent sur un élément relativement positif, celui de création de règles, pour rendre le système viable et évolutif par la remise en cause possible de ces règles lorsque les rapports de pouvoir ont évolué de manière à déstabiliser l'équilibre antérieurement construit (Kartchevsky et al. [2011]). Dans ce cadre, les institutions doivent être réflexives et réviser constamment les orientations de leur action en prenant en compte les particularités des situations. Ce qui revient à dire qu'il faut raisonner en termes de processus. Nous entendons par processus une démarche non linéaire, marquée par des étapes dont certaines peuvent être brutales ou radicales, d'autres de type essais-erreurs, d'autres caractérisées par des avancées novatrices, des ruptures, des phénomènes stop and go ; ce que nous qualifions de processus, lequel émerge dans un contexte de multiplicité des acteurs, est un cheminement où l'évolution n'est pas forcément synonyme de progrès et où le «bricolage» de règles et de normes afin de sélectionner des configurations répondant mieux que d'autres aux aspirations, est à l'œuvre (Kartchevsky et al. [2014]).

Une fois définies, comment les différentes institutions s'articulent-elles et se structurent-elles ?
Autour des différents types de transaction envisagés par Commons, un triptyque est constitué du pouvoir économique fondé sur l'incitation, du pouvoir moral fondé sur la contrainte morale et du pouvoir politique fondé sur la contrainte physique. Un autre institutionnaliste, Douglass North, reprend ce triptyque et le décline à sa manière :

- les organisations (regroupements d'individus coordonnés) sont les joueurs ;
- les institutions (formelles et informelles) sont les règles du jeu ;
- la relation au pouvoir et à la richesse **est** le jeu.

L'interdépendance entre ces composantes implique donc que les réformes économiques seules, les réformes politiques seules, sont condamnées pour le moins à l'insuffisance, voire pire à l'échec. Plus précisément, quand un système n'arrive pas à traiter ses problèmes essentiels, il se délite ; ou alors il en est capable et suscite un «métasystème», et c'est d'une métamorphose dont il s'agit. Celle-ci est un **processus** d'autodestruction et autoreconstruction (ou destruction créatrice selon Schumpeter). La proposition d'E. Morin (2011) est intéressante qui nous dit que la métamorphose garde la radicalité novatrice de la révolution mais la rattache à la conservation de pensées, de valeurs... En allant un peu plus loin, un présent coupé du passé perd beaucoup de ses sens possibles, mais le passé ne nous dit rien sur ce que nous pouvons faire du présent, c'est-à-dire sur l'avenir (Kartchevsky et al. [2014]).
Dans ce processus, il ne s'agit pas de dire que les normes n'existent pas, mais de dire qu'elles ne cessent de se transformer au cours de l'histoire. Elles n'opèrent pas de la même façon tout le temps, partout, et ne sont donc pas figées dans un schéma unique : pour être efficaces, elles doivent être répétées, reproduites. Mais peuvent-elles l'être différemment ? Dans ce cadre, tout commence par une initiative, une innovation de type marginal, déviant ; J. Butler (2005) appelle **performativité** le processus qui pousse à reproduire les normes sur un mode subversif, au sens où la subversion traduit le jeu incessant avec et contre les normes, sachant par ailleurs que le principe même de l'innovation ainsi que la multiplicité de ses acteurs appelle de nouvelles organisations et règles du jeu. Autrement dit, la question fondamentale qui se pose est celle de la dépendance à une trajectoire historique et de la capacité ou non à échapper, se conformer ou se métamorphoser au regard de la trajectoire passée.

2.2. Path dependency, path shaping, path building.

Une conception institutionnaliste a été de comprendre en quoi l'encastrement (embeddedness) compte, comment les institutions enferment et structurent l'action, créent les régularités et la stabilité, limitant par là même le panel d'options et d'opportunités. Tenant compte de cette conception, la «path

dependency» (le plus souvent traduit par dépendance au sentier) est un concept fréquemment utilisé en sciences sociales et consiste en une recherche de précision de trajectoires qui distinguent les évolutions institutionnelles dans leurs continuités, leur diversité, leurs ruptures.
Cette path dependency présente trois variantes essentielles :

- une première de type inertiel a pour caractéristique une évolution institutionnelle contrainte par des héritages qui limitent l'éventail des changements réalisables et qui bloquent leur orientation. Cette variante renvoie aux entraves développées par les institutions en place, par les relations de pouvoir existantes, par le poids des traditions, par l'action même de l'Etat. A cet égard, il s'agit de la version la plus basique du concept.
- une seconde de type «recombinant» : bien que le changement soit incrémental et réfréné, néanmoins il y a recombinaison dans un nouvel assemblage d'institutions qui pour partie existaient déjà ; autrement dit, les institutions ne partent pas d'ex nihilo, à partir de l'existant se constitue une gamme dans laquelle les acteurs choisissent pour en construire de nouvelles qui relèvent du «bricolage».
- la troisième constitue la voie la plus développée et est qualifiée de dynamique : le changement institutionnel y est appréhendé comme un processus cumulatif cognitif, systémique et politique – les institutions sont en même temps une dimension structurelle incluant règles et systèmes formels et informels et une dimension idéologique comprenant des schémas normatifs et cognitifs (Vincensini [2010]).

De ce point de vue l'apport de North (1990) est incontournable ; selon lui le rôle de la culture et de l'idéologie est considérable dans l'évolution institutionnelle, de même «*le processus par lequel nous arrivons aux institutions d'aujourd'hui est pertinent et contraint les choix futurs*», mais la path dependency «*n'est pas une histoire d'inévitabilité dans laquelle le passé prédit précisément l'avenir*» (en ce sens que le changement conduit bien souvent à des évolutions inintentionnelles), elle est seulement «*le moyen de réduire conceptuellement l'ensemble des choix possibles et de relier les prises de décision dans le temps*». Mais la détection des attentes est un exercice délicat car il s'agit souvent de répondre à des aspirations relativement localisées, parfois contradictoires, voire d'enregistrer des stratégies de passager clandestin.
Si nous adhérons à cette analyse, cela implique de relativiser la notion de path dependency et d'avancer qu'une approche historiciste des processus sociaux et économiques ne peut reposer sur la présomption que la path dependency est indubitablement présente et d'une égale importance partout et à toute époque. Il s'agira alors d'envisager plutôt un processus de path shaping/path building dans la mesure où les agents peuvent « re rédiger » les héritages et simultanément écarter à terme certaines contraintes ; autrement dit, le rôle des comportements stratégiques en matière d'évolution institutionnelle est à réévaluer. La path building doit être conçue comme un

«processus politique» de type imprévu ou fortuit : en effet, divers acteurs aux intérêts économiques et politiques différents, d'orientations normatives et identités sociales contrastées s'affrontent pour instaurer un schéma de règles institutionnelles, leur objectif respectif étant de gouverner l'ensemble du système ou des sous-systèmes spécifiques. La pluralité des acteurs concernés témoigne du fait que des sentiers (path) peuvent développer des propriétés, des caractéristiques inintentionnelles, imprévues par tel ou tel des acteurs.

2.3. Rule makers, institution builders et trajectoire institutionnelle.

La multiplicité des racines institutionnelles et les échanges entre les diverses logiques d'action dégagent des chemins tortueux qui reflètent une accumulation de conflits, de négociation, de recombinaisons. Dans ce contexte, nous retiendrons l'idée selon laquelle le concept de path building est plus adéquat pour spécifier les conditions de changements institutionnels à partir de sentiers existants. Cette «construction de sentier» ne résulte pas tant de conjonctures cruciales que plutôt d'une suite historique de multiples circonstances qui ne peuvent être totalement anticipées. Ces chemins sinueux mettent en évidence les effets réciproques des pressions allant dans le sens de la continuité et celles oeuvrant pour le changement (Djelic et Quack [2007]).

Il nous faut dès lors réfléchir en termes de trajectoire institutionnelle en définissant cette dernière comme une suite d'équilibres marqués à la fois par des changements progressifs et d'autres fondamentaux (pouvant être brusques) et aussi par des processus délibérés et d'autres involontaires. Une analyse en termes de trajectoire permet de comprendre et de mettre en évidence le poids des contraintes, le rôle des processus politique et économique et de souligner, du fait de ces processus et des préférences et stratégies des acteurs, la plus ou moins grande difficulté de «l'effet d'imitation».

Il convient par ailleurs de réconcilier l'idée de l'existence de systèmes différents avec la réalité de pressions en vue d'une homogénéisation, le résultat est en général une forme ou une autre d'hybridation. D'autant que dans le processus d'émergence, de déclin ou de changement institutionnel, les nouvelles configurations (ainsi que nous l'avons dit plus haut) ne sont que très exceptionnellement créées de rien. En fait, la genèse institutionnelle des sociétés est le fruit de «bricolages» : les acteurs «construisent sur», «réinventent», «travaillent autour», réinterprètent, recombinent les logiques et les arrangements institutionnels qui sont à l'œuvre ailleurs et avec lesquels ils sont familiers (Djelic et Quack [2008]). Claude Lévi-Strauss (1962) dit à propos du bricoleur « *...la composition de l'ensemble n'est pas en rapport avec le projet du moment, mais est le résultat contingent de toutes les occasions qui se sont présentées de renouveler ou d'enrichir le stock ou de* *l'entretenir avec les résidus de constructions et de destructions antérieures*» L'activité du bricoleur est par définition création de différences, de tensions, de déplacements. Le bricolage consiste en somme à prendre une voie détournée, à faire des compromis entre le vouloir et le pouvoir.

Ainsi, le processus de création des règles et des normes, bien que procédant «par le bas» (sélection des pratiques et des coutumes) est en définitive institué « par le haut » (choix des «courts»). Le droit en effet avalise les pratiques des individus et le juge «choisit» les pratiques qu'il considère comme bonnes (Kartchevsky et al. [2011]).

«*Accordingly, the role of the authoritative agency in such instances is not to invent a new working rule but to identify which of the customs is the better one and then to make it mandatory. That determination is inseparable from the judge's ethical belief as to the good*" (Ramstad [2001]).

Néanmoins, ce choix est endogène, au sens où il dépend des rapports de force de la société et sans doute de la capacité des groupes sociaux à faire entendre leur voix dans le processus de création et d'institutionnalisation des règles. On retrouve ainsi l'idée (chère à André Nicolaï) que le système n'a pas de finalité prédéterminée.

Conclusion :

Ces analyses permettent de tirer quelques enseignements généraux.

Ainsi, s'il est vrai qu'un mode dominant apparaît en premier, néanmoins un mode négocié émerge en parallèle. C'est en ce sens que path shaping/path building proviennent de la confrontation de multiples niveaux institutionnels, conduisant à un processus de négociation ; plus précisément encore, des effets «trickle up» peuvent infiltrer les systèmes de règles sociétaux à travers les interactions se jouant aux frontières entre les acteurs économiques, les acteurs sociaux et autres parties prenantes du champ organisationnel aux différents niveaux institutionnels concernés. Ces confrontations entre règles existantes et leurs « rivales » peuvent conduire à de nouvelles reconfigurations institutionnelles à ces différents niveaux.

Trois grandes caractéristiques définissent les conflits dans les « sociétés pluralistes de marché » (Hirschman [1995]) :

- ils se produisent à une forte fréquence et connaissent une grande diversité de formes ;
- ils sont majoritairement de type divisible et par là même se prêtent au compromis et à la négociation ;
- ces deux caractéristiques font que les compromis concernés n'alimentent jamais l'idée ni même l'illusion qu'il s'agit de solutions définitives.

Pourquoi souligner la réalité de ces bricolages incessants que suscitent les conflits ? D'abord parce que la marge échappe en partie au centre et à son pouvoir unificateur ; et ensuite parce qu'ils sont fondamentalement significatifs des transactions récurrentes que les différents collectifs (avec

leurs cultures et leurs valeurs) nouent avec leurs semblables. Il s'agit là d'une orientation profondément volontariste réhabilitant la capacité d'adaptation.
D'un point de vue empirique, ce qui est le plus généralement constaté est une interaction entre mode **négocié** et mode **dominant** ; à cet égard nous retiendrons ce que dit E. Ostrom (2013) *«il y a dans toute interaction sept éléments opératoires : des **acteurs** occupant certains **rôles** choisissent parmi des **actions** à différents stades du processus décisionnel, des **informations** dont ils disposent, des **résultats** probables, et des **coûts** et **bénéfices** perçus pour ces résultats»*.
Ceci permet de comprendre les institutions comme n'étant pas seulement contraignantes mais aussi « facilitatrices» ; elles ne sont pas des **systèmes** statiques mais des **processus** malléables.
Enfin, d'un point de vue théorique, une suggestion peut être de concevoir les systèmes institutionnels en systèmes **ouverts**, liés les uns aux autres par des chemins de traverse entre groupes d'acteurs divers, les frontières étant perméables et les différents systèmes de règles se diffusant dans les deux sens, ceci suppose de sortir de la monoculture institutionnelle.
Dans ce cadre alors, si nous admettons que les acteurs sociaux sont ancrés initialement dans des règles du jeu et des normes spécifiques localement et dans le temps, nous admettrons simultanément qu'ils élargissent de façon significative l'horizon du signifiant et de l'action au-delà de leurs paramètres institutionnels locaux.

Bibliographie :

Butler J. [2005], *Trouble dans le genre*, éditions La Découverte.
Commons J.R. [1934], *Institutional economics. Its place in political economy*, éditions The Macmillan Company Transaction Publishers.
Commons J.R. [1950], *The Economics of collective action*, éditions University of Wisconsin Press.
Cottereau A. [1980], «Introduction» in Poulot D., *Question sociale: Le Sublime ou le travailleur tel qu'il est en 1870, et ce qu'il peut être*, éditions Maspero.
David P. [2007], «Path dependence : a foundational concept for historical social science», *Cliometrica,* n° 1, pp 91-114.
Diebolt C. et Jeandidier B., [2013], «Les institutions comptent», *Revue Française d'Economie*, volume 27, n°4, pp 3-10.
Djelic M-L et Quack S. [2007], «Overcoming path dependency: path generation in open systems, Springer», *Theory and Society*, volume 36, n°2, pp 161-186.
Djelic M-L et Quack S. [2008], «Institutions and transnationalization», *The Sage Handbook of Organization Institutionalism.*

Hirschman A. [1971], *Political Economics and possibilism in a bias for hope: Essays on development in Latin America*, éditions Yale University Press.
Hirschman A. [1995], *Un certain penchant à l'autosubversion*, éditions Fayard.
Kartchevsky A. et al. [2011], «Justice, économie et développement : pour un renouvellement du débat, une perspective commonsienne», Journées de l'Association Charles Gide, Toulouse.
Kartchevsky A. et al. [2014], «Justice et démocratie au prisme de la transformation et de l'innovation sociale», CRISES, Montréal.
Lévi-Strauss C. [1962], *La pensée sauvage*, éditions Plon.
Morin E. [2011], *La Voie, pour l'avenir de l'humanité*, éditions Fayard.
Nicolaî A. [1992], «Rupture et complexité en économie» in Grou P. *Rupture et complexité croissante : du Big Bang aux multinationales* - rencontre pluridisciplinaire des 28 et 29 mai 1990. CEREM. Université Paris X-Nanterre.
North D. [1990], *Institutions, Institutional Change and Economic Performance*, éditions Cambridge University Press.
North D. [1991], «Institutions», *Journal of Economic Perspectives*, n°5.
North D., Wallis J.J. et Weingast B. [2009], *Violences et ordres sociaux*, éditions Gallimard.
Ostrom E. et Basurto X. [2013], «Façonner des outils d'analyse pour étudier le changement institutionnel», *Revue de la Régulation*, n°14.
Ramstad Y. [2001], «John R. Commons' reasonable value and the problem of just price», *Journal of Economic Issues*, volume XXXV, n°2, pp 253-277.
Rodrik D. [2004], *Getting institutions right*, mimeo, Harvard University.
Vincensini C. [2010], *Vingt ans de privatisation en Europe Centrale*, éditions L'Harmattan.

PARTIE 2 / COMPORTEMENT DÉVIANT, PERVERSITÉ NARCISSIQUE ET ESPRIT LUDIQUE.

L'entrepreneur, acteur et fonction sociale : une réflexion à partir de *Comportement économique et structures sociales* d'André Nicolaï

Sophie Boutiller
Dimitri Uzunidis

«*Chaque entrepreneur se trouve enserré dans un réseau d'impératifs qui ne sont plus d'essence exclusivement économique*» (A. Nicolaï [1960], p. 231).

L'ouvrage d'André Nicolaï publié en 1960, *Comportement économique et structures sociales* (1960) présente une analyse riche et innovante pour appréhender le fonctionnement de la société capitaliste. Partant de la remise en question du principe de la rationalité économique et en combinant les apports de l'analyse sociologique, économique et psychologique, les travaux d'A. Nicolaï, plus de cinquante ans plus tard, n'ont rien perdu de leur actualité, et peut-être plus encore dans ce début de siècle en proie à une forte entropie économique et sociale. Face à la problématique des rapports sociaux, l'individu, par sa socialisation, est auteur, acteur et agi dans un système en constante mutation et évolution. Certains individus, à un moment donné, dans des circonstances particulières, se «détachent» par leur motivation de créativité et de volonté de changement. Le plaisir de faire se révèle plus puissant que celui de subir... Si l'on considère le capitalisme - et sous l'hypothèse que c'est le créateur d'activités (d'innovations, d'emplois, de revenus...) qui garantit le changement dans la continuité historique du système - l'entrepreneur tient une place de choix dans la hiérarchie des rôles et des fonctions de la société.

L'entrepreneur, en tant qu'acteur de premier plan du capitalisme est ici notre objet d'analyse. Comment la société capitaliste génère ces acteurs sociaux qui vont participer à sa reproduction élargie (croissance, diversification, complexification et, bien entendu, socialisation élargie du mode de production) ? Est-ce l'objectif du profit (soit un objectif économique) qui dicte au candidat entrepreneur son comportement ? Est-il guidé par des contingences de nature psychologique ? Par un besoin de puissance ? De domination des autres acteurs sociaux ? Ce sont ces questions que pose André Nicolaï et auxquelles il apporte des réponses pertinentes en combinant notamment les apports de Marx, Freud et Schumpeter. Il souligne en effet l'importance du processus de socialisation de l'individu, soit comment celui-ci intègre les normes et les valeurs sociales de la société dans laquelle il est inséré. Comment il peut en jouer pour arriver à ses fins, sachant que l'économie capitaliste repose sur le changement continu, sur l'innovation, dont l'entrepreneur est l'acteur.

Notre texte se divisera en deux parties. Dans la première partie, nous présenterons les fondements de l'analyse économico-socio-psychologique d'A. Nicolaï avec mise en évidence de relations systémiques liant l'acteur (l'entrepreneur) et le système (l'économie-société capitaliste), ceci en nous appuyant sur l'ouvrage ci-dessus mentionné et aussi (et surtout) sur ses cours à l'université de Paris-X-Nanterre au milieu des années 1980. L'analyse d'A. Nicolaï mettant précisément l'accent sur le processus de socialisation de l'individu, en général, de l'entrepreneur en particulier. Dans la seconde partie, nous reviendrons sur les œuvres d'économistes que nous considérons comme fondateurs et développeurs de la théorie de l'entrepreneur. Cantillon, Smith, Say, Schumpeter et Casson (Boutillier, Uzunidis [1995]; Boutillier, [2013] [2014] ; Landströme, Lohrke, [2012]), ont, «in-intentionnellement» et «partiellement», mais très pertinemment, cherché à joindre les deux bouts : l'acteur et le système. Nous soulignerons ainsi l'importance que ces auteurs accordent au processus de socialisation de l'entrepreneur en herbe, en montrant parfois involontairement comment un système social génère les agents déviants qui assurent sa reproduction élargie (soit une dynamique de croissance et de complexité des structures économiques) et sa survie économique et sociale.

I/ L'acteur et le système : un processus dialectique.

En combinant les apports de l'analyse économique, sociologique et psychologique, André Nicolaï montre que les comportements sociaux ne peuvent être réduits aux seuls critères économiques et moins encore à la maximisation du profit des Marginalistes, réduisant l'entrepreneur à une espèce d'être dénué de sens et de raison. Plus encore, il montre comment la société produit en quelque sorte des anticorps (des agents déviants) qui lui permettent de se reproduire de façon élargie, en bref d'innover dans tous les sens du terme : économiquement en créant de la valeur et techniquement en créant de nouveaux produits, soit pour paraphraser Schumpeter en faisant en sorte que la consommatrice moyenne du XXe siècle ait accès à une offre de biens que les monarques d'autrefois ne pouvaient imaginer en dépit de leur puissance.

1.1. Une combinaison complexe entre facteurs économiques et extra-économiques.

Selon la théorie de la rationalité économique néoclassique, les agents agissent sous contrainte économique. Mais les différentes contraintes économiques sont insuffisantes pour comprendre le fonctionnement des agents dans toute leur complexité. Des phénomènes extra économiques et les phénomènes économiques peuvent diverger. Selon Schumpeter (1935), le tempérament innovateur s'explique par des facteurs extra économiques. En d'autres termes, la maximisation du profit ne rend compte en aucune façon du comportement entrepreneurial.

«*Chaque individu est perpétuellement en situation, c'est-à-dire confronté à des problèmes exigeant de lui une réponse adaptée. Et il n'est pas de situation où la présence d'autrui ne soit par quelque manière impliquée»* (Nicolaï, 1960, p. 176). Au «tout début» déjà, l'individu est pris en charge par la société (en premier lieu par le concentrique noyau familial). C'est par la socialisation que l'être humain acquière sa place dans la société. Les agents ne sont pas prédéterminés à leur naissance. La socialisation aura pour tâche de réduire l'éventail des choix pour que les agents soient conformes aux règles sociales. Mais de l'autre côté, quelles que soient les époques, les individus ont toujours reconstruit une nouvelle société qui répondait mieux aux nouvelles contraintes qui apparaissaient. D'où la question de l'apprentissage des différentes rationalités répondant à des contraintes individuelles et collectives différentes selon les milieux sociaux et selon les époques.

Les économistes libéraux (en premier lieu les Marginalistes) ne se posent pas la question de savoir comment un système engendre des personnalités adéquates aux rôles que la société met en œuvre. Le système ne peut fonctionner sans tirer profit des névroses de la personnalité. La rationalité de reproduction du système peut se servir de l'«irrationalité» des agents.

La différentiation et la complémentarité des rôles s'accompagnent d'une spécialisation des agents. L'éventail des spécialisations peut être plus ou moins grand selon la quantité des rôles que le système engendre et impose à ses parties. L'affectation des agents aux fonctions et rôles sociaux peut se faire de manière différente selon les sociétés. Dans les sociétés à classes, à la naissance les individus ne sont pas prédéterminés. Mais, les contraintes pèsent et sont telles que la mobilité sociale est restreinte. Les contraintes économiques, du contrôle social, de l'intériorisation des normes font que les individus sont déterminés dans leurs fonctions dès la naissance par leur place dans la société. De l'autre côté, la plus ou moins grande spécialisation des agents affecte les rapports sociaux.

La différenciation et la complémentarité des rôles s'accompagne d'une hiérarchie des agents qui, au moins au départ, a une base fonctionnelle. Elle n'est pas arbitraire. Il y a des rôles sociaux plus importants que d'autres. Aussi, certains seront situés à un niveau supérieur dans la hiérarchie sociale. Par exemple, dans les sociétés en croissance ou en transition, le groupe qui a la fonction d'investissement et d'innovation sera placé en haut de la hiérarchie, même s'il regroupe peu d'individus. Le plus souvent, les agents se cantonnent dans un rôle quand bien même la base fonctionnelle s'effriterait.

Mais le fait majeur est que les agents puissent fonctionner en complémentarité et que celle-ci optimise le fonctionnement de l'ensemble du système. La spécialisation et la complémentarité des rôles proviennent de la socialisation des agents. Les agents sont formés pour tenir leur rôle. Un éventail plus ou moins large de comportements existe. Si la complémentarité entre les agents est mal assurée, il faut qu'il y ait de mécanismes qui contraignent les agents à avoir des comportements complémentaires. Le

contrôle social externe conduit les agents à se comporter peu à peu selon les normes de la société. Les agents sont donc acteurs des rapports sociaux.
Il y a trois types de contraintes sociales qui interviennent dans le sens de la réalisation de la complémentarité entre agents :

a) la nécessité matérielle (soit l'économique),
b) le regard de l'autrui (soit le social),
c) l'état psychologique : sentiment de culpabilité si on ne respecte pas les normes (soit le psychologique).

Si ces trois types de contraintes interviennent dans le même sens, la complémentarité sera la plus accomplie ; l'éventail des possibles sera réduit, les agents devenant conformes aux rôles que le système leur assigne, c'est-à-dire les agents adopteront des modèles standardisés de comportement pour survivre dans l'ensemble social.
Les agents sont conduits inconsciemment par leur socialisation à intérioriser les modèles standards au sein des milieux micro-sociaux d'appartenance (famille, école, activité professionnelle...). Ces milieux micro-sociaux sont eux-mêmes stéréotypés (chacun de ces micro-milieux est représentatif de l'ensemble des rapports sociaux).
L'imperfection de la complémentarité des rôles peut entraîner des dysfonctionnements sociaux (exemple : la crise économique). Mais, la perturbation sociale peut provenir aussi des comportements des agents qui «ne sont pas dans la norme». Il s'agit des agents déviants qui sont des marges utiles pour la reproduction du système. Ils tiennent des rôles officieux (exemple : la prostitution, le proxénétisme...), clandestins ou occasionnels.
Les agents déviants sont peu nombreux, mais en période d'entropie, ils doivent être suivis par un grand nombre. Ce qui est possible puisque dans chaque individu il y a une plus ou moins grande part de déviance (due à la socialisation) qui peut se révéler si l'occasion se présente. Ainsi, en période de crise il faut trouver des réponses nouvelles face à cette situation de dysfonctionnement. Donc, la part de déviance de chacun contribuera à la déviance générale (bifurcation de la trajectoire socio-économique) ou au contraire à l'ultra-conformisme et à la perpétuation de la crise...
En effet, ces catégories (normaux, déviants) ne sont pas immuables. Est-on définitivement un individu normal ou déviant ? Un individu normal peut s'avérer déviant en fonction des circonstances, du contexte et des opportunités sous condition que sa socialisation le lui permette ! L'entrepreneur n'est innovateur que lorsqu'il innove et ce n'est pas un trait permanent. C'est à ce moment que le normal devient un déviant. D'où la question de la fonction sociale de l'entrepreneur, et non celle de l'entrepreneur lui-même. Il est alors clair que l'innovateur est celui qui laisse libre cours à sa déviance (révélée par les circonstances et «utilisée» par la

saisie des occasions de profit, de créativité ou de pouvoir) et non celui qui s'enferme dans sa «normalité déphasée» ; celle-ci ne correspondant pas aux signaux de crise ou d'entropie émis par le système. De l'autre côté, les traits caractéristiques d'une personnalité déviante ne sont pas figés : ils apparaissent, mutent, se modifient en fonction toujours du contexte et des ressources dont l'individu dispose ou de celles auxquelles il peut accéder. Le tout est que les domaines des possibles pour une personnalité polymorphe sont plus nombreux et différenciés que pour les «normaux» et encore plus que pour les ultra-conformistes qui gênent la réalisation des nouvelles combinaisons productives et des nouveaux projets.

1.2. L'entrepreneur innovateur est-il un déviant ?

Au-delà de ces généralités, André Nicolaï définit trois personnalités-types étudiant quel peut être leur degré d'adéquation avec un système économique, le capitalisme, qui repose sur le principe de l'innovation permanente.
Quels types de personnalités sont adéquats aux situations exceptionnelles ?

a) Les caractériels : il s'agit des individus qui ne peuvent accepter le principe même de l'autorité. Comme ils contestent le pouvoir, les caractériels sont violents. Dans les circonstances exceptionnelles, ils font leur chemin à coups de pied.
b) Les hystériques : ce sont des individus qui ont refusé dans leur enfance d'admettre l'existence des deux sexes (or la société veut qu'on choisisse notre sexe). Dans une période exceptionnelle, les hystériques considèrent que tout est possible puisqu'ils peuvent permuter les rôles. Ils sont très à l'aise dans une période marquée par des changements profonds.
c) Les pervers : ce sont des individus qui n'ont pas intériorisé les normes, mais ils savent que les autres l'ont fait. Ils ont fait face à la menace de castration (ce qui est fondamental pour admettre les règles sociales). Ils se trouvent dans une situation privilégiée : ils se servent de la conformité des autres pour arriver à leurs fins. Les autres sont fascinés par leur personnalité et eux ils se servent de leur charisme pour se servir des autres : les innovateurs de Schumpeter.

Pour qu'il y ait changement social, il faut qu'il y ait de tels types d'agents qui peuvent devenir les initiateurs de renouveau socio-économique. Pour qu'il y ait changement, l'innovateur doit être suivi. Le phénomène de suivisme est très important parce que :
a) il crée les conditions de réalisation de nouvelles institutions de pouvoir ;
b) il contribue à la généralisation des nouvelles pratiques (les innovateurs sont suivis par des imitateurs).

En conclusion, l'entrepreneur-innovateur est un déviant. Pour évoluer, la société a besoin de conformistes et des déviants réformateurs (à côté des enfants modèles, il faut des enfants déviants). Les traits de personnalité des déviants entrepreneurs-innovateurs sont :

a) ne pas toujours penser en binaire (éros/thanatos, bien/mal, autorisé/interdit). La perversité doit l'emporter sur la névrose (Cf. La névrose doit être décelée et maîtriser), c'est-à-dire être polymorphe : considérer que tout lui est permis dans un large éventail de choix ;
b) il faut qu'il n'ait pas refoulé la violence (les interdits) ;
c) il ne doit douter de rien ;
d) il doit être égoïste, capable de vivre seul ;
e) il doit être un séducteur pour être entouré et suivi (même s'il a tort) ;
f) il doit avoir un comportement chaotique et déranger les autres.

Les déviants émergent de différents milieux lesquels sont formés dans des groupes marginaux spécifiques. Il s'agit le plus souvent de milieux micro-sociaux d'intellectuels (mais non de tradition puisque l'enfant doit être soumis à des contradictions importantes). Les relations à l'intérieur de ces milieux doivent être conflictuelles pour que leurs membres recourent à des pratiques clandestines pour s'en sortir. Ces groupes marginaux sont très sensibles aux contradictions sociales puisque l'intellectuel recrée le monde qui est de ce fait imaginaire. Ainsi, la déchirure qui se produit conduit au recours à des pratiques clandestines. L'enfant est alors soumis à un ordre contradictoire, ce qui produit une crise d'identification qui a des côtés positifs (débrouillardise, créativité, innovation) et négatifs (être en déphasage par rapport à la réalité des rôles sociaux).
L'innovateur cherche à agréger d'autres agents autour de ses pratiques pour recréer un milieu social non contradictoire. En effet, une fois la contradiction des relations micro-sociales intériorisée, l'innovateur cherche à récréer un milieu organisé sur lequel s'appuier pour réaliser son projet. L'inscription sur la pierre tombale d'Andrew Carnegie (entrepreneur américain du textile puis de la sidérurgie, 1835-1911) peut être alors comprise dans le sens de la mise en place, sous son commandement, d'une équipe qui permet à des personnes ordinaires de faire des choses extraordinaires. Il rédigea ainsi sa propre épitaphe : «*Ci-git un homme qui sut s'entourer d'êtres plus intelligents que lui*». Savoir s'entourer signifie que d'autres acceptent les normes émises par l'innovateur (formation d'un nouveau milieu micro-social ordonné) avant que ces normes et les pratiques qui leurs sont consécutives se diffusent par l'intermédiaire des imitateurs appâtés par le succès de l'innovateur.

Si l'innovation est générée (nouvelles pratiques, techniques, etc.), et est généralisée (par diffusion grâce à l'adoption et à l'imitation), les ultra-conformistes sont éliminés et ceux qui survivent doivent se conformer à la nouvelle donne. Ainsi, puisque ce sont les pratiques qui conduisent à la formation des rapports sociaux, si ces pratiques changent, à la longue, les rapports sociaux changeront aussi. Le succès entrepreneurial dépend donc de la capacité des innovateurs à faire face à trois sortes d'«ennemis» posant leurs propres contraintes : les concurrents existants, les envieux et les inertes, c'est-à-dire, tous ceux qui se confortent dans les rapports sociaux en place, ceux-ci étant conditionnés par des pratiques sociales routinières.
Les pratiques sociales sont des ensembles d'opérations matérielles et symboliques standardisées par lesquelles les groupes d'agents socialisés tenant des rôles différenciés entrent en rapport de complémentarité à l'occasion d'une activité sociale. C'est ainsi que nous pouvons définir l'économie comme étant un ensemble d'activités nécessaires de lutte contre la rareté pour satisfaire les besoins sociaux ou socialisés grâce à la production et éventuellement la circulation des moyens et des biens qui nécessitent un travail en commun. Dans ce travail en commun, les agents entrent en rapport selon les rôles différenciés ou complémentaires et la répartition des biens produits permet au minimum la reproduction simple du système.
La réussite du processus de création de rapports sociaux nouveaux par l'action des individus déviants exige deux types de moyens : matériels et de pouvoir.

a) Les moyens matériels sont les innovations (ou le développement des forces productives). Combinant Marx et Schumpeter, innover c'est introduire dans la société des nouvelles techniques et pratiques pour assurer et consolider la mutation des rapports sociaux.
b) Les moyens de pouvoir. Les innovateurs contestent et remettent en cause le pouvoir des établis et, s'ils sont suivis, la nouvelle forme du pouvoir suppose, et s'appuie sur la transformation des rapports sociaux. Un rapport social étant un rapport réel et objectif entre groupes d'agents exerçant dans une activité sociale (ici économique) des rôles différenciés et complémentaires. L'objectivité de ce rapport suppose que celui-ci s'impose aux agents et détermine leurs pratiques. La réalité de ce rapport signifie que ce rapport existe grâce aux pratiques standardisées des agents.

1.3. La dialectique complexe entre l'acteur et le système

Au cours de l'évolution du système, ce ne sont pas toujours les mêmes entrepreneurs qui font la loi : le secteur qui est dominant (en relation avec le développement des forces productives et l'évolution du rapport social) va conférer aux entrepreneurs de ce secteur du pouvoir sur les salariés et sur les autres entrepreneurs.

Les rapports sociaux sont ainsi générés par la tenue de différents rôles définis par la société pour survivre en satisfaisant les besoins individuels (la finalité de la société est la satisfaction individuelle et non la satisfaction de la société elle-même). Les agents qui jouent des rôles similaires appartiennent à un groupe social donné. Il y a quatre séries de rôles sociaux : les rôles officiels ou codifiés respectés par les individus ; les rôles officieux que la société définit pour éviter la sclérose ; les rôles clandestins tenus par des agents qui inventent des pratiques nouvelles tirant profit des failles du système (exemple : l'innovateur, l'économie parallèle...); Les rôles exceptionnels tenus au moment venu par des agents dans des circonstances spéciales (exemple : la crise économique ou politique).

Les comportements des agents sont indissociables de l'état des rapports sociaux :

a) parce que les objectifs modèlent la personnalité des agents les plaçant en suite collectivement en situation en leur délimitant l'éventail des pratiques possibles pour faire face à cette situation.
b) les agents reprennent en compte dans le champ psychologique les déterminants sociaux pour construire leur motivation.
c) sont créés ainsi des comportements collectifs homogènes ou similaires donnant naissance aux groupes sociaux.

Dans les économies à classes, le déterminant social est la propriété privée, laquelle détermine l'inégalité des rôles économiques joués par les agents. Quel que soit le système économique, le groupe qui exerce les fonctions d'investissement et d'innovation joue un rôle prédominant. La tenue de ce rôle permet l'acquisition, l'accumulation et la disposition des moyens qui permettent la reproduction de ce rôle et permet au groupe en question de conforter sa domination : détention d'importants moyens matériels et financiers, relations sociales, savoir... Il est bien évident que les groupes subordonnés doivent adhérer à ce rapport de domination ; ce qui garantit l'unité des groupes dominants.

La complémentarité des rôles socio-économiques sous cette contrainte de domination/subordination est nécessaire pour la reproduction du système mais génère aussi des contraintes que les agents doivent prendre en considération pour adapter leurs comportements. Le comportement de l'individu dépend de sa socialisation laquelle contribue à définir l'ampleur de l'éventail des possibles.

Pour l'entrepreneur, plus particulièrement, l'aspiration de la participation à la partie la plus «moderne» du groupe dominant crée ses motivations : performance, création, innovation, pouvoir, enrichissement... Quand ces motivations sont incompatibles avec les contraintes objectives et avec celles

liées à la reproduction du groupe dominant, l'entrepreneur échoue. «*Le plaisir de diriger, d'être obéi, voire de jouer un jeu dont le risque est diminué par la possession de cartes majeures. Mais, ces plaisirs, pour durer, exigent la sauvegarde de l'entreprise... Pour continuer à savourer l'attrait du jeu, l'entrepreneur doit conserver le pouvoir de perpétuer les donnes : il est à même de le faire en maximisant l'espérance de gains satisfaisants, c'est-à-dire de gains dont il estime qu'ils permettront sa survivance physique comme organisme et sa survivance sociale comme entrepreneur... l'organisme physique est en réalité une personne socialisée qui a des besoins personnels correspondants aux normes de la classe d'appartenance : la bourgeoisie*» (Nicolaï [1960], p. 222).
Toutefois, pour la reproduction du système social, ce ne sont pas les individus qui importent, mais les fonctions qu'ils exercent. Le tout est en effet qu'il y ait des individus qui agissent sans se référer à un calcul rationnel. En effet, il n'y a pas de base de calcul rationnel dès que l'on sort du comportement routinier. Toute innovation est quelque chose d'extraordinaire dans la reproduction sociale. La société crée un vivier de ce type d'agents dans lequel elle puise les innovateurs nécessaires à sa reproduction nécessairement élargie, ou, selon les mots de Schumpeter dans «*Capitalisme, socialisme et démocratie*», le capitalisme ne peut être stationnaire et ne peut jamais le devenir, parce qu'il crée ou fait évoluer les rôles sociaux grâce à l'interaction entre l'acteur et le système.

II / La douloureuse socialisation de l'entrepreneur. Eléments d'analyse à partir des écrits de Cantillon, Smith, Say, Schumpeter et Casson.

Cantillon, Smith, Say, Schumpeter et Casson correspondent à des phases spécifiques de l'évolution du capitalisme (Boutillier, Uzunidis [2014]) : les prémisses de la première révolution industrielle (Cantillon), la première révolution industrielle (Smith et Say), la deuxième révolution industrielle (Schumpeter) et la révolution informationnelle actuelle (Casson). Ces changements de paradigme technologique sont par nature des périodes d'entropie où les rôles des déviants mis en avant par A. Nicolaï sont particulièrement importants. Vivant ces périodes chaotiques et fertiles en changement, ces économistes ont très certainement été conduits à en rechercher les racines et à tenter d'en expliquer les mécanismes complexes.

2.1. *Tout preneur de risque est entrepreneur ? Tout preneur de risque est un agent déviant ?*

Dans son célèbre et unique ouvrage, «*Essai sur la nature du commerce en général*» (1755), Cantillon a pour ambition de dresser un bilan, le plus exhaustif possible du fonctionnement d'une économie, en balayant l'ensemble des activités économiques (agriculture, industrie et commerce), mais également en s'intéressant à ses acteurs : les entrepreneurs et l'Etat principalement. La définition de l'entrepreneur par Cantillon est très connue, nous nous contenterons de l'énoncer sans la développer : l'entrepreneur appartient à la catégorie des «*gens à gages incertains*». Compte tenu de ce qui précède, nous nous focaliserons par conséquent sur le processus de sa socialisation. Cantillon s'intéresse aux voies par lesquelles un individu apprend son métier, et par conséquent devient partie intégrante d'une société, mais également comment il développe des relations sociales (marchandes) avec d'autres acteurs économiques.

Dans le chapitre VII de la première partie intitulé «*Le travail d'un laboureur vaut moins que celui d'un artisan*», Cantillon explique que dès l'âge de sept ou douze ans le fils du laboureur commence à aider son père en exerçant différentes tâches : garder les troupeaux, remuer la terre, soit d'autres ouvrages de la campagne qui ne demandent ni de connaissances spécialisées ni d'habileté. Ce processus d'apprentissage est long (environ sept ans). Le père ne peut consacrer beaucoup de temps à l'apprentissage de son fils, car cela lui ferait perdre du temps ; temps qu'il doit consacrer au développement de sa propre exploitation. Il s'agit par conséquent (même si Cantillon n'emploie pas ce terme) d'un apprentissage par la pratique et l'expérience. Ce qui sous-entend qu'il s'agit d'un travail simple, comparé à celui de l'artisan par exemple qui en revanche nécessite de longues années d'un apprentissage studieux. Ce processus d'apprentissage demandant du temps, l'artisan ne le fait pas apprendre à tous ses enfants, de plus il ne faut pas courir le risque d'un excès d'offre qui fausserait la concurrence. La période de la socialisation est donc pour Cantillon celle de l'apprentissage d'une pratique et l'observation (pour l'agriculteur) d'un véritable métier (pour l'artisan). Les hautes qualifications de l'artisan justifient que l'on y consacre du temps et de l'argent. Ce que fait le père de l'artisan. Mais, le métier d'entrepreneur n'existe pas en tant que tel car tout le monde l'est : le fermier, le marchand, le manufacturier, etc. Tous ont en commun d'avancer une somme d'argent donnée, sans garantie du revenu qu'ils en tireront en retour.

Cantillon poursuit dans le chapitre XIII[33], en soulignant que ces derniers deviennent des consommateurs réciproques les uns des autres, dans une économie reposant sur l'échange. De plus, compte tenu du contexte concurrentiel dans lequel ils sont insérés, ils cherchent à se duper les uns des autres, pour survivre. L'entrepreneur se définissant uniquement par le caractère incertain de ses revenus, et n'appartenant pas à une catégorie professionnelle particulière, Cantillon va même jusqu'à affirmer que même les gueux et les voleurs sont des entrepreneurs. C'est à se demander si

[33] Le titre du chapitre XIII est très long, mais très intéressant : «*La circulation et le troc des denrées et des marchandises, de même que leur production, se conduisent en Europe par des entrepreneurs, et au hasard*».

Williamson (1975) avait lu Cantillon quant à sa conception de l'individu opportuniste ?
L'entrepreneur de Cantillon s'apparente au déviant de Nicolaï, car il connait les règles sociales, mais il les détourne lorsque la situation le demande. L'entrepreneur est en effet inséré dans un réseau de relations marchandes marqué par des rapports de forces puisqu'il achète à un prix certain pour revendre à un prix incertain, en raison des fluctuations du marché. Il est prêt à tout ! Le risque ne lui fait pas peur puisqu'il ne reconnaît pas les (et il n'adhère pas aux) normes sur lesquelles sont fondés les rapports sociaux en cours.

2.2. Se méfier du faiseur de projets ?

Dans un autre ordre d'idées, Smith a été amené à tracer des portraits-types, voire des caractères-types d'entrepreneurs, alors qu'il n'est pas resté dans la postérité comme l'un des économistes fondateurs de la théorie de l'entrepreneur. L'œuvre de Smith présente une dichotomie évidente entre d'une part le principe du libre échange mis en évidence dans *La richesse des nations* (1776) et *La théorie des sentiments moraux* (1759) qui décrit une société reposant sur la sympathie.
Les trois portraits qu'il dresse sont cependant riches d'enseignements au regard de la théorie de l'agent-déviant de Nicolaï. Dans *La Théorie des sentiments moraux* (1759), Smith distingue trois caractères-types qui renvoient à trois figures de l'entrepreneur (Leloup [2002]) : l'homme prudent, le fils de l'homme pauvre et le faiseur de projets. L'homme prudent dispose d'un fonds qu'il peut dépenser pour des plaisirs immédiats (dépenses courantes ou extraordinaires). Calculateur avisé, il possède une petite entreprise, qui s'avère plus lucrative qu'une grande. Le fils de l'homme pauvre sympathise volontiers avec les riches, pensant qu'ils sont admirés pour leur fortune, et veut aussi être riche. D'où son désir de devenir entrepreneur. Mais, il doit faire de nombreux sacrifices pour y parvenir. Peu instruit, il travaille énormément. Il réduit sa consommation présente pour épargner. Comme l'homme prudent, il préfère le capital à la consommation. Il passe sa vie à réinvestir continuellement ses profits. Dans *La richesse des nations*, Smith expose les deux types d'activité que le fils de l'homme pauvre peut exercer, comme prêter ses fonds à la disposition d'autres entrepreneurs. Il peut aussi utiliser ces fonds lui-même, et devenir entrepreneur. Cette activité peut prendre différents aspects : créer comme l'homme prudent une petite entreprise ou en devenant marchand ou négociant. Mais, il est frugal, travailleur et possède une grande acuité dans les affaires. Le faiseur de projets peut être amené par sa passion à détourner les lois. Mais, si la prise de risques est inhérente à ce type de pratiques, Smith condamne le faiseur de projets qui se lancerait dans des activités trop risquées. Ces propos rejoignent ceux de Marshall (1919) qui affirmait en

substance que l'organisation capitaliste créait de multiples opportunités pour être malhonnête en affaires…
Parmi les trois portraits tracés par Smith, seul le dernier, le faiseur de projets correspond, au profil de l'agent déviant de Nicolaï. Il est en effet amené à détourner les lois à son profit, sachant que le tiers avec lequel il traite s'y conforme. Les autres profils correspondent à des individus besogneux qui participent à la reproduction à l'identique ; sans créativité ni innovation le prudent et le «parvenu» cherchent à prouver d'abord à eux-mêmes leur capacité d'agir. Or, il est assez étonnant de constater que Smith semble avoir plus de sympathie pour ces derniers.

2.3. Des déviants qui agissent selon les règles sociales basiques du capitalisme.

Si Say reprend et popularise l'œuvre de Smith en France, il est aussi fort critique. La question de l'entrepreneur n'échappe pas à cette règle. Pour celui-ci, l'entrepreneur est comme Schumpeter plus tard, un être d'exception. Il doit être doté par la providence d'une «capacité de jugement». La réunion de ces qualités en un seul individu n'est pas courante, car «*ce genre de travail exige des qualités morales dont la réunion est peu commune*» (Say, cité par Boutillier, Uzunidis [1995], p. 18). Comme Cantillon, il souligne la prise de risque en cas de faillite, il perd tout : sa fortune et son honneur. Mais l'entrepreneur décrit par Say agit selon les règles sociales. Il n'est pas le déviant décrit par Nicolaï. L'entrepreneur de Say n'est cependant pas un agent statique, proche des portraits tracés par Smith (l'homme prudent ou le fils de l'homme pauvre) et il cherche à impulser une dynamique économique nouvelle, et semble désespéré de l'inertie sociale à laquelle il est confronté. Say avait en effet séjourné à plusieurs reprises en Angleterre et était fasciné par la révolution industrielle anglaise. Il se lamentait que la France ne compte qu'un très petit nombre d'entrepreneurs… entreprenants.
Schumpeter développe un point de vue plus nuancé. Il a tracé le contour de la théorie de l'entrepreneur dans *La théorie de l'évolution économique* (1911), s'il y revient dans son dernier ouvrage *Capitalisme, Socialisme et Démocratie* (1942), c'est essentiellement pour s'interroger sur les modalités de sa disparition probable, thème que nous n'aborderons pas dans le cadre de la présente contribution. L'entrepreneur semble le fasciner, il juxtapose deux mondes celui de la féodalité et de ses chevaliers et celui du capitalisme avec ses entrepreneurs. Deux mondes différents qui se sont succédés chronologiquement et qui ont leurs héros respectifs. Par conséquent, l'entrepreneur schumpétérien est un individu hors du commun, une sorte de héros. Contrairement à Cantillon qui considérait que l'on était entrepreneur à partir du moment où l'on exerçait une activité à risque, pour Schumpeter, l'entrepreneur appartient à une élite sociale. L'exécution des nouvelles

combinaisons est difficile et accessible seulement à des personnes de qualité déterminées. Seules quelques personnes ont les aptitudes voulues pour être chefs dans une telle situation. Mais, si l'entrepreneur schumpetérien peut être conduit à utiliser la connaissance qu'il a de la société pour réussir, il le fait dans la droite ligne de celles-ci sans déroger à ses règles. En ce sens, ce n'est pas un déviant tel que pouvait l'imaginer Cantillon.
Fasciné par le jeu et le défi qui s'y rattache, la recherche du profit est secondaire pour l'entrepreneur schumpetérien, bien qu'elle ne soit pas négligée. L'entrepreneur est une espèce de joueur pour qui la joie de créer l'emporte sur la recherche intrinsèque du gain. Même si le profit couronne le succès des nouvelles combinaisons de facteurs de production. Il est l'expression de la valeur de la contribution de l'entrepreneur à la production, comme le salaire pour le travailleur. Mais, Schumpeter distingue aussi plusieurs profils-types d'entrepreneur au regard de leur motivation :

a) le bourgeois typique qui a hérité d'une entreprise et qui en est le propriétaire ;
b) le capitaine d'industrie qui possède les moyens de production et une influence sur les actionnaires. Ici, la motivation n'est pas le profit mais la domination sociale et la performance ;
c) le dirigeant d'une entreprise qui est motivé par la reconnaissance des autres ;
d) le fondateur d'une entreprise qui est le véritable entrepreneur et le plus créatif.

L'entrepreneur est un calculateur génial, car il peut prévoir mieux que les autres l'évolution du marché. Qualifier l'entrepreneur schumpétérien de calculateur génial n'est cependant pas tout à fait exact, car les décisions prises par l'entrepreneur ne relèvent pas de la rationalité walrasienne, mais d'une rationalité subjective qui se fonde sur des facteurs psychologiques, selon la conception de Menger (2011). L'entrepreneur n'est donc pas rationnel, au sens de l'homo œconomicus : «*l'entrepreneur typique ne se demande pas si chaque effort auquel il se soumet, lui promet un 'excédent de jouissance' suffisant. (...) Il crée sans répit, car il ne peut rien faire d'autre (...)*» (Schumpeter [1935], p. 134).
L'entrepreneur a du charisme et de l'autorité et sait s'imposer vis-à-vis des autres, tel un chevalier des temps médiévaux. «*L'importance de l'autorité n'est pas absente, il s'agit souvent de surmonter des résistances locales, de conquérir des 'relations' et de faire supporter des épreuves de poids*» (Schumpeter [1935], p. 127).
Si l'entrepreneur fait partie de l'élite sociale, et en connaît les règles, il se situe à l'extérieur des cercles d'affaires établis, en sortant de la routine industrielle. Il est le «*révolutionnaire de l'économie – et le pionnier involontaire de la révolution sociale et politique – ses propres collègues le*

renient (...) si bien qu'il n'est pas reçu parfois dans le milieu des industriels établis» (Schumpeter [1935], p. 128). Se rapprochant de Weber, Schumpeter considère que l'entrepreneur se caractérise aussi par un style de vie, un système moral d'éthique et de valeur (Schumpeter [1935], p. 336). En bref, il est un chevalier loyal du capitalisme.
L'entrepreneur schumpetérien est sans conteste le déviant de Nicolaï. Par ailleurs, les références multiples que Nicolaï fait à l'économiste autrichien tant dans son ouvrage que dans ses cours, témoignent de son intérêt certain pour ce dernier. L'entrepreneur schumpétérien incarne la figure des courageux chevaliers médiévaux qui partaient combattre pour de grandes causes (Exemple : libérer le tombeau du Christ en Palestine). L'entrepreneur des temps modernes relève des défis, remet en cause des positions que l'on croyait acquises, pour repousser toujours plus loin les limites de la créativité et de l'innovation. Or, l'engagement de l'entrepreneur schumpétérien peut aller si loin qu'il conduit à l'émergence d'une nouvelle organisation sociale (à condition qu'il soit suivi et imité) : il renouvelle les marchés, il restructure les rapports sociaux et, à son insu, génère la grande entreprise, les monopoles. Sa fonction disparaît avec la centralisation de la propriété du capital donnant au système une apparence… socialiste.

2.4. L'entrepreneur : un héros de quotidien qui essaie de s'en sortir ?

Casson (1991) construit un lien entre la firme et l'entrepreneur en se focalisant sur ce dernier, lequel est au cœur de l'action par son intervention en matière de décisions (affectation des facteurs de production, création de marchés, etc.). L'entrepreneur est un individu qui se caractérise par sa capacité à prendre des décisions relatives à la coordination des ressources rares. Il va percevoir de manière intuitive, à l'image de l'entrepreneur kirznerien (1973), une situation donnée qui sera donc différente de celle d'autres agents économiques, cherchant ainsi à tirer profit de sa situation sur celle des autres entrepreneurs car il est persuadé de la justesse de ses décisions. Mais, cette capacité à détecter les bonnes informations, ne place pas l'entrepreneur au sommet de la hiérarchie sociale selon Casson, dont l'analyse semble être fortement marquée par la crise du keynésianisme qui débute à partir des années 1980 avec un retour quasi obligé à l'entrepreneur.
La réussite entrepreneuriale est conditionnée selon Casson par deux facteurs : l'information et la famille. L'information englobe les opportunités de profit. La famille constitue une source notable d'informations par les réseaux sociaux qu'elle contribue à tisser. Mais la réussite est limitée par la fortune familiale et par l'éventail de ses compétences. L'entrepreneur est confronté à de multiples barrières à l'entrée pour mener à bien son projet :

a) faiblesse des ressources financières : les contacts informels avec la famille, les amis, les partenaires commerciaux sont importants pour collecter des capitaux, des contrats avec des intermédiaires financiers ;
b) difficulté de collecter de l'information : en dehors de la famille, les clubs et les associations constituent les plus importantes institutions à but non lucratif grâce auxquels les individus peuvent nouer des contacts et collecter l'information nécessaire au démarrage de leur entreprise.
c) le niveau d'instruction de l'entrepreneur : les qualifications issues de l'instruction jouent un rôle très important pour passer outre les contraintes imposées par l'absence de fortune personnelle.

Casson s'interroge également sur les motivations pour devenir entrepreneur. Les motivations qu'il distingue sont fort éloignées du lyrisme de Schumpeter en la matière :

a) créer son entreprise pour échapper au chômage,
b) par refus de la hiérarchie,
c) comme complément de revenu à une activité salariée,
d) pour exploiter ses talents librement.

Parmi ces quatre arguments, seul le quatrième est positif. En dehors de cela, l'individu agit en qualité d' «employeur en dernier recours» pour lui-même, et il y a peu de chances pour qu'il réussisse pour les raisons suivantes :

a) un individu qui considère qu'il est difficile de trouver un emploi dans une situation de concurrence, ou de conserver un emploi une fois qu'il l'aura obtenu, n'aura vraisemblablement pas les qualités requises pour réussir dans les affaires ;
b) un individu qui ne supporte pas d'être employé ne sera vraisemblablement pas capable d'employer d'autres personnes ;
c) un individu qui souhaite travailler comme il l'entend ne fournira certainement pas aux clients la qualité de service qu'ils attendent, ce qui limite les chances de survie de son entreprise ;
d) on peut également penser qu'un entrepreneur sans expérience de salarié sera sérieusement pénalisé. Pour réussir, il est souhaitable de commencer comme salarié pour apprendre le difficile métier d'entrepreneur.

L'économie a besoin d'entrepreneurs, et plus il y a d'entrepreneurs et plus il y en aura. Le filtrage des nouvelles vocations s'effectue principalement par la qualification obtenue à l'université, dans les écoles de commerce ou les associations professionnelles. Le système éducatif joue ainsi un rôle important. Pour trouver les capitaux nécessaires au démarrage de l'entreprise, l'entrepreneur peut avoir recours aux banques, mais ces dernières ne se montrent pas toujours très favorables au financement du

projet entrepreneurial. «*La principale alternative à la banque demeure la famille*» (Casson [1991], p. 277). Celle-ci est un substitut efficace de la banque ou à toutes autres formes de financement institutionnel de la création d'entreprise, parce qu'elle se développe sur plusieurs générations (solidarité intergénérationnelle). Ensuite, les prêteurs engageront leurs capitaux avec confiance en raison de la bonne image de la famille. Si la famille fait défaut, l'autre solution consiste pour Casson «*à travailler avec plus d'ardeur encore et à épargner encore plus. Il renonce à ses loisirs et à sa consommation courante afin d'obtenir des fonds supplémentaires pour ses investissements*» (p. 278). Les loisirs sont au demeurant peu importants pour l'entrepreneur, non seulement parce qu'en raison de la nature même de son activité, il est difficile de définir la frontière entre le travail et le loisir, mais aussi parce que l'entrepreneur doit prouver aux autres le bien-fondé de son projet.
Casson semble pessimiste. Il constate que l'entrepreneuriat s'impose comme une solution face à la montée du chômage. Dans ces conditions, l'entrepreneur de Casson ne correspond pas au profil de l'entrepreneur déviant de Nicolaï. Devenu entrepreneur, malgré lui, non parce qu'il a un projet ou une idée à valoriser, non parce qu'il a un « monde à changer», l'individu est l'enjeu de forces invisibles qui l'ont arraché de la condition salariale à laquelle il tenait. Sa fonction consiste à la reproduction de la hiérarchie systémique et constitue un groupe d'agents prudents qui n'ont pas le goût de la créativité. L'entrepreneur qui émerge au début du XXIe siècle est celui qui est guidé et encadré par des structures d'accompagnement à la création d'entreprise, qui se substituent à une socialisation défaillante. De l'autre côté, Casson observe volontiers une minorité d'individus qui refusent l'autorité et qui cherchent, via la création d'entreprises, d'exprimer leur «art économique». Mais, ceux-ci restent marginaux et sont asphyxiés par l'emprise du politique dans la définition et la promotion de la fonction de l'entrepreneur (règlementation, symbolisation, intermédiation…).

Conclusion.

Le processus de la socialisation est complexe. La théorie économique, qui a cherché à s'institutionnaliser en tant que science à la fin du 19e siècle, a été conduite à réduire l'entrepreneur à une pratique de la maximisation : un être dénué de sens et de raison. Pourtant, nombre d'économistes des siècles et décennies précédents avaient travaillé à tracer les contours d'un agent social beaucoup plus complexe en combinant les considérations économiques, morales et philosophiques, voire psychologiques.
Au début des années 1960, André Nicolaï, dans une période marquée par une véritable révolution intellectuelle (Sartre, Lévi-Strauss, Foucault, l'école de Francfort, etc.), montre au contraire et avec raison la complexité des mécanismes de la reproduction sociale. L'entrepreneur n'est plus un agent

maximisateur, mais un agent économique complexe, déviant, qui s'approprie les règles sociales pour chercher à les détourner.
Cantillon montre que l'entrepreneur est volontiers un filou, ce que condamne implicitement Smith qui se méfie du faiseur de projets. Say et Schumpeter placent l'entrepreneur sur un piédestal. Le deuxième souligne avec insistance son caractère quasi névrotique, son goût du jeu et des défis. Le premier se plaint de son absence de reconnaissance sociale. Quant à Casson, marqué par les déboires de la société salariale des années 1960-1970, il s'interroge sur les raisons conduisant des individus à devenir entrepreneurs «en dernier ressort» (ou «par défaut»).
La société salariale (Castel [1999]), dont les racines remontent au XIXe siècle, est en train d'évoluer selon certains auteurs (Audretsch [2007] ; Bonnet et al. [2012]) vers une société entrepreneuriale. La société entrepreneuriale est supposée non seulement être plus flexible que la société salariale (l'emploi, salarié ou non, devenant aléatoire et précaire), mais également beaucoup plus créative. Par ailleurs, une certaine division du travail et des relations de complémentarité entre grandes et petites entreprises sont favorisées : il doit exister de façon permanente une recomposition des rapports de force, en termes de concurrence et de coopération, entre grandes et petites entreprises, entre les managers et les entrepreneurs. Cette recomposition en cours des rapports sociaux consacre l'entrepreneur comme un agent qui complète ou qui rapièce une société salariale en crise (Boutillier, Uzunidis [2010]). L'entrepreneur promu comme symbole de réussite sociale perd ainsi sa fonction de base qui est celle d'innover, c'est-à-dire de recomposer les ressources dans un but purement économique. Si l'entrepreneur tant alors à se normaliser (à se banaliser), les déviants innovateurs, pour sortir de la routine y compris économique, ne se réfugieraient-ils pas, en outre, dans les autres sphères (sous-systèmes, selon Nicolaï) de la vie sociale (politique, ludique et, pourquoi pas, anthropoïétique !) ? Le tout est qu'il soit suivi et non se conformer avec la norme de «tout entrepreneur» ; celle-ci devenant «banale», un projet innovant serait celui qui emboîte dans un même ensemble et de façon «équitable» l'économique avec une nouvelle forme d'organisation micro-sociale, un nouveau type de commandement et une nouvelle approche de la socialisation de l'individu.
En bref, la société définit des rôles que des agents sociaux doivent, par la socialisation et la contrainte des normes, des routines ou du regard d'autrui, forcément endosser pour assurer la prévisibilité de la reproduction du système. Mais, dans ce cas, l'entrepreneur devient un agent «normal» ; la définition de l'innovateur, liant l'entrepreneur à l'innovation, devenant quant à elle forcément caduque.
Dans le tableau ci-dessous, nous présentons une synthèse de l'ensemble des propos des économistes étudiés en les confrontant à la conception de l'agent déviant de Nicolaï.

Tableau synthétique : l'entrepreneur est-il un déviant ?

Economistes	Période	Conception de l'entrepreneur	Référence à l'agent déviant de Nicolaï
Richard Cantillon	Prémisses de la première révolution industrielle	Prend des risques Tout agent économique prenant des risques est un entrepreneur	Oui à condition d'assumer le risque
Adam Smith	Révolution industrielle anglaise	Sympathie pour le fils de l'homme pauvre et de l'homme prudent, mais craintes vis-à-vis du faiseur de projets	Oui mais, seulement pour le faiseur de projets
Jean-Baptiste Say	Le retard de l'industrialisation française	Etre entrepreneur : un métier difficile, indispensable, mais on se méfie de lui	Oui mais, l'entrepreneur se heurte à une société qui le refuse
Joseph A. Schumpeter	Deuxième révolution industrielle Salariat de masse	Faiseur de projets et révolutionnaire de l'économie, l'entrepreneur schumpétérien est un révolutionnaire de l'économie, un créateur	Oui. La fonction de l'entrepreneur est d'innover. Il s'appréhende comme un faiseur de projets qui aime le jeu en lui-même, plus encore que d'être le gagnant.
Mark Casson	La révolution informationnelle «Société entrepreneuriale»	Entrepreneur en dernier ressort. pour assurer la reproduction des rapports sociaux en cours.	Oui mais seulement pour celui qui valorise ses talents Non s'il s'agit d'intégrer le marché du travail faute d'avoir trouvé un emploi salarié

Bibliographie :

Audretsch D. [2007], *The entrepreneurial Society,* éditions Oxford University Press.

Baumol W. [1968], «Entrepreneurship in economic theory», *American Economic Review,* 58 (2), pp. 64-71.

Bonnet J., Dejardin M., Madrid-Guijarro A. [2012] (eds), *The Shift to the Entrepreneurial Society; a Built economy in Education, sustainability and regulation,* éditions Edward Elgar.

Boutillier S., [2013], «Innovation et entrepreneur : points de repère théoriques» in Boutillier S., Djellal F., Uzunidis D., dir, *L'innovation. Analyser, anticiper, agir,* col. Business & Innovation, éditions Peter Lang, pp. 63-110.

Boutillier S. [2014], «Théories économiques de l'entrepreneur innovant, in Réseau de Recherche sur l'Innovation » in S. Boutillier, J. Forest, D. Gallaud, B. Laperche, C. Tanguy, L. Temri (dir.) [2014], *Principes d'économie de l'innovation*, col. Business & Innovation, éditions Peter Lang, Bruxelles, pp. 101-114.

Boutillier S., Uzunidis D. [1995], *L'entrepreneur, une analyse socio-économique,* éditions Economica.

Boutillier S., Uzunidis D. [2010], *L'entrepreneur, force vive du capitalisme*, éditions Bénévent.

Boutillier S., Uzunidis D. [2014], The theory of the entrepreneur: from heroic to socialized entrepreneurship", *Journal of Innovation Economics & Management*, 14(2), pp. 9-40.

Cantillon R., [1755], *Essai sur la nature du commerce en général*, Institut Coppet.

Casson M., [1981], *L'entrepreneur,* éditions Economica.

Castel R. [1995], *Les métamorphoses de la question sociale*, éditions Fayard.

Kirzner I. [1973], *Competition and Entrepreneurship,* éditions University of Chicago Press.

Landströme H., Lohrke F. T. [2012] (eds), *Intellectual Roots of Entrepreneurship Research,* éditions Edward Elgar.

Leloup S. [2002], «Les entrepreneurs smithiens : le fils de l'homme pauvre, l'homme prudent et le faiseur de projets», *Cahiers d'économie politique,* n° 42, pp. 75-87.

Marshall A. [1919], *Industry and Trade* (2 volumes), éditions Mac Millan.

Menger C. [1883], *Recherches sur la méthode dans les sciences sociales et en économie politique en particulier,* Editions de l'EHESS.

Nicolaï A. [1960], *Comportement économique et structures sociales*, éditions L'Harmattan.

Say J.-B. [1803], *Traité d'économie politique,* éditions Economica.

Schumpeter JA. [1935], *Théorie de l'évolution économique,* éditions Dalloz.

Schumpeter JA. [1942], *Capitalisme, Socialisme et Démocratie,* éditions Payot.
Smith A. [1776], *Recherche sur la nature et les causes de la richesse des nations,* éditions PUF.
Smith A. [1759], *Théorie des sentiments moraux,* éditions PUF.

La fécondité du concept de déviance en sociologie des organisations

Jacques Denoyelle

«*La société a besoin d'agents irrationnels pour se reproduire tout en se transformant*» A.Nicolai.

L'ambition de classer les apories qui mettent à mal la notion même de performance des organisations, entreprendre la description phénoménologique des ruptures, heurs et malheurs des organisations en adaptation permanente, demeure un sujet d'étude et de management. Toutefois, si un projet de cette dimension peut intellectuellement séduire, il demanderait du temps, des moyens humains pluridisciplinaires, un accès à l'information-source et des méthodes que seul un cadre de recherche richement doté permettrait de traiter dans toutes ses dimensions. L'objet de ce texte est donc beaucoup plus modeste. L'idée de base est de prendre la question de la performance *de biais*; définir via des catégories génériques et à partir d'observations en entreprise, *ce qui produit de la déviance et ce que la déviance produit*, comment le système y fait face et comment celle-ci le sollicite d'engager de nouveaux modes de régulation. Ce mode de questionnement des conditions de la reproduction des systèmes et de la création de valeur ne nous est pas familier. La question sous-jacente est celle du regard que l'on pose sur les organisations et les individus en mouvement. L'anthropologie économique d'A.Nicolai présente selon nous une portée pratique et moderne pour l'étude des comportements des agents dans les marges et les interstices de l'organisation des entreprises. Au travers de la notion de personnalité globale, c'est une méthode pour l'approche de l'agent, sujet, acteur et émetteur de représentations dans des systèmes en profonde évolution.

Il y a là des constats qui nous amènent à distinguer deux choses :

- la rationalité procédurale (ou représentation générique de l'acteur salarié dans l'entreprise via la définition de son poste ou les résultats de son évaluation) est insuffisante pour repérer la production des agents dans des contextes qui connaissent des évolutions structurelles profondes
- les changements répétés et profonds produisent des formes de déviance ou dissipations par rapport à un comportement représenté comme la norme.

Car, s'il est une question qui reste ouverte c'est bien celle des nouvelles conditions de la reproduction qui suggère selon nous de confronter pratiquement l'individu comme agent producteur de complexité aux pratiques managériales et organisationnelles portées par l'individualisme des vingt-cinq dernières années.

I/ Les organisations en tension, terreau fertile pour la déviance.

Depuis la fin des barrières à la circulation des capitaux et des marchandises, l'ampleur des changements dans les entreprises a de loin dépassé la nécessité de répondre à leur entropie systémique c'est-à-dire à l'obsolescence relative de leur système technico-organisationnel.

La grande innovation fut ainsi que toutes les entreprises de tous les continents pouvaient se retrouver librement en compétition, à partir de l'utilisation sans limites de leurs avantages productifs. Les entreprises occidentales durent s'adapter rapidement. Le premier impact fut les grandes restructurations du début des années 90 qui partaient de cette idée qu'il fallait se concentrer sur les segments ou les avantages étaient les plus nombreux et les moins attaquables.

Quelques années plus tard, les exigences érigées en paradigme et imposées par les marchés financiers sur le rendement du capital ont impacté une deuxième fois les entreprises. Les dirigeants ont été engagés à envisager une réforme de la gouvernance qui associait directement leur patrimoine futur à la progression du cours de l'action. Des études critiques de ce mode d'intéressement (stock-options) ont mis en lumière que ceci avait eu pour conséquence de différer les investissements pour maximiser l'optimisation des profits et donc leur plus-value latente.

Pour la France, ces deux facteurs, ultra-concurrence et retour rapide sur investissements financiers, sont apparus comme des contraintes fortes pour la création de valeur qui n'a pas été soutenue, ni par l'inflation, ni par la progression sensible des taux de croissance.

Aussi l'adaptation a pris la forme d'un engagement permanent et structurel de réduction des coûts, de tous les coûts (personnel, achats, désinvestissements d'activités jugées insuffisamment rentables etc…) afin de dégager de nouveaux gains de productivité en valeur. Les plans d'économies successifs ont été conduits au travers de méthodes de réduction du nombre d'échelons hiérarchiques et de redéfinition des rôles (downsizing, reeingenring), de la réduction du nombre d'emplois à contrat permanent, et de la mise en place de méthodes de management et d'organisation nouvelles (lean management…). La particularité de ces mesures est qu'elles ont été déployées en un temps court. Par rapport à ces objectifs, elles ont globalement répondu aux objectifs de leurs commanditaires.

La performance de cet ensemble de mesures d'organisation et d'optimisation du rendement n'a pu être réalisée sans l'apparition massive des technologies numériques. Grâce à elles, *l'optimisation productive du temps de travail* (et d'atrophie constatable des temps de respiration physiques et sociaux) a pris une tournure structurelle[34]. En effet, via le déploiement des technologies numériques, de machine à machine ou de programme-machine à salarié, la substitution par les algorithmes du travail piloté et réalisé par les seuls agents est un élément fondamental non seulement de la disparition de métiers mais surtout de la mise en tension pratique des systèmes de travail. Désormais une partie croissante de l'acte productif est définie par une programmation exogène aux agents. Tous les secteurs économiques et toutes les composantes du salariat sont concernés et chacun à la contrainte de s'y adapter. L'instantanéité de l'information, le stockage et l'échange illimité de données, la gestion de décisions entre machines n'ont pas eu pour seul effet d'accélérer l'acte productif et de réaliser des gains de productivité. Ils ont également contribué en moins d'une génération *à redéfinir profondément les rôles et les comportements des agents salariés, managers ou exécutants, et ce dans des espaces organisationnels profondément modifiés, construits autour de formes d'autonomie particulières.*

L'optimisation du coût du temps productif (qui inclue à des degrés divers la réduction des temps non-productifs), les strates de changements dans des cycles courts, l'impact des automatisations de tous ordres et l'ultra concurrence mondiale sont *producteurs de tension – systémique par définition- dans les organisations productives de biens ou de services, marchandes ou non marchandes.*

Les discours managériaux sur la tension au travail ont longtemps poussé la rhétorique à son paroxysme. Il existerait un stress positif qui, à certaines conditions, peut être absorbé par les agents. Il y a quelques années, il fut présenté comme un adjuvant indispensable à la prise de responsabilité. Si elles furent négligées sous l'aspect de la santé physique ou psychique, les situations de travail apparurent rapidement comme le foyer de la production de risques psychosociaux. Elles révélèrent de fait l'ampleur des tensions organisationnelles. De nombreuses études tant en France qu'en Europe (enquêtes SIP, ECT ou SUMER) illustrèrent l'aspect systémique de ces situations. Ce qui a été beaucoup moins étudié c'est l'impact des réorganisations successives sur les rôles et leurs attributs, ceux de la spécialisation et de la complémentarité. En effet, ces derniers ont été successivement bouleversés, en regard de la variété des adaptations qu'ils ont dû produire, dans un contexte traversé par des injonctions contradictoires, conséquence de l'ultra-concurrence et de la rentabilité à court terme.

---

34 Posons que cette tendance loin de s'achever serait sur le point de connaître une nouvelle phase d'accélération si l'on considère les évolutions et les projets en cours des leaders mondiaux dans ce domaine (type Network Function Virtualisation, ou les solutions «de bout en bout») qui vont dans le sens de la réduction du temps disponible pour créer une unité de valeur.

Au final un grand nombre d'agents ont dû répondre à ce roulis continu, *entre des process formels et souvent paramétrés d'un côté, et de l'implicite sur la plasticité du rôle de l'autre, cette «souplesse» étant vitale pour la réussite de l'adaptation. Ce type d'injonction a cependant laissé de côté deux choses :*

1. la représentation que l'agent a de son rôle, dans un système qui émet des signaux dangereux pour sa propre reproduction sociale [35],
2. et la pratique de ce rôle qui, dans ce type de contextes, va générer des écarts aux comportements définis par la hiérarchie fonctionnelle.

II/ Coût psychologique et déviance.

La rémanence du changement et l'adaptation des structures sont la condition incontournable de la reproduction des systèmes économiques. Mais, pour les agents, il y a un coût et un prix à payer [36] :

1. un coût psychologique, d'admettre pour rationnel -au détriment de la connaissance acquise de l'expérience – la succession de décisions qui finissent par présenter contradictions et incohérences,
2. un prix par le transfert de la contradiction instituée sur les individus qui devront néanmoins tenir leur rôle [37].

Cette double contrainte est-elle gérable dans la durée? Quelles sont les conséquences de la logique de la reproduction sur les comportements lorsque les systèmes font de la tension une norme? Et par quels truchements les agents parviennent-ils au mieux «à tenir» soit à faire de nécessité vertu ? Répondre à ces questions suppose de faire le postulat suivant :

- les formes de déviance témoignent de la perte de points de repères.
- elles sont révélatrices des transformations silencieuses *et des décalages qui opèrent sous le contrôle des organisations technocratiques.*

---

[35] Dans une économie en désinflation relative, une organisation en tension a de moins en moins besoin de rémunérer le mérite individuel sinon pour un petit nombre d'élus; en fait, l'agent sera surtout récompensé en termes symboliques, d'apparence de pouvoir, d'accès à un surcroît d'information et de sécurité relative.

[36] «*Il faut donc bien qu'il y ait un échange inégal et un mode de refoulement interne pour que le système se reproduise dans le temps*» - A.Nicolai.

[37] On peut citer, parmi d'autres: le lancement d'un projet sans budget ni moyens humains supplémentaires, une augmentation des ventes en valeur sans produits ou services nouveaux dans un contexte de forte baisse des prix et avec des effectifs en réduction, expliquer lors d'un plan social que la réduction du nombre d'emplois va s'accompagner d'une augmentation de la productivité sans investissements de modernisation ou encore demander aux salariés de "croire" à un plan de redressement sans communication des objectifs à atteindre... L'ouvrage de M.Beauvallet fourmille d'une collection de cas présentant des injonctions contradictoires.

Ainsi, elles créent du jeu, de l'écart. Et c'est là, entre les interstices qu'elles prennent un caractère anthropologique spécifique et permettent le déploiement de ces biais comportementaux, à portée distincte, au potentiel destructeur ou fertile pour de nouvelles régulations.

III/ Formes de déviance repérables et distinctes.

Nous caractériserons la déviance comme un écart à la perception du rôle prescrit par l'organisation[38], une dissipation à un comportement attendu par avance. Nous limiterons le propos aux observations réalisées dans le cadre d'entreprises implantées en France.

Forme 1: la déviance défensive ou indirecte (et souvent silencieuse).

Forme première et largement répandue, conséquence directe de mise sous tension des agents dans les organisations, expression de la douleur au travail, elle se traduit ne serait-ce que temporairement par l'absence ou le renoncement de l'individu à maintenir le rôle à la place qu'il occupe. Cette réponse, par définition solitaire, vise à s'écarter de la source du mal être et des tensions vécues qui à son seul niveau ne peuvent être supprimées même partiellement. L'ampleur du phénomène a été révélée au travers de deux indicateurs que les entreprises connaissent bien: l'absentéisme (et surtout du micro-absentéisme) et les risques psycho-sociaux révélés par de nombreuses études, dont celles diligentées par les CHSCT[39].
La question abordée sous l'angle de la santé au travail pour les salariés et/ou de la détérioration du fonctionnement du travail n'est pas directement pensée comme en rapport avec la question des liens entre les processus décisionnels et les évolutions des organisations[40]. Est-ce que les agents subissent sans être en mesure d'évaluer les risques, sans chercher à réduire la pression du système, sans détourner ce qui s'imposerait *fatalement* à eux ou au contraire choisissent un mode de sécurisation?
Lorsque la situation professionnelle présente des risques - assise sur un

---

[38] Puisque trop peu de décisions font l'objet d'un partage, que la répétition épuise les rôles, que le changement technocratique repose sur des process normatifs et parce qu'il n'y a pas contestation politique et déclarée du système, alors la parole cède la place à la ruse. Et l'on dispose alors d'un terreau fertile pour le déploiement de multiples formes de déviance

[39] Comités Hygiène Sécurité Conditions de Travail : émanation du comité d'entreprise. Depuis quelques années ils font appel à des experts agréés pour réaliser des enquêtes qui ont toutefois un caractère privé.

[40] Les modèles de Siegrist ou de Karasek insistent sur les processus qui sont à l'origine de la genèse des risques psycho-sociaux tels que la surcharge de travail, le conflit… et la nature du stress qui en résulte.

contrat de travail précaire ou à temps partiel, isolée, en perte de lien social, dans un contexte de non-management, ou témoignant d'un écart entre ce qui est attendu et ce que l'agent à compris des attentes... - il est difficile de déployer une stratégie alternative car objectivement les appuis sont minces. Cependant, le nombre de situations et leur variété, l'intensité des formes que revêt les situations de travail productrices d'épuisement nous amène à considérer qu'il y aussi – au travers de l'absence ou du retrait professionnel- *une réponse explicite de l'agent face au système qui relève d'une déviance.* Parce que celui-ci ne peut durablement subir la logique de la double peine, de procédures «asservissantes» et d'une fatigue psychologique qui met en péril son identité sociale, il s'offre les moyens de prendre du recul.

Les démarches de prévention qui se développent depuis peu dans les entreprises s'intéressent en premier lieu aux facteurs les plus remarquables, objectivables (conditions de travail par exemple). L'aspect de critique organisationnelle (Cf. Quelles sont les questions que soulève un mode comportemental de retrait ?) même partiel, n'est que peu approché car la question ne peut être traitée au seul niveau des médecins du travail ou des préventeurs (spécialistes en charge de la sécurité des entreprises)

Fruit de causalités différentes, cette déviance présente un caractère défensif et indirect. Elle est souvent la conséquence de chocs organisationnels (restructurations...) et d'une fragilisation psychique de l'individu dans la situation de travail, parce que la dimension de son travail s'est elle-même appauvrie. Loin de provoquer un affrontement direct ou une revendication structurée par le corps social, l'agent agit de manière discrète.

Cette forme de déviance ne menace donc pas fondamentalement la reproduction du système. Elle présente toutefois tout un ensemble de «coûts cachés» qui opèrent en cascade sur la détermination de la valeur et développent sur l'économie en son entier nombres d'externalités négatives. Pour exemple :

- en 2012, 11,2M des 12-75 ans sont des consommateurs occasionnels de psychotropes. La proportion de femmes est de 60%. A terme les benzodiazépines provoquent des troubles identiques à ceux que l'on observe dans le cas de phases de stress prolongé [41]
- le coût du stress a été évalué entre 1,9 à 3 milliards d'euros (INRS-2010). 20 % des personnes en arrêt maladie évoquent un conflit dans le travail (CNAM- 2010).
- la caisse d'assurance maladie du Bas Rhin a développé un modèle visant à montrer que le coût du mal-travail est supérieur aux cotisations des entreprises.

---

[41] Soit des troubles de la mémoire et du comportement (Cf. Agence nationale de sécurité du médicament et des produits de santé).

Trop peu d'entreprises ont mis en place des observatoires et études pour définir avec exactitude son ampleur. Un certain nombre a investi dans cette démarche en réponse à un événement qui a imposé une réaction. Pour celles qui sont cotées et qui avancent des certifications de RSE, la publicité potentielle autour de ces situations *les conduit impérativement à la mise en place de démarches préventives.*

Entre volonté politique hésitante, insuffisance de moyens des départements de ressources humaines et approche méthodologique formatée par les cabinets de conseil, les procédures de régulation ou de traitement ont été historiquement insuffisantes. Cependant les acteurs témoignent tous de l'impact sur le lien social du groupe et pour la réussite des enjeux de transformation. Mais là où les responsables managériaux dans leur ensemble sont en déficit d'approche *c'est sur leur grande difficulté à concilier les enjeux sociaux et psycho-sociaux avec la temporalité des objectifs dont ils ont la responsabilité.*

Cette déviance défensive ne fait pas - et pour cause – l'objet d'un partage possible, à *armes égales*, avec la hiérarchie. Mais parce qu'elle n'est pas une forme maligne de rejet du travail, l'évitement par l'absence représente pour l'agent une pause salvatrice, une réponse praticable et opérationnelle à son niveau afin d'écarter temporairement la confrontation voire l'éviction de l'entreprise et la remise en cause, in fine, de son rôle. *Et c'est peut être, à faible dose, la réponse que le système peut le mieux la tolérer sans pouvoir en faire une règle.*

Si cette forme de déviance ne devient pas une expression majeure et menaçante pour la reproduction c'est parce qu'indirectement elle peut être contenue par la crainte sociale, de l'exclusion définitive, en miroir de situation du marché du travail avec la menace ultime du déclassement professionnel.

Tout aussi fondamentalement, il faut considérer pour l'agent que le choix d'évitement par l'absence n'est pas sans effet :

- il instille un sentiment de doute sur le degré d'acceptabilité du corps social, sur les conditions de l'exercice professionnel lors du retour dans l'entreprise.
- il suppose d'affronter le regard de l'autre, le co-équipier, l'équipe, le manager direct, de pouvoir «rationnaliser» sa situation, émettre un discours acceptable pour l'organisation.
- il anticipe l'adaptation à un prochain changement comme «le retour possible de la peine», et la mise en place possible d'une nouvelle phase de retrait.

Indirectement la déviance défensive agit comme un indicateur d'alerte de l'entrée du système dans sa propre zone de risques. L'anticipation de la défaillance de l'agent et de ce type de réponse (exemple : le micro absentéisme comme signal de malaise organisationnel) sont à rapprocher de besoins qui, dans les organisations décrites, prennent la forme d'une nouvelle demande sociale : du mode d'expression des besoins pour la tenue du rôle et de sa capacité à interagir avec les autres.

Forme 2 : la déviance «opportuniste».

La déviance exprime tout son potentiel dans des périodes historiques troublées. De fait, entre la fin du XXe siècle et ce début de XXIe, marqué par une progression vertigineuse des inégalités, le contexte est particulièrement propice à la prise de risque, moyen pour un agent de satisfaire son ambition et sa sécurité, supérieures à la récompense qu'il pourrait attendre d'un système de rémunération classique. Le déviant opportuniste est un déçu de sa promotion sociale et un individualiste floué, lui qui espérait s'enrichir à proportion de ce qu'il apporte à l'entreprise qu'il sert. Et grâce à sa lecture des intérêts de l'organisation et du jeu des acteurs, des rôles et des statuts, *l'agent peut définir activement les conditions d'exercice de sa déviance, petite ou grande quelle que soit d'ailleurs la place qu'il occupe dans l'entreprise.*
Cette forme de déviance a défrayé la chronique : parmi les traders (J. Kerviel en France, B. Madoff aux Etats Unis …), dans la manipulation de données comptables d'entreprises multinationales (Enron aux Etats-Unis ou Parmalat en Italie) ou au travers de pratiques managériales confondant enrichissement propre et intérêts de l'entreprise (ambiguïté des stock-options). Ces situations ont souligné des failles que la rationalité procédurale était censée éviter par postulat et par la construction de systèmes de contrôle sophistiqués.
Mais ceci n'a été rendu possible qu'en raison d'une coexistence, entre la culture de la responsabilité qui a élargi l'autonomie confiée/laissée aux agents[42]. Le pilotage des performances a bien été pris en défaut. Il avait en effet estimé durant les dernières décennies, globalement du milieu des années 90 jusqu'à la crise des subprimes, que la notion de performance financière puisse être liée à l'action des individus considérés isolément. On pourrait arguer que cette déviance repose sur des cas, isolés et terriblement singuliers. L'hypothèse inverse pose un regard sur la déviance opportuniste au travers d'un postulat implicite, mais indémontrable à grande échelle : les

[42] Celle-ci n'est pas sans lien avec le mode de calcul présenté par les grandes SSII mondiales à leurs clients, fondé sur un retour sur investissement rapide grâce à des économies de frais de personnel, *d'une substitution d'un type de contrôle pour un autre assisté par algorithmes.* Ce trait historique de la gestion des entreprises, en parallèle de démarches régulières d'optimisation de coûts, amène à poser la question du risque par accroissement d'autonomie.

organisations ont rendu compatible l'ultra-spécialisation et la multiplication des champs de responsabilités; ces derniers - horizontaux et indirects- véritable marque de fabrique des systèmes matriciels *permettent le déploiement de sous-systèmes intersticiels, définis par les seuls agents. C'est ce qui a rendu le système acceptable. Toutefois, cette plasticité à un prix.* Car, paradoxe du paradoxe, ces poches d'autonomie au sein de process de plus en plus complexes et automatisés présentent une difficulté croissante de contrôle. La question de l'autonomie dans la reproduction des systèmes est donc posée par une entrée finalement inattendue. Les entreprises sont très discrètes sur la multiplication de toutes formes détournement de la valeur, par manipulation directe, renseignements vendus, écoutes et indiscrétions...En lien avec ces concepts managériaux de responsabilité et d'autonomie, la figure de la récompense par objectifs *a cimenté le désir de déviance.* Attaché à une notion de rôle qui superpose le prescrit à une variété de situations floues et variables (gestion en mode projet, multiplication différenciée des champs de responsabilités...), le déploiement à grande échelle de systèmes de rémunération dont l'effet de levier a été construit sur la progression de la part variable, a accéléré la prise de risque des agents d'autant plus que l'horizon professionnel s'est raccourci et que le sentiment d'insécurité économique a accéléré *le sentiment d'urgence.* La prise de risque délictueuse souligne un trouble profond et peut être durable dans la perception méritocratique classique. Une déviance qui repose sur trois ressorts :

- *déceptif, la récompense ne sera pas à la hauteur de mes efforts*
- *mimétique, «follow the leader», gagner vite et beaucoup comme le modèle*
- *ludique, repérer la faille de la rationalité des contrôles*

La déviance opportuniste ou la déviance des opportunismes incarne un mimétisme des rationalités, celle de l'actionnaire cupide (souvenons-nous des normes financières folles des premières années du XXIe siècle ou le retour sur investissement devait générer à court terme 25% de rentabilité!), celle du PDG qui voit sa rémunération calée sur les intérêts de l'actionnaire, celle des cadres supérieurs qui ont objectivement intérêt à permettre la réalisation des objectifs de leur dirigeant ou de tout autre type de salariés, peu nombreux certes, qui disposent d'une *position de pouvoir de déviance, cette situation capable de transformer l'aléa, la promesse de gains variables, en événement certain.*

Les managers d'entreprises savent pourtant que l'onde de choc psychologique de ces pratiques sur le corps social est catastrophique et que

le sort de l'entreprise peut être en jeu (Cf. Lehman Brothers ou Dexia[43]).
Si l'histoire regorge de cette forme de déviance, ce qui est plus singulier ici, est qu'elle es*t un pur produit parasite de la rationalité financière*, laquelle a modifié la définition sociale de la valeur travail en la soumettant aux règles d'un temps économique artificiellement raccourci. Plus indirectement, elle résulte également de formes d'organisation du travail qui sont des creusets de déviance car l'isolement professionnel, le détachement ou le non-rattachement à un corps social ont ce pouvoir de se représenter en dés-appartenance, loin de tout rapport avec l'autre.
Les enquêtes et études manquent pour estimer le coût global des dérives qui toutes à leur niveau interpellent la capacité de *l'entreprise à opérer un détournement de déviance par la mise en exergue d'autres modes de représentation de la valeur et de formes de récompense qui relient collectivement les agents à un objectif donné, en filigrane, d'un autre partage de la valeur.*

Forme 3 : la déviance par le harcèlement (systémique)

Le sujet est apparu récemment à la faveur de plusieurs ouvrages de psychologues et sociologues du travail (MC Hirigoyen- C.Dejours- Y.Clot). Notre hypothèse est de poser que le phénomène du harcèlement moral – en tant que pratique- est une *forme hystérique du rôle*, le produit d'une sur-intériorisation des objectifs, par désir de reconnaissance ou crainte d'un manque de reconnaissance. Que le harceleur ou la harceleuse témoigne ou non d'une personnalité perverse narcissique (MC Hirigoyen) n'est pas ici le sujet sinon que son action entraîne un déni de l'autre et une mise en opposition des complémentarités, forcément dangereuse pour la reproduction.
Dans le secteur privé comme public, le niveau d'efficience se perçoit au travers du nombre de projets transversaux que peut mettre en œuvre la hiérarchie d'une organisation matricielle Cette complexité est porteuse d'injonctions contradictoires qui favorisent l'émergence de comportements spécifiques de harcèlement, sans qu'ils soient nécessairement «conscientisés» par les agents. Le produit pervers de ce type de fonctionnement organisationnel, lorsqu'il néglige l'état réel de l'organisation du travail, est à l'origine de ce côté obscur de la recherche effrénée de productivité.
Il nous est difficile de considérer que le harcèlement «post-moderne» [44]

---

[43] Cf. Rapport de la Cour des comptes sur la faillite de Dexia - 2013

[44] Pour autant le harcèlement comme figure déviante du management n'est pas totalement nouveau. Qu'est-ce qui distingue donc la figure actuelle du harceleur du caporalisme des organisations du travail fordistes ? Essentiellement le fait que le rôle du contremaître, figure emblématique de la surveillance des ouvriers, était calé sur la capacité à tenir des quantités,

existe indépendamment de l'organisation électronique. En effet, sa particularité est qu'il peut opérer en transversalité, à côté du lien hiérarchique fonctionnel. Sur un intranet, un nom sans visage *peut évoluer dans un rapport d'ordre désincarné.* A la différence de la déviance opportuniste, l'existence de poches d'autonomie ne constitue pas la condition première et suffisante pour que le déploiement du harcèlement ait lieu. En effet, le point de bifurcation du harcèlement est intimement lié *à l'existence d'un déséquilibre entre les objectifs et les moyens pour leur réalisation*, à l'urgence de la demande, à la superposition des tâches confiées, en bref, à une autorité qui n'a plus d'autres solutions que d'imposer à l'autre les conditions de son sacrifice (les amis, la vie de famille, le week-end...). Et la partie est proprement délétère si l'on considère l'aspect auto-réalisateur de l'exercice[45]. La multiplication et la répétition de ces formes de sujétion sont très répandues ; elles résultent de cette déferlante des différents outils de travail nomades qui permettent *d'effectuer un travail hors du lieu et du temps de travail, d'introduire une gratuité non contractualisée, de demander à l'autre un peu de son temps libre, le temps le plus rare.* Etre joignable via des courriels, fichiers, échanges téléphoniques, réseaux... révèle un arsenal de traçage, un mode indirect de suivi qui ouvre la porte à tous les excès de harcèlement professionnel. La tyrannie professionnelle rencontre son sujet lorsque celui-ci ne peut plus s'abriter derrière les murs opaques de la sphère privée. La question de l'adaptation aux «bruits» du marché, effective dans des espaces-temps qui bousculent les codes et processus internes à l'entreprise rend donc poreuse la frontière travail/hors travail. Dans ce type de situation, toute résistance individuelle à l'atteinte de cet objectif devient une démonstration de mauvaise volonté, de faute, puisque tous les outils pour faire sont à disposition. L'agent qui résiste est donc celui qui refuse la contrainte de la reproduction. Son égoïsme menace l'intérêt collectif. Le harceleur se présente alors comme le héraut du tout.
Plusieurs déterminants de ces actes - révélés plus particulièrement dans les entreprises Orange ou la Poste [46]- soulignent *que la déviance de harcèlement est apparue dans un contexte de deuil symbolique et mortifère du corps*

un rythme de travail, ... au sein d'un collectif (l'équipe, la brigade...) dans lequel il s'inscrivait socialement.

45 Sachant que A sait que B ne peut refuser parce qu'il anticipe le fait que B se dit qu'il ne peut refuser...

46 Le double mariage entre le statut d'un fonctionnaire à des objectifs financiers ambitieux ou de court terme, et un management non préparé et sans expériences à la gestion du changement a créé toutes les conditions pour que la transformation ait lieu dans la douleur. Le rapport Lebranchu (2012) sur la réforme de de la RGPP souligné explicitement cet impossible compromis. Les entreprises privées connaissent aussi leur lot de suicides mais ils ne sont pas relayés dans les médias. Sur ce point, le rôle des organisations syndicales mériterait d'être étudié.

social, un traumatisme intime de la perte du sens du service public. Celles et ceux qui se sont suicidés sur leur lieu de travail ont décidé de témoigner d'une situation devenue proprement impossible, sans aucune possibilité d'influer sur le changement d'objectifs issus de la privatisation : dégradation du service rendu, restructurations internes, modification de la règle de l'ancienneté annulée au profit de l'évaluation individuelle, instauration de primes à la performance, changement d'attitude managériale, impact de la RGPP sur le volume d'emploi, financiarisation des activités… Ce renversement public/privé et son cortège de changements répétés *a donné naissance à une catégorie managériale qui a opposé à la souffrance symbolique de l'autre un déni utile pour épouser les nouveaux objectifs et la nouvelle définition de l'entreprise..*

Toutefois, l'existence de facteurs communs a plusieurs entreprises - mais aussi de micro-contextes très différents- ne suffit pas pour expliquer le cheminement psychologique de celles et ceux qui se sont suicidés sans décider de se protéger ne fût-ce ce que par l'absence ou la fuite. C'est le profil de plusieurs d'entre eux qui propose un début de réponse. En effet, ces hommes et ces femmes présentaient un profil de salariés consciencieux, bien notés, dévoués qui ont connu des évolutions de carrière satisfaisantes et qui ont comme les autres joué le jeu de l'adaptation voire ont été volontaires pour la mobilité. Ils avaient le profil d'individus parfaitement socialisés prêts à sur-collaborer. Ces traits comportementaux sont très éloignés des harceleurs potentiels qui sécurisent les conditions de leur survie professionnelle par l'obéissance à la logique du résultat.

La souffrance est difficile à évaluer. Pour l'organisation, ceci conduit à une remise en cause avouée ou non de ses outils de pilotage. La révélation est d'autant plus délicate et longue que chacun sait que les manières d'engager la reconstruction seront complexes. A un certain niveau de répétition et de névrose des agents, cette forme de déviance menace la reproduction du système. Car les harceleurs se construisent et s'épanouissent dans les procédures internes, les espaces d'autonomie et se révèlent particulièrement actifs dans les contextes de tension ou de changements brutaux. Dans ces intervalles, les représentations et les affects jouent à plein et distendent les comportements professionnels normés. Les harceleurs peuvent alors sur-jouer de l'intériorisation des normes. Ils visent pour certains quelque récompense sous forme de promotion ou de rémunération, pour d'autres ils sont convaincus d'incarner le rôle-paradigme conforme aux orientations de la nouvelle organisation. Cette adoption démesurée des objectifs de l'entreprise qui devient une fin en soi, ceci au mépris de la définition de l'autre, est tout bonnement un gâchis incommensurable dans ses effets directs comme indirects. Car à ce jeu il n'y a que des perdants si le système ne dépasse pas le niveau de la solution palliative de court terme pour engager une transformation des règles.

Depuis la médiatisation du stress, des risques psycho-sociaux et des suicides, des dispositifs de prévention ont été mis en place dans de nombreuses entreprises, divers certes, allant de la mise en place de cellules d'écoute, à l'accompagnement au changement jusqu'à la création d'observatoires. Cependant, l'analyse critique des process internes reste encore marginale parce que l'exercice supposerait de réinterroger les conditions de la reproduction.
Les réactions des entreprises ont été longues et difficiles. Dans les cas d'Orange ou de Renault, les modalités de la régulation ont été négociées avec les représentants du corps social. Et de fait, cette crise du harcèlement systémique a débouché sur des accords sociaux extrêmement innovants qui font référence en termes de compétitivité sociale. Qu'au travers de la mobilisation des relations sociales les conditions d'une nouvelle régulation, aient été rendues possibles n'est pas le moindre des paradoxes d'une organisation technocratique qui veille par construction à ne pas se laisser déborder par la question sociale. Cela témoigne indirectement de l'état d'urgence de nombre d'entreprises qui ont à re - définir cette question de la complémentarité des rôles.

Forme 4 : vers une forme de déviance générationnelle ?

Le dernier type de déviance qui interpelle les responsables de ressources humaines est la figure de la génération Y. Née avec l'avènement de l'internet et des réseaux se développent des comportements qui renvoient à des détournements d'une nature différente.
Ainsi il est constaté que :

1. les réseaux de socialisation et de loisirs s'invitent quotidiennement dans l'entreprise en parallèle de l'ordonnancement de la hiérarchie fonctionnelle,
2. la précarisation institutionnalisée du contrat de travail a créé son double : attachement souple à l'entreprise, sans investissements ni convictions,
3. le pouvoir-faire est plus important que le pouvoir-être, la relation hiérarchique est acceptée si la preuve est faite de sa légitimité,
4. les modes ludiques accompagnent les pratiques professionnelles,
5. pour les jeunes cadres, la question de la prise en charge d'une responsabilité s'étudie dans le cadre d'un équilibre global.

Il existerait donc des jeunes hommes et femmes, plutôt représentants du monde capitaliste développé, *qui formeraient par leurs comportements hédonistes et leur culture technologique, une «internationale du doute»*. Et si nous manquons de recul pour en mesurer la portée effective, ces modes de vie apparaissent bien comme une ruse de l'histoire.

La génération Y inquiète les DRH parce que les ressorts classiques de la définition des rôles attendus par l'entreprise sont « challengés » par la sphère privée, celle-là même qui est traversée de part en part par les mêmes technologies et les mêmes supports qui figurent dans le champ professionnel, celle-là même qui sur les réseaux bouscule la justification de l'ordre professionnel.
L'économique, qui n'offre plus les itinéraires professionnels des Trente glorieuses voire des Trente piteuses, est désormais en concurrence avec le ludique comme forme de *déviance sociétale*. Le ludique, massivement déployé par les représentants majeurs de la nouvelle économie (Google, Apple, Netflix, Sony, Samsung…) *n'est pas sans permettre aux agents de produire des micro-idéologies ni d'empêcher l'amorce de dynamiques nouvelles, dans ou à côté de l'entreprise*. Les conséquences, nombreuses dans les pratiques et dans les modes de représentation, ne sont pas fixes car elles évoluent au rythme des rencontres et des échanges. La dynamique des réseaux sociaux a en effet transformé tous les sujets en acteurs. Et la distinction sachant/agissant s'est de fait considérablement estompée car on peut être – selon les sujets et les conversations - à tour de rôle l'un ou l'autre. De ce fait,

1. les pratiques d'échanges en réseau qui se développent dans le champ professionnel créent leur propre légitimité,
2. elles contestent implicitement la légitimité implicite de l'ordre hiérarchique, fonctionnel et disciplinaire,
3. les modes de reproduction des agents peuvent ainsi trouver de multiples sources, à distance de l'entreprise et des institutions, *dans un espace social «horizontalizé»*.

Cet espace en réseaux transforme la question de l'autonomie et la notion de rôle dans les systèmes clos dont les entreprises.
Le management et l'ordre hiérarchique ont donc tout loisir de s'interroger sur leur fonction, traversée voire contournée par des modes d'échange plastiques qui créent un autre lien social que celui du travail … dans la sphère du travail[47].
Des études sur des groupes pourraient montrer si cette plasticité est une réponse implicite ou explicite de reconstruction, face à la fragmentation observée du lien social. Car la déviance pratique de cette génération est bien *l'irruption de l'intime et de l'affect* au sein des entreprises, à tout moment et

---

[47] Au lieu d'interdire aux consultants de communiquer sur les réseaux sociaux, le cabinet Accenture s'est astreint à tout faire pour les transformer en ambassadeurs de la marque sans contrôle de la part de l'entreprise : une manière d'avouer l'impossibilité d'interdire leur usage pendant le temps de travail.

en tous lieux, sans pouvoir l'arrêter aux portes des entreprises. Et plus les tensions organisationnelles pèseront sur les agents, plus l'appel à cette «tribu virtuelle» ou réelle agira comme processus de re-légitimation de soi, symbolique ou affectif, et de pansement des blessures narcissiques.
Ainsi, il existe un pari en suspens. Celui de la manière dont le système va s'interroger sur l'acceptabilité du risque. Car penser la modification des comportements professionnels, observables pour peu que des moyens soient engagés, n'est pas un exercice dont les entreprises sont familières. Sont-elles prêtes à engager une réflexion sur la façon de récupérer ces modes latents de détournement et avancer dans les prochaines années vers la mise en place de nouveaux types de compromis sociaux sur des sujets en outre très différents : la notion de travail hors temps de travail, la localisation du travail, les systèmes d'évaluation de la performance, la promotion et la formation professionnelle, les codes vestimentaires, l'utilisation des téléphones, tablettes et autres supports de l'interconnexion, la latitude d'expression sur les réseaux (l'e-réputation) etc...
L'entreprise regarde et est regardée. Les tendances sociétales reprises et reformulées par les agents, dans leurs comportements, sont une manière de construire un rapport de force indirect. Pour cela, il leur faut dépenser du temps afin d'entretenir les formes d'appartenance à des ensembles sans portée lucrative.

Conclusion :

L'anthropologie économique d'A.Nicolai est une invite en direction des décideurs. En effet :

1. *Travailler à partir de l'idée de déviance* signifie d'accepter le dysfonctionnement politique et/ou technique comme élément inévitable dans une dynamique de changement.
2. La déviance trouve un substrat particulièrement actif dans les organisations en tension ou en changements rapides, là où l'autonomie est non-stable et donc faiblement contrôlable. Dans ces contextes, *elle permet aux agents de produire des comportements qui s'écartent des règles et normes prescrites dont il y a lieu d'en comprendre la genèse et le déploiement*
3. *Les expressions des agents déviants sont diverses et non-coordonnées.* Elles indiquent au travers d'actions et d'objectifs différents que le mode de reproduction du système a atteint une limite qu'il convient d'analyser et de dépasser
4. Au travers de représentations ou de critères normatifs, *l'organisation fonctionnelle continue de penser le prescrit en lieu et place de la récupération ordonnée des pratiques.* Or, la sphère économique ne peut plus répondre aux enjeux d'efficacité sans intégrer

les stratégies déployées par les acteurs en son sein.

Puisque la déviance peut apparaître à certains égards comme le passager clandestin du progrès économique, le doute peut engendrer des bifurcations dans les comportements. L'anthropologie économique comme méthode d'analyse pratique des transformations dans les interstices les marges, a sa place pour comprendre les rationalités des agents en construction comme en déconstruction, soit :

1. l'observation des différents modes d'adaptation des agents – à la complexité, à la tension, au changement - afin de mieux définir les processus de veille et de régulation à (re)créer
2. l'étude des dynamiques socio-organisationnelles en cours de formation.

A l'opposé, on peut avancer que les multiples formes de déviances génèreront un coût croissant, - certes non mesuré en tant que tel - par perte d'efficience globale pour un système donné. Pire, toutes celles et ceux qui dirigent des projets de transformation ont cette crainte que le processus de changement éloigne des objectifs visés sans corriger les difficultés parce que les agents développent des attitudes qui entravent son déroulement.
La logique de la reproduction des systèmes économiques est devenue terriblement complexe. Et l'évitement managérial [48] est selon F.Dupuy une pratique répandue. Aussi, toute forme de re-construction interne ne peut voir le jour s'il n'existe une *analyse dynamique des comportements des agents.* Toutefois, elle ne pourra avoir lieu sans un contexte de compromis social; la «Googlitude» n'est pas (encore ?) le nouveau paradigme. Ces écarts et transformations itératives, facilitées et amplifiées par les débouchés contradictoires du progrès technique, forment un potentiel d'études conséquent car les modes de confrontation entre les normes et les comportements sont amenés à évoluer de façon itérative.

Bibliographie :

Askenazy P. [2004], *Les désordres du travail*, éditions Le Seuil.
Bellanger P. [2014], *La souveraineté numérique*, éditions Stock.
Castel R. [2009], *La montée des incertitudes,* éditions Le Seuil.
Dejours C. [2009], *Travail vivant*, éditions Payot.
De Vries Kets [2002], *Combat contre l'irrationalité des managers*, les éditions d'organisation.

[48] Il reste en suspens de cette question celle du poids de la cyber-organisation et son impact sur les rôles, en rapport à des process définis et/ou pilotés par des machines et des transmissions électroniques.

Dupuy F. [2011], *Lost in management*, éditions Le Seuil.
Dupuy F. [2005], *La fatigue des élites*, éditions Le Seuil.
Du Roy I. [2009], *Orange stressée – le management par le stress*, éditions La Découverte.
Enriquez E. [1999], *Les jeux du pouvoir et du désir dans l'entreprise*, éditions Desclée de Brouwer.
Guignon O. [2003], *Documents pour le médecin du travail – Le facteur psychologique au travail. Une évaluation par le questionnaire de Karasek dans l'enquête Sumer de 2003.*
Le Goff JP. [1992], *Le mythe de l'entreprise : critique de l'idéologie managériale*, éditions La Découverte.
Le Goff JP. [1996], *Les illusions du management*, éditions La Découverte.
Le Goff JP. [1999], *La barbarie douce*, éditions La Découverte.
Nicolai A. [1960], *Comportement économique et structures sociales*, éditions L'Harmattan.
Paillé P. [2003], *Changement organisationnel et mobilisation des ressources humaines,* éditions L'Harmattan.
Sennet R. [2006], *La culture du nouveau capitalisme*, éditions Pluriel.
Vassal O. [2008], *Le changement sans fin*, éditions Pearson.
Weinstein O. [2010], *Pouvoir, finance et connaissance*, éditions La Découverte.
Zarifian P. [2003], *A quoi sert le travail ?,* éditions La Dispute.

Examen d'une hypothèse anthropologique : l'emprise du ludique sur les conduites et les sociétés humaines

Thierry Suchère

I/ Le garçon de café vu par Jean-Paul Sartre : histoire d'une méprise reposant sur un manque de clarté de la notion de jeu.

Cherchant à rendre hommage à André Nicolaï qui fut notre mentor, nous partirons du principe que la meilleure façon de procéder consiste non pas à commenter, mais à prolonger son œuvre en développant certaines idées avancées par lui lors d'un séminaire de maîtrise sur le thème du ludique à l'université de Paris X Nanterre. En mémoire, nous avons encore ce passage de *L'être et le néant : essai d'ontologie phénoménologique* (1943) qu'André Nicolaï aimait citer et dans lequel Jean-Paul Sartre décrit l'homme qu'il a devant lui au Café de Flore lequel joue le rôle de garçon de café avec des gestes qui trahissent une conduite empruntée et le manque de sincérité : *«il a le geste vif et appuyé, un peu trop précis, un peu trop rapide, il vient vers les consommateurs d'un pas un peu trop vif, il s'incline avec un peu trop d'empressement, sa voix, ses yeux expriment un intérêt un peu trop plein de sollicitude pour la commande du client, [...]. Toute sa conduite nous semble un jeu [...]. Il joue, il s'amuse. Mais à quoi joue-t-il ? Il ne faut pas l'observer longtemps pour s'en rendre compte : il joue à être garçon de café».*

Commençons par relever tout ce qui nous heurte dans la façon chez Jean-Paul Sartre de poser le problème de la part de jeu attachée aux conduites humaines. En premier lieu, Sartre aborde le jeu sous l'angle d'une seule catégorie «mimicry» : les conduites des individus qui cherchent pour un temps à être autre chose qu'eux-mêmes (Cf. Le travestissement et les jeux de rôle...). Or, le jeu n'est pas que représentation. Dans *Des jeux et des hommes : le masque et le vertige* (1959), Roger Caillois entreprend de recenser tous les fondements possibles du jeu : *mimicry*, mais aussi *âgon* (la rivalité entre les individus qui cherchent à prouver leur supériorité), *aléa* (l'individu qui s'en remet au hasard) et *ilinx* (l'individu qui cherche la sensation de vertige). En second lieu, des propos de Sartre, il n'est pas possible de faire ressortir des indices quant au degré de sincérité de celui qui joue au garçon de café : croit-il vraiment à ce qu'il fait ou fait-il seulement semblant ? Dans son livre, Roger Caillois traite du cas des sociétés primitives portées sur l'usage du masque. Chez certaines tribus (les Dogons d'Afrique, les Kwakiutls d'Amérique du Sud...), il existe des confréries qui emploient des masques en certaines occasions de façon à représenter des puissances surnaturelles. Le reste de la tribu se fait complice s'effrayant de manière ostentatoire à la vue des masques. Pour les adolescents, ces cérémonies sont l'occasion de rites qui sanctionnent le passage à l'âge adulte. Le moment venu, ils apprennent ce qu'il y a derrière le masque.

Menacés de mort, ils ne peuvent révéler la vérité aux autres membres de la tribu. Pour le sociologue Roger Caillois (et également pour l'historien des jeux Johan Huizinga auteur du livre *Homo ludens : essai sur la fonction sociale du jeu* (1938)), il est impossible de savoir si les acteurs et leur public vivent cette situation sur le mode de la sincérité ou moyennant une part de feinte. Toutefois, on retiendra qu'ils ont fortement intérêt à y croire sans quoi c'est l'ensemble des relations sociales qui finirait par s'écrouler.
Plus fondamentalement, dire à la manière de Sartre du garçon de café qu'il joue revient à porter un jugement de valeur négatif qui rabaisse ce que ce garçon fait en considérant qu'il n'a pas compris ou pas voulu voir ou se situait l'essentiel. Pour Sartre, la peur de la liberté conduit cet individu (et la plupart de ses semblables) à préférer se réfugier dans un rôle que leur attribue la société plutôt que d'affronter le néant d'un projet de vie qu'il leur faudrait bâtir étape par étape. Les propos de Jean-Paul Sartre s'inscrivent dans une tradition qui, en Occident, sur le plan des mœurs et des idées philosophiques, n'aime pas le jeu, en parle de manière péjorative, cherche à expédier cette dimension de l'activité humaine à la périphérie pensant en avoir ainsi terminé avec elle. A l'opposé et bien que n'ayant pas approfondi la question sous la forme d'une trace écrite, André Nicolaï disait du jeu qu'il est présent dans la plupart de nos schémas de comportement et à des degrés divers dans les structures sociales (économique, anthropoeïtique, politique…). Pour autant, la notion de jeu nous semble trop confuse à ce stade pour être opératoire dans le champ des sciences sociales. Il y a là matière à un effort de clarification conceptuelle reposant sur la distinction à opérer entre l'attitude ludique («playing») et le jeu de règles («games») (Cf. D. Winnicott [1975]). Deux pistes seront ainsi explorées : (i) On optera pour une relecture des schémas de comportement traditionnellement avancée tant par les économistes que par les sociologues en y ajoutant l'attitude ludique expression de la pulsion de vie et qui lie créativité et plaisir à acter ; (ii) On envisagera ensuite de se placer au niveau des structures sociales cherchant à rendre compte du pouvoir civilisateur de la règle du jeu dans la mesure ou il s'agit pas moins que de canaliser l'attitude ludique source de possibles débordements, de donner une orientation à la pulsion de vie avec parfois le risque de l'étouffer.

II/ Lier économie politique et discours sociologique : comment réussir à articuler les schémas de comportement aux structures sociales ?

Intéressons-nous aux schémas de comportement mis en avant par André Nicolaï dans ses écrits. Partisans de l'individualisme méthodologique, les économistes expliquent le fonctionnement des sociétés par le comportement des agents supposé contraint, ces derniers évoluant dans un contexte de rareté. Les économistes n'interrogent pas la rareté. Est-elle naturelle ou bien socialement instituée ? Y répondre revient à se tourner du côté de l'anthropologie avec cette idée paradoxale de sociétés primitives vues comme les premières sociétés d'abondance dès lors qu'on y travaille peu, les individus sachant se contenter de pas grand-chose pour vivre[49]. La rareté étant posée comme un fait premier par les économistes qui universalisent, il en résulte une vision du comportement des agents dictés par ce qu'André Nicolaï appelle la nécessité. A l'âge adulte, tous les individus doivent travailler de manière à se procurer un revenu. Positionnés ensuite comme consommateurs, ils ne peuvent prétendre dépenser plus qu'ils ne gagnent. Du coté des entreprises, elles doivent réaliser un profit, réinvestir, se moderniser et se donner ainsi les moyens de résister à la pression de la concurrence.

En rester à la seule nécessité signifie un comportement des individus dictés par la situation. Au «si je peux», les économistes ajoutent le «si je veux». Les individus disposent de moyens limités posés face à des finalités multiples qui se font concurrence dans la tête des agents. Des finalités, l'économiste dit qu'elles sont subjectives et variables d'un individu à l'autre[50]. Pour l'économiste, il n'y aurait pas de rationalité des fins au sens d'explications à chercher qui méritent qu'on s'y attarde. Les préférences des individus sont ce qu'elles sont : elles ne se discutent pas. L'homo oeconomicus est censé savoir ce qu'il veut. Il analyse la situation avec lucidité en termes de relations des moyens aux fins. Comprenant les contraintes qui s'imposent à lui, il optimise : faire ce qui se trouve être le meilleur choix possible pour lui. L'homo oeconomicus serait un être doté d'un moi et qui n'a pas surmoi. Il maîtrise ses pulsions, sait composer avec le principe de réalité et surtout il agit de façon toujours consciente.

Sur le plan de l'analyse des comportements, en quoi le sociologue se différencie-t-il de l'économiste ? Supposons que la question première qui se pose à l'humanité soit bien celle de la lutte contre la rareté. Toutes les sociétés ne choisissent pourtant pas d'y répondre de la même façon. Les sociétés primitives jouent sur la taille du groupe de manière à ne pas épuiser les ressources offertes spontanément par la nature (Cf. Le phénomène syncrétique de la circulation des femmes qui vaut également comme échange d'alliances entre groupes qui se côtoient). Est ainsi mis en avant le rôle primitif joué par l'anthropoeïtique qui traite de la question de la reproduction des individus selon une double dimension à la fois physique et sociale. L'économie désigne la réponse apportée à une époque plus récente : cherchant à combattre la rareté, il faut se mettre à produire des biens en grande quantité en s'appuyant sur le désir jamais totalement assouvi chez l'homme de faire de l'argent (Cf. La chrématistique chez Aristote). Devient déterminante la position des individus

---

[49] Cf. Sahlins M. [1972], *Age de pierre, âge d'abondance : l'économie des sociétés primitives*, éditions Gallimard.

[50] Cf. Becker G. et Stigler G. (1977) «De gustibus non est disputandum», *American Economic Review*.

dans les rapports de production. On parle de sociétés de classe lorsque s'observe une hiérarchisation des individus qui prend appui sur une différenciation des rôles de nature fonctionnelle observable dans les rapports de production. Positionnés chacun à une place bien déterminée dans ces rapports de production, les individus n'auront alors pas accès aux mêmes moyens.
Opposé à l'économiste, le sociologue pense ensuite qu'il y a une rationalité des fins. Le plus souvent, les individus optent pour des fins en rapport avec le domaine possible compte tenu des moyens mis à leur disposition. Pour l'individu, le problème n'est pas tant d'avoir ce qu'il aime que d'apprendre à faire avec ce qu'il possède[51]. Le sociologue montre ainsi qu'inconsciemment, les individus en viennent à pratiquer ce que André Nicolaï appelle la vertu : la capacité de l'homme à bien agir au regard des circonstances. L'explication de l'adaptation spontanée des choix individuels aux circonstances, André Nicolaï nous dit qu'il faut aller la chercher du côté de l'enfance. L'économiste oublie que les individus ont une histoire. Dans le cadre d'institutions telles que la famille et l'école, s'opère tout un travail dit de socialisation qui permet à l'enfant d'acquérir une personnalité de base grâce à laquelle il va pouvoir inscrire à terme son activité dans une société et à une place qu'il ne choisit pas. Se constitue à cette occasion le sur-moi : l'intériorisation par les agents des rapports sociaux qui les conduisent à des formes d'autocensure, voire à une culpabilité ressentie lorsqu'ils en viennent à transgresser les normes de comportement communément admises par le groupe dans lequel ils évoluent. Autrement dit, la socialisation fait que l'individu ne peut prétendre satisfaire que des pulsions autorisées au moi par le surmoi, le tout se passant de façon largement inconsciente.

III/ Une attitude ludique caractéristique de l'être humain en bonne santé et sain d'esprit : faire rimer créativité et plaisir.

Au côté de l'homo oeconomicus et de l'homo sociologicus, nous pensons qu'y a de la place pour un homo ludens, ce fait reposant selon nous sur une donnée anthropologique majeure. «*Homo ludens est un pléonasme : l'homme est homme en jouant et n'est à proprement parler homme que quand il joue, c'est à dire quand il échappe à ses définitions antérieures. Aucun être n'est ludens habituellement ou de droit. Cela signifie entre autre que, quand je ne joue pas, je ne suis plus vraiment homme malgré les apparences et le nom, mais une sorte d'animal domestique de l'humanité*» (Cf. M. Mauriras Bousquet [1984], p. 169). La majeure partie de leur temps, les enfants le passent à jouer et pour certains, ils se prépareraient ainsi à leur vie d'adulte[52]. On oublie trop souvent de dire que les adultes ne cessent

[51] Cf. Bourdieu P. [1979], *La distinction : critique sociale du jugement*, les éditions de minuit.
[52] Cf. Claparède E. [1909], *Psychologie de l'enfant et pédagogie expérimentale*, éditions Kundig et les travaux du psychologue Jean Château.

jamais tout à fait de jouer. Ils font alors preuve alors d'une disposition d'esprit que la société voudrait voir cantonner au monde de l'enfance et qui va trouver à pouvoir discrètement s'investir dans des activités courantes non intrinsèquement ludiques et donc pas forcément drôles en première instance (le travail, la vie domestique, la politique…).

Pourquoi joue-t-on ? Dire du sujet qu'il n'a le choix ni des moyens qu'il va devoir employer ni des fins qu'il poursuit équivaut à vouloir rendre compte de ce que signifie un comportement d'adaptation parfaite à des contraintes d'origine matérielle et sociale. Si la réalité extérieure s'impose à moi de manière abrupte, ce moment sera vécu sur le mode de l'agression entraînant du repli et des réactions défensives. Autre chose se produit lorsque la contrainte est réinterprétée / remodelée par le sujet qui entre en action. Autrement dit, «*Le cavalier doit conduire sa monture, non être emporté par elle. Je pourrai recourir à la formule de Buffon : le style est l'homme même*» (DW. Winnicott [1975], p. 183). Dans *Jeu et réalité* (1975), Donald Winnicott avance ainsi l'hypothèse d'existence d'une zone d'expérience qui se situe entre la réalité extérieure et le psychisme de l'individu. La zone d'expérience est une zone de jeu au sens d'un espace dans lequel le sujet pourra y faire la preuve de sa créativité : manipuler l'objet rapporté de l'extérieur et s'affirmer en tant que soi (Cf. La notion de moi chez Sigmund Freud proche de celle de «vrai self» chez Donald Winnicott).

Reprenant ce qui vient d'être dit sur la structure du jeu, on en déduit que c'est parce que j'attache un certain prix à l'atteinte de l'objectif (Cf. La notion d'investissement en psychanalyse), parce que rien n'est évident du fait de l'existence d'obstacles qui m'empêchent d'atteindre directement et simplement mon objectif (les notions de contraintes ludogènes et de retardateurs de jeu mises en évidence par S. Chauvier [2007]), parce qu'il me faut agir au mieux et donc faire des choix raisonnés que le jeu suscite mon intérêt, de l'engagement et de la passion. L'attitude ludique peut donc se définir comme ce quelque chose caractéristique de l'homme par opposition aux autres espèces animales : une disposition particulière d'esprit qui pousse le sujet humain à imaginer, inventer, créer et qu'on va retrouver chez l'enfant qui joue et apprend, chez l'artiste qui produit une oeuvre, dans le savant qui fait une découverte ou encore chez l'ingénieur qui résout un problème technique. Et c'est parce qu'il y a créativité qu'on trouve chez l'individu du plaisir à acter. Une attitude ludique signifie nous avons affaire à un être humain en bonne santé et saint d'esprit. Dans les termes de Donald Winnicott, l'attitude ludique est ce qui fait que la vie vaut la peine d'être vécue !

A ce stade de l'exposé écrit, il nous est possible d'avancer dans le sens de la clarification conceptuelle réclamée dès l'introduction de notre propos rendant compte l'ambiguïté qu'il y a à vouloir parler des jeux et du jeu en général. Dans l'ouvrage intitulé *Qu'est-ce qu'un jeu ?*, le philosophe Stéphane Chauvier dit de l'expression «jouer à un jeu» qu'elle est à la fois grammaticalement correcte et qu'elle a un contenu informatif. Est légitime la distinction entre : (i) l'attitude ludique qui renvoie au comportement de celui qui fait preuve de créativité et entre ainsi dans une séquence faite de plaisir, de joie et d'amusement (Cf. «*Le comportement ludique... se rencontre chez l'adulte et chez l'enfant. Il se rencontre aussi chez certains animaux. On peut chercher à comprendre quel rôle il joue dans l'économie psychique des hommes en insistant sur l'association du plaisir et de la dépense gratuite d'énergie que représente ce comportement*» (S. Chauvier [2007], p. 16-17)); (ii) le jeu vu comme un dispositif destiné à produire de façon préférentielle de l'attitude ludique et dont le contenu nous est donné à la connaissance des règles du jeu : jouer au football, ce n'est pas simplement se mettre en position d'avoir envie de taper avec son pied dans un ballon ! Conséquence, il n'y aurait donc pas d'activité spécifiquement ludique, mais uniquement des activités abordées sur la base d'une attitude ludique avec un cas limite constitué par les dispositifs objectifs de jeux construits sur la base de règles. In fine, on comprend qu'il est avant tout question de l'état d'esprit de celui qui agit. «*Un jeu n'est que le cérémonial, le décor, l'ensemble des circonstances susceptibles d'accueillir le ludique; C'est un piège à ludique. Les techniques ludiques pourront emprunter des formes différentes des jeux habituels. L'important n'est pas de reproduire les apparences du jeu, mais de susciter l'esprit de jeu*» (Cf. M. Mauriras Bousquet [1984], p. 39).

IV/ Une reproduction sans à-coup des systèmes sociaux qui repose sur la déclinaison d'un impératif catégorique : comment et pourquoi sur la base de la nécessité en venir à produire de la vertu et puis du plaisir ?

Dans «*La nécessité, la norme et le jeu en économie*» (1990), André Nicolaï avance l'idée d'individus investissant les rôles qui leur sont assignés s'ils y sont incités par un triple faisceau de contraintes et incitations : la nécessité, la vertu et le plaisir que je retire du déploiement d'une attitude ludique devant les choses. Je travaille parce que c'est le seul moyen licite qui s'offre à moi pour me procurer un revenu. Le plus souvent, j'essaye de réaliser ce travail de façon consciencieuse avec le sentiment en fin de journée du devoir bien accompli et empreint de la satisfaction d'avoir ainsi été utile à la collectivité. Puis travaillant, je vais me retrouver à devoir évoluer dans une organisation qui me dicte mes buts, m'attribue des moyens et dans laquelle je devrai assumer une tâche en dépit des obstacles qui se dressent devant moi. Il se peut alors que «*je me laisse prendre par les taches qui me sont confiées, que je m'y intéresse (qu'elles soient intéressantes ou non en soi) et que j'adopte, sans en avoir généralement tout à fait conscience, une attitude qui est, plus ou moins, celle du jeu*» (Cf. M. Mauriras Bousquet [1984], p. 47). Lorsque l'attitude ludique vient en renfort de la nécessité faite vertu, les agents seront conduits à habiter littéralement leur rôle. Il en résulte une reproduction du système sans perturbations majeures autre que celle qui résulterait d'un choc exogène. Et de fait, aucune organisation ou système social ne peut espérer fonctionner de façon durable si les agents qui la composent se contentent d'appliquer les consignes sans s'investir et donc sans y mettre une part d'eux-mêmes. Généralement, les agents en font beaucoup plus que ce qui leur est demandé. «*Les agents du système se prennent (se piquent) au jeu. C'est justement la raison pour laquelle les acteurs du système (et pas seulement les entrepreneurs) en font trop par rapport à la nécessité de l'utile, aux normes de la culture. Mais cette raison est inavouable puisque le jeu est officiellement condamné : aussi se situe-t-elle dans l'opacité du social*» (Cf. A. Nicolaï [1990], p. 91).

Approfondissons ce qui vient d'être dit avançant trois séries de remarques :

- une nécessité trop forte (avoir faim et ne pas pouvoir y répondre...) et /ou une contrainte sociale trop marquée (la dictature qui engendre l'oppression) font qu'il n'y a alors plus de place pour l'esprit de jeu. Des agents qui ne savent pas jouer, la psychanalyste Joyce McDougall écrit qu'ils souffrent de normopathie : ils sont dotés d'une personnalité rigide et ultra-conformiste. Or, les systèmes sociaux ne peuvent faire face à l'exigence de transformations que s'ils génèrent en leur sein et à la marge des déviants qui apportent des solutions novatrices face aux crises avec à la clé de possibles changements dans les rapports sociaux si les solutions ainsi déployées se révèlent être efficaces et si les porteurs de changement sont capables d'entraîner avec eux d'autres agents[53].
- les agents font figure de perdants nets si on s'en tient à la rétribution financière que leur alloue le système laquelle est rarement à la mesure de leur contribution. Sauf que s'appuyant sur les trois niveaux de contraintes et incitations, l'individu peut espérer compenser les aspects négatifs attachés à la tenue d'un rôle par d'autres positifs et donc y trouver comme une sorte d'équilibre interne. Un statut social valorisant ou une activité au contenu intrinsèquement intéressant peut contrebalancer un faible niveau de rémunération;
- il existe des situations ou la vertu et le plaisir font défaut et donc cessent de fonctionner en renfort d'un niveau de rétribution jugé insuffisant par les acteurs eux-mêmes. Il en résulte de la morosité, des comportements de retrait (de l'absentéisme, du turn-over...) et parfois de la révolte ouverte.

V/ Illustration : du travail des équipiers dans la restauration rapide vu comme s'inscrivant dans un cadre dit de jeu productif.

[53] Cf. Le concept de pervers narcissique souvent mis en avant par André Nicolaï dans ses conférences. Le pervers narcissique désigne celui qui n'a pas de surmoi. Il sait que les autres en ont un. Il aime être admiré pour sa capacité à transgresser la règle sans pour autant en subir les conséquences.

Illustrons ce qui vient d'être avancé en matière de schémas de comportement en s'appuyant sur ce que nous savons de la gestion des ressources humaines d'une grande enseigne de la restauration rapide : l'entreprise McDonald. Le personnel y est composé de jeunes et d'étudiants. Au moment de la signature du contrat de travail, l'entreprise traite avec des nouveaux entrants sur le marché du travail mus par des motivations qui participent effectivement du registre de la nécessité. Pour les uns, il s'agit de financer leurs études dès lors que leurs parents ne peuvent pas suivre. Pour les autres, il leur faut trouver les ressources pour réaliser un projet (financer le permis de conduire, acquérir une voiture, partir en vacances…). N'ayant besoin de main-d'œuvre qu'à certains moments de la journée, le restaurant ne propose que des contrats à temps partiels. En pratique, le salarié moyen effectuera 18 heures par mois payés 400 euros. Chez les étudiants, cette situation est vécue comme temporaire. Ils l'acceptent attendant d'obtenir leur diplôme et de faire une véritable entrée sur le marché du travail. Ainsi contrairement à ce qui est avancé dans les publicités récentes du restaurant, rares sont ceux d'entre les jeunes qui viennent chez McDonald avec l'envie d'y faire carrière. Conséquence : pas plus le niveau de rétribution que la volonté de garder son emploi ne sauraient expliquer l'engagement des jeunes à se dépenser sans compter dans un travail au contenu souvent éprouvant.
Comment l'entreprise McDonald s'y prend-t-elle pour fabriquer de la vertu faute d'une rétribution à hauteur de l'engagement de ses salariés ? Les mots ont un sens pour qui prend le temps de les décrypter. Chez McDonald, les salariés sont désignés par le vocable d'équipiers. Sur un plan purement technique, l'équipe s'appuie sur une différenciation des rôles qui véhicule de la complémentarité. Chacun se verra attribuer une tâche à réaliser qui doit permettre au collectif d'atteindre ses objectifs. Une défaillance d'un équipier à son poste de travail signifie prendre le risque de pénaliser le collectif. Soucieuse de cohérence, l'équipe va chercher à produire un renforcement de son unité en produisant de la cohésion : soit l'adhésion de chacun aux objectifs communs. Conséquence, sur un plan psychologique, une équipe n'existe pleinement que si elle est cimentée par de l'affectivité. Chez McDonald, tout le monde s'appelle par son prénom et le tutoiement est de rigueur y compris entre les équipiers et la hiérarchie. Dans les moments durs, on doit pouvoir compter sur la solidarité entre membres de l'équipe : «*Le travail est dur, mais nous le faisons ensemble. Tout le monde se retrouve dans la difficulté : du simple salarié au directeur. Et lorsque le travail devient extrêmement dur du fait d'un afflux imprévu de clientèle, tout le monde intervient et se sert les coudes. Toute l'équipe s'y met dans une ambiance fraternelle et solidaire*» (Cf. S. Comparet [2008]). Et la hiérarchie d'organiser à intervalles réguliers des soirées entre équipiers de manière à souder l'équipe. Au final, lorsque le manager demande à un équipier de faire des heures complémentaires, il s'appuie sur le sentiment latent de culpabilité de l'équipier à qui il s'adresse lui rappelant que refuser, c'est mettre les autres membres de

l'équipe dans la difficulté en les obligeant à un surcroît de travail. Se manifeste ici quelque chose qui est de l'ordre du surmoi : la volonté de faire en sorte que le contrôle social aille se nicher jusque dans le subconscient des agents !
Est-il possible pour une organisation comme McDonald de susciter également chez le salarié une attitude ludique de manière à garantir un maximum d'engagement dans l'action ? Chez McDonald, les conditions de travail sont particulièrement éprouvantes pour trois séries de raison : (i) Le souci de faire des économies principalement sur la masse salariale fait que le restaurant fonctionne en constant sous-effectif; (ii) L'équipe doit faire face à des afflux massifs de clientèle aux heures des repas (Cf. La notion de rush) ; (iii) Il est impossible de s'y préparer en produisant par avance pour des raisons d'hygiène alimentaire (Cf. Tout sandwich non consommé dans les 10 minutes est jeté et donc constitue du gaspillage). A quel niveau du comportement des équipiers retrouve-t-on quelque chose qui s'apparente à de l'attitude ludique ? (i) Au moment ou la clientèle arrive, l'équipier devra travailler vite, ne pas se tromper sur la composition du sandwich, savoir que les autres équipiers comptent sur lui pour finaliser la commande, ne pas faire attendre le client, ne pas se tromper sur sa commande, faire tout tenir sur le plateau, garder le sourire… et donc triompher de toute sorte de difficultés en s'appropriant / inventant des trucs et des astuces qui permettent de faire face à un travail réalisé dans l'urgence et moyennant une forte dose de stress; (ii) Les conditions de travail étant éprouvantes, elles ne peuvent être supportées que si le jeune équipier vit cette situation sur le mode du jeu qui est un moyen de mettre de la distance entre soi et la situation. Pour ne pas sombrer psychiquement, il convient de vivre littéralement la situation sur le mode du mythe de Sisyphe : l'homme qui aurait été condamné par les Dieux à devoir inlassablement remonter un même rocher en haut d'une colline et qui déciderait de se venger des Dieux en jugeant sa tache digne d'intérêt et source de plaisir[54] ; (iii) Le jeu productif est quelque chose que la hiérarchie met délibérément en scène organisant des défis entre équipiers avec à la clé la désignation d'un vainqueur dit équipier du mois (Cf. Le caractère symbolique et donc extrêmement parlant de la prime dont le montant varie entre 20 et 100 euros par mois assortis de deux places de cinéma !!!) ;
Sauf qu'avec le temps, l'équipier va faire le tour des différents postes de travail, le côté ludique venant à faire défaut. La structure pyramidale de l'entreprise rend largement illusoire les chances de promotion au poste de manager. Pour l'équipier, il n'y a alors que deux voies de sorties possibles. La révolte ouverte est difficilement envisageable pour des jeunes n'ayant pas de culture syndicale. L'emploi chez McDonald étant perçu comme provisoire, il y a de toutes les façons quelque chose de profondément absurde et dérisoire à vouloir s'engager dans un conflit ouvert. Reste la solution de la démission. Mc Donald licencie rarement du personnel pour

[54] Cf. Camus A. (1942) *Le mythe de Sisyphe*, éditions Gallimard.

faute grave. L'entreprise ne prend pas un grand risque à opter pour la formule des contrats à durée indéterminée. De fait, la plupart des restaurants de la marque ont un turn-over de 75% par an.

VI/ La sociologie des jeux et la compréhension du fonctionnement des systèmes sociaux : sur l'origine de la culture et de l'idée de civilisation.

Se plaçant dorénavant au niveau des systèmes sociaux, on développera l'idée que partant de la sociologie des jeux, on peut aller jusqu'à comprendre comment se construit une culture et une civilisation. Dans le domaine de la sociologie des jeux, l'ouvrage *Homo ludens : essai sur la fonction sociale du jeu* (1938) constitue un texte important. Son auteur, l'historien Johan Huizinga défend la thèse d'une civilisation initialement jouée [55]. «*L'émulation ludique est plus ancienne que la culture même comme impulsion de la vie sociale, et agit comme un ferment sur le développement des formes de la culture archaïque [...] la culture dans ses phases primitives, est jouée. Elle ne naît pas du jeu comme un fruit vivant qui se sépare de la plante mère, elle se déploie dans le jeu et comme jeu*» (J. Huizinga [1938], p. 241).
Huizinga fait ainsi du jeu un phénomène premier. Les mammifères jouent tel le chat poursuivant une pelote de laine. De fait, les enfants passent l'essentiel de leur temps à jouer. Quand les circonstances s'y prêtent, les adultes continuent de jouer. Dans son cours sur le ludique, André Nicolaï dit du jeu qu'il renvoie dans ces conditions à «*du naturel incompressible*» dont la société se méfie parfois avec raison. La société aimerait pouvoir domestiquer les instincts. Elle prétend faire entrer ainsi les hommes dans le monde de la culture. A un adolescent qui fait son entrée dans le monde des adultes, on lui demande de renoncer à jouer. Pourquoi ? En latin, le terme «païda» (la turbulence) renvoie au risque de débordement toujours présent chez l'enfant qui joue. Le verbe «play» se distingue du mot «game», ce dernier désignant le jeu qui comporte des règles : soit un début d'organisation qui s'oppose à l'anarchie qui résulterait de pulsions à qui on donnerait libre cours. Faire appel aux règles du jeu, c'est en quelque sorte entreprendre de canaliser l'attitude ludique au risque de la tuer. «*Jouer est un acte spontané et non pas l'expression d'une soumission ou d'un acquiescement*» à une quelconque contrainte (DW. Winnicott [1975], p. 104). Comment ? De l'apprentissage du principe de respect de la règle du jeu, nous savons qu'il éduque : dans les classes des écoles maternelles, les éducateurs font jouer les enfants connaissant des problèmes de socialisation aux jeux de société. Bien plus, le fait de jouer dans un cadre fait de règles est ce qui

---

[55] Dans son ouvrage, Johan Huizinga dit avoir été influencé par le livre de l'ethnologue Léo Frobenius [1921] *Paideuma*. Immergé dans des tribus africaines, Léo Frobenius considère le rapport entre l'observation faite par ces peuples d'un ordre naturel (le rythme des saisons, l'alternance jours et nuits…) et le jeu qui fait intervenir de la créativité laquelle mobilise la capacité propre à l'homme de manipuler les symboles, le tout conduisant à l'invention d'un ordre social construit à l'image de l'ordre naturel.

conduit l'individu à se mettre en position d'accepter d'autres règles : la règle de droit, l'harmonie en musique, la perspective en peinture... Moyennant un respect consenti librement de la règle, les individus en viennent à former une communauté des joueurs. Une institution signifie un ensemble de règles qui permet au jeu social de se pratiquer et une révolution n'est rien d'autre qu'un changement de règles du jeu promu par un leader et suivi par un groupe qui n'acceptent plus de jouer selon les normes et règles en vigueur.

VII/ La sociologie des jeux et la compréhension du fonctionnement des systèmes sociaux : des préférences pour certains types de jeu qui valent comme autant d'indications quant à l'orientation donnée à nos sociétés.

Auteur de l'autre ouvrage de référence *Des jeux et des hommes : le masque et le vertige* (1958), Roger Caillois détaille les instincts sur lesquels s'appuient les jeux : (i) âgon (le jeu qui met en scène la rivalité, chacun essayant de prouver ainsi sa supériorité) ; (ii) l'aléa (le jeu dans lequel intervient le hasard) ; (iii) mimicry (le jeu de rôle qui permet à l'individu d'incarner pour un temps ce qu'il n'est pas) ; (iv) ilinx (la recherche par l'individu de sensations fortes provoquées par le déséquilibre des sens). De ces principes de jeu, Roger Caillois dit qu'ils sont inégalement répartis suivant les civilisations. Des préférences sociales pour certains types de jeu, il considère qu'elles valent comme autant d'indications sur l'orientation donnée à une société : «*Il me parait pas au-delà de toute conjecture raisonnable de rechercher si le destin même des cultures, leur chance de réussite, leur risque de stagnation, ne se trouvent pas également inscrits dans la préférence à l'un ou à l'autre des catégories élémentaires ou j'ai cru pouvoir répartir les jeux*» (R. Caillois [1958], p. 142). «*Donner la préférence à l'âgon, à l'aléa, la mimicry ou à l'ilinx contribue à décider l'avenir d'une civilisation*» (R. Caillois [1958], p. 91)[56].
Et de proposer la séquence chronologique suivante : dans les sociétés primitives, les croyances religieuses fondent le lien social et y dominent le masque et le vertige. Le masque est utilisé lors de cérémonies. Les initiés s'y travestissent de façon à figurer au sein de la tribu la présence de puissances surnaturelles. Lors de ces cérémonies, on y cherche également la transe avec pour objectif de faciliter l'entrée en contact avec ces mêmes forces surnaturelles (Cf. Le vaudou en Afrique, aux Caraïbes et au Brésil, le

[56] Cherchant à illustrer son propos, Roger Caillois a recours à un exemple éloigné de notre façon de penser. En mandarin, le caractère «wan» signifie «jouer». Parallèlement, il désigne l'action de celui qui caresse une pierre et entre dans une posture méditative. Il y a là un trait de civilisation dans lequel se lit le refus de la vaine agitation et du désordre. A partir de considérations sur une tournure d'esprit, on fait ressortir la façon dont une civilisation pense le jeu. On en vient à pouvoir expliquer jusqu'au destin de cette civilisation (Cf. Le retard de la Chine sur le plan de l'économie et des institutions politiques jusqu'à la transition communiste).

shamanisme en Sibérie et chez les Indiens…). Selon Roger Caillois, le progrès veut dire des sociétés qui apprennent à se défier des dangers potentiels qui résulteraient d'une attirance trop prononcée pour le masque et le vertige. Le travestissement conduit à l'aliénation lorsque je ne suis plus moi-même. La recherche du vertige implique de recourir à des substances qui comportent des dangers pour la santé et un risque de dépendance. Du masque et du vertige, les sociétés vont devoir leur trouver des exutoires : des lieux et des temps situés en marge de la vie courante dans lesquels ces deux instincts peuvent trouver à s'exprimer (Cf. Les manèges des fêtes foraines / le numéro de trapèze au cirque, le carnaval, le bal costumé…). «*Le simulacre et le vertige, le masque et l'extase étaient constamment associés dans l'univers viscéral et halluciné que leur collaboration a maintenu. Ils n'apparaissent plus que disjoints, appauvris et isolés dans un monde qui les refuse et qui d'ailleurs ne prospère qu'autant qu'il réussit à contenir ou à duper leur violence disponible*» (R. Caillois [1958], p. 254).
Entrées dans l'histoire, nos sociétés semblent ensuite ne pas vouloir choisir entre les deux pôles que sont la compétition et le hasard. Dans les villes de la Grèce Antique, les magistrats sont tirés au sort. Inversement, dans la Chine impériale, le mandarin est un fin lettré recruté sur la base d'un concours difficile. Roger Caillois défend alors l'idée de progrès des civilisations liés au culte de l'âgon : le besoin de prouver sa supériorité produirait de l'émulation entre les hommes. L'expression latine «ludus» renvoie simultanément au jeu, au collège et à l'entraînement : elle est employée pour désigner le jeu qui fait appel aux talents des protagonistes. Dans la mesure où intervient le talent, il convient de le perfectionner en s'entraînant et de l'exercer. A l'inverse, Roger Caillois fait observer que les sociétés modernes se caractérisent par la tendance à se méfier du hasard, voire chercher à le contenir parce qu'il renvoie à une attitude faite de passivité et d'attente devant le sort qui se situe à l'opposé de ce qui est recherché lorsqu'on encense le travail et l'effort. «*Dans les sociétés fondées sur la composition du mérite et de la chance, il existe de même un effort incessant inégalement heureux et rapide d'augmenter la part de la justice au détriment de celle du hasard. On appelle cet effort le progrès*» (R. Caillois [1958], p. 158). La rationalité instrumentale (Cf. Devenir maître et possesseur de la nature) n'est jamais aussi puissante que lorsqu'on se met en position de pouvoir limiter l'incertitude (il faut tout prévoir et tout contrôler). A l'extrême, on va trouver la définition même du principe de précaution qui veut que le fait de ne pas savoir ne doit pas empêcher pour autant d'agir.

VIII/ Illustration : analyser le fonctionnement des marchés financiers en prenant appui sur les enseignements de la sociologie des jeux.

Dans cette dernière partie, il s'agira de trouver une illustration parlante pour les économistes de la thèse de Roger Caillois qui veut que «*le destin de deux*

cultures se lit dans les jeux. Donner la préférence à l'agôn, l'aléa, à la mimicry ou à l'ilinx contribue à décider l'avenir d'une civilisation» (R. Caillois [1958], p. 91). Dans *Homo ludens* (1938), Johan Huizinga défend l'idée de jeu fait d'actions «*dénuées de tout intérêt matériel et de toute utilité*». Roger Caillois lui oppose les jeux d'argent : le poker, le loto, le pari hippique... Par ailleurs, il fait remarquer que les jeux reposent le plus souvent sur la combinaison de plusieurs instincts. Les Anglo-saxons ont ainsi recours au terme «gamble» pour désigner les jeux d'argent et de hasard. Nous pensons qu'ils sont à l'image de ce qui se pratique sur les marchés financiers, la dimension aléa y étant prédominante bien que non exclusive.
Cherchant à justifier cette analogie, nous nous appuierons sur une relecture du chapitre 12 de la *Théorie générale de l'emploi, de l'intérêt et de la monnaie* (1936) «*L'état de la prévision à long terme*» dans lequel Keynes nous incite clairement à aller dans cette direction de travail usant de nombreuses images et de métaphores tirées de l'univers du jeu :
- des métiers qui consistent à placer de l'argent sur les marchés de capitaux, Keynes écrit qu'il s'agit là d'une activité compliquée et fastidieuse dans laquelle un individu ne saurait s'engager s'il n'a pas le goût du jeu.
- parlant de la rentabilité attendue sur un projet d'investissement en capital physique, Keynes dit que faute d'éléments tangibles sur lesquels nous pouvons étayer nos prévisions, ceci revient à vouloir du coté de l'investisseur faire comme s'il acceptait de jouer à la loterie.
- analysant ensuite ce qui s'appréhende comme une course entre spéculateurs pour devancer l'autre dans l'action, Keynes montre qu'elle est à l'image de ce qui s'observe au jeu du chemin de fer, celui des chaises musicales ou encore celui dit du vieux garçon (Cf. Le pouilleux en Français).
- des acteurs de la finance sur la place de New York, Keynes fait remarquer qu'ils ont laissé se développer des pratiques malencontreuses conduisant à la mise en place d'une économie de casino dont il dénonce le caractère déstabilisateur pour le reste de l'économie.
Souhaitant ensuite aller plus loin que les allusions faites par Keynes, nous voudrions démontrer que certains schémas de comportement propres aux acteurs sur les marchés de capitaux relèvent d'instincts de jeu (aléa, mimicry et ilinx) qui ont trouvé à pouvoir s'investir dans la vie réelle :
- Sur le marché financier, les spéculateurs doivent apprendre à faire avec le hasard. Ils ne disposent pas de connaissances suffisamment précises sur lesquelles ils pourraient être tentés de s'appuyer pour étayer leurs anticipations. Important dans l'œuvre de Keynes, la notion d'incertitude radicale est là pour témoigner du fait que les acteurs évoluent dans un univers non-probabilisable. Le spéculateur est donc celui qui réalise des coups chanceux : acheter lorsque les cours sont bas et avant qu'ils ne remontent / vendre lorsqu'ils sont au plus hauts et avant qu'ils ne chutent. De la motivation des spéculateurs, Keynes dit qu'elle renvoie à un des travers de la nature humaine : l'exigence de prompt succès laquelle est moralement condamnable. La chance permet de triompher

sans effort. Elle contredit la valeur travail qui s'incarne dans la personne du chef d'entreprise : celui qui s'intéresse exclusivement au rendement du capital physique, réinvestit tout ce qu'il gagne dans son entreprise, privilégie le long terme, voire fait de sa propre affaire un projet de vie... A noter que «*Jouer, c'est renoncer au travail à la patience, à l'épargne pour le coup heureux qui en une seconde procure ce qu'une vie épuisante de labeur et de privation n'accorde pas si la chance ne s'en mêle et si l'on ne recourt pas à la spéculation laquelle, précisément, ressortit pour une part à la chance*» (R. Caillois [1958], p. 226).

- La dimension mimicry est présente sur le marché boursier au travers de phénomènes du type psychologie des foules décrits initialement par Gustave Lebon et revisités par Sigmund Freud[57]. Rappel : le mimétisme existe à l'état de nature chez certaines plantes et animaux qui se confondent avec leur environnement lorsqu'il y a danger. Sur les marchés de capitaux, le mimétisme est une des dimensions auquel il faut s'attacher pour comprendre comment se comportent les acteurs. Caractérisées par de fortes fluctuations des cours, les périodes de crise sont des périodes de doutes. Ne sachant pas de quoi demain sera fait et n'ayant pas confiance dans mon propre jugement, il en résulte l'abdication de ma propre volonté qui est le propre de l'aliénation. Perdu et donc évoluant comme dans un brouillard, le mieux que j'ai à faire est encore de suivre la première personne que je rencontre pensant qu'elle en sait plus que moi. Doté d'un instinct fortement grégaire, le spéculateur en est ainsi réduit à suivre la foule de ses semblables sauf que les mouvements de foule ne sont pas toujours cohérents, rationnels. S'observent des revirements d'opinion aussi brusques qu'incompréhensibles avec des périodes d'euphorie contagieuse et des périodes où un sentiment profond de panique envahit progressivement tous les acteurs. Et dans ces conditions, le système financier est une institution qui se caractérise par son instabilité avec des cours des titres particulièrement volatiles.

- Et enfin, la dimension vertige est présente sur les marchés de capitaux. Des jeux, Roger Caillois dit qu'ils mettent en oeuvre des instincts puissants. Lorsque les instincts ne sont plus canalisés par le recours à la forme jeu de règle et qu'ils s'investissent dans la vie réelle, il y a alors le risque d'emballement des acteurs et de débordements. Sur le marché des capitaux, le jeu est à somme nulle parce que reposant sur des transferts de propriété, mais sans véritable création de richesse. Rappel : le jeu de société classique du type Scrabble, Belote, Monopoly… a un caractère totalement improductif. Et «*la liquidité est seulement un processus de réallocation de la propriété des entreprises entre les investisseurs. Il n'est pas dans le pouvoir du marché de se défaire de cette propriété, ni de l'accroître*» (A. Orléan [1999], p. 47). Paradoxalement, on serait tenté de dire que sur le marché des capitaux, le jeu a tendance à s'opérer à somme croissante : les acteurs des

[57] Cf. Lebon G [1895], *Psychologie des foules*, éditions Alcan et le commentaire de Freud S. [1921], *Psychologie des foules et analyse du moi,* éditions Payot.

marchés financiers souhaitent pouvoir gagner toujours plus et jusqu'à l'infini !!! On fera observer que ceci n'est rendu possible que moyennant des acteurs du marché financier qui se prennent au jeu avec à l'extrême limite des problématiques proche de l'addiction : lorsque jouer ne fait plus appel au principe de plaisir, mais tourne à l'obsession[58].

En conclusion et dans les champs des sciences économiques, est généralement affirmée (et pas forcément démontrée) la rationalité tant des acteurs que des institutions que sont les marchés. Le courant néo-classique soutient la thèse dite d'efficience des marchés financiers[59] : le marché est censé produire une évaluation pertinente des entreprises cotées intégrant alors toute l'information disponible. Le phénomène des bulles spéculatives témoigne du fait que l'on donne ainsi dans l'apologie des marchés mais en les parant de vertu qu'ils ne possèdent pas. Du coté de l'hétérodoxie (l'économie des conventions, l'école de la régulation...), les recherches concluent à l'irrationalité des marchés et à la rationalité des acteurs. Il convient d'y voir une posture épistémologique qui part de l'hypothèse de comportements supposés cohérents pour en arriver à l'idée qu'il y a effectivement quelque chose à comprendre dans les séquences empiriques observées et donc à relater. Les travaux d'André Orléan font ainsi référence à des acteurs des marchés de capitaux mus par des rationalités complexes. La rationalité est dite auto-référentielle du fait d'un regard du spéculateur qui évalue un titre moins tourné vers les résultats des entreprises que vers ce que le marché pense être l'opinion des acteurs sur ce même marché. La rationalité mimétique renvoie à l'idée qu'il peut y avoir un avantage à suivre l'opinion majoritaire sur les marchés de capitaux plutôt que de se fier à ce que l'on sait et pense être le réel. Nous avons choisi d'aborder les choses d'une toute autre façon en considérant que le marché financier est gouverné par l'instinct de jeu touchant ainsi à la dimension non-logique du comportement des acteurs auquel sont associés des résultats passablement aberrant : des valeurs d'actions sans communes mesures avec les résultats comptables des entreprises (Cf. La bulle internet)[60]. Ainsi, nous donnons

---

58 Cf. Les travaux de l'INSERM (2008) sur les dangers résultant d'une addiction aux jeux et l'illustration de notre propos au travers de la figure emblématique de Jérome Kerviel lequel aurait fait perdre à la Société Générale 4,2 milliards d'euros sur la base de prises de position d'un montant qui avoisinent les 50 milliards d'euros et que la banque a réussi à faire condamner à une amende de 4,9 milliards d'euros pour réparation du préjudice subi : soit 222 222 fois le revenu annuel d'un salarié payé au SMIC !

59 Cf. Fama E. [1970], «Efficient capital markets : a review of theory and empirical work», *Journal of Finance*.

60 Dans ses cours, André Nicolaï a souvent fait référence aux travaux de Vilfredo Pareto pour en souligner tout l'intérêt et surtout la dualité. Auteur d'un *Manuel d'économie politique* (1908), Pareto est un des premiers économistes à avoir parlé de courbe d'utilité : soit le passage d'un raisonnement en termes d'utilités chiffrables à celui en termes d'ordre de préférences. Auteur sur la fin de sa vie d'un *Traité de sociologie générale* (1916), Pareto pense l'être humain comme étant non-logique (Cf. Le concept de résidu) avec des

fortement raison à Keynes de vouloir s'en prendre aux marchés de capitaux au motif que: «*la recherche de la chance, la poursuite du vertige, sauf de rares exceptions n'aboutissent à rien, ne créent rien qui soient capables de se développer ou de s'établir. Il arrive plus souvent qu'elles engendrent des passions qui paralysent, interrompent ou ravagent*» (R. Caillois [1958], p. 155). Dans *La Théorie Générale* Keynes fait deux importantes recommandations : dans l'absolu, il faut fermer les bourses de valeur et faute de pouvoir le faire, taxer lourdement les mouvements de capitaux. Rappel qui vaut comme analogie instructive : historiquement, l'attitude de l'État par rapport aux jeux de hasard a longtemps oscillé entre les trois pôles que sont : (i) l'interdiction pure et simple ; (ii) l'enfermement des jeux de hasard dans des lieux spécifiques que sont les cercles de jeux et autres casinos assorti d'une réglementation très contraignante comme s'il s'agissait d'éviter la contamination du réel ; (iii) se faire l'organisateur de loteries et autres paris sportifs et en tirer une importante source de revenu.

Bibliographie :

Parmi les écrits d'André Nicolaï, nous avons été amené à relire :

Nicolaï A. [1959], *Comportement économique et structures sociales*, éditions L'Harmattan.

Nicolaï A. [1968], «Structure, comportement, fonctionnement et évolution économiques» in Palmade G., *L'économique et les sciences humaines tome 2 : Psycho-sociologie et sociologie économiques*, éditions Dunod.

Nicolaï A. [1968], «Évolution et problèmes actuels de la sociologie économique», in Palmade G., *L'économique et les sciences humaines tome 2 : Psycho-sociologie et sociologie économiques*, éditions Dunod.

Nicolaï A. [1974], «Anthropologie des économistes», *Revue économique*, n°4, volume 25, pp. 578-610.

Nicolai A.[1986-1987], *Economie et société 2ème partie : le ludique*, notes prises dans le cadre d'un cours de maîtrise de sciences économiques, Université de Paris X Nanterre.

Nicolaï A. [1990], «La nécessité, la norme et le jeu en économie», *Revue économie*, Université de Perpignan.

Nicolaï A. [1993], «Éloge d'une passion pratique : l'économie» in Mappa S., *Les deux sources de l'exclusion : l'économisme et replis identitaire*, éditions Karthala.

Nicolaï A. [1997], «Logique du système et raison instrumentale» in Desprairies F., Lévy A. et Nicolaï A., *La résistible emprise de la rationalité instrumentale*, éditions Eska.

---

comportements mus par de la pulsion ou de l'instinct. Chez les mêmes individus, il note une propension à vouloir tout rationaliser a posteriori (Cf. Le concept de dérivation).

Sur le jeu, on pourra lire avec profit :
Caillois R. [1958], *Des jeux et des hommes : le masque et le vertige*, éditions Gallimard.
Chauvier S. [2007], *Qu'est-ce qu'un jeu ?*, éditions Vrin.
Fink E. [1960], *Le jeu comme symbole du monde*, les éditions de minuit.
Huizinga J. [1938], *Homo ludens : essai sur la fonction sociale du jeu*, éditions Gallimard.
INSERM [2008], *Jeux de hasard et d'argent : contextes et addictions*, disponible à la page http://www.inserm.fr/content/download/9923/74633/version/1/file/cp_ec_jeux22juil08.pdf .
Mauriras Bousquet M. [1984], *Théories et pratiques ludiques*, éditions Economica.
Winnicott DW. [1971], *Jeu et réalité*, éditions Gallimard.

Autres références :
Burno G., Cartron D. et Pinto V. [2000], «Étudiants en fast-food : les usages sociaux d'un petit boulot», *Travail et emploi*, n°83, juillet.
Comparet S. [2008], *Le système McDonald en France : les fondements d'une culture d'entreprise*, éditions L'Harmattan.
Keynes JM. [1936], «L'état de la prévision à long terme» in *Théorie générale de l'emploi, de l'intérêt et de la monnaie*, éditions Payot.
Orléan A. [1999], *Le pouvoir de la finance*, éditions Odile Jacob.
Weber H. [2005], *Du ketchup dans les veines : pourquoi les employés adhèrent-ils à l'organisation McDonald ?* éditions Eres.

PARTIE 3/ L'ANTHROPOLOGIE ÉCONOMIQUE : QUELQUES QUESTIONS TRANSVERSALES

Le travail dans la globalisation: une lecture systémique

Guy Caire

Relisant, quarante ans après sa soutenance en 1957, sa thèse de doctorat republiée grâce à l'obligeance de deux de ses disciples - à l'égard desquels il convient de manifester toute notre gratitude- André Nicolaï dit éprouver deux sentiments : «nausée» d'une part, "autosatisfaction" d'autre part. La première proviendrait de la trop grande abstraction du texte (qui en fait, il est vrai, est parfois d'une lecture difficile) et d'un certain nombre d'insuffisances parmi lesquelles nous nous bornerons à retenir «*une sous-estimation de la faculté du capitalisme à renaître, tel le Phénix, de ses cendres, par exemple aujourd'hui, grâce à l'informatisation et à la mondialisation*»[61]. Par contre le narcissisme trouverait, quant à lui, autosatisfaction dans «*l'hypothèse centrale de la nécessaire articulation entre schémas de comportement et schémas de structures*» (impliquant) «*que les rapports sociaux et les comportements préexistent aux futurs agents et que ceux-ci les intériorisent sous forme de normes, d'idéaux et donc de modèles de comportement avant d'en devenir -comme acteurs- les supports, que ces agents sont effectivement d'abord des agis.. Mais devenus acteurs et supports du système, ils peuvent aussi en devenir les auteurs*» [62]

Retenant pour notre part cette vision systémique selon laquelle les structures déterminent les comportements sociaux, nous tenterons de comprendre ce qu'informatisation et mondialisation, caractéristiques de ce qu'il est convenu aujourd'hui de définir la globalisation[63] apportent comme nouveauté. Ceci en

---

[61] Nicolaï A. [1960], *Comportement économique et structures sociales*, éditions L'Harmattan p.8-9.

[62] Idem p10-11

[63] Apparu dans les années 1980 et faisant ensuite l'objet d'une large utilisation tant par les géographes, les politistes mais surtout les économistes, le terme de globalisation mérite quelques précisions. La mondialisation s'est amorcée en 1492 avec la découverte de l'Amérique. Elle s'est diversifiée et intensifiée au cours du XIXe siècle avec la colonisation et l'essor de l'investissement international. Elle s'est métamorphosée dans les années 1980 avec la montée en puissance des multinationales et la croissance des marchés financiers favorisée par l'essor des nouvelles technologies, le tout étant constitutif de la globalisation, phase nouvelle du système capitaliste. On peut sans doute faire remonter cette terminologie à un article de T. Levitt dans un numéro de 1983 de la *Harvard Business Review* pour désigner la convergence des marchés dans le monde à travers l'action d'une nouvelle forme d'entreprise, la «firme globale». Par la suite, Ohmae précisera, que cette activité des firmes multinationales concerne non seulement le commerce mais aussi la production, l'ingénierie, la finance, le recrutement et la recherche-développement. L'OCDE propose un découpage en trois temps de ce processus en cours : «*l'internationalisation (depuis le milieu du XIXe siècle) correspond au développement des flux d'exportation; la transnationalisation (surtout depuis 1945) est liée à l'essor des flux d'investissements directs étrangers et des implantations à l'étranger; la globalisation (depuis les années 1980) traduit la mise en place de réseaux mondiaux de*

nous centrant sur le travail (travail salarié) qui est tout à la fois structure sociale et comportement collectif.
Depuis 1957 (date à laquelle nous soutenions nous-même notre thèse de doctorat[64]) le monde a en effet profondément changé. A cette date nous étions dans ce qu'il est convenu d'appeler *Les trente glorieuses* : les préoccupations étaient alors celles de la modernisation de notre économie par la voie de la planification[65] dans un contexte de plein emploi et d'un essor de l'Etat social. Une politique des revenus[66] tentait de nous préserver de l'inflation. Le syndicalisme se manifestait sur la scène publique obtenant des résultats positifs comme on a pu le voir en 1968[67]. Entré aujourd'hui dans *Les trente piteuses*, le cadre socio-économique et les préoccupations politiques sont tout autres. Les années qui suivent et qui seront marquées, au plan politique, par la chute du mur de Berlin à l'automne 1989, seront caractérisées, au plan économique «*par l'expansion des entreprises transnationales, une croissance énorme des flux financiers et commerciaux, des progrès rapides des techniques de production et des réseaux de communication, par l'influence grandissante sur la scène internationale des acteurs non étatiques*»[68] Dans les entreprises, grandes ou petites, se multiplient les plans de licenciements des travailleurs. Le chômage, y compris de longue durée, revêt une ampleur inhabituelle. On comprend, dès lors, qu'un sondage de la SOFRES en février 1995 ait pu montrer que 73% des français considéraient la globalisation comme une menace pour l'emploi. Les cours de la Bourse sont surveillés de près de même que les appréciations des agences de notation. La dépendance à l'égard de Bruxelles ou d'organismes internationaux lointains comme le FMI ou l'OMC est ressentie fortement. La rentabilité, voire la survie des entreprises sont dites compromises par des charges fiscales ou sociales jugées excessives. A l'heure de la financiarisation triomphante jamais les inégalités sociales n'ont été aussi fortes: ainsi la fortune des 85 personnes les plus riches est équivalente à celle détenue par les 3 milliards d'individus les plus démunis; La CNUCED ou le PNUD dans ses *Rapports sur le développement humain* mettent l'accent sur l'aggravation des inégalités sociales dans un contexte de «*croissance sans emploi où les emplois sont souvent de durée aléatoire, précaire ou à temps partiel*». Notons aussi, lourd d'implications, le changement dans le système des valeurs accompagnant cette mutation: «*la mondialisation comprend actuellement l'essor d'une idéologie utilitaire où*

---

production de financement et d'information» (Baudraud V. et Henry GM. [2012], *La mondialisation,* Studyrama, p.22-23).

64 Caire G. [1957], *Le syndicalisme et l'automation,* éditions La pensée universitaire.

65 Caire G. [1967], *La planification, techniques et problèmes*, éditions Cujas.

66 Caire G. [1968], *Les politiques des revenus et leurs aspects institutionnels,* BIT.

67 Caire G. [1971], *Les syndicats ouvriers,* éditions PUF.

68 De Senarclens P. [2005], *La mondialisation, théories, enjeux et débats,* éditions Armand Colin.

le profit devient la mesure du succès de toute activité humaine, ce qui a pour effet de déconsidérer les valeurs et projets échappant à cette logique, aussi bien que les institutions contribuant à l'intégration juridique qui sont fondées sur des principes de justice, d'égalité et de respect des droits de l'homme»[69]

Pour comprendre ce que représente et signifie cette insertion dans un monde nouveau nous nous servirons des concepts utilisés par André Nicolai, avec la signification qu'il leur prête, et adopterons, comme lui, une démarche ternaire en traitant successivement des structures, des comportements et enfin de la dynamique du système.

I/ Structures.

Partons de la définition des structures que nous propose André Nicolaï : «*agencement cohérent et spécifique de rapports réels et objectifs entre individus groupés jouant dans cette ou ces activités des rôles complémentaires et différenciés*»[70]. Les structures sont donc «*des interdépendances entre agents et qui s'imposent à eux, qu'ils trouvent constituées et qu'ils perpétuent en en devenant les supports dans une différenciation et une complémentarité des rôles qui définit leur situation*»[71]

Suivant encore en cela André Nicolaï nous considérerons tour à tour les structures économiques et les structures sociales

Au plan économique cette phase de la mondialisation qu'est la globalisation, se caractérise par l'explosion des flux. Tous les analystes qui se sont intéressés à la question se rencontrent pour retenir quatre catégories de flux[72]

Ces flux concernent tout d'abord le commerce. Entre 1980 et 2006 le commerce mondial a été multiplié par 3 pour les biens et par 4,1 pour les services, la production ne l'étant, quant à elle, que par 1,8. La part des produits manufacturés dans les échanges mondiaux est passée de 52 à 82%. Dans ces échanges le commerce «captif» d'échanges entre les sociétés mères et les filiales représente plus des 2/3 du commerce mondial. L'argent constitue, lui aussi, un des grands vecteurs de la globalisation ou, ce qui en est une autre dénomination, de la financiarisation. «*La globalisation financière traduit le fait que les capitaux sont davantage mobiles entre les nations, mais aussi que les actifs financiers sont davantage substituables entre eux*»[73] Pour assurer la circulation et la fructification des eurodollars ou

---

[69] idem p. 257

[70] Nicolaî A., op. cité p.(81

[71] Nicolaï A., op. cité p.43

[72] Par exemple Moreau Desfarges P. [1997], *La mondialisation*, éditions PUF, p. 27 et sq; Mucchielli J.L [2008], *La mondialisation, chocs et mesure*, éditions Hachette ou encore Baudraud V. et Henry GM. [2012], *La mondialisation*, éditions Studyrama, p. 62 et sq.

[73] Allegret J.P. [1997], «Globalisation financière: quels enjeux pour le système monétaire international», *Problèmes économiques*, n°2541–2542, 5-12, novembre, p. 14

des narcodollars toute une série d'innovations ont vu le jour : la titrisation qui transforme tout élément économique en titres négociables, sur le marché, les produits dérivés qui concernent les contrats d'achat ou de vente d'actifs à une date fixée dans le futur mais à un prix déterminé à l'origine, les swaps qui permettent d'échanger des risques de change ou de taux. La globalisation financière représente un phénomène massif. Les différentes places financières sont de plus en plus connectées par les télécommunications et fonctionnent en continu. Sur ce marché, à côté des institutions financières traditionnelles, interviennent banques, investisseurs institutionnels et firmes multinationales avec leurs investissements directs à l'étranger (IDE) passés de 50 milliards de dollars en 1980 à 1000 en 2005. Ces capitaux transitent souvent par les paradis fiscaux. Cette sphère financière est de plus en plus autonome par rapport à la sphère productive Les flux évoqués concernent également les hommes. Fait social ordinaire mais complexe la migration se décline en différentes modalités : on peut ainsi distinguer les migrations d'établissement, de travail, familiale, étudiante, de réfugiés et de demandeurs d'asile, illégales, de tourisme[74]. Aux migrations européennes qui caractérisaient encore le XIXe siècle se sont substituées les migrations multidirectionnelles, internes aux pays avec le développement de l'urbanisation qui engendre des mégapoles, internationales, que ce soit avec les flux provisoires du tourisme dont les déplacements se sont multipliés par 14 entre I950 et I990, ou de façon définitive avec des migrations aux origines politiques, économiques ou sociales. On compterait actuellement quelques 175 millions de migrants soit 2,5% de la population mondiale Dans 41 pays les migrants en viennent à représenter 20% de la population Quand on évoque les migrations on pense le plus souvent aux travailleurs des pays en voie de développement à la recherche d'un gagne-pain qui n'hésitent pas à affronter les difficultés d'une traversée maritime vers Lampedusa mais, répondant aux besoins des firmes multinationales, cette migration concerne aussi une élite professionnelle, la migration des «cerveaux» générant un marché mondialisé des compétences. La globalisation concerne enfin un quatrième flux, celui de l'information qui, avec l'internet, assure la connaissance instantanée de tout événement venant à se produire, où que ce soit, dans le monde. «*Les fils du réseau mondial sont des ordinateurs, des fax, des satellites, des écrans de haute résolution, des modems; ils relient entre eux, partout dans le monde, les dessinateurs, les ingénieurs, les entrepreneurs, les concessionnaires et les revendeurs*»[75]. Les nouvelles

---

[74] Badie B. et autres [2008], *Un autre regard sur les migrations*, éditions La Découverte, p.22. D'autres typologies des migrations sont possibles. On peut ainsi établir des typologies spatiales, sociales et culturelles suivant les logiques migratoires, chacune d'entre elles se déclinant en différentes variantes Withold de Wenden C. [2001], «Un essai de typologie des nouvelles mobilités», *Hommes et migrations* n° 1233, septembre octobre.

[75] Reich A. [1993], *L'économie mondialisée*, éditions Dunod, p. 102.

technologies de l'information et de la communication (NTIC) génèrent la e-économie qui, outre les infrastructures électroniques englobe le e-business (production entreprise par l'utilisation du réseau de médias) et le e-commerce (transactions effectuées par ces mêmes intermédiaires) Le télétravail concerne des emplois qui ont pu être distanciés grâce à l'introduction des technologies nouvelles de télécommunication dans le procès de travail; il intègre toute activité de service dont la réalisation s'effectue à distance du centre de décision, dans des lieux qui sont structurés de façon industrielle; il utilise les moyens de communication électroniques, permettant l'interactivité. Le concept de travail s'en trouve transformé et la condition ouvrière en est affectée : «*l'éclatement voire la disparition de la notion d'espace géographique du travail, la distanciation des rapports entre le "travailleur" et son "donneur d'ordre", le séquencement et la nomadisation des composantes traditionnelles du travail, la place de plus en plus prépondérante de l'immatériel, sont autant de caractéristiques qui fragilisent les référents comptables traditionnels, interrogent très sérieusement les aspects juridiques, questionnent les rapports sociaux*»[76] Si nous nous intéressons à l'influence de l'essor de l'informatique sur la condition ouvrière il nous faut observer qu'Internet peut, à cet égard, remplir un double rôle. D'une part, réaliser dans le travail cette surveillance de tous les instants qu'on peut aussi d'observer pour la vie privée. Permettre, d'autre part; de travailler ailleurs que dans les lieux habituels d'activité, usine ou bureau, et aussi en dehors des horaires usuels. On ne saurait trop insister sur cette dernière caractéristique qui constituerait à l'heure actuelle un aspect essentiel de la globalisation. Le *Harper dictionary of sooiciology* ne définit-il pas cette dernière comme «*un processus multifacettes dans lequel le monde devient de plus en plus interconnecté et la communication devient instantanée*». L'utilisation des technologies nouvelles de l'information qui permet à certains États de pratiquer un espionnage à l'échelle mondiale permet également aux multinationales de repérer les goûts et besoins des consommateurs et éventuellement de conditionner leurs choix.

Si nous passons de l'entreprise avec ses caractéristiques qui permettent de repérer les structures sous leur aspect technique aux travailleurs qui en sont les acteurs agissant, nous pouvons tenter de cerner leur situation à l'heure de la globalisation à l'aide d'une série de quelques données statistiques ayant simple valeur d'illustration[77]. En 2012 la population active en France était estimée à 28, 6 millions de personnes de 15 ans ou plus (soit 1,2 millions de plus qu'en 2005) dont 25,8 millions avaient un emploi et 2,8 millions étaient au chômage. La population inactive était, quant à elle, au nombre de 21,8

---

[76] Carmona, Schneider, Di Ruzza R., Le Roux S. et Vandercammen, «Le travail à distance», *Analyses syndicales et enjeux européens*, p.18

[77] Une photographie du marché du travail en 2012, INSEE Première, n° 1468, septembre 2013 reproduit in *Problèmes économiques*, n°3078, décembre 2013

millions. Entre sexes la population active est relativement équilibrée (13, 639 millions de femmes contre 14,927 millions d'hommes) tandis que la population inactive est davantage sexuée (12, 666 millions de femmes contre 9,181 millions d'hommes), ce qui reflète à la fois des rôles sociaux différenciés et une durée de vie féminine plus longue. Les salariés représentent 83,5 % des actifs occupés. Si on considère leur appartenance aux groupes socio-professionnels, on peut interpréter (à travers les rubriques cadres et employés) les données disponibles comme révélatrices d'un plafond de verre pour les femmes et d'un large emploi de celles-ci dans le tertiaire, agriculture, industrie (la construction restant très masculinisées). 86, 5% des salariés sont en CDI, 9,6% en CDD, 2,2% en intérim et 1,7% en apprentissage. Le temps partiel qui concerne 18 % des personnes en emploi est très largement féminisé (30,3% pour les femmes contre 6,9 pour les hommes). Le chômage touche surtout les jeunes (23,9%), les ouvriers (14,4%), les moins diplômés (17,1%). Si le chômage est plus élevé chez les jeunes il est plus durable chez les plus âgés (54, 6% des plus de 50 ans sont à la recherche d'un emploi depuis plus d'un an et 34,9% depuis plus de deux ans). Les firmes multinationales tiennent bien évidement compte de ces données pour recruter du personnel qui sera employé dans des statuts variés : CDI ou CDD certes, mais aussi dans de nouvelles formes d'emploi qui se développent actuellement : travail par mission, détachement, prêt de main d'œuvre, portage salarial, embauche par des groupements d'employeurs ou pratique des coopératives d'activité qui permettent de créer de l'emploi au sein d'une entreprise que l'on partage avec d'autres entrepreneurs.
Disposant de ces quelques données qui constituent l'univers dans lequel elles opèrent, il est maintenant temps de cerner les caractéristiques essentielles de ces firmes multinationales[78] qui, selon un rapport de la CNUCED de 2005 étaient au nombre de 7000 en I960 mais sont aujourd'hui 75.000 contrôlant 800.000 filiales assurant plus du tiers de la production mondiale et qui, selon le BIT occupaient au milieu des années quatre-vingt environ 65 millions de personnes dont 43 millions dans les pays d'origine et 22 millions à l'extérieur L'entreprise multinationale est multifonctionnelle. Sa chaîne de valeur comprend d'une part des activités hiérarchisées au sein du processus de production (logistique interne, production, logistique externe, commercialisation et vente, services) et d'autre part des activités de soutien à ce même processus de production (fonctions d'achat, de recherche, de gestion des ressources humaines) fonctions qui peuvent être réparties de façon diverse entre entreprise mère et filiales. La firme multinationale est en même temps multiproduits qui peuvent être les uns et les autres à différents stades de leur cycle de vie (émergence, croissance; maturité, déclin) pouvant générer là aussi des processus éventuels de délocalisation. Pour acquérir le statut de multinationale l'entreprise doit disposer d'atouts initiaux, absolus ou

[78] Mucchielli JL., *Multinationales et mondialisation*, éditions du Seuil 1998

relatifs, qui peuvent être de nature diverse (détention d'une marque, avantage technologique ou savoir-faire spécifique, accès privilégié aux marchés, obtention d'économies d'échelle ou de gamme, politiques gouvernementales favorables) et disposer ensuite de ressources pour surmonter les barrières à l'entrée. Cette implantation à l'étranger répond à des motivations très variées: faciliter la pénétration des marchés (en achetant une part de marché, en produisant à proximité des débouchés, en satisfaisant la clientèle en matière d'après-vente); accéder à des ressources rares, comme un réseau de distribution ou un potentiel d'innovation; diminuer les coûts (salariaux, énergétiques, de transport); imiter les concurrents (suivre pour être informé, bénéficier des même avantages (bassin de sous-traitants locaux, école française...)); renforcer la gamme de produits; contourner certains obstacles protectionnistes tarifaires ou non (marchés militaires, normes sanitaires)[79], motivations pouvant en définitive être regroupées en trois catégories: recherche de meilleures conditions d'offre, de coûts, de position concurrentielle. Les relations qui s'établissent entre la maison mère et ses filiales peuvent se répartir entre quatre cas de figure :

-ethnocentrique: toutes les décisions stratégiques sont prises au niveau du siège, les filiales sont dirigées par des expatriés et la gestion du personnel est centralisée;

- polycentrique: dans ce cas, chaque filiale étrangère a sa propre stratégie;
- régiocentrique: seules les décisions très importantes sont prises au niveau mondial,
- géocentrique: les décisions stratégiques sont prises dans un siège supposé mondial. [80]

II/ Comportements

De même que nous avons adopté la définition des structures proposée par André Nicolaï, faisons notre celle qu'il nous propose pour les comportements: «*agencement cohérent et spécifique d'opérations matérielles et symboliques par lesquelles des individus aux rôles différenciés complémentaires s'adaptent à la situation objective où ils sont placés comme supports de structures" et par lequel "l'individu reprend implicitement à son compte les déterminations sociales intériorisées (sa personnalité de base) et extérieures (sa situation structurelle) dans la conscience immédiate qu'il a, à tout moment, du milieu qui l'entoure*»[81] Entrons à l'intérieur de ces entreprises multinationales qui nous intéressent au premier chef et dont on ne

---

[79] Marthieu E. [1998], «Introduction: l'industrie en première ligne», *Problèmes économiques,* n°2586, 14 octobre.

[80] Mendez A., «Vers une globalisation de la gestion des ressources humaines ?», *Les cahiers français,* n°333, p.39

[81] Nicolaï A., op. cité p.181.

saurait, à l'heure actuelle, sous-estimer le poids. La CNUCED estimait leur nombre en 2007 à 64.000 contrôlant 870.000 filiales contre à peine 7000 vingt ans plus tôt, employant 86 millions de travailleurs dont 12 millions dans les pays en voie de développement, 60% d'entre eux travaillant dans les entreprises mères[82] Dans ce vaste monde trois pratiques entrepreneuriales, ayant une profonde incidence sur la condition ouvrière, peuvent être évoquées concernant respectivement les types d'organisation des activités productives qui ont vu le jour dans la période récente, les objectifs poursuivis par l'entreprise, les nouveaux modes d'évaluation des aptitudes et les formes de rémunération en résultant, toutes évolutions qui ont déstabilisé la firme fordiste, modèle dominant pendant la période des «trente glorieuses» et généré des comportements spécifiques aux «trente piteuses».

Une première transformation concerne donc les structures. La firme fordiste était caractérisée par un degré d'intégration et de diversification relativement élevé. Mais, avec la conjoncture nouvelle, les grandes firmes ont opté pour des stratégies d'externalisation et un «recentrage sur leur métier» défini par les compétences distinctives que possède la firme[83]. C'est ainsi que dans l'automobile, l'électronique, les sièges, les équipements de bord, les pare-chocs, les blocs optiques ont été confiés à des sous-traitants, le constructeur se consacrant à la conception de nouveaux véhicules, à leur assemblage, au marketing et au financement des ventes. Un processus analogue s'observe dans l'aéronautique. Ailleurs on peut relever l'externalisation déjà ancienne des services de nettoyage ou d'entretien et celle, plus récente, de gestion de l'informatique voire de gestion du personnel. Lorsque les médias évoquent les processus de délocalisations ils se réfèrent très généralement à des fermetures d'établissements en France et à leur transfert à l'étranger où les coûts de la main d'œuvre sont beaucoup plus faibles mais il existe aussi des formes de délocalisation dont on parle moins, celles notamment permises par l'informatique avec en particulier la délocalisation des centres d'appel dans les pays du Maghreb ou la gestion informatique en Inde de nombre d'opérations financières d'entreprises occidentales. La délocalisation n'est dans ce cas qu'une forme particulière de sous-traitance. L'externalisation permet tout à la fois de réaliser des progrès en matière de performances et de qualité et d'obtenir des baisses de coûts, le fournisseur réalisant des économies d'échelle en oeuvrant éventuellement pour différents commanditaires et en offrant le plus souvent des conditions salariales moins intéressantes que la firme qui externalise et des conventions collectives moins favorables pour ce qui concerne les avantages annexes. On ne peut donc s'en tenir à l'image d'une entreprise qui serait une sorte de vase clos. S'impose la notion d'organisations en réseaux, expression qui peut recouvrir

---

[82] De Senarclens P., op.cité p.68.

[83] Boyer R. et Durand JP [1993], *L'après fordisme*, éditions Syros.

soit des ensembles constitués d'unités dispersées mais appartenant en propre au même groupe, soit des regroupements de plusieurs entités pouvant être fédérées sous une même autorité (mutuelles ou coopératives par exemple) ou pouvant être simplement reliées entre elles par des rapports contractuels (du type contrats de concession ou de franchise). Partenariats, alliances, coopérations inter-entreprises, districts industriels, franchises commerciales sont, parmi bien d'autres, et fortement aidées par les ressources offertes par les nouvelles technologies de l'information et des communications, autant de formes d'organisation en réseau qui associent des entreprises évoluant dans des domaines complémentaires. L'INSEE qui s'est intéressée à ces nouvelles modalités organisationnelles a montré que ces réseaux, de dimension éventuellement internationale, peuvent prendre différentes formes compte tenu des liens juridiques, financiers, administratifs, informationnels qui les caractérisent, qu'ils peuvent viser différents objectifs pouvant concerner des fonctions techniques (mise en commun de documentation, partage des méthodes et de normes communes, fonction de contrôle-qualité, transfert ou mise en commun de technologie, partage du marché) ou, plus rarement, des échanges de personnel ou encore, davantage pratiquée, l'organisation de formations communes[84] Ces nouvelles formes d'organisation ne sont pas sans avoir des répercussions sur le personnel. Avec l'apparition de la firme réseau, qui substitue à la quasi-intégration verticale la quasi-intégration oblique, les travailleurs sont soumis à des mobilités forcées accompagnées souvent de compressions d'effectifs et de recrutements sélectifs chez les sous-traitants ou les équipementiers.

Trois conséquences paraissent devoir découler de cette transformation des structures de l'entreprise et des modes de gestion du personnel qui lui sont liés. En premier lieu peut s'observer une évolution des statuts du travail. Si le CDI caractérisait le marché interne de la firme fordienne, d'autres modalités surgissent avec l'externalisation de sections d'activité que nous venons d'évoquer. On assiste en effet à une multiplication des formes d'emploi. L'INSEE dans le volume *Données sociales* de 1981 se livre à une esquisse d'analyse de cette nouvelle pratique des entreprises : «*Dans une même entreprise peuvent coexister plusieurs catégories de salariés : travailleurs permanents à temps complet; travailleurs permanents à temps partiel; travailleurs délégués par une firme sous-traitante, certains en permanence, travailleurs intérimaires, travailleurs sous contrat à durée déterminée, titulaires d'un contrat emploi-formation, stagiaires en entreprise*», les domaines concernés étant selon l'INSEE la sécurité d'emploi, la rémunération, les allocations chômage, les avantages sociaux, les conditions de travail. En second lieu, comme il est fort probable que ces pratiques d'externalisation ou de délocalisation reposent sur une analyse préalable des coûts dont les charges de main d'œuvre constituent une part essentielle, il est

[84] Les réseaux d'entreprises, des collectifs singuliers, *INSEE méthodes* n°67-68.

vraisemblable qu'on assistera à une dispersion croissante des rémunérations ouvrières facilitée de plus par la multiplication des statuts que nous venons d'évoquer. En troisième lieu on ne peut non plus passer sous silence l'incidence éventuelle de ces pratiques de gestion de la main d'oeuvre sur le chômage. Ceci quelles que soient la multiplicité des formes qu'il peut présenter et des vécus qui en résultent pour les individus concernés
Une seconde transformation concerne la *corporate governance* [85] qui renvoie à la structure et à l'exercice du pouvoir dans la firme. Un capitalisme pouvant être qualifié d'actionnarial émerge en effet sous l'effet conjoint de deux forces : les nouvelles technologies de l'information et de la communication, la globalisation financière qui « font système» comme on peut le voir par exemple en Bourse avec la cotation électronique remplaçant la cotation à la criée. Peu de secteurs échappent à l'influence des NTIC soit qu'elles provoquent un «effet de cannibalisation» en détruisant des pans entiers d'activités (comme par exemple avec l'impact négatif d'Internet sur le courrier postal ou sur certaines formes de commerce), soit qu'elles suscitent un «effet de pollinisation»[86] en conduisant à l'émergence de nouvelles méthodes d'organisation exploitant la logique d'une division cognitive du travail et qui se caractérisent par la recherche de la flexibilité se substituant à la logique de la standardisation qu'on rencontrait dans l'entreprise taylorienne-fordiste. La globalisation financière implique, quant à elle, une interconnexion à l'échelle mondiale des marchés des capitaux. En résulte une unité de lieu, les places financières étant reliées entre elles grâce aux réseaux modernes de communication, une unité de temps car elles fonctionnent en continu vingt-quatre heures sur vingt-quatre. Les marchés particuliers monétaire, financier, des changes, à terme etc y sont devenus les sous-ensembles d'un marché financier global. L'importance prise par les marchés des capitaux conduit à un changement des modes de financement des entreprises : à l'économie d'endettement qui caractérisait un financement bancaire se substitue une économie des marchés financiers libéralisés. En même temps s'observe, déjà notée par Keynes, la prédominance de la spéculation par rapport au financement des échanges et des investissements. Le capitalisme actionnarial qui repose sur la base de la doctrine néo-libérale vise à donner une suprématie aux actionnaires. La gouvernance d'entreprise va donc viser à établir un consensus élargi autour de l'objectif de maximisation de la valeur. Cet objectif l'emporte désormais sur le développement de l'activité et de l'emploi qui caractérisait le capitalisme managérial décrit par Galbraith et qui marquait l'époque fordiste ou, si l'on préfère une autre terminologie, le capitalisme reposant sur le «modèle rhénan» fondé sur la participation et qui fonctionnait au profit conjoint de tous les partenaires de l'entreprise (*stokeholders*). On a donc désormais une

---

[85] Perez R. [2003], *La gouvernance de l'entreprise*, éditions La Découverte.
[86] Plihon D. [2003], *Le nouveau capitalisme*, éditions La Découverte, p. 8.

financiarisation de la gestion des entreprises avec la mystique du ROE (*return on equity* ou retour sur investissement mesuré par le résultat net divisé par les capitaux propres) de 15 % par an. La part des investisseurs institutionnels[87], principalement anglo-saxons, dans le capital des grandes sociétés est maintenant considérable. Leur influence se traduit par des exigences fortes en matière de rendement des placements, reposant le concept de *shareholder value* et le critère de gestion EVA qui aboutissent à mettre l'accent sur la performance financière de la firme. Dans les entreprises concernées par ces transformations, les dirigeants sont rémunérés par des bonus lorsqu'ils ont réussi à atteindre un certain objectif de court terme et par des versements de stock-options qui les incite à développer la firme dans une optique de moyen terme afin d'accroître sa valeur sur le marché boursier. Les salariés sont quant à eux soumis à des pressions quotidiennes génératrices de stress pour accroître leur productivité et réduire les coûts (zéro délais, zéro stocks). Deux conséquences, toutes deux défavorables à l'emploi, principalement des travailleurs âgés, en résultent. On assiste tout d'abord à des «licenciements boursiers» dans des entreprises par ailleurs prospères mais qui n'atteignent pas les normes intangibles de rentabilité fixées par les investisseurs institutionnels (15% sur les capitaux investis, 20% de retour sur les nouveaux investissements, 50% des profits distribués)[88]. Les licenciements concernent en priorité les travailleurs les plus âgés dont les rémunérations sont a priori plus élevées que celles des travailleurs plus jeunes. En même temps on constate au plan macro-économique que, tandis que la dominance patrimoniale devient plus marquée, la part des salaires et des revenus du travail ne cesse de diminuer dans le partage de la valeur ajoutée des entreprises, passant de 70% à 60% tandis que celle des profits grimpait de 30% à 40%.

Une dernière transformation concerne la relation d'emploi qui, elle aussi, entraîne la déstabilisation progressive de la norme d'emploi fordiste caractérisée par la logique de poste et les marchés internes. La notion de poste, qui suppose la stabilité des processus de production, impliquait la prescription des tâches, sous-tendue par le «*one best way*» taylorien ainsi que l'énumération d'un certain nombre d'opérations à effectuer dans un

---

[87] Boubel A. et Pansard F. [2004], *Les investisseurs institutionnels,* éditions La Découverte.

[88] «*Aujourd'hui la réalité marchande de l'entreprise semble se réduire à une seule réalité financière, l'échange au niveau mondial, en se globalisant, a pour priorité celle des flux de capitaux...la dynamique de fond est que les entreprises cherchent à se séparer, dans des conditions acceptables, des travailleurs âgés au moyen des sorties précoces d'activité, accompagnées de plans sociaux...Parce qu'elle privilégie le court terme, la logique financière dominante implique des exigences de gestion élevées au rang de finalité, parfois même d'idéologie. Cette évolution détermine la recherche de la productivité organisationnelle par la flexibilité du volume des emplois et la précarisation du lien social*» in Goguel d'Allondans A. [2002], «Vieillissement de la population et créativité sociale», *Problèmes économiques* n°2768, juillet.

ordre donné. Les postes hiérarchisés fondaient les systèmes de classification des emplois ; l'évaluation des postes déterminait, de son côté, la hiérarchie des rémunérations ; les règles d'allocation et de rémunération étaient impersonnelles, collectives, objectives et institutionnalisées. Le marché interne comportait deux types de règles résultant de la négociation collective ; règles salariales définies par les procédures d'évaluation des postes de travail ; règles d'allocation de la main d'œuvre concernant embauche, mobilité, promotion, licenciement avec des clauses de «séniorité» favorables aux travailleurs âgés. Cet ensemble de règles favorisait une relation de long terme garantissant aux salariés une certaine stabilité de l'emploi et leur offrant des perspectives de carrière ; il était en même temps porteur d'équité, et ouvrant, pour cela, la voie à la coopération des salariés. A partir des années quatre-vingt sont apparues de nouvelles formes et règles d'emploi ayant comme finalité l'accroissement de la flexibilité caractérisée, d'une part, par une extériorisation organisationnelle (sous-traitance, travail indépendant dans l'orbite d'une grande entreprise) sensée réduire les coûts salariaux et rendre le travailleur plus productif car son revenu est directement corrélé à son niveau d'effort et, d'autre part, par la multiplication des contrats atypiques (CDD, intérim, temps partiel). On passe en même temps d'une logique de poste à une logique de compétences et de performances, lesquelles deviennent de nouveaux étalons pour la détermination des rémunérations. Cette logique nouvelle n'est pas sans implications. D'une part, en matière de recrutement, les employeurs cherchent à détecter et embaucher des «potentiels», ce qui justifie sans doute les spécificités des offres d'emploi, avec l'importance attribuée au critère âge, qui jouent au détriment des travailleurs âgés. D'autre part, l'entretien annuel d'évaluation et le contrat d'objectif passé par le travailleur avec son supérieur direct fixant sous forme d'objectifs quantifiables les performances à atteindre et les compétences à développer, substitue à l'objectivité et à l'équité, norme collective, de l'ancien système la subjectivité et l'individualisation constitutives du nouveau système. Les impératifs liés à la flexibilité et la volonté des employeurs d'impliquer plus fortement les salariés dans leur travail entraînent ainsi une modification des formes de contrôle qui se déplacent en amont, via la fixation d'objectifs, et en aval par l'intermédiaire du contrôle des résultats. Tout un discours patronal, organisé autour du concept d'organisation «qualifiante» valorise ainsi l'engagement individuel du travailleur et oppose au «salarié agent du fonctionnement» qu'on rencontrait dans l'organisation taylorienne, le «salarié acteur du développement». Ce discours managérial qui ne concernait jadis que les cadres est maintenant étendu à l'ensemble des salariés. Par l'opposition tranchée qu'il établit entre deux types d'attentes des entreprises et deux types de comportements requis des travailleurs, le tableau suivant résume assez bien ce qu'implique, du point de vue des politiques patronales et des jeux stratégiques de l'entreprise, la thématique nouvelle des compétences[89]

	Le salarié "agent du fonctionnement"	Le salarié «acteur du développement»
Relation au temps	«Campe dans le présent» Intégré à l'unité élémentaire de travail	«Prend en main son avenir» Intégré à l'ensemble de l'entreprise
Lieu d'intégration	«Balisée» organisée selon des plans de carrière	Incertaine, parcours professionnel organisé en fonction d'un projet.
Carrière Critères de promotion	Sur les capacités techniques	Sur les capacités techniques, le degré de participation et d'implication
Attitude face au travail	Dépendance à l'égard des chefs et des spécialistes de la technostructure	S'engage fortement dans son travail
Formation	Suit les formations d'adaptation auxquelles s'inscrit l'entreprise	A le souci de son développement personnel

Aux exigences de l'entreprise nouvelles, correspondent des formes de rémunération nouvelles. L'individualisation est ainsi une «règle de formation des salaires qui se fonde sur des critères individuels : ancienneté, diplôme, expérience, qualification, performance...» par opposition aux règles salariales qui se fondent sur des critères organisationnels reposant en particulier sur le poste de travail. On peut ainsi opposer formes traditionnelles et nouvelles de rémunération comme suit[90]

[89] Aubret J. et Gilbert P. [1994], *Reconnaissance et validation des acquis*, éditions PUF, p. 5.
[90] Servais G. [1989], «Les enjeux de l'individualisation des salaires», *Revue française de gestion*, mars-mai.

	Salaire uniforme	Salaire individuel
Principe théorique	«A travail égal, salaire égal»	«A implication différente, salaire différent»
Forme générale	Au temps exclusivement	Au temps, aux performances, au comportement
Dépendance	Poste de travail	Intensité -qualité du travail
Détermination Variabilité	A priori Nulle	A posteriori Forte (potentielle)

La qualification se définissait une fois pour toute à l'embauche, la compétence est-elle une valeur fluctuante : «être compétent, c'est être jugé en fonction des performances passées ou présentes et des performances espérées dans l'avenir. Là où on demandait au salarié qualifié du rendement on demande au salarié compétent de la rentabilité»[91]. Dans une entreprise régie par la logique des compétences, les procédures suivies sont généralement les suivantes : définition de la masse salariale, définition du mérite individuel après entretien avec le supérieur hiérarchique et sur la base de grilles de critères différents selon les emplois concernés et la manière dont les objectifs qui lui ont été assignés ont été réalisés par le salarié. En effet " si la qualification, telle qu'elle s'est matérialisée dans les grilles de classifications, est en pratique une propriété irréversible et durable, la compétence semble plutôt se construire comme une propriété instable qui doit toujours être soumise à objectivation et validation dans et hors de l'exercice du travail. C'est dire qu'une gestion fondée sur les compétences contient l'idée qu'un salarié doit se soumettre à une validation permanente et faire constamment la preuve de son "adéquation au poste", de son droit à une promotion, ou à une mobilité professionnelle. Une telle gestion entend concilier le temps long des durées des activités des salariés avec le temps court des conjonctures du marché, des changements technologiques, puisque tout acte de classement est susceptible d'être révisé"[92]. Au terme de cette trop brève analyse des nouveaux modes de gestion de la force de travail qui émergent à l'heure de la mondialisation, introduisons une note d'humour qui n'est pas toutefois sans portée philosophique : «*On ne parle plus d'ouvriers, mais d'opérateurs, de conducteurs, de pilotes d'installations; il n'y a plus de*

[91] Cornu R. [1999], «De la qualification institutionnalisée à l'incertitude des compétences», *Syndicalisme et société,* vol. 2, n°1, p. 46.
[92]Tanguy L. [2000], «De l'évaluation des postes de travail à celle des qualités des travailleurs. Définitions et usages de la notion de compétences», *Syndicalisme et formation,* éditions L'Harmattan, p. 128.

qualifications mais des missions, des compétences, des fonctions, des rôles, des niveaux, des polyvalences, au sein d'unités élémentaires, de modules, de zones, d'îlots. On nous entretient en termes d'interactivité, de flexibilité, de réactivité, de savoir être productif, de gestion d'aléas, d'évènements, d'intercommunication»[93].

III/ Dynamique du système.

De même que nous l'avons fait pour les structures et les comportements nous suivrons là encore André Nicolaï dans sa conception des systèmes : «*un système social total est un agencement dynamique, cohérent et spécifique de rapports objectifs que des groupes d'individus (supports de ces structures qu'ils n'ont pas choisies) entretiennent et font évoluer par leurs comportements conscients d'adaptation, en jouant des rôles complémentaires et différenciés à l'occasion d'activités socialement accomplies dont certaines exercent un effet d'entraînement sur les autres et définissent la logique des incompatibilités structurelle»*[94]. On peut tenter d'évoquer les lignes de fuite qui peuvent se présenter à nous lorsque nous évoquons les transformations possibles du système social dans lequel nous évoluons en nous plaçant à deux niveaux successifs : celui de la prise de conscience que peuvent en avoir les institutions internationales, celui de l'affrontement auquel sont soumis dans l'entreprise les travailleurs eux-mêmes.

La mondialisation fait surgir le besoin de normes planétaires [95] qu'une série d'organisations seront chargées de concevoir, de gérer et de surveiller. On sait, à cet égard, le rôle que peuvent remplir, dans des domaines divers, l'ONU, le FMI, le GATT, l'OMC et son organisme de règlement des différends (ORD), le G7 devenu G8 puis G20 et, bien évidemment, l'OIT dont les interventions concernent surtout les travailleurs syndiqués du secteur formel mais qui est peu équipée pour les travailleurs des secteurs informels ou pour les activités mal encadrées par les syndicats. A ces organisations à caractère public il convient d'ajouter les ONG qui de 176 en 1909 sont passées à 832 en 1951, 1255 en 1960 et 213 en 1979[96] Dans le domaine qui est le nôtre ces normes concernent le commerce, la monnaie et la finance et, bien sûr, le travail et les droits de l'homme. Dans le domaine du commerce où le GATT a été remplacé en 1995 par l'OMC nombre d'Etats

---

[93] Boute J., Linhart D., Jacot H. et Kergoat J. [1998], *Le monde du travail*, éditions La Découverte, p. 5.

[94] Nicolaî A. op. cité p. 336.

[95] En effet «*L'espace national n'est plus l'espace pertinent des politiques réformistes: il faut porter l'intérêt public au même niveau de référence internationale atteint par les acteurs économiques*» Stoffaes C. [1995], *Services publics, question d'avenir*, éditions Odile Jacob, p. 38.

[96] De Senarclens P., op. cité p. 27.

développés dénoncent le dumping social de certains pays aux législations du travail et à la protection sociale inexistantes ou qui recourent au travail des enfants ou des prisonniers. Dans le domaine de la monnaie, les institutions en ayant la charge se trouvent confrontées au poids croissant d'opérateurs privés opérant sur les marchés (fonds de pension, fonds d'arbitrage, fonds souverains). Entre ces deux domaines les questions ne manquent souvent pas d'interférer. Ainsi le G7 dans sa réunion de mai 2004 s'est-il intéressé «*à des questions socio-économiques sensibles, telles que la fiscalité, la flexibilité des marchés du travail, les fonds de pension, les marchés des capitaux, la productivité*»[97]. Dans le domaine du travail au sens étroit la Déclaration relative aux principes et droits fondamentaux du travail adopté en 1998 promeut l'interdiction du travail forcé et du travail des enfants, la liberté d'association, le droit de s'organiser, le droit de représentation collective, le droit de négociation collective, la non-discrimination dans l'emploi, l'égalité de traitement pour un travail de valeur égale. On peut y ajouter la déclaration sur «le travail décent» ou encore celle de 2008 «pour une mondialisation équitable». D'autres acteurs sont également intervenus dans le domaine du travail. On peut ainsi évoquer la Déclaration de Philadelphie en 1944, la Déclaration universelle des droits de l'homme en 1948, le Pacte des Nations Unies sur les droits économiques et sociaux en 1966, la Charte européenne des droits fondamentaux inscrits dans le traité de Lisbonne en 2007. Tous ces documents ont énoncé un certain nombre de droits concernant le travail, l'emploi, la sécurité sociale. Mais, entre les deux ensembles normatifs qui concernent le commerce ou l'économie d'une part et le travail d'autre part et qui évoluent à des vitesses différentes, il y a «a-synchronie»[98], situation gênante [99] à laquelle tente de remédier le groupe de travail créé en 2009 par l'OIT et l'OMC, après une série de rencontres en 2007 élargies en 2009 à la banque mondiale et au FMI. A l'heure de la révolution économique et financière, du marché qui se mondialise concernant aussi bien marchandises, services que capitaux ou informations qui circulent en temps réel à l'échelle planétaire, on voit ainsi que le droit n'est plus seulement national mais aussi inter-étatique, transnational et parfois supranational.

Quittons cet univers international et la phraséologie plus ou moins élaborée[100] qu'on y rencontre pour nous placer au niveau de l'entreprise avec

---

[97] De Senarclens P., op. cité p. 209.

[98] Delmas-Marty M. [2013], *Le travail à l'heure de la mondialisation*, éditions Bayard, p.38

[99] Il peut même en résulter un certain blocage ainsi qu'on a pu l'observer en 1996 à la conférence de Singapour.

[100] Dans le domaine qui nous intéresse le vocabulaire qu'on peut employer est loin d'être innocent. Aussi appréciera t on l'ouvrage de Gelinas JB [2008]., *Dictionnaire critique de la globalisation. Les mots du pouvoir, le pouvoir des mots*, éditions Ecosociété. Son sous-titre cerne bien la portée différente que peuvent avoir les mots utilisés chez le locuteur et chez l'auditeur. Ainsi que l'indique son introduction, cet ouvrage se veut "*outil de décryptage (qui)*

les préoccupations plus immédiates auxquelles sont confrontés les travailleurs. Dans le cadre de la globalisation l'action syndicale est difficile, ceci pour plusieurs raisons pratiques mais aussi idéologiques. Face aux restructurations, aux délocalisations, il est difficile aux syndicats de savoir avec qui négocier. Ce handicap est renforcé par une mutation du système des valeurs qui a substitué à la conception institutionnelle d'une entreprise comme une œuvre commune, une conception financière à court terme[101]. De même «*les États ont tendance à se livrer à une forme de "dèreglementation compétitive" pour attirer les investissements des entreprises transnationales ou pour éviter qu'elles déplacent leur production à l'étranger. Cette évolution affaiblit aussi la position des syndicats qui doivent limiter leurs revendications salariales, au risque de contribuer à l'exode des entreprises*»[102]. Cette situation pourrait toutefois évoluer. «*Pour synchroniser le marché et le travail trois conditions sont indispensables et indissociables. La première est de responsabiliser les Etats... soit en créant le tribunal de l'OIT, soit en créant la Cour mondiale des droits de l'homme... La deuxième condition est de responsabiliser les entreprises transnationales en utilisant le concept de responsabilité partagée. La troisième condition... c'est la mobilisation citoyenne, le rôle des organisations non gouvernementales, le rôle des citoyens, des syndicats*»[103]. Difficile l'action syndicale n'est toutefois pas impossible ni dénuée d'intérêt. Dans la période récente on peut en relever différentes manifestations qui, sans constituer des «percées sociales», méritent toutefois de retenir l'attention et qui, remarquons le, en passant, justifient là encore une remarque d'André Nicolaï : «*si l'appartenance aux multiples rapports sociaux suscite des conduites d'adaptation collectives, inversement celles-la promeuvent les mutations structurelles*»[104]. Les luttes ouvrières subissent les conséquences de la globalisation non seulement dans les formes de leurs manifestations mais aussi dans le type de stratégie à mettre en oeuvre. Le salaire a longtemps été traité comme un «équivalent général», formule visant à rendre compte du fait que les solutions apportées à nombre de problèmes, comme les conditions de travail par exemple, l'étaient en définitive sous forme de primes ou indemnités. Dans une conjoncture fluctuante, c'est l'emploi qui présente maintenant ce caractère car, pour le préserver, lorsqu'il est menacé, les travailleurs doivent accepter nombre de concessions dans une logique du «donnant-donnant» qui se substitue à celle d'«amélioration des acquis».

---

prend le parti de mettre en lumière le côté politique, social et environnemental des réalités économiques qu'il définit, pour que le citoyen puisse y jeter un regard avisé... et en débattre".

[101] Delmas-Marty M., op. cité p.55.

[102] De Sennarclens P., op. cité p. 107.

[103] Delmas-Marty M., op. cité p.57-60.

[104] Nicolaï A, op. cité p.267.

La globalisation, nous l'avons vu, requiert un emploi flexible. On distingue généralement la flexibilité externe obtenue par la variation du nombre des salariés et la flexibilité interne obtenue par une utilisation différente des salariés dont on dispose. Mais la flexibilité a des formes et aussi des significations multiples. Elle peut désigner 1) la plus ou moins grande adaptabilité de l'organisation productive; 2) une aptitude des travailleurs à changer de poste de travail au sein d'une organisation; 3) une réduction des contraintes juridiques régissant le contrat de travail et, en particulier les décisions de licenciement; 4) une adaptation des salaires, nominaux ou réels, à la situation de la firme ou du marché du travail; 5) la possibilité pour les entreprises de se soustraire à une partie des législations sociales et fiscales[105]. Mais au-delà des aspects concrets qu'elle peut présenter, la flexibilité relève aussi du système de valeurs, elle est «*une tentative de théorisation, par le patronat, pour faire valoir ses besoins crûment exprimés*»[106]. En effet pour tenter de justifier les normes de travail qu'implique le concept de flexibilité toute une offensive idéologique s'est développée. «*Pour faire accepter la précarité (euphémisée en "souplesse") le sens et la valeur de bien des mots ont été dénaturés : la stabilité de l'emploi dévaluée est qualifiée de comportement moutonnier et dépassé; Un droit social est taxé de privilège forcément passéiste; La défense des droits acquis passe pour une attitude rétrograde et dangereuse; Un ancrage professionnel pour une immobilité coupable*» [107]Au niveau de l'entreprise la flexibilité peut être appréhendée à travers trois de ses manifestations : l'intérim, le travail «déplacé», la flexisécurité.
Dans l'entreprise, l'intérim remplit différentes fonctions. Il est d'abord un instrument de souplesse permettant aux entreprises «*d'assurer les ajustements nécessaires du volume de travail aux nécessités de leurs activités: jeu sur le temps de travail, la mobilité interne, la polyvalence, le recours aux CDD répondraient surtout à un besoin limité dans le temps mais prévisible (emploi saisonnier, tâche occasionnelle, surcroît d'activité), le recours à l'intérim serait réservé à des besoins de très courte durée (moins d'un mois) et difficilement prévisibles (remplacement d'un salarié absent)*»[108]. Mais l'intérim peut également aussi répondre à d'autres préoccupations : «*il permet d'introduire des mutations techniques sans les faire supporter brutalement aux salariés permanents Il permet enfin de faire face aux pointes d'activité sans que surgisse un problème d'embauche lié à*

---

[105] Boyer R. [1986], *La flexibilité du travail en Europe*, éditions La Découverte.
[106] Le Baube A. [1986], *L'emploi en miettes*, éditions Hachette, p. 101.
[107] Glayman D. [2007], *L'intérim*, éditions La Découverte, p. 99.

[108] Bernard MP. [1987], «L'ajustement des effectifs», *les Cahiers français*, n° 231, mai juin, p. 12.

la crainte de ne pouvoir licencier rapidement»[109]. De même «*le recours au travail temporaire semble aussi être devenu pour certaines entreprises un mode normal de gestion du personnel qui permet de sélectionner les recrues et de minimiser ainsi les coûts d'embauche, voire de limiter les effectifs permanents qui bénéficient d'un coût social protégé et d'avantages liés à l'ancienneté. Le recours au travail précaire dépasse alors largement l'exigence de souplesse des entreprises face aux aléas»*[110]. Apparu vers 1950[111], l'intérim a connu depuis 1980 un envol remarquable. Selon la confédération internationale des entreprises de travail temporaire (CIETT) les 86000 agences d'intérim appartenant à 42000 entreprises auraient en 2004 procuré l'équivalent de 8 millions d'emplois à temps plein. Les effectifs de l'intérim dans lesquels les jeunes et les étrangers sont sur représentés ont été multipliés par 5 en 35 ans. Ce système d'emploi a fait l'objet d'une abondante réglementation (3 janvier 1972, 5 février 1982, 12 juillet 1990, 18 janvier 2005) précisant les motifs possibles d'y recourir, la durée de son utilisation, les possibilités de renouvellement. La négociation a elle aussi été utilisée permettant d'obtenir quelques améliorations pour les salariés concernés. Ainsi le 11 janvier 2013 un accord collectif de «sécurisation des parcours professionnels des intérimaires» prévoit un CDI liant le travailleur à l'entreprise intérimaire alternant missions, formation professionnelle, congés coexistant avec le contrat d'intérim tandis qu'un accord du 10 juillet 2013 crée un fonds professionnel pour l'emploi (FPE-TT) à gestion paritaire finançant par cotisations salariales les rémunérations et les formations en périodes d'inter missions[112]

L'attention portée aux travailleurs détachés est apparue avec le célèbre «plombier polonais» au moment de la directive européenne Bolkestein. Cette directive cherchait à introduire le principe du «pays d'origine» pour les services. Si ces services étaient fournis par un prestataire étranger sans dérangement par exemple par Internet, ce prestataire était payé aux conditions du pays d'origine (salaire minimum, temps de travail, hygiène, sécurité) mais si le prestataire se déplaçait dans le pays d'accueil les lois de ce pays ne lui seraient appliquées que si la mission durait plus de huit jours. Le nombre de travailleurs détachés en France s'est considérablement accru. Il était de 7450 en 2000, de 144.000 2011, 170.000 2012, 220.000 en 2013 (mais 350.000 si on tient compte des non déclarés) Ces travailleurs viennent principalement de Pologne, du Portugal, de Roumanie. Le bâtiment est un

---

[109] Giroud G., d'Arvisenet Ph. et Sallois J. [1980], *Réflexions sur l'avenir du travail*, La documentation française, p. 71.

[110] XXX, *Emploi et relations de travail*, La documentation française, 1980, p.218-219.

[111] Caire G. [1973], *Les nouveaux marchands d'hommes : étude du travail intérimaire*, Editions ouvrières; Caire G. [1993], *Le travail intérimaire*, éditions PUF, Caire G. et Kartchevsky A. [2000], *Les agences privées de placement et le marché du travail*, éditions L'Harmattan.

[112] *Le Monde* 10 décembre 2013.

fort utilisateur de ce type de prestation représentant quelque 40% du marché. Dans ce secteur selon un rapport au Sénat du 18 avril 2013 l'écart de rémunération entre un résident français et un salarié polonais serait de 30%. Pour endiguer les fraudes et autres abus engendrés par le recours à cette main d'œuvre *low-cost* [113] les ministres du travail des 28 se sont mis d'accord le 9 décembre 2013 à Bruxelles pour mieux encadrer ces détachements. Une entreprise ne pourra détacher des salariés d'un pays de l'U.E. que pendant deux ans maximum à condition d'appliquer certaines règles du pays d'accueil (salaire, congés, conditions de travail) tout en versant les cotisations sociales dans le pays d'origine. Cette dérogation concernant la protection sociale représente un avantage certain pour l'entreprise utilisatrice car si le taux de taxation des entreprises sur le travail exprimé en pourcentage du profit avant impôt est de 51,7% en France il n'est que de 31,5% en Roumanie, de 26,7% au Portugal, de 26% en Pologne[114].

Visant à éviter les contentieux en renforçant le dialogue social, la flexisécurité veut se présenter comme une solution aux problèmes posés par la globalisation du travail. C'est du moins ce qui semble ressortir de la communication du Parlement européen du 27 juillet 2007 «*vers des principes communs de flexisécurité: plus et de meilleurs emplois à travers de la flexibilité et de la sécurité*». En France une loi du 1er juillet 2013 prévoit une procédure impliquant accord et/ou homologation de l'administration pour la mise en place d'un plan de sauvegarde de l'emploi (PSE), dispositif permettant, par le biais d'un accord majoritaire limité à deux ans de sauvegarder des emplois en échange de concessions de salaires. Les objectifs recherchés ne sont pas toujours atteints et les syndicats ont souvent peur d'être désavoués par leur base s'ils valident des baisses de salaires.

L'attention portée à l'emploi ne doit pas cependant nous conduire à négliger la question des rémunérations même si, là aussi, le problème se présente sous un angle nouveau, celui des inégalités croissantes. La financiarisation provoque en effet une accentuation des inégalités salariales[115]. Alors que se multiplient dans les entreprises les licenciements boursiers on peut observer un envol des rémunérations des chefs d'entreprise ou des traders. Ainsi - pour s'en tenir à une seule illustration- aux USA, les salaires et compensations des 100 plus grands chefs d'entreprise qui représentaient en 1970 environ 40 fois le salaire moyen en représentent en 2000, I000 fois[116] . On comprend dès lors que l'on puisse se préoccuper d'un tel accroissement

[113] Par exemple, un travailleur roumain dans un abattoir breton payé 600 euros par mois ou dans un projet d'aménagement à Clermont Ferrand un ouvrier payé 2,86 euros par heure.

[114] *Le Monde* 11 décembre 2013.

[115] Pour une analyse approfondie de celles-ci nous renvoyons aux deux ouvrages suivants Piketty T [2013], *Le capital au XXIe siècle*, éditions Le Seuil; Galbraith JK. [2012], *Inequality and instability ; A study of the world economy just before the great crisis*, éditions Oxford University press.

[116] Mucchielli JL, op. cité p. 13.

des inégalités sociales, à tel point que certains pays, comme la Suisse, aient pu songer à définir des écarts maxima admissibles (soit de 1 à 30, voire à 50). Le patronat lui-même a pu prendre conscience des risques sociaux que pouvait présenter une telle situation. Aussi, après la polémique soulevée par la «retraite chapeau» du patron de PSA, le MEDEF et l'AFEP (association française de l'entreprise privée) se sont saisis en juin 2013 du problème. Après une large consultation (autorité des marchés financiers, Trésor, représentants des investisseurs) a été adopté un texte qui prévoit que les rémunérations des dirigeants seront soumises au vote des actionnaires (*say on pay*), pratique déjà adoptée ailleurs, et qu'en même temps sera limité le nombre de mandats d'administrateurs. Est également mis sur pied un haut comité de suivi de la gouvernance doté d'un pouvoir d'auto saisie

Conclusion.

Lorsque le marché interne s'organisait autour d'un statut du travail uniforme, le CDI, lorsque la diversité des professions était encadrée par la hiérarchie des qualifications elles-mêmes validées par des titres homologués (CAP, BEP...) le sentiment d'unité du collectif de travail se trouvait en outre renforcé par l'appartenance à une entreprise aux contours bien définis. Ceci appartient désormais au passé: la diversité des formes d'emploi s'accompagne d'une diversité des statuts du travail, les compétences ne peuvent être appréciées que de manière individuelle, dans une même entreprise, les travailleurs peuvent relever d'employeurs différents. Générateur des solidarités ouvrières, le collectif de travail est disloqué. Par ailleurs le discours dominant valorise l'individualisation des comportements. On conçoit dès lors, les structures s'étant transformées que les comportements ouvriers et les formes de lutte des salariés en subissent les conséquences non seulement dans les formes de leurs manifestations mais aussi dans le type de stratégie à mettre en œuvre. L'analyse systémique que nous a proposée André Nicolaï nous a permis, à travers l'analyse des structures socio-économiques, des comportements des agents et de la dynamique du système en résultant, de mieux comprendre le monde dans lequel nous vivons. A chacun d'en tirer les leçons qu'il juge utiles. Certains estimeront que «*Lorsque les pays se" mondialisent", leurs habitants en bénéficient que ce soit par l'accès à une plus grande palette de biens et des services, par des prix plus bas, par plus d'emplois et des emplois mieux payés, par une amélioration des conditions sanitaires et par des niveaux de vie globalement plus élevés*»[117]. D'autres, au contraire, pourront voir dans la combinaison de la globalisation financière et de la globalisation marchande une régression économique et sociale en même temps qu'une destruction du

[117] Baudraud V. et Henry GM, op. cité p. 151.

lien social[118]. Recensant les dix effets pervers de la globalisation[119], ils en concluront qu'il nous faut *«élaborer une stratégie qui permette à la régression sociale que la globalisation a engendrée dans les pays développés de s'arrêter et de s'inverser. La déglobalisation, si nous savons nous en saisir et nous en servir, peut s'avérer l'occasion de renouveler le pacte social dans notre pays»*[120]

[118] Genereux J. [2013], *La grande régression,* éditions Le Seuil.
[119] De Gelkinas J., op. cité p.149.
[120] Sapir J. [2011], *La démondialisation,* éditions du Seuil, p. 217.

La place de la culture dans la société du spectacle

Nathalie Costa

J'ai rencontré André Nicolaï au cours de mes études à Paris-X-Nanterre. Lors de l'année de licence, il a ouvert un séminaire d'économie de la culture animé par Jean-François Godechot. A partir de là, j'ai réalisé tous mes travaux de recherche avec A. Nicolaï. Participer à ce colloque m'a donc amenée à réfléchir sur ce que m'avait apporté ce professeur.

Tout d'abord, je crois qu'il avait saisi ma soif d'apprendre ; comme j'avais évidemment toujours du retard sur lui, ce dont nous avions discuté ensemble, il m'a laissée prendre le plaisir de la découverte en respectant ma totale liberté sans jamais me contraindre. Ensuite, je percevais qu'avec lui, nous n'étudions pas que l'économie, mais une «dynamique des systèmes»; si bien qu'en définitive, il aurait fallu «savoir tout sur tout» et de manière approfondie, ce qui était son cas, mais pas le mien ! Si bien que j'ai tenté de gérer la profusion d'informations dont je disposais car tout s'enchevêtrait et souvent aussi se contredisait; Il m'a donc appris à structurer ma pensée. J'avais une admiration sans bornes pour ce qui était de son érudition, mais aussi pour sa sympathie, sa gentillesse, son humilité et sa simplicité. Nous étions également de la même île, ce qui nous a rapproché.

Le regard qu'il portait sur la société dans laquelle nous vivions rencontrait aussi le mien, souvent désabusé. «*La société du spectacle*» de G. Debord a longtemps constitué une de mes lectures favorites même si je n'en avais pas perçu tous les mystères. La culture, me semblait être la clé d'une vie heureuse, mais elle ne me paraissait plus pouvoir trouver sa place dans un monde attentionné à tout autre chose. Lorsqu'une communication sur l'œuvre d'André Nicolaï m'a été demandée, je n'ai pas pu hésiter sur l'objet car il a su se montrer précurseur en matière d'économie de la culture. Aussi, ai-je choisi ce thème d'autant que l'expression «société du spectacle» est régulièrement galvaudée.

Mon hypothèse est que la culture aujourd'hui trouve difficilement sa place, voire plus du tout. De nombreux auteurs ont élaboré une pensée sur la culture : H. Arendt qui parle de «La crise de la culture» ou à G. Simmel qui évoque sa tragédie («La tragédie de la culture»). L'Ecole de Francfort est particulièrement acide sur la culture de masse, source d'aliénation élaborée. C'est aussi la confusion entre les termes qui apparaît lorsque culture et industrie du divertissement sont utilisés quasi sans distinction alors que nous ne devrions pas les confondre ; comme le dit A. Malraux : «*S'il n'y a pas de culture sans loisir, il y a certainement des loisirs sans culture* (...)».

En suivant G. Debord, il faut se pencher sur la confusion entre valeur d'usage et valeur d'échange, la seconde l'emportant progressivement sur la première. La culture n'étant que valeur d'usage, elle semble être en danger.

La culture serait devenue un bien parmi d'autres dans le processus de création de richesses ; un rapport daté de décembre 2013[121] rend compte de la part occupée par la culture dans le PIB : représentant 3,2% de la richesse nationale, elle occupe directement 670 000 personnes devant l'industrie automobile. Ainsi la culture est-elle économiquement valorisée. Elle l'est tout autant socialement, la culture bénéficiant d'une aura dans la société française. Cependant, en compétition avec l'industrie du divertissement, elle cède souvent sa place.

Nous proposons ici de définir et de discuter la société du spectacle telle que G. Debord l'a analysée, en insistant plus particulièrement sur le rapport de production et le rapport social qui en émane. Nous prendrons «*La société du spectacle*» comme grille de lecture en tentant de relire notre société et son économie au regard des critères de G. Debord. C'est ainsi que nous introduirons la culture dans ce rapport social comme production de l'esprit qui permet de vivre (et non plus seulement de survivre). Nous insisterons largement sur le travail. Car G. Debord nous invite à ne pas travailler. Seulement, le divertissement nous «fait croire» pour reprendre J. Attali[122] autrement et autre chose. Aussi la force de la société du spectacle ne permet-elle peut-être plus d'envisager la place de la culture sauf à considérer des résistances ou des contre-attaques qui pourraient laisser envisager un autre avenir que celui pressenti.

I/ La place du travail dans la société du spectacle.

Le spectacle est un rapport de production qui suppose, outre le capital, le travail. Or, G. Debord déconseille ardemment de travailler. En effet, le travail, source d'aliénation, nous empêche de vivre ; il s'agit donc d'y renoncer.

La question du travail, dans un équilibre de sous-emploi (et donc équilibre précaire), peut être soulevée puisqu'il existe en quantité insuffisante pour que tout le monde puisse participer au processus de production tandis que, dans le même temps, il est sacralisé ; et plus le chômage augmente, plus le sacre du travail progresse. Pour F. Lordon : progressivement les désirs du prolétaire doivent tendre à devenir ceux du capitaliste, les techniques visant à faire aimer le travail se raffinant de plus en plus. D'autant que l'individu doit nécessairement se soumettre à cette exigence ; il doit, pour vivre, «gagner de l'argent» : «*La présupposition première de toute existence humaine, partout dans l'histoire, [est] que les hommes doivent être à même*

---

[121] *L'apport de la culture à l'économie en France*, Inspection Général des Finances et Inspection Générale des Affaires Culturelles, déc. 2013

[122] Attali J [1977], *Bruits. Essai sur l'économie politique de la musique*, éditions PUF

de vivre pour pouvoir faire l'histoire. Mais pour vivre, il faut avant tout boire, manger, se loger, s'habiller et quelques autres choses encore»[123].
Pour le sociologue Loïc Waquant, il devient difficile de penser l'existence sociale sans le travail.
Le chômage, période plus ou moins longue vécue comme une souffrance, révèle aussi celle infligée par le travail lui-même, ainsi évidemment que le temps dont on ne dispose pas lorsqu'on l'exerce.
Sachant qu'un taux élevé de chômage ne sacrifie pas à l'augmentation des richesses avec un PIB en mesure de s'accroître, la question de l'utilité du travail peut être soulevée.
Le culte du travail conditionne l'ensemble des populations. Or, si le travail nous dit Debord, empêche de vivre, son absence permettrait d'être vivant. Ceci permettrait de comprendre qu'il s'impose car sans lui, la pensée serait favorisée, ce qui, économiquement n'est pas nécessaire. Aujourd'hui, le travail envahit tout et «on a le temps de rien». Les techniques visant à culpabiliser ceux qui n'ont pas de travail ont été renforcées notamment par le processus d'endettement auquel les individus se sont finalement soumis. L'accès à l'argent par le biais du travail qui est la clé du système capitaliste qui suscite, par une avalanche de biens de consommation, et une demande rendue solvable, en partie par le mécanisme du crédit, le désir d'accéder à la marchandise. Dans ces conditions, ce n'est plus seulement l'argent qui va créer «la joie» (Spinoza) mais «*l'image [de l'argent] qui occupe entièrement l'esprit du vulgaire»*[124].
Ainsi, le travail s'impose pour assurer le renouvellement de la force de travail et participer au processus de production, mais plus encore parce que les individus se sont soumis à cette nécessité affichée de s'endetter. L'individu doit donc aujourd'hui et demain s'impliquer pour payer sa dette. Son avenir est déjà occupé par cet impératif; le temps, présent et futur, est alors totalement approprié par la société du spectacle. Ainsi, «*L'homme, ce n'est plus l'homme enfermé. C'est le problème de l'homme endetté*» (Deleuze). Car avant l'échange, il y a la dette et l'ensemble des biens et services nécessaires sont remplacés non plus par leur disponibilité mais par l'accès au crédit qui les rendra alors disponibles. Pour ne citer qu'un exemple, les étudiants américains sont endettés à hauteur de 1000 milliards de dollars ; le droit à la formation est ainsi devenu un droit d'accès au crédit, donc à l'endettement, ce qui assurera la recherche perpétuelle d'un travail permettant de se désendetter ; le temps sera donc occupé soit à travailler, soit à rechercher un travail, dans une tension perpétuelle. Et ceci s'inscrit dans une «*fabrique de l'homme endetté*», nécessaire au système[125].

---

[123] K. Marx in Lordon F [2013], *Capitalisme, désir et servitude*, éditions La fabrique, p. 30
[124] Spinoza, cité in : Lordon, F. op. cité, p. 49
[125] Lazzarato M [2011], «La fabrique de l'homme endetté, essai sur la condition néo libérale» in *Le Monde*

Intégrant le futur au présent, la projection dans le futur est une simple réplique du présent dans lequel l'individu s'inscrit. Et tout devient donc un présent perpétuel, sans futur. Rappelons le maître mot du mouvement punk («No future»); or, si dans le présent, nous consommons, pour le futur, nous investissons ; et comme le précise E. Morin : «*L'homme consommateur n'est pas seulement l'homme qui consomme de plus en plus ; c'est l'individu qui se désintéresse de l'investissement*»[126]. Nous trouvons ici le 1e critère qui qualifie la société du spectacle selon G. Debord : *le présent perpétuel.*
Le chaos est néanmoins évité. Les périodes de crise se traduisaient le plus souvent par une destruction totale ou partielle (la guerre). Aujourd'hui, le chômage, nous l'avons vu, n'interdit en rien la production qui semble donc pouvoir se passer de l'armée de réserve disponible. Seulement, cette armée de réserve elle-même est endettée et comprend que son seul salut repose sur le travail lui-même sacralisé. Pourtant, ce travail sacralisé perd dans le même temps sa valeur ; il est même dévalorisé car son coût est constamment diminué comme s'il ne valait plus rien. Ceci provoque une paupérisation que nous pensions voir disparaître dans les sociétés économiquement développées. La question du chaos en suspend - 2e critère de la société du spectacle- permet justement de *gérer la société par la crise continuelle.*
La question de l'abondance réglée, le travail ne s'avère plus réellement nécessaire. Il y a environ cent ans, Keynes[127] expliquait qu'ainsi 4 heures de travail par jour suffiraient et que nous pourrions alors nous consacrer à l'art et à la culture, à la vie, autrement dit à la beauté. Seulement, le capitalisme n'y trouverait alors plus sa raison d'être; une alliance s'est réalisée entre l'Etat et le marché ; l'Etat, associé à ce dernier et à ses lois devenues sacro-saintes, assure un équilibre par la crise, ce qui permettrait d'éviter le chaos, celui qui produirait la destruction, et ce par l'illusion procurée par la volonté apparente de lutter contre le manque de travail. Parallèlement, les précaires, les chômeurs, les vieux, les handicapés, etc. sont mis en accusation car ils absorbent une partie de la richesse produite apparemment par le travail mais en réalité majoritairement par le capital. La dette envers la société est ainsi mise en évidence et, coupable, l'individu endetté se doit alors de poursuivre sa quête d'un travail dans une tension perpétuelle.

II/ Le désir suscité, vocation de la société du spectacle.

La société du spectacle relaie ainsi les mots d'ordre et affiche dans le même temps l'abondance des marchandises. Le désir suscité favorise alors la volonté de trouver de quoi s'approprier ces biens qui participent à rendre la société moins insupportable. Cet effet est renforcé par l'endettement

---

[126] Morin E [1971], *L'esprit du temps, 2. Nécrose*, éditions Grasset, p. 165

[127] Keynes JM [1930], «Perspectives économiques pour nos petits-enfants», *Essai sur la monnaie*, éditions Payot.

généralisé qui va inciter à se soumettre au système productif même au prix d'un travail totalement dévalorisé ; ce qui assure la reproduction du système. Comme le note J. Baudrillard, la reproduction est généralisée, à tel point d'ailleurs que le travail n'est plus seulement productif, mais reproductif : on travaille pour produire du travail. La consommation elle-même joue ce rôle ; assurant ainsi la reproduction sociale et économique[128].

L'image, celle de la marchandise, vise à susciter le désir et par là-même un nouveau rapport de domination : il y a ceux qui produisent le spectacle et ceux qui le contemplent. Et nous retrouvons ici l'image de la caverne de Platon qui s'est donc étendue, développée et imposée d'autant plus que la technologie permet la multiplication des images et leurs répliques continuelles, par ce *renouvellement incessant des technologies*, 3e critère de l'existence de la société du spectacle.

Le seul travail indispensable est celui qui conçoit et produit le capital concentré, le spectacle, le reste en étant une illustration par l'abondance des marchandises qui se répandent et suscitent le désir. La plus-value apparaît sous forme de spectacle augmenté qui va permettre le redémarrage d'un cycle. Le spectacle, réalité spectacularisée, déforme la réalité, poursuivant ainsi son développement et son extension.

Il y a donc accumulation de spectacle qui produit un rapport social supposant de nouveaux rapports de domination ; le rapport social qui s'en suit est celui d'une opposition (ou d'une concertation involontaire) entre ceux qui créent le spectacle et ceux qui en sont témoins et ne sont pas en mesure de faire la différence entre la réalité et la réalité augmentée par le spectacle. Le rapport social étant lui-même un spectacle, il est médiatisé par des images et donc également falsifié ; ce rapport social peut être illustré en remplaçant le mot «spectacle» par «Nabilla» : «*Nabilla n'est pas un ensemble d'images, mais un rapport social entre des personnes, médiatisé par des images*»[129] ; ainsi ce rapport est-il générateur d'aliénation et de séparation avec le danger de falsification qui peut procurer une perte de sens de la part de ceux-là mêmes qui produisent le spectacle et ne savent plus différencier la réalité de l'image. Pour cela, il faut un consentement de la part de tous les acteurs ; cette «fabrique du consentement» analysée par N. Chomsky, nous impose alors d'être les rouages de cette gigantesque machine dans laquelle nous sommes réduits à l'apathie par le contrôle de la pensée, bien plus efficace que la contrainte physique.

Le spectacle s'oppose au mouvement de la vie ou encore «*à ce qui est directement vécu*», ce qui suppose que tout est aujourd'hui représentation. Dans ces conditions, la vie se re-présente par l'intermédiaire des images qui vont en garantir la valeur. Plus encore, le virtuel et la réalité en viennent progressivement à se superposer grâce aux nouvelles technologies dites de la

---

128 Cf. Baudrillard [1976], *L'échange symbolique et la mort*, éditions Gallimard

129 Cf. Libération, 18/03/2013

réalité augmentée ; la fusion opérée entre le virtuel et la réalité fait que l'homme lui-même s'intègre dans ce virtuel, dans l'image et devient l'image ; il devient la marchandise ; ce qui serait alors le sommet du capitalisme[130].
Le spectacle est toujours une supercherie, une illusion, un mensonge ; il est ce qui détourne l'attention, il divertit du réel en prenant lui-même l'apparence du réel et finissant par s'y substituer. Et c'est ainsi qu'il s'impose. Et tout ne serait ainsi qu'illusion, ce que nombre de titres aujourd'hui font apparaître, autant en littérature qu'en sciences sociales[131].
Le spectacle est en quelque sorte ce pharmakon qui d'une part, en tant que remède, permet de supporter l'insupportable, et d'autre part, en tant que poison, véhicule et instille les idées de la classe dominante. L'individu est ainsi invité à voir un spectacle, vivant par procuration, mais également des objets, des représentations de marchandises suscitant son désir ce qui l'incite à entrer coûte que coûte dans un cycle de production ; autrement dit, dans la société du spectacle, avant la marchandise, il y a la représentation de la marchandise et le spectacle donne à voir une image de la réalité. La culture peut-elle alors trouver une place dans cette société ?

III/ La place de la culture dans la société du spectacle.

La culture, mot polysémique souvent utilisé pour dire plus qu'il ne signifie, a vu son sens s'élargir dans la société du spectacle au point de considérer tout acte social comme culturel[132]. La culture est cependant hiérarchisée même si là encore, dans cette société, tout semble se valoir. Comme le signale Debord le vrai, devenu une hypothèse parmi d'autres, fait que le faux est aussi un moment du vrai. Et le «*faux sans réplique*» (4e critère de la société du spectacle) nous occupe ici, puisque tout se vaut. Nous considérerons cependant que la culture est ce qui donne sens à nos vies[133] et nous excluons donc ce qui ressortit essentiellement de la société du spectacle et vise à nous détourner du sens. Nous parlons donc de la culture cultivée.

---

[130] La réalité augmentée va-t-elle changer notre vision du monde ? France Culture, 01/11/2013

[131] Cf. par exemple : Giraud G., *L'illusion Financière* ou encore Ch. Hedges *L'empire de l'illusion : la mort de la culture et le triomphe du spectacle*, la littérature et le cinéma ne sont pas en reste ; nous pouvons citer Matrix ou les ouvrages de Ph. K. Dick.

[132] Ce «tout culturel» a été maintes fois dénoncé, A. Finkielkraut [1987] ayant considérablement participé à ce débat, par exemple dans *La défaite de la pensée* éditions Gallimard.

[133] De nombreuses définitions existent pour qualifier la culture ; nous pouvons nous référer à celle de J. Rigaud qui parle de «la culture pour vivre», cette culture qui nous permet d'interpréter le monde et nous donne un ensemble cohérent d'explications et de pratiques.

Aujourd'hui, les biens d'art et de culture sont intégrés à la société du spectacle dans la mesure où ils sont totalement disponibles et accessibles ; ils sont eux-mêmes en abondance ; et ils participent à la richesse nationale[134].
Ils sont par là même régulièrement mis en spectacle. Ils devraient donc susciter notre désir. Seulement, comme le dit H. Arendt, la culture n'est plus demandée, tandis que le loisir est quasiment exigé. Car la société des loisirs doit répondre aux besoins de détente, de délassement, de distraction de manière à rompre avec la routine[135], et si nous en croyons A. Lange[136], l'immense production industrielle vise à détourner l'attention du peuple des grands tabous (travail, pouvoir, érotisme, mort, ...) tout en laissant «croire» qu'il n'en est rien. C'est le critère de *secret généralisé* qui fait ici son apparition, la confusion permettant de mieux l'asseoir. Nous pouvons retrouver cela au travers de l'extrait suivant : «*Orwell craignait ceux qui interdiraient les livres. Huxley redoutait qu'il n'y ait plus besoin d'interdire les livres car plus personne n'aurait envie de les lire. Orwell craignait ceux qui nous priveraient de l'information. Huxley redoutait qu'on nous en abreuve au point que nous en soyons réduits à la passivité et à l'égoïsme. Orwell craignait qu'on nous cache la vérité. Huxley redoutait que la vérité ne soit noyée dans un océan d'insignifiance. Orwell craignait que notre culture ne soit prisonnière. Huxley craignait que notre culture ne devienne triviale, seulement préoccupée de fadaises.*» (Neil Postman)[137].
Une étude récente indique qu'aux Etats-Unis on recense 7 millions d'analphabètes complets, 27 millions de personnes ne sachant pas lire suffisamment pour remplir un formulaire de demande d'emploi et 30 millions d'individus incapables de lire une phrase simple. Environ 50 millions d'Américains ont le niveau de lecture d'enfants de 10 ans. Ce qui revient donc à dire qu'un tiers de la population est touchée par ce phénomène. Nous pouvons ajouter que le tiers des diplômés du secondaire ne liront plus un seul livre de tout le reste de leur vie et qu'en 2007, 80% des familles américaines n'ont ni acheté ni lu le moindre livre. Ces exemples peuvent être multipliés pour tous les pays développés.
Ceci nous amène au «paradoxe de Scitosvsky» : «*Nous, Américains, avons connu un fort accroissement de notre standard de vie, nous avons laissé loin derrière l'Europe en matière de richesses. Alors, pourquoi ne sommes-nous pas tous membres de l'élite ? »*... »[138].
Cette situation semble correspondre à ce qu'Huxley redoutait ; il n'a pas été nécessaire d'interdire l'art et la culture ; cela n'intéresse tout simplement

---

134 Cf. L'apport de la culture à l'économie de la France

135 Cf. Henri Lefebvre ou encore Dumazedier J. [1962], *Vers une sociologie du loisir ?*, éditions du Seuil.

136 Lange A [1995], *Stratégie de la musique*, éditions Mardaga, p. 256.

137 Postman N. [2010] *Se distraire à en mourir*, éditions Nova.

138 Cité par Leroy D. [1990], *Économie du spectacle vivant*, éditions L'Harmattan, p. 222.

plus. Si bien que dans ce contexte, « *[...] il n'est plus besoin de cacher la réalité, puisqu'au fond, tout le monde l'ignore»*[139]. Et l'idée d'un secret généralisé s'installe, sans maîtrise.
Ensuite, bien que les populations soient désormais toutes scolarisées dans les pays développés, elles semblent oublier ce qui leur a été enseigné. Tout se passe comme si les populations étaient plongées dans l'amnésie et que la transmission n'ait pas pu se faire. Si bien que la mémoire aurait disparu[140]. Ceci s'expliquerait sans que nous nous y attardions par la disparition du père absent qui ne peut plus transmettre, d'autant que par ailleurs, la jeunesse est devenue prioritaire (culte du jeunisme). M. Serres ne se montre pas vraiment surpris de cette perte de mémoire qui n'est pas la première ; comme il l'explique, le livre nous a fait perdre une partie de la mémoire ; l'ordinateur nous a fait totalement perdre la tête ; son optimisme lui fait dire que nous sommes ainsi condamnés à devenir intelligents grâce à l'accès que nous avons à tout l'univers du savoir. Tous les auteurs ne partagent cependant pas totalement cette approche. Car l'accès aux «choses» ne suffit pas ; encore faut-il en avoir l'usage ; or, la valeur d'usage disparaît progressivement au profit de la valeur d'échange (G. Debord).
La culture exige donc du temps. Or, le temps manque toujours dans la société du spectacle ; la société, incrustée dans un perpétuel présent, ne peut consacrer de temps à la culture ; on consomme là où il faudrait investir, ce qui, sans perspective de futur, ne peut être réalisé. Et pourrait même bousculer le système : «*Les artistes sont précurseurs. Des œuvres disent et dénoncent, proposent et réinventent, portent sur la société un regard critique, parfois constructif, donnent à penser. Parce qu'ils ont le sensible développé, les artistes nomment et interrogent ce que d'aucun subissent sans toujours comprendre. Dans ce sens, la culture «artistique» est nécessaire et constitue un contre-pouvoir»*[141].
Cette culture existe mais, prévue par la société du spectacle elle-même, elle se trouve engloutie. Plongé dans un éternel présent, l'individu, sans perspective d'avenir autre que de payer sa dette, est affairé et ne pense pas pouvoir se désaliéner. Et ce, d'autant plus qu'incarcéré dans la médiocrité, le vulgaire, l'individu participe de ce mouvement ; H. Marcuse précise ainsi, en parlant de la désublimation répressive : «*procédé par lequel les individus adoptent inconsciemment les valeurs d'une culture aliénée, si bien qu'ils*

---

[139] Gumb B. [2011], «Le management entre les logiques spectaculaires et anti-spectaculaires : vers une lecture situationniste de l'histoire de la comptabilité», *Comptabilité – Contrôle – Audit*, n°3, tome 10.
[140] Cf. L. Lafforgue, cité par Finkielkraut A. [2013], *L'identité malheureuse*, édition Stock : «*La faculté de penser fait partie du propre de l'homme et elle est donnée à chacun, mais la pensée elle-même en ses diverses manifestations qui composent la culture, n'est pas innée. Elle est une lente construction humaine, une tradition, un héritage que chaque génération reçoit de la précédente, qu'elle retravaille, enrichit, transforme et approfondit*».
[141] Duffau H. [2011], «Culture et société du spectacle»

participent involontairement à une version dégradée de l'humanité». Ceci est d'autant plus manifeste que nous ne pouvons guère nous mobiliser pour manifester car même cela est prévu par le système et que nous n'avons aucune identification d'un maître du monde.
G. Anders amorce l'analyse de cette société qui ne trouve plus à se désaliéner[142].
D'une certaine manière, en laissant la culture elle-même s'exposer, demeurant accessible mais désacralisée, la société du spectacle est parvenue à détourner l'attention de l'essentiel. Et nous sommes donc ici dans la pure représentation qui est celle du spectacle permanent et universel.
La culture donne donc un signe de valeur qui cependant n'est pas reconnu, n'est pas aperçu dans ce monde du spectacle qui l'a absorbée si bien qu'elle n'y trouverait pas sa place. L'homme serait donc comme incarcéré dans cette société spectaculaire diffuse qui impose la consommation et suppose la consumation ; le système détruit la culture de l'intérieur. Il n'est plus nécessaire, comme dans la dictature, de détruire par les autodafés ; l'homme a perdu la mémoire et la société du spectacle l'a rendu ignorant de ce qui est et de ce qui a été ; spectateur, il en oublie même ce qui a pu être connu.
Guy Debord a bien anticipé cet aspect ; en montrant l'ensemble de ce qui est disponible, la société du spectacle est aussi parvenue à faire en sorte que ce qui permettrait de renoncer à ce système ne soit même plus perçu comme tel.

Conclusion : l'avenir de la culture.

L'individu plongé dans la société du spectacle a perdu la mémoire et est frappé d'amnésie et de cécité. S'en extraire pourrait faire qu'il retrouve la mémoire et recouvre la vue. La société du spectacle permet de sur-vivre, s'en extraire permettrait de vivre. Et vivre n'est en rien consommer ou accéder aux marchandises. «*La vie est ailleurs*» (M. Kundera) mais il ne s'agit pas de contester la société du spectacle qui s'auto-anime, s'auto-entretient et s'auto-alimente ; résister exigerait donc de la quitter et de renoncer au travail. La seule issue est de ne plus vouloir participer au processus de production qui n'a finalement plus besoin ou presque de travail, ce qui engendrera alors le retour à la pensée, puis à la réflexion, donc à la désaliénation. Et la société du spectacle pourra alors s'écrouler sur elle-même.
Ainsi, la culture ne pourrait guère trouver sa place, s'opposer aux critères revenant finalement à produire plus de spectacle encore. Nous semblons prisonniers d'un tel système. Pourtant, la société du spectacle, même si tout semble avoir été pensé, ne contrôle pas l'immense temps libre permis par des conditions particulières permettant l'accès à la culture pour découvrir qu'un

---

[142] In Anders G. [1956], *L'obsolescence de l'homme, T. II, Sur la destruction de la vie à l'époque de la troisième révolution industrielle*, éditions Fario.

autre monde existe. Le système ne semble pas être à l'avantage de la culture ; mais celle-ci a ses subtilités que le capital risquerait de ne pas saisir… Car en désarmant le prolétariat, le capital ouvre une porte, celle du temps qui peut permettre la résurrection de la culture qui prendrait alors le pouvoir, comme si «*un autre monde devenait possible*». Ceci nous renvoie à la philosophie dont nous ne devrions pas faire l'économie et c'est ainsi que nous proposons d'en finir par un extrait qui conserve aujourd'hui tout son sens et devrait nous inciter à modifier nos regards :

«*Pour échapper à l'ennui, l'homme travaille au-delà de la mesure de ses autres besoins ou il invente le jeu, c'est-à-dire le travail qui ne doit apaiser aucun autre besoin que celui du travail en général. Celui qui est saoul du jeu et qui n'a point, par de nouveaux besoins, de raison de travailler, celui-là est pris parfois du désir d'un troisième état, qui serait au jeu ce que planer est à danser, ce que danser est à marcher, d'un mouvement bienheureux et paisible : c'est la vision du bonheur des artistes et des philosophes*», (Nietzsche F.[1876], *Humain, trop humain*, éditions le livre de poche).

Bibliographie :

Anders G. [1956], *L'obsolescence de l'homme, T. II, Sur la destruction de la vie à l'époque de la troisième révolution industrielle*, éditions Fario.

Attali J. [1977], *Bruits. Essai sur l'économie politique de la musique*, éditions PUF.

Baudrillard J [1976], *L'échange symbolique et la mort*, éditions Gallimard.

Costa N. [1993], *Socio-économie de la culture et politiques culturelles européennes*, Thèse de sciences économiques sous la direction d'André Nicolaï, Université de Paris X Nanterre.

Debord G. [1967], *La société du spectacle*, éditions Gallimard

Debord G. [1992], *Commentaires sur la société du spectacle*, éditions Gallimard.

Duffau, H. [2011], *A propos de culture dans la société du spectacle*, 2 octobre, in Le blog de Hélène Duffau.

Dumazedier J. [1962], *Vers une civilisation du loisir ?*, éditions du Seuil.

Finkielkraut A. [1987], *La défaite de la pensée*, éditions Gallimard.

Finkielkraut A. [2013], *L'identité malheureuse*, éditions Stock.

Gumb B. [2004], «Le management entre les logiques spectaculaires et anti-spectaculaires : vers une lecture situationniste de l'histoire de la comptabilité», *Comptabilité – Contrôle – Audit*, n°3, tome 10, p. 89.

Hedges Ch. [2012], «L'empire de l'illusion», *Le Cercle Les Echos*, 31/10/2012.

Huet A. et alii [1976], *La marchandise culturelle*, CNRS.

Inspection Général des Finances et Inspection Générale des Affaires Culturelles *L'apport de la culture à l'économie en France*, décembre 2013.

Keynes JM. [1930], «Perspectives économiques pour nos petits-enfants», *Essai sur la monnaie*, éditions Payot
Lange A. [1995], *Stratégie de la musique*, éditions P. Mardaga.
Lazzarato M. [2011], «La fabrique de l'homme endetté, essai sur la condition néolibérale», *Le Monde économie*, 26/09/2011.
Leroy D. [1990], *Histoire des arts du spectacle vivant en France*, éditions L'Harmattan.
Lipovetsky G. [1983], *L'ère du vide*, éditions Gallimard.
Lordon F. [2013], *Capitalisme, désir et servitude*, éditions La fabrique.
Moulin R. [1967], *Le marché de la peinture en France*, les éditions de Minuit.
Morin E. [1975], *L'esprit du temps, 2. Nécrose*, éditions Grasset.
Rigaud J. [1975], *La culture pour vivre*, éditions Gallimard.
Yonnet P. [1985], *Jeux, Modes et Masses, 1945-1985*, éditions Gallimard.

Sigmund Freud, économiste ? André Nicolaï[143] et la psychanalyse

François Régis Mahieu

Lors de la réédition de *Comportement économique et structures sociales*, André Nicolaï regrettait la faiblesse de ses références aux apports de la psychanalyse. Mais pouvait-il aller plus avant dans la remise en cause d'un des tabous les plus puissants de la théorie économique ? La psychanalyse est rejetée par Hayek (1996) comme une pensée immorale, basée sur les bas instincts du sauvage ; de façon générale le dogme de l'hédonisme ne saurait accepter la souffrance et la malveillance. Les principaux ouvrages d'économie ne contiennent jamais de référence à la souffrance et se situent dans la perspective du bonheur. Bonheur sur lequel il n'y a rien de nouveau à apprendre selon Freud. Par contre, selon lui, il faut partir de la souffrance qui a trois sources «*la puissance de la nature, la caducité de notre propre corps et l'insuffisance des institutions qui règlent les relations au sein de la famille, de l'État et de la société*» (Freud [1930]).

Dans la discipline économique, la référence à Freud signifie l'arrêt immédiat de la carrière de l'imprudent sinon sa marginalisation ; ce dont a souffert André Nicolaï, après l'article de 1974 dans la *Revue économique* et son projet de «*Bestiaire des économistes*». Cet article représente une coupure épistémologique dans son œuvre, montrant la convergence entre la psychanalyse et l'économie, malgré le peu d'économistes concernés (1). Cette convergence peut être étendue (2), moyennant une réflexion sur la souffrance (3). L'optique est anthropologique (4), à savoir celle de la personne face à sa communauté, d'où un calcul économique freudien (5). Ce calcul pour le compte des économistes est brillamment mis en valeur par André Nicolaï (1990) (6).

I/ Des économistes peu nombreux à s'intéresser à la psychanalyse.

La psychanalyse est condamnée au nom de la morale des économistes (Hayek [1996] ; Harsanyi [1995]) en particulier de l'hédonisme. Si les économistes ont intégré les progrès de la théorie de la justice, ils font comme si rien ne s'était passé en psychiatrie. Peuvent-ils en rester aux *mathematical psychics* d'Edgeworth et à ses propos peu délicats sur le plaisir, selon lui, plus important chez les hommes que chez les femmes ? Le plaisir et le désir peuvent-ils être traités par l'analyse économique ?

---

[143] J'ai connu André Nicolaï à Lille de 1963 à 1969 en tant qu'étudiant, puis comme chargé de travaux dirigés. Nous nous sommes revus principalement au forum de Delphes et lors d'un séjour à Pietra di Verde. André Nicolaï avait des qualités de formation des formateurs exceptionnelles.

En fait, une grande partie de la théorie économique traite du plaisir. Plusieurs auteurs ont tenté d'établir une relation mathématique entre les stimuli d'ordre physique et les sensations, une sorte de «psychophysique», tels Fechner (1889) et Brentano (1860). L'excitation augmentant de façon géométrique, la sensation croît de façon arithmétique. On retrouve ici un des fondements de la théorie de l'action. En même temps, cette théorie de l'atténuation du plaisir fait sourire, au même titre que la « colline du plaisir » de Pareto.

Selon Nicolaï (1974), Vilfredo Pareto serait, un des rares socio-économistes à intégrer des éléments du freudisme[144] : il imagine une «*colline du plaisir*» que chacun peut gravir jusqu'à un point G ou sommet du plaisir. De même, ses propos sur les résidus pulsionnels, telle la flagellation ascétique, sont très marqués sexuellement.

Se disant «pré-freudien»[145], Keynes célèbre chez Freud «*l'imagination scientifique qui peut donner corps à une abondance d'idées novatrices, à des ouvertures fracassantes, à des hypothèses de travail qui sont suffisamment établies dans l'intuition et dans l'expérience commune pour mériter l'examen le plus patient et le plus impartial, et qui contiennent, selon toutes probabilités, à la fois des théories qui devront être abandonnées ou remaniées jusqu'à ne plus exister, mais aussi des théories d'une signification immense et permanente*» (Bormans [2002]). Les théories de Freud sont à «*considérer sérieusement*», «*l'attraction qu'elles exerceront sur nos propres intuitions, dans la mesure où elles contiennent quelque chose de nouveau et de vrai sur la manière dont fonctionne la psychologie humaine*» (ibid). Freud est «*l'un des génies les plus dérangeants et les plus novateurs de notre temps, c'est-à-dire une sorte de diable*» (ibid).

Keynes donne une interprétation très critique de l'amour de l'argent, en d'autres termes la motivation pécuniaire est «*l'une de ces inclinations à demi criminelles et à demi pathologiques dont on confie le soin en frissonnant aux spécialistes des maladies mentales*». L'amour de l'argent comme objet de possession, qu'il faut distinguer de l'amour de l'argent comme moyen de se procurer les plaisirs et les réalités de la vie, sera reconnu pour ce qu'il est : «*un état morbide plutôt répugnant*»[146] (Keynes [1936]). Le côté répugnant de l'argent renvoie chez l'enfant par son érotisme anal qui le conduira plus tard au plaisir de détenir de l'argent. Ce plaisir de la constipation et de l'épargne a été largement repris par Serge Latouche (1973).

---

144 Cet apport est limité par le fait que Pareto décède en 1923, certaines œuvres majeures de Freud étant publiées après cette date, notamment le *Malaise dans la civilisation* en 1930, objet des foudres de Hayek.

145 Cette relation est particulièrement bien traitée par Dostaler et Maris (2010).

146 Dans les commentaires de Dostaler et Maris, on trouve une référence à la légende du roi Midas et surtout aux travaux de Ferenczi, «*Ontogenèse de l'intérêt pour l'argent*» qui lie désir d'argent et stade anal.

Mais Keynes (1936) bâcle le sujet, en allant évoquer les «*esprits animaux*». Ceux-ci caractérisent les comportements irrationnels, sans approfondir l'analyse des névroses issues du contexte économique. Ainsi la «propension à consommer et la propension à épargner» sont des facteurs exogènes qui jouent globalement. La critique des hypothèses keynésiennes sur comportement généralisé est radicale chez André Nicolaï, notamment dans ses travaux sur la désépargne, s'appuyant sur les travaux du *NBER* dirigé par Kuznets. Plus intéressante est la réutilisation par Keynes de la notion de psychologie des foules (chapitre 12 de la *Théorie Générale)* pour qualifier la mentalité du spéculateur. Il emprunte ce concept à Lebon avec un texte de Freud sur la question «*Psychologie des foules et analyse du Moi*» (Freud [1921]).

Malgré ces exceptions, l'intérêt des économistes pour la psychanalyse reste faible ; plus encore, on peut parler d'une hostilité pour ce qui doit, selon Wittgenstein, rester une expérience clinique privée. Ce manque d'intérêt contraste avec la convergence des points de vue entre psychanalyse et économie.

II/ Eléments de convergence entre psychanalyse et économie.

Selon Nicolaï (1974), la psychanalyse et le marginalisme ont des postulats communs : un principe de plaisir et un principe de réalité. Le principe de plaisir se traduit en économie par la maximisation des satisfactions et en psychanalyse par le maximum de réalisation des pulsions par le Çà. Le principe de réalité tient compte des contraintes budgétaires d'un côté, des cultures intériorisées dans le Surmoi de l'autre. Il existe donc deux types d'économicité, l'une au niveau de la personne, l'autre au niveau du marché. Ces deux types n'ont jamais pu se rencontrer, or ils peuvent s'intégrer dans un schéma commun des coûts de la personne.

Le calcul intra personnel est évoqué chez de nombreux philosophes (Lévinas [1970]). Il fonde la conception de la résilience. Ce calcul personnel est évoqué par Schopenhauer : le désir fondé sur la privation est assouvi par les besoins selon un jeu à somme nulle. Il y a satisfaction de l'obtention, mais déception devant la diminution de la jouissance liée à la privation.

L'économie psychologique est un concept central chez Freud. Un calcul sur la face cachée de la personne, la relation entre les composantes de cette face cachée, soit l'inconscient : Moi, Surmoi, Çà. Freud perçoit le principe de plaisir comme un principe économique : le déplaisir crée une augmentation de quantité d'excitation et le plaisir le réduit. De fait la pulsion érotique ou thanatologique, remplace l'utilité dans le calcul intra personnel ; elle est première et on évoquera un comportement économique soit pulsionnel, soit rationnel. Le tout dans un contexte phénoménologique particulièrement bien défini.

Paul Ricoeur (1969) analyse le «*modèle économique du phénomène de la culture* » de Freud comme «*l'interprétation économique qui domine toutes les considérations freudiennes sur la culture*». La culture est faite de coercitions et de renoncement. Ces sacrifices pulsionnels doivent être compensés. Quelle peut être la nature de cette compensation qui, en économie, a pour but de corriger les atteintes à l'optimum ou externalités ?
L'économie est un concept central chez Freud. Un calcul sur la face cachée de la personne, la relation entre les composantes de cette face cachée : Moi, Surmoi, Çà. Freud perçoit le principe de plaisir comme un principe économique : le déplaisir crée une augmentation de quantité d'excitation et le plaisir le réduit. La convergence entre économie et psychanalyse est évidente à propos du travail de deuil. Les concepts freudiens sont économiques : (contre) investissement, travail, (dé) valorisation, plaisir, énergie moyens économiques, dépense. Dans une séquence : pulsions – refoulement-inconscient- avec les composantes : Çà, Surmoi, Moi. Comment diminuer les dépenses de refoulement ? Le travail de deuil fait intervenir une dévalorisation du Moi avec une pulsion de mort dévastatrice que tente de freiner le Surmoi. Le deuil fait intervenir une débauche d'énergie, de contre investissement face à l'investissement dans la recherche de l'être perdu.
Il existe un équilibre entre les pulsions venues du Çà et la volonté de refoulement qui peut être facteur de souffrance, apparente au niveau du Moi ; notamment par le rêve, les lapsus, phobies, mélancolie.... Freud analyse ces équilibres et surtout leurs conséquences : schizophrénie, paranoïa, etc… ; ce que ne fait pas l'économie. Un schéma très simplifié, permettrait de comprendre l'équilibre pulsions/refoulements, un TMS désir/peine avec une courbe-frontière entre pulsions et refoulement. L'équilibre apparent (utilités) est accompagné d'une recherche d'équilibre interne (plaisir).

III/ L'anthropologie économique.

L'anthropologie économique vient chercher naturellement une partie de son inspiration dans la psychologie, sinon dans la psychanalyse. Elle intègre les concepts «analytiques» ou «cliniques» de l'univers freudien (rapport au père, à la mère, et de façon plus générale traumatisme subjectif lié à l'inconscient communautaire). Il est évident que la relation de développement peut être facilement posée comme une relation de «fils à père» ou une relation fusionnelle à la mère à la façon de Geza Roheim (1979). Ainsi, on comprendra mieux la paresse naturelle, ou l'excès de productivisme, l'exploitation ou l'épargne. Mais, paraphrasant Wittgenstein, le locuteur risque de faire intervenir sa «*psychologie privée*», sa propre «clinique», dans sa compréhension du phénomène social qu'il analyse. L'apport de Freud à l'anthropologie et donc à l'économie reste à préciser. Si la personne est construite avec un Surmoi, il existe «*un combat de l'individu contre la*

société» où les idéaux et les exigences éthiques dépassent les capacités de la personne. Ce Surmoi collectif que Freud évoque dans «*Malaise dans la culture*» implique, dans le comportement humain et singulièrement dans les actes économiques, de la tension de la culpabilité, de l'angoisse, de l'agressivité, et plus généralement des perturbations.
L'anthropologie économique cherche à intégrer cette dimension intéressante de Freud à la théorie économique, surtout quand les économistes (Kolm en particulier) s'interrogent sur la schizophrénie des agents économiques et leurs perturbations dans l'arbitrage entre égoïsme et altruisme. On peut le voir initialement sur le comportement par rapport au temps, qui est fonction à la fois des perturbations égoïstes (intertemporelles) et des perturbations communautaires, dont une grande partie sont intergénérationnelles, soit ascendantes, soit descendantes.
En cas de pression communautaire supplémentaire, les perturbations augmentent et la courbe correspondante est plus élevée ; par conséquent, le temps de renoncement à la consommation, ou encore le taux d'épargne subjectif augmente. Il existe alors un décalage entre le taux d'intérêt officiel (artificiellement bas en période de déflation) et le taux d'intérêt subjectif qui est plus élevé. Les réactions seront d'autant plus perturbées de la part de personnes responsables face à des politiques de taux d'intérêt ou de désépargne ou plus globalement de volonté de raccourcir l'horizon temporel.
Un décalage similaire existe pour les variables dès qu'elles sont *personnelles* et non individuelles. En effet, elles sont interprétées en terme de responsabilité et de pression communautaire. Le salaire devient le levier de la redistribution et de la protection communautaire. Une diminution de salaire, interprétée par rapport aux perturbations communautaires conséquentes, entraînera une diminution plus que proportionnelle du travail officiel fourni ; à l'inverse une augmentation de salaire peut être refusée si elle provoque une augmentation plus que proportionnelle de la pression communautaire. On peut parler ainsi de résilience communautaire, sinon de communauté résiliente.

IV/ Au commencement, la souffrance.

Dans *Malaise dans la culture,* Freud estime que tout a été dit à propos du bonheur ; par contre l'analyse du malheur est beaucoup plus problématique : comment adoucir sinon suspendre la souffrance ? La souffrance vient de notre corps, du monde extérieur, de la relation avec les autres. La tâche de diminuer la souffrance refoule à l'arrière-plan la recherche du plaisir. Ainsi, il apparaît une priorité de la souffrance qui a échappé aux économistes qui se contentent du bien-être.
Dans la classification kantienne des devoirs, la diminution de la souffrance est un devoir parfait. Elle est prioritaire par rapport à la maximisation du Bien (en fait les biens) et du bonheur ; maximisation qui s'inscrit plutôt dans

les devoirs imparfaits. Cette téléologie du bonheur fonde la conception économique du développement.
Un développement humain soutenable ne peut être délibérément sacrificiel, en imposant une souffrance considérée comme le prix à payer pour le développement. Par exemple l'ouvrier modèle souffrira d'autant plus que son licenciement sera une contrainte que les décideurs lui imposent pour le bien commun. Il subit et n'a pas choisi, la souffrance ne pouvant être acceptée librement sauf dans des cas pathologiques.
La souffrance est une douleur mentale et/ou physique que l'on cherche à diminuer. Elle est une manifestation plus importante que le désagrément qui traduit une utilité négative limitée et non une souffrance propre à la vulnérabilité des personnes. Néanmoins, cette souffrance est récupérée, depuis Karl Popper (1945), sous l'appellation d'utilité négative ; mais en quoi l'utilité ou la désutilité peuvent-elles être pertinentes par rapport à la souffrance ? Karl Popper, dans *The Open Society and Its Ennemies* (1962), a proposé un utilitarisme négatif, qui donne la priorité à la réduction de la souffrance sur l'accroissement du bonheur quand il s'agit d'utilité, en arguant qu'il n'y a pas de symétrie morale entre la souffrance et le bonheur ; l'une appelant urgemment à l'aide tandis que l'autre n'exige pas avec une telle urgence qu'on améliore le bonheur d'une personne qui va bien de toute façon.
Cette asymétrie est importante en économie : on y développe des catalogues de constituants du bien-être : revenu, conditions de vie, équipements. De nombreux questionnaires qualitatifs ont trait à la satisfaction. On ne trouvera guère de données sur la souffrance. La souffrance ne fait pas partie des *Mathematical Psychics* d'Edgeworth ; la souffrance morale est hors de portée de la science économique dans la mesure où elle interdit tout recours à la psychanalyse. L'économie traite à peine de l'envie (Varian) et de la frustration. La souffrance pose très vite le problème de l'euthanasie, volontaire ou involontaire (P. Singer) comme moyen de retrouver une non-souffrance, mais sans prise sur le bonheur. A la limite, la souffrance est un moyen de transcendance. Dans *Salvifici Doloris* Jean Paul II parle d'une souffrance qui sauve l'homme en le rapprochant de la passion du Christ.

V/ Un calcul économique freudien.

Le Surmoi crée des frustrations qui nécessitent des compensations. On peut parler à propos du «*refoulement interne*» (Nicolaï, 1990), d'«internalités» négatives qui doivent être compensées telles les externalités négatives de l'économie publique. Ce Surmoi ajoute aux contraintes supplémentaires au calcul économique.
En définitive, le calcul micro-économique est contraint par le budget, le calcul intra-personnel par la culture de frustration ; le besoin est contraint en fait par le budget, mais aussi par la saturation, il existe une double

contrainte dans laquelle la frustration communautaire (par exemple totems et tabous) joue un rôle déterminant. La résilience consiste à lever la contrainte culturelle le plus possible afin de se centrer sur la contrainte budgétaire. Admettons une représentation classique de la relation entre la consommation et le revenu, en spécifiant une consommation incompressible de la «personne» (responsable au niveau intra et intergénérationnel).

Dans une économie «flexible», la consommation est rigide par rapport au revenu en raison des transferts intra et inter-générationnels, jusqu'au seuil où le revenu assure la réalisation minimale des obligations. Cependant, la personne peut modifier sa contrainte de transferts en substituant du temps au revenu[147], soit par un report des obligations dans le temps, soit par une modification de l'allocation de temps dans la période. Dans ce cas, elle consommera plus. La personne est néanmoins sensible à plusieurs types de contraintes. Trois types de contraintes jouent : personnelle, communautaire, budgétaire. Par exemple, André Nicolaï (1990) montre qu'il est possible d'échanger les contraintes : moins d'argent contre davantage de prestige social. Les contraintes jouent dans un sens donné ; d'abord culturel (degré de frustration), puis communautaire (tabous, interdits, règles collectives), puis, enfin budgétaire (mon revenu est-il suffisant ?)

Le calcul freudien est plus complexe que le calcul utilitaire. Il met en jeu trois acteurs, le Moi, le Çà et le Surmoi ; trois acteurs dont le rapport de force dépend des pulsions initiales (de deux types, Eros et Thanatos) qui ont trait au plaisir. La pulsion initiale peut provenir du traumatisme oedipien (chez le garçon : désir sexuel de la mère, peur de castration et désir de tuer le père/rival). Le principal problème épistémologique résulte de la partie inconsciente de ce calcul et de la difficulté d'observation, avec tous les risques d'une projection de soi et de transfert.

La neutralité du calcul utilitaire est loin d'être garantie par un spectateur impartial ou une quelconque équiprobabilité (Cf. Harsanyi [1995]). Il en résulte que le principe de plaisir, «*gardien de la vie*» selon Freud, peut être contrarié et que des souffrances peuvent avertir de ces disfonctionnements : souffrances qui sont intégrées dans le calcul intra personnel et absentes du seul calcul du bien -être. Ces souffrances ne sont pas des simples déplaisirs et procèdent de graves névroses jusqu'au «témoignage ultime». On voit l'intérêt de cette pathologie dans la mise en oeuvre d'un principe de précaution face aux décisions économiques.

Culture et budget sont ainsi liés, en particulier dispositions psychologiques et disponibilités monétaires au niveau des contraintes ; contraintes qui pèsent sur le plaisir, le désir, les pulsions et les besoins. La capabilité, liberté de

[147] André Nicolaï (1990) évoque cette possibilité de substitution : «*Gain pécuniaire et considération sont partiellement substituables*».

choix, dépend de la contrainte culturelle comme les autres éléments, notamment si elle est interprétée comme une pulsion sexuelle d'où la possibilité d'une «incapability». Faut-il libérer cette capabilité, cette pulsion potentielle comme le proposent Wilhelm Reich (1982) et le vitalisme. Ou encore gérer l'énergie vitale comme un entrepreneur gère son capital ? La liberté se conçoit dans le développement culturel «*qui lui fait subir des restrictions, et la justice exige que ces restrictions ne soient épargnées à personne*» (Freud [1930]). La liberté s'apprécie dans le rapport de forces entre le pouvoir communautaire et le pouvoir individuel ; rapport qui fonde le développement culturel. La petite communauté (caste, couche de population, tribu) se conduit comme un individu violent et cette violence se propage à d'autres masses. La communauté est à la base du «malaise dans la culture».

VI/ André Nicolaï (1990) : Freud au service de l'analyse économique.

«*Le système se porte bien*» selon André Nicolaï car il y a création ininterrompue de nouveaux besoins, c'est à dire transformation incessante de désirs en besoins, comment et pourquoi ? Nicolaï (1990) comprend ce phénomène par «*la perversité obsessionnelle face à la mort*»
L'argent répond à l'incertitude de la mort et à son sort dans le monde futur. Des primes, selon Max Weber, peuvent répondre à cette angoisse, telles les indulgences ; néanmoins elles ne peuvent influencer son sort post mortem qui relève de l'autorité divine. L'argent, le capital et les biens qu'il permet sont vécus comme une assurance illusoire contre la mort. Cette accumulation rentre dans l' «*éternité conjecturale contre la mort*» soit comme signe de prédestination, soit comme divertissement contrevenant au paradis, soit encore comme accumulation vertueuse, ne faisant pas obstacle au paradis.
Selon Nicolaï, l'enfant et l'œuvre peuvent se substituer à cette incertitude ; Montesquieu compare son œuvre à «*un enfant engendré sans mère*» ; cette fécondité maternelle est récupérée par l'entreprise qui détient ainsi un pouvoir occulte ; selon la formule de Nicolaï un «*priapisme institutionnel d'exhibition*». Cette perversité se traduit par une fébrilité compulsive, visant à maîtriser la nature, la domination des autres, l'élimination des concurrents et la subordination des dominés. Ainsi se forme un jeu cruel avec une fascination pour des symboles de réussite ; fascination pour toutes les couches sociales et aussi que subit le «Tiers monde». D'où l'expression propre à Nicolaï d'un «*imaginaire ludique obsessionnel*». Dans ses derniers écrits, André Nicolaï a choisi l'obsession de la mort, à savoir l'optique thanatologique plutôt que l'obsession érotique. De fait, il ne traite que marginalement du principe de castration et du «manque de pénis», repris par Weisskopf et Lacan pour caractériser la plus-value.
La pulsion agressive est un agent économique majeur pour Nicolaï (1960), un des rares économistes à étudier l'intégration du Moi dans la société. Cette

intégration par l'agressivité permet de comprendre les revanches sociales inhérentes à l'ascension du pouvoir ; ou encore la volonté de tuer le père, à l'image des frères Karamazov. Les perversions sexuelles dans la recherche du pouvoir ne sont pas innocentes et peuvent changer la situation politique d'un pays, sinon les choix économiques d'un continent.
André Nicolaï fait œuvre d'économiste en utilisant les outils de la psychanalyse, ne serait-ce que pour montrer la relativité des théories économiques dominantes. Freud révèle, Nicolaï, permet de mieux comprendre l'économie.

Conclusion :

La souffrance personnelle dans la société est une dimension très peu admise en économie au nom de l'hédonisme qu'illustre par exemple la colline du plaisir de Pareto. Et pourtant le calcul économique est incomplet dans ce cadre et il est temps d'y intégrer d'autres éléments constitutifs de la personne (Moi, Çà, Surmoi) et de ses choix (désirs, frustrations, pulsions, traumatismes), sans oublier la peur des contraintes communautaires, mise en valeur par Freud.
La résilience dépend de ces différents éléments psychologiques et devient relative. Elle peut très bien devenir négative si les caractéristiques psychologiques ont été mal ciblées. L'exemple de la résilience souligne le statut du calcul économique freudien et de sa possible rencontre avec la rationalité utilitariste. Freud a le mérite de l'universalité, en illustrant son analyse par l'exemple des totems et des tabous, en soulignant que l'économie psychologique a trait à une demande d'information sur soi-même et les autres ; demande auprès des hommes/médecine par les consultations sacrifices dans les sociétés traditionnelles, demande désirable auprès des psychanalystes dans les sociétés modernes.
On ne peut exclure un rapprochement entre l'égoïsme de l'homme économique et l'égocentrisme de la psychanalyse. Le retour sur soi serait alors un retour vers l'individualisme et un abandon de la personne dans son rapport avec autrui. Ainsi l'économie psychologique peut nier l'idée d'un échange marchand entre psychanalyste et patient dans la mesure où il satisfait une demande désirante. Si la démarche de Freud s'inscrit dans la phénoménologie, son rejet s'inscrit dans le tabou des économistes.
La philosophie morale anglophone est la référence principale, sinon exclusive, de la réflexion philosophique des économistes. La phénoménologie du continent européen en est totalement absente même si certains philosophes de ce courant, tel Ricoeur, ont pu effectuer une synthèse entre ces deux domaines ; synthèse très originale que nous offrent les réflexions de l'économiste André Nicolaï. Avec le risque majeur de s'en tenir à une anthropologie qui ne serait qu'un auto-dénigrement systématique de l'économie, étant dans l'incapacité à préciser les confins et les limites de

la nouvelle démarche.

Bibliographie

Bormans Ch. [1997], «*Keynes et Freud, De la «vision» à la «révolution» keynésienne : l'hypothèse Freud*», Amiens, CREPPRA.

Brentano F. [1889]. *Vom Ursprung sittlicher Erkenntnis*, éditions Duncker & Humblot.

Domarchi J. [1972], *Marx et l'histoire*, éditions de L'Herne

Dostaler G. et Maris, B. [2010], *Capitalisme et pulsion de mort,* éditions Albin Michel.

Fechner G.T. [1860]. *Elemente der Psychophysik*, éditions Breitkopf und Härtel.

Freud S. [1915], «Métapsychologie» in *Oeuvres Complètes* collection Quadrige, éditions PUF.

Freud S. [1930], *Malaise dans la culture*, éditions Flammarion.

Harsanyi J.C [1995], «A Theory of Prudential Value and a Rule Utilitarian Theory for Morality», *Social Choice and Welfare*, Volume 12, n°4, pp. 319-335

Hayek F.A. [1953], *Scientisme et sciences sociales*, éditions Plon.

Hayek F.A. [1960], *The Constitution of Liberty*, éditions Routledge & Kegan.

Hayek F.A. [1973-1979], *Droit, législation et liberté*, éditions PUF

Keynes J. M. [1972], *Essais sur la monnaie et l'économie (Les cris de Cassandre)*, éditions Payot.

Keynes J.M. [1936], *Théorie générale de l'emploi, de l'intérêt et de la monnaie*, éditions Payot.

Latouche S. [1973], *Épistémologie et économie : essai sur une anthropologie sociale freudo-marxiste*, éditions Anthropos.

Nicolaï A. [1960], *Comportement économique et structures sociales*, éditions L'Harmattan.

Nicolaï A. [1974], «Anthropologie des économistes», *Revue Economique*, volume 25 n° 4, pp.578-610.

Popper KR. [1957], *The Open Society and Its Ennemies,* éditions Routledge and Kegan Paul.

Reich W. [1946], *La psychologie de masse du fascisme*, éditions Payot.

Roheim G. [1978], *Psychanalyse et anthropologie : culture, personnalité, inconscient*, éditions Gallimard.

Schopenhauer A. [1996], *Ethique, et Politique*, éditions livres de poche.

Von Mises L. [1949], *Human Action. A treatise on Economics*, éditions W. Hodge &Co.

Weber M [1905], *Éthique protestante et esprit du capitalisme,* éditions du Seuil.

André Nicolaï à la présidence de la mission corse

Claude Origet du Cluzeau

Evoquer cet épisode de la vie d'André Nicolaï relève d'un choix totalement personnel qu'il convient d'expliciter : j'ai connu André Nicolaï à la fin des années 70, à l'université de Paris X-Nanterre où j'étais en DEA de sciences économiques ; je suivais avec lui, au sein du CAESAR, laboratoire de recherches qu'il présidait, les travaux sur le travail des femmes et sur l'économie domestique. A.Nicolaï a en effet soutenu pendant plusieurs années ces travaux pionniers et appuyé l'accès de plusieurs brillantes chercheuses au CNRS pour poursuivre dans ce domaine.

A la suite de mon DEA, j'ai préparé, sous l'égide d'A. Nicolaï, une thèse sur un thème que l'on pourrait qualifier de «dérivé» de son ouvrage[148] et dont le titre était *La Rationalité économique, Contenu et Acquisition.* En résumé, il s'agissait de démontrer que les présupposés de la rationalité économique des individus, -sur lesquels prennent appui les principales théories économiques, et qui sous-tendent leur triple rôle économique de travailleurs, de consommateurs et d'épargnants-investisseurs- ne résistent pas à l'analyse que peuvent en faire la sociologie, l'ethnologie, la psychanalyse et surtout la psychologie génétique. J'ai soutenu cette thèse en 1983, avec un jury composé d'Eugène Enriquez et de Roger Frydman. Cette thèse de 650 pages denses a absorbé toute mon énergie de l'époque en termes de recherches et d'écriture, et la dizaine d'ouvrages et la centaine d'articles que j'ai publiés depuis lors ne m'ont jamais occasionné autant de labeur.

Sur l'objet de cette thèse, je ne suis jamais revenue : à la Mission Corse où j'allais rapidement rejoindre A.Nicolaï après sa nomination, j'ai immédiatement été en charge du tourisme et n'ai jamais plus travaillé que dans cette branche, lui adjoignant tout naturellement la culture, dans la mesure où l'ingénierie de projets y est similaire et l'objectif socio-économique complémentaire. Cependant, dans les multiples projets (que j'ai menés moi-même) de développement territorial initiés par le tourisme, l'appoint des différentes sciences sociales s'est avéré crucial pour définir des plans d'actions en phase avec les réalités locales et que les populations locales pouvaient s'approprier et mettre en œuvre.

Je n'aurai donc aucune pertinence ni légitimité pour traiter de l'œuvre de fond d'A. Nicolaï. Par contre, j'ai participé auprès de lui, aux 3-4 années de sa présidence à la Mission Corse. Il s'agit d'un épisode où réflexion et action ont été étroitement mêlées. La Corse, on le verra, s'est révélée un «terrain» de choix pour traiter en parallèle l'anthropoïétique, la sociologie et l'économie et A. Nicolaï s'y est montré simultanément «*homme d'action et théoricien exigeant*» selon les termes d'E. Enriquez.

---

148 Nicolaï A. [1960] *Comportement économique et structures sociales*, éditions l'Harmattan.

I/ La nomination à la présidence de la Mission Corse.

Les préférences politiques d'André Nicolaï étaient bien connues de tous. Nulle surprise donc qu'elles le fussent des milieux politiques de gauche, notamment au moment de leur arrivée au pouvoir en 1981 ; la Gauche, qui n'avait pas été «aux affaires» gouvernementales depuis près de 25 ans, se cherchait des relais pour exercer certaines fonctions.
Pour la Corse, il est clair que le pouvoir de l'époque a conçu un projet politique spécifique qui devait aboutir, en 1984, au Statut Spécial de la Corse avec des pouvoirs élargis par rapport à ceux des futurs conseils régionaux des 21 autres régions de métropole. Ce projet, comme le rappelle A. Nicolaï[149], consistait à utiliser les leviers de l'État pour transformer l'intégration de la société corse en une assimilation aux institutions et aux règles économiques nationales.
André Nicolaï fut approché par l'entourage de Michel Rocard, qu'il rencontra à plusieurs reprises avant et après sa nomination. Michel Rocard, dans le premier gouvernement de la Gauche conduit par Pierre Mauroy, était Ministre du Plan ; l'élaboration et la mise en œuvre du Plan était alors, selon le terme du Général de Gaulle, une «*ardente obligation*» et son ministre occupait donc une fonction centrale. Outre le Plan, ce ministère gérait alors quatre grandes missions interministérielles d'aménagement et d'équipement à forte dimension touristique : trois d'entre elles concernaient le littoral - celle du Languedoc-Roussillon, celle d'Aquitaine, et celle de Corse- et la quatrième la montagne -le Plan Neige déployé essentiellement dans les Alpes-. Les deux premières –celles du Languedoc-Roussillon et celle d'Aquitaine- ont d'ailleurs connu des développements remarquables, notamment en termes d'aménagements touristiques côtiers, de focalisation des devises des touristes sur le territoire français (au détriment de l'Espagne et de l'Italie) et de reconversion économique des locaux, freinant ainsi l'exode rural.
Dès le départ, on peut dire que la Mission Corse a été à la traîne, une quantité d'obstacles politiques et sociaux locaux en tout genre s'opposant à sa réussite. Eu égard à cette situation, le choix d'un président de gauche à la tête de la Mission Corse s'avérait délicat, et A. Nicolaï fut choisi certes en tant qu'économiste, mais sans doute aussi en qualité de Corse de la diaspora et en tant qu'humaniste. On était donc aux antipodes du choix classique consistant à opérer un recrutement parmi les préfets en disponibilité.

[149] in Nicolaï A. [1987], «Et mourir de plaisir», *Peuples méditerranéens*, n° 38-39, p. 181.

II/ Les objectifs de la Mission Corse.

Depuis sa création dans les années 70, la MIAEC, appelée aussi la MIC, (Mission Interministérielle pour l'Aménagement et l'Équipement de la Corse), dépendait directement du Premier Ministre, via le Ministre du Plan. La gestion de son fonctionnement interne et le déploiement des financements décidés par elle étaient assurés par la DATAR/Délégation à l'Aménagement du Territoire et à l'Action Rurale[150], alors puissante agence gouvernementale dirigée par Bernard Attali. Toute l'administration locale d'Etat (préfectures, DDE, DDA, ONF, INSEE….) était tenue de collaborer avec la MIC.
Ses domaines d'intervention étaient vastes : prioritairement économiques, avec une définition large de ses champs d'applications : études, aménagements, équipements publics et associatifs d'intérêt général, éducatifs, culturels, sportifs… le domaine social (allocations, hygiène et santé) n'était pas concerné. Pour ses interventions propres, la MIC disposait de 20 MF (soit aujourd'hui 8,5 M€), mais elle pouvait mobiliser bien d'autres fonds liés à la DATAR, ainsi que la part de l'Etat dans ce qui s'est appelé les CPER/Contrats de Plan État-Région ; de plus, un financement par la MIC, ne fut-ce que pour une étude de faisabilité, constituait un élément déclencheur d'autres financements publics.
A Paris, dans une petite rue discrète du XV° arrondissement (restée inconnue des explosifs des autonomistes), la MIC disposait d'un bureau où A. Nicolaï a trouvé quatre membres du personnel –deux secrétaires, un chargé de mission et un cadre comptabilité-finances- ; il a amené avec lui trois proches de l'Université de Paris X, dont j'étais. Sur place, à Ajaccio et à Bastia, la MIC disposait de 2-3 personnes, auxquels A. Nicolaï a adjoint cinq ou six partenaires informels, relevant d'institutions clés (SEM/ Sociétés d'économie mixtes, administrations, journalistes…).
Les dossiers traités par la MIC arrivaient de plusieurs sources : des demandes de subvention en bonne et due forme reçues par courrier de la part de porteurs de projets, des interlocuteurs en visite, des demandes spécifiques d'acteurs économiques publics ou para-publics, et… les initiatives de la MIC et notamment de son président. Tous ces dossiers, quelles qu'aient été leurs origines, étaient très soigneusement instruits, et donnaient lieu à des réunions internes, à de multiples déplacements en Corse auprès des intéressés, à des entrevues diverses et à des investigations relevant d'un véritable travail d'étude pour peser les tenants et aboutissants des projets.
Sur l'ensemble de ces dossiers, A. Nicolaï a bien délégué le travail à ses collaborateurs, mais ne s'en est jamais désintéressé, en pesant chaque fois et simultanément les enjeux économiques, politiques et sociétaux. S'il lui est souvent arrivé de rire, et de nous faire rire, des situations et des individus

---

[150] DATAR, devenue depuis Délégation à l'Aménagement du Territoire et à l'Attractivité Régionale

parfois cocasses rencontrés tout au long de sa présidence de la MIC, il ne semble pas qu'il ait vécu sa fonction sur le mode ludique, mais plutôt comme un apostolat sur le mode atterré.

III/ Regard sur «le terrain» de la Corse.

Pour qui a travaillé dans d'autres régions françaises, qui pourtant ont toutes leurs spécificités bien ancrées, l'arrivée en Corse constitue une sérieuse remise en question des approches (en tout cas dans les années 80) : les relations personnelles et professionnelles avec les locaux, le fonctionnement de toutes les institutions, la vie économique, le statut des uns et des autres, et, bien sûr, la sphère politique... on ne pouvait qu'y faire le même constat que la Gauche à son arrivée aux affaires : en deux siècles, la Corse s'est arrimée à la France, mais jamais assimilée. Comme le note déjà A. Nicolaï dans sa thèse, mais qu'il a développé en 1987 en l'appliquant à la Corse, on se trouve dans une société où le politique, le familial, le religieux et l'économique sont syncrétiques, et où le système capitaliste ne les a pas dé-syncrétisés : comme nous le précisait souvent A. Nicolaï : «*En Corse, contrairement à la société capitaliste décrite par Marx, c'est l'infrastructure qui est politique, tandis que la superstructure est économique*». Il ajoutera que «*la mésostructure y est anthropoïétique*».
Cette suprématie accordée aux liens personnels et au bi-clanisme –celui du Nord des Giacobbi contre celui du Sud des Rocca-Serra- alimente le rejet de l'Etat et protège de ce même État, autorisant toutes sortes de comportements déviants : l'omerta, l'indulgence à l'égard de la délinquance, la tricherie dans les urnes. Et, pour que le système fonctionne et perdure, il nécessite des intercesseurs, légitimés officiellement par un mandat politique, mais qui, en Corse, ont réussi à transformer des droits, -auxquels chaque Français est éligible-, en prébendes : emplois notamment dans la fonction publique, pensions d'invalidité, accès à certaines écoles et universités, soins... L'une des premières mesures prises par A. Nicolaï fut de rendre obligatoire la publication dans les journaux locaux des offres d'emplois publics, alors que ceux-ci étaient auparavant préemptés par les politiques pour une distribution aux affiliés de leur clan. Mais ce recours aux intercesseurs était (est ?) profondément ancré dans toute la vie quotidienne.
Exemple, faisant un jour nos courses sur le marché de Bastia avec l'un de nos collègues corses de la diaspora, nous avons vu celui-ci spontanément interpellé par une commerçante qui lui a demandé où vivait sa mère ; entendant que celle-ci vivait dans la Vallée de la Gravona, elle lui a immédiatement recommandé le nom d'un médecin local capable, disait-elle, de lui obtenir à coup sûr une pension d'invalidité ! Autre exemple, nous avons vu le CIO/Centre d'Information et d'Orientation du Lycée de Corte ne jamais être spontanément consulté es qualité par les lycéens et leurs familles,

tant que l'un de leurs intercesseurs habituels ne leur avait pas conseillé «d'aller voir ce monsieur».
Dans cette société de Corse, où la famille est très soudée au point de pouvoir couvrir les méfaits de certains de ses membres, la femme a un rôle décisif à l'intérieur de sa maisonnée ; son mari, qui a été couvé par sa mère, est préparé à jouer un rôle social politique et de représentation, -un rôle crucial en Corse- mais pas un rôle de producteur économique. D'ailleurs tous, mais surtout les hommes, ont un rapport négatif à l'argent, et surtout à l'épargne-investissement : l'argent est fait pour être dilapidé, notamment en dépenses ostentatoires. Ainsi, nous avons vu des parents, pas particulièrement aisés, remettre un samedi soir de grosses sommes d'argent à leur fils pour qu'il puisse, aux yeux de tous, le dépenser en boîtes de nuit. Dans les hôtels tenus par un couple, c'est le plus souvent l'homme qui accueille, chaleureusement d'ailleurs, tandis que sa femme est chargée de présenter la facture.
La mise au point d'une industrie, même avec des appuis continentaux, s'avérait impossible, eu égard aux partenariats nécessaires (appuis politiques, banques, personnels formés et loyaux) et aux compétences requises en organisation, même pour des filiales de grands entreprises continentales –on a assisté à divers échecs dans ce domaine, notamment avec l'aérospatiale-. Quant aux activités commerciales, tout se passait comme si le fait de générer des profits déstabilisait la société locale, sauf si ces profits étaient illicites. Les entreprises commerciales y étaient donc marginalisées.
Depuis des décennies, pour «apaiser les esprits» et éviter toute sécession (l'IRA, l'ETA et le FLB étaient alors présent dans l'actualité), l'État s'est accommodé des intercesseurs et a laissé perdurer en Corse une situation où, en 1984, 59% du revenu généré est d'origine publique et où le coût des administrations et de la Sécurité Sociale est de 63% plus élevé qu'en moyenne nationale.
On se trouvait donc devant des consommateurs aisés mais des producteurs sous-développés, soit une situation qu'on ne peut qualifier ni de coloniale, ni de sous-développée.

IV/ Les interventions de la MIC.

Les marges de manœuvre de la MIC, tant en termes de financement qu'en termes de pouvoirs, étaient limitées. Au surplus, dès l'arrivée d'A.Nicolaï à la présidence de la MIC, il était déjà question d'un Statut Particulier de la région qui, par hypothèse, affaiblissait et devait balayer la MIC. Néanmoins, le nouveau président était convaincu de la nécessité de «faire autrement» que ses prédécesseurs, et de diriger la MIC en tenant compte des réalités corses précitées.
En bon universitaire, mais aussi en politique éclairé, il a lancé des études inédites pour mettre à jour certaines réalités locales. Par exemple :

- Une étude sur les locuteurs de langue Corse : réalisée à partir des élèves des classes de 5° de tous les collèges de la région, elle a permis d'établir que, sur environ 240 000 habitants, seuls 110 000 parlaient, même succinctement, le Corse, et que cette langue était en voie de disparition ; du grain à moudre pour les autonomistes.

- Une étude INSEE sur l'épargne des Corses révéla que l'essentiel de cette épargne partait sur le Continent, faute d'opportunités de placements dans l'Ile.

- Une étude sur les prix à la consommation établit que ceux-ci étaient globalement de 10 à 20% plus élevés que sur le Continent, au profit de quelques «importateurs» opérant comme dans un système colonial.

- Des études de filières économiques : le bois, l'olive, la châtaigne, l'informatique, les mutuelles, le tourisme, la cosmétique.... qui ont presque toutes démontré le potentiel économique productif certain de la Corse, mais aussi les innombrables obstacles à lever : insuffisance d'infrastructures routières, de personnels compétents, blocages du système de propriété, multiples conflits locaux ...

En termes d'interventions financières, la MIC a subventionné une très grande variété de projets ; les plus classiques -de ceux que la MIC finançait précédemment- tels des aménagements de plages, de ports de plaisance, de sites de loisirs, et même, au corps défendant d'A. Nicolaï, des opérations de promotion touristique, des petits sites de production artisanale (miel, laine...), des aides à la labellisation et la commercialisation de clémentines et de kiwis, l'organisation de professionnels en filières....
Plus novatrices furent les interventions de la MIC dans quelques domaines bien spécifiques, où elles attestent de notre écoute, sinon de notre totale compréhension, de la parole autonomiste. Il s'est notamment agi de :

- La création de « boutiques de gestion » à Ajaccio et à Bastia ; ce dispositif, aujourd'hui disparu mais relayé par d'autres instances analogues, consistait à apporter une assistance technique aux créateurs et aux gérants de petites structures productives ou commerciales dans la gestion de leurs établissements ;
- Le soutien à une pluralité d'initiatives publiques et associatives en faveur de la culture corse : création de l'université de Corse (qui devait voir le jour à Corte), subventions à de multiples associations culturelles intervenant dans le champ musical ou de l'édition d'ouvrages (y compris alors qu'on savait que ces associations, la plupart localisées à la même adresse Cours Pascal Paoli à Corte, étaient des faux-nez des groupes autonomistes), et enseignement de la langue corse en écoles primaires ;

A. Nicolaï a participé lui-même à la rédaction de certaines pages de grammaire corse.

- Plus discrète fut l'action en faveur des femmes, considérées par A. Nicolaï comme des agents clés du changement dans l'Ile de Beauté : plus ouvertes aux lois de l'économie et au rôle de l'argent, un peu moins dépendantes des règles claniques dans lesquelles elles étouffent, elles représentaient un vecteur potentiel de changement. L'une des opérations les plus spécifiques menées par nous prit pour cibles les hôtelières, - ces préposées à la présentation de la facture aux clients, tandis que l'homme de la maison se consacre à la mise en scène de l'hospitalité corse- : dans chacune des 6 micro-régions de Corse furent organisées des réunions de concertation et de formation ad hoc. Le «recrutement» des participantes fut laborieux mais l'opération aboutit à sa pérennisation, sous forme d'un programme complet de formation élaboré par les participantes elles-mêmes et surtout à la création d'une chaîne hôtelière régionale et féminine.

Dans ce contexte, la voix des autonomistes nous parvenait, mais ils étaient loin de parler d'une seule voix ; on enregistrait aussi régulièrement leurs plasticages, à tout propos, et la concurrence qu'ils se faisaient entre eux dans ce domaine-là aussi. La revendication d'une existence culturelle était claire. Mais leur projet de société était assez confus, plein de contradictions et faisait de fréquents emprunts à trois discours idéologiques courants durant ces années 80 :

- celui du néo-colonialisme, -alimenté par la présence d'agriculteurs pieds-noirs installés sur la Côte Orientale et qui ont fréquemment subi des plasticages-,
- celui du socialo-communisme -alimenté par les revendications des fonctionnaires syndiqués à la CGT-,
- enfin celui de l'écologie –de loin le plus «audible» et le plus consensuel-, d'autant plus que, dans les années 80, ce discours écologique était plus constitué d'incantations sur la préservation des sites que d'économie verte.
- Plus obscure encore était donc leur définition de «*qui est corse ?*» : ni le droit du sol, ni le droit du sang, ni la durée de résidence sur l'Ile, ni la pratique de la langue corse ne constituaient des critères clairs, sur lesquels ils auraient pu se mettre d'accord.

André Nicolaï recevait sans restriction les autonomistes. Il est clair qu'il comprenait parfaitement leur revendication culturelle de Peuple corse mais qu'il avait le plus grand mal à discuter avec eux d'un projet économique et social cohérent. A une époque où sévissaient des mouvements comme l'IRA et l'ETA, discrètement mais généreusement financés par Khadafi, le vœu

d'A. Nicolaï était de voir se développer en Corse un avenir à la Québecoise, où le mouvement autonomiste avait donné la priorité à l'autonomie économique plutôt florissante de la Belle Province, reléguant ainsi au second plan les facteurs affectifs et politiques. A cet effet, André Nicolaï chercha, sans le trouver, le moyen de rapatrier en Corse quelque 200 cadres de la diaspora corse du Continent, dont la présence et les savoir-faire auraient pu transformer la société corse et lui faire «*digérer certaines variables exogènes*». Comme les entreprises, les cadres corses en exil se montrèrent prudents à la perspective d'investir dans l'Ile ou de réinvestir l'Ile.
Malgré sa courte durée de 2-3 ans, la MIC a permis d'accéder au cœur des problématiques de la société corse. A l'issue de sa présidence, A. Nicolaï, très respecté et estimé de l'ensemble de la classe politique et des acteurs socio-économiques locaux, fut sollicité pour prendre la présidence du Conseil Economique et Social de la région.

V/ Le tourisme corse au carrefour de tous les potentiels et de toutes les contradictions.

La Corse, chacun le sait, détient des ressources touristiques exceptionnelles : partout des paysages remarquables, des plages si nombreuses qu'elles pallient tout risque de sur-fréquentation, des ports et escales de plaisance, un réseau de sentiers de randonnée, un excellent patrimoine culinaire et vinicole, un bâti de qualité illustratif des différentes dominations qu'elle a vécues, et des souvenirs napoléoniens qui parlent à toute l'Europe.
Les pouvoirs publics y jouent leur rôle pour valoriser les espaces (protections, classements, aménagements…), les rendre accessibles et installer les équipements qui relèvent de leur compétence. En termes de protection, l'Etat avait créé le Parc Naturel Régional de Corse qui occupe plus de la moitié de l'île, tandis que le Conservatoire du Littoral étend toujours plus son emprise protectrice. Et il a encouragé et financièrement soutenu –via le Crédit Hôtelier notamment- les initiatives nationales comme les Gîtes de France et les groupements hôteliers. L'offre de formations en tourisme est réelle mais les locaux ne manifestent pas une grande appétence pour ces métiers.
Pour accueillir sur place les visiteurs, quelques acteurs dynamiques, talentueux et volontaristes, mènent bien leurs affaires : l'autocariste Ollandini –aujourd'hui à la tête de plusieurs hôtels et agences-, la Compagnie Corsica Ferries, quelques hôteliers, quelques gérants de gros campings, beaucoup de restaurateurs, mais, dans l'ensemble, le secteur touristique y a une offre inférieure en nombre et en qualité à son potentiel de clientèles et il est souvent médiocrement commercialisé, faute de moyens mobilisés en commun.
En effet, le tourisme suppose une «chaîne du voyage», avec une continuité des prestations sur place ; or, en Corse, il y a quantité de «chaînons

manquants» et, globalement, la région n'a pas encore su évoluer de l'hospitalité traditionnelle (et bien réelle) à l'hospitalité marchande du tourisme. Parmi ces obstacles, on note un dédain persistant de l'opinion corse à l'égard aussi bien du touriste réputé radin que de celui apparemment dispendieux, et une absence de motivation pour embrasser les carrières du tourisme : les saisonniers, et parfois les permanents, sont souvent «importés» du Continent, amenuisant ainsi les retombées économiques du tourisme.
Preuves de cette immaturité des acteurs du tourisme en Corse : dans une auberge réputée du centre de l'Ile, on a vu, tous les matins, la vielle maman de l'hôtelier venir s'approvisionner directement dans le frigo et les réserves de l'auberge pour sa propre consommation. Par ailleurs, dans divers restaurants de l'Ile, on remarque souvent une table, occupée par 5 à 10 hommes à qui on ne présente jamais l'addition à la fin du repas. Ce genre de charges familiales et claniques, apparemment inévitables là-bas, pèse bien entendu sur les comptes du restaurant et… éveille les soupçons des contrôleurs du fisc qui constatent un écart inexpliqué entre le nombre de repas facturés et le volume des achats de produits. (Exemple vu dans un restaurant de Galéria : sur une année, 12 000 couverts facturés et 18 000 serviettes de table en frais de blanchisserie !).
Certains aménagements en Corse requièrent des trésors d'opiniâtreté : l'Ile n'a encore qu'un seul golf, les résidences de tourisme, très demandées, sont en nombre insuffisant, peu de plages sont équipées pour le nautisme, les vols low-cost ne fonctionnent qu'en haute saison, et les hôtels gros porteurs, capables d'accueillir les groupes, sont quasi-inexistants. Le tourisme en Corse fonctionne bien surtout sur des produits de niches : petit nombre de clients très spécialisés, nombre réduit d'offres.
Eu égard aux faibles perspectives de l'agriculture et surtout de l'industrie, le tourisme était et est encore aujourd'hui un gisement économique notoire, comme sur la Côte d'Azur il y a un siècle ou à Majorque il y a 60 ans. Mais, pour le pire ou pour le meilleur, la Corse reste en état d'immaturité et de sous-développement touristique, malgré la présence de quelques acteurs économiques très actifs, et, par là-même, elle rate une belle occasion de développer son autonomie économique.

En conclusion prémonitoire.

Dès 1960, l'ouvrage d'A. Nicolaï anticipait la situation ; il l'a explicitée dans «*Et mourir de plaisir ?…* ». Les tensions autonomistes se sont exacerbées en Corse, tandis que la société corse continue de s'affaiblir : démographie en berne aggravée par le plus fort taux de célibat en France, haut niveau de banditisme non élucidé, aboutissent à une forme de dé-corsisation sans que les structures socio-économiques nationales aient réellement pénétré l'Ile, sinon aux marges : via les femmes plus présentes dans la vie active, via les acteurs du tourisme et probablement du BTP. A vrai dire, c'est de ces

derniers qu'A. Nicolaï attendait une prise de pouvoir politique et économique, prélude à une mutation de la société corse.
La surprise des élections municipales de 2014, c'est l'arrivée, à la Mairie de Bastia, de la branche autonomiste la plus mature, mais d'ores et déjà violemment désavouée par les autres autonomistes, qui l'accusent de trahison ! S'agit-il d'une des modalités du suicide heureux de la société corse, annoncée par A. Nicolaï ?

PARTIE 4 / L'ANTHROPOLOGIE ÉCONOMIQUE ET L'ŒUVRE D'ANDRE NICOLAÏ : UN BILAN CRITIQUE DU POINT DE VUE DE LA SOCIOLOGIE DES CONNAISSANCES ET DE L'ÉPISTÉMOLOGIE DES SCIENCES.

André Nicolaï, Jean Baudrillard et les confins du sens

Hervé Kéradec

André Nicolaï a écrit une œuvre rare, qui laisse une impression paradoxale. Ses textes à la forme rigoureuse et aux plans détaillés ont aussi quelque chose de foisonnant et expriment une tentative pour penser autrement. Ils révèlent une exceptionnelle aptitude à poser des questions essentielles, à interroger le monde social et l'univers intellectuel dans lesquels il vit. André Nicolaï a peu publié, une thèse devenue livre, puis une série d'articles et de contributions avec une longue période (1974-1990) pratiquement muette. Pourtant la relecture de cette œuvre dense en révèle la fécondité. Les questions posées sont toujours actuelles et leurs réponses inachevées incitent à prolonger la voie tracée. Ce qui est publié est minutieux, ciselé, encyclopédique jusqu'à l'obsession. S'échappant des frontières disciplinaires, il prend des risques[151], invite les auteurs de domaines éloignés, puisant dans son immense culture il permet des nouvelles confrontations. Ainsi la bibliographie de «*l'Analyse Sociologique du Concept de Domination*» [152] compte-t-elle deux cent trente-huit entrées qui réunissent V. Pareto, J. Schumpeter, Mao-Tsé-toung et J. Berque...

Le retour aux textes d'A. Nicolaï nous a immanquablement conduit à ceux de Jean Baudrillard, pas seulement parce que l'identité de lieu et de temps de leur travail les rapproche, mais parce qu'ils sont portés par le même projet de repenser les comportements humains, d'interroger les rationalités à l'œuvre dans la société contemporaine, les relations de domination, la logique de la consommation. Nous interrogerons donc ces deux auteurs, dans une approche comparative qui enrichit le regard, éclaire chacune des œuvres, et par contraste, en livre davantage les spécificités. Nous nous demanderons pourquoi la pensée d'A. Nicolaï est restée presque sans écho, alors que celle de J. Baudrillard fut beaucoup plus connue, et que celle d'H.A. Simon qui travaillait aussi sur la rationalité devint très célèbre. Une dernière question s'est imposée à la relecture de Nicolaï et de Baudrillard, celle de leur style. Leur manière d'écrire nous révèle aussi sous un jour neuf la puissance et l'originalité de leurs pensées.

---

[151] Jean Lhomme souligne, dans l'avant-propos de *Comportement économique et structures sociales*, que A. Nicolaï «*préfère hasarder une synthèse quitte à courir de grands risques (...) Rien de tout cela ne l'empêche de sentir combien il nous est indispensable de penser dangereusement si nous voulons être autre chose que de consciencieux exégètes de la pensée d'autrui.*» Page VI.

[152] Nicolaï A. [1967], «Analyse sociologique du concept de domination», in Palmade G. *L'économique et les sciences humaines Tome 2 : Psychologie et sociologie économiques*, éditions Dunod, par commodité on se référera à ce texte avec le sigle ASCD.

I/ Identité et vastité des projets initiaux.

Nous questionnerons leur intention première, les contextes intellectuels du déploiement de leur pensée, l'état du monde au moment où ils écrivent, et leur volonté commune de dépasser les disciplines instituées.

1.1. Penser autrement les comportements.

L'intention initiale de Nicolaï est clairement résumée par J. Lhomme dans son avant-propos à *Comportement économique et structures sociales*[153] : «*André Nicolaï a eu parfaitement conscience du caractère cardinal des notions qu'il a mises en jeu. C'est par-delà l'économie, toute la science de l'homme qui se trouve repensée, à partir des structures sociales et des comportements économiques*»[154]. Par-delà les problématiques de dépassement de l'opposition micro/macro-économie, ou celle de la statique et de la dynamique, il s'agit bien pour Nicolaï de poser la question des comportements humains dans leur totalité en partant d'une position d'économiste, sa formation initiale, qu'il compléta par des études en psycho-sociologie. Il veut penser les faits sociaux totaux, au sens de Mauss[155]. Cette démarche, d'anthropologie économique, le conduit à sortir du confort de l'espace théorique d'une discipline instituée, pour poser des questions à nouveaux frais, et aller jusqu'aux confins de la science économique, au point où elle peut en rencontrer d'autres disciplines, au risque de regarder ses propres objets avec étonnement.
L'intention initiale de Jean Baudrillard a la même envergure que celle d'André Nicolaï : penser la société contemporaine des années 60-70, qui se caractérise, par la prégnance de la consommation. Il va interroger les objets, leur prolifération, les systèmes de signes qu'ils portent et dans lesquels ils s'inscrivent. La démarche peut sembler, de prime abord, moins théorique que celle de Nicolaï, en fait il n'en est rien car le discours sur l'objet le pose comme un signe dans une sémiologie générale de la consommation. Baudrillard enseigne en sociologie à l'université de Nanterre quand il publie en 1968 *Le Système des Objets* qui sera suivi deux ans après de *La Société de Consommation.* Il parle alors en tant qu'enseignant en sociologie, département dont il dépend, à l'époque, dominé par la figure d'Henri Lefebvre. Ainsi donne-t-il quelques gages à l'institution quand il recourt, par exemple à des enquêtes du Crédoc pour aborder une question comme

[153] Nicolaï A. [1960], *Comportement économique et structures sociales*, Presses universitaires de France, par commodité ce livre sera désigné par le sigle CESS.
[154] CESS, page VII.
[155] Mauss M. [1925], *Essais sur le don*, éditions presses universitaires de France. Voir aussi sur ce point Wendling T. «Us et abus de la notion de fait social total», *Revue du Mauss*, n° 36 2010/2, éditions la Découverte.

l'inégalité devant la mort[156], méthodologie dont il se dispensera très vite par la suite pour privilégier des développements plus littéraires. Son premier métier intellectuel fut professeur d'allemand et traducteur d'auteurs allemands ; ceci n'est pas anodin pour comprendre son projet initial et le déploiement de son œuvre. Baudrillard conservera toujours cette sensibilité littéraire qui déterminera tout son discours.

1.2. Espace intellectuel.

Ces deux auteurs vivent dans un même contexte intellectuel, celui des années 50 et 60 sur lequel il est important de revenir. Le marxisme occupe, au sortir de la guerre et jusqu'en mai 1968, une place tout à fait dominante. L'université de Nanterre est un haut lieu de la parole marxiste tant en économie qu'en sociologie. Tout comme Baudrillard, Nicolaï ne le considère pas comme l'horizon indépassable de la pensée, pas plus qu'aucune autre théorie, mais leur pensée est nourrie de marxisme et de ses problématiques centrales comme celle de la domination matérielle et idéologique[157]. Le contexte intellectuel de l'époque est aussi structuraliste, structuralisme linguistique et structuralisme de la pensée de C. Lévi-Strauss qui publie *Tristes Tropiques* en 1955. La réflexion sur les structures et les systèmes, et le développement de l'approche systémique sont alors promus par Jean-Louis Le Moigne et Edgar Morin. L'ethnologie et l'attention portée aux sociétés primitives constituent un élément important de l'univers intellectuel de cette période ; M. Mauss et M. Sahlins[158], alimentent les séminaires des départements d'économie et de sociologie de l'université de Nanterre. La psychanalyse enfin est très présente dans la pensée de Nicolaï et de Baudrillard, en particulier pour Nicolaï, les œuvres «sociologiques» de S. Freud. Ainsi son séminaire de DEA de 1981/1982, consacre-t-il plusieurs séances à l'étude de *Malaise dans la Civilisation*. En résumé, les références de J. Baudrillard sont donc quasiment les mêmes que celles d'A. Nicolaï, auxquelles il faut ajouter la linguistique saussurienne et la sémiologie.

1.3. Etat du monde.

L'investigation du champ intellectuel ne suffit pas à caractériser une époque. Les événements politiques, sociaux, économiques déterminent aussi les problématiques des sciences humaines. Qu'en est-il au moment où Baudrillard et Nicolaï construisent leur pensée ? L'état du monde de l'après seconde guerre mondiale pose de multiples questions de civilisation, nous en

---

[156] Baudrillard J. [1970], *La société de consommation*, éditions Gallimard, pages 41à 43.
[157] En particulier dans ASCD.
[158] Sahlins M. [1972], *Age de pierre, âge d'abondance : l'économie des sociétés primitives*, éditions Gallimard.

retiendrons quatre : 1) Le contexte de la guerre froide et la partition du monde en deux blocs conduit à des luttes idéologiques vives et structurantes. L'économie libérale s'oppose à l'économie planifiée, les modèles économiques, sociaux et politiques s'affrontent. 2) La dimension idéologique du discours, la détermination des superstructures par les infrastructures, constitue une dimension forte de la pensée de Nicolaï comme de Baudrillard. Toute domination s'appuie sur la construction, partiellement consciente, d'une idéologie qu'elle impose sans jamais parvenir à l'imposer totalement, Nicolaï sera passionné par cette question. 3) La décolonisation fut un fait majeur de cette période, avec la multitude d'interrogations qu'elle génère, sur les ruptures dans l'histoire, sur les dominants et l'autonomie des dominés, ces questions ont davantage touché Nicolaï que Baudrillard qui s'intéresse surtout aux sociétés développées. L'ouverture de Nicolaï sur les autres cultures apparaît dans les thèses qu'il a dirigées et dans sa participation à l'ORSTOM. 4) Le contexte des trente glorieuses est aussi l'occasion de poser des questions radicales sur le sens de la croissance économique et la société de consommation. Les événements de mai 1968 offriront un terrain formidable pour critiquer et déconstruire les théories anciennes, avec la même vigueur que les étudiants du quartier latin mettent à démonter les pavés de la rue Soufflot. J. Baudrillard consacre ses deux premiers ouvrages à la critique de la consommation, A. Nicolaï n'en fait pas un sujet spécifique d'étude, mais il est conforté dans son travail critique, par ce que la sociologie qualifie alors de mouvements effervescents.

1.4. Subsumer les disciplines.

Penser avec A. Nicolaï c'est poser la question des espaces disciplinaires et la possibilité de dépasser les limites des disciplines. Karl Popper disait «*Ce que l'on appelle discipline scientifique n'est rien d'autre qu'un conglomérat de problèmes et d'essais de solutions délimités artificiellement. Seuls existent réellement les problèmes et les solutions, ainsi que les traditions académiques*» [159]. Le projet de l'anthropologie économique vise à dépasser en les intégrant les approches économiques, sociologiques et psychosociales pour produire un nouveau discours. Mais dans quelle mesure ce discours peut-il s'affranchir de ses disciplines d'origine, de leurs concepts-outils-méthode, vision du monde ? Cette question reste ouverte et nous ne la trancherons pas ici : nous poserons seulement la question des enjeux institutionnels des disciplines. A. Nicolaï en tant que professeur agrégé des facultés de droit et d'économie, dispose d'un statut incontestable. Mais au-delà de son statut, quelle place occupe-t-il vraiment dans l'université ? F.R.

[159] Cité par Lenglud G. [2006], «L'anthropologie et sa discipline» in *Qu'est-ce qu'une discipline ?*, éditions de l'EHESS.

Mahieu[160] souligne la marginalisation de Nicolaï à partir de la parution de «*L'anthropologie des économistes*» en 1974. Les économistes-ingénieurs et quantitativistes n'ont jamais eu beaucoup de considérations pour les chercheurs frayant avec la sociologie voire la psychologie. Ainsi le DEA Économie et société, dirigé par Nicolaï changera-t-il plusieurs fois de nom et son maintien ne se fera pas sans difficultés. Nicolaï publie peu et se situe en dehors du courant dominant, il souffrira de cette situation, et aura l'impression de «*prêcher dans le désert*» [161]. Baudrillard a occupé lui aussi une place singulière au département de sociologie de l'université de Nanterre. Auteur prolifique rencontrant un réel succès éditorial, refusant de soutenir une thèse – il ne sera jamais professeur des universités - Baudrillard est le plus souvent regardé comme marginal dans l'université dont il refuse les codes et les tabous : cela d'ailleurs ne semble pas lui déplaire, dans un contexte post 1968. Ces deux parcours montrent que les disciplines universitaires peuvent être des systèmes institutionnels redoutables[162] et que leur franchissement, s'il conduit à un renouvellement théorique fécond, expose à la marginalisation et à l'ostracisme.

1.4. Différences.

Nicolaï et Baudrillard se distinguent par leur culture initiale et leur sensibilité : littéraire pour Baudrillard, économique et psychosociale pour Nicolaï. S'ils ont le même sujet d'interrogation, la société contemporaine, ils ne se donnent pas les mêmes objets d'études et diffèrent par leurs manières d'écrire, sujet ce que nous traiterons plus en détail par la suite. Mais leurs différences ne se situent pas tant dans le projet initial que dans le développement de l'œuvre. Tout au long de sa carrière Nicolaï restera fidèle au modèle universitaire de production des textes alors que Baudrillard s'en émancipera, au point de ne plus faire apparaître la mention de sociologue en signant ses textes. La démarche de Nicolaï reste celle d'un homme de culture, toujours à l'affût des dernières publications, pour enrichir sa pensée des auteurs qu'il retient, afin de nourrir des problématiques qui l'habiteront toute son existence : la rationalité des comportements, l'autonomie du sujet support et supporté par les structures, la conscience/inconscience des acteurs, la soumission ambiguë à l'autorité, la domination idéologique…
Baudrillard préfère raconter des histoires qui le séduisent - comme Foucault le fait aussi très bien - ces histoires nourrissent une pensée du symbolique,

[160] Voir dans le présent volume l'article de Mahieu F. R. [2014], «Sigmund Freud économiste : André Nicolaï et la psychanalyse».
[161] Cf. la préface à la nouvelle édition de CESS.
[162] En 1986, évoquant la violence des débats théoriques, François Laruelle, professeur au département de philosophie de l'université de Nanterre déclarait que la philosophie est «*une guerre*».

de la consommation, du simulacre, de la séduction, de la réversibilité... Leurs démarches intellectuelles sont très différentes : le discours scientifique pour Nicolaï rigueur, solidité, exigence de scientificité ; récit du monde de la consommation, pour Baudrillard jeu de langage, goût du paradoxe, recherche de la rareté, éclectisme des sujets traités, déconstruction du sens jusqu'à son point extrême, poétique. Il serait intéressant de savoir ce que Nicolaï pensait de J. Baudrillard, mais nous n'avons accédé à aucune source sur ce point.

II/ Une pensée dont l'écho se perd...

Pourquoi la pensée de Nicolaï est-elle restée presque sans échos à la différence de celle de Baudrillard ou d'un auteur comme H.A. Simon, qui travaillait aussi sur la rationalité, et a connu un grand succès ? Nicolaï se plaisait à dire que «*Les théories ne disparaissent pas parce qu'elles sont fausses mais parce qu'elles n'ont plus de partisans*». La vie et l'éclipse des théories est une question épistémologique qui mérite qu'on s'y arrête, ainsi nous pencherons nous sur le cas de Nicolaï dans une approche comparative, non plus uniquement avec Baudrillard mais avec H.A. Simon. Nous avions déjà posé cette question au sujet des destins divergents des théories de la décision de L. Sfez et de H.A. Simon[163]. Dans la même perspective, la question posée ici, est celle du peu de succès de l'œuvre d'A. Nicolaï de son vivant, alors que la relecture des textes montre vigueur de cette pensée, son originalité, sa légèreté décapante, «*superficielle par profondeur*», comme Nicolaï aimait à le dire en citant Nietzsche.

2.1. Nicolaï, la force et la faiblesse de l'abstraction.

La force principale de Nicolaï vient de sa capacité à poser des questions essentielles. Il ne se complait pas dans des recherches très spécifiques, mais s'engage dans la voie difficile des questions globales, ce qui pourrait laisser croire que sa pensée est philosophique, mais Nicolaï n'est pas philosophe et ne le revendique pas. Il possède une rare capacité à éclairer les questions qu'il traite par des regards différents : il se fait économiste, sociologue, psychologue et séduit son lecteur par tant d'agilité. Il aime visiblement s'approprier une question et en cerner différentes dimensions, les mettre en relation, fustiger au passage les regards monocentrés. Néanmoins cette pensée supérieure présente aussi des failles. On note le caractère abstrait de certains passages, déjà dans l'introduction de CESS Jean Lhomme soulignait: «*la réflexion de l'auteur se situe à un niveau d'abstraction élevé. Les contingences ne sont là que pour servir de support et de véhicule à la*

[163] Kéradec H. [2012], *Épistémologie et didactique de la gestion – Le cas du concept de décision*, Thèse de doctorat, Paris, CNAM, disponible en ligne.

pensée»[164]. A le lire, si notre vigilance faiblit, on peut avoir l'impression d'un cheminement qui nous engage vers des Holzwege, ces chemins heideggériens qui ne mènent nulle part. En se ressaisissant on retrouve alors la finalité de sa pensée, pour atteindre la synthèse *«qui permettra peut-être, alors de proposer quelque généralisation théorique»*[165] Le peu d'écho de la pensée de Nicolaï vient aussi du faible nombre de ses publications. Une bibliographie exhaustive permettra de mieux cerner cela, mais Nicolaï est un auteur parcimonieux. Au début des années 80 son ouvrage publié en 1960 est introuvable, il ne tient d'ailleurs pas vraiment à le diffuser[166]. Nicolaï défend-il vraiment ses idées ? Rien n'est moins sûr. Alors qu'il est nommé dans un poste en charge du développement économique de la Corse, il s'interroge sur son choix de carrière de professeur, et la pertinence de cette orientation. Un auteur qui doute à ce point ne se place pas dans la meilleure position pour défendre ses idées et son œuvre.

2.2. A. Nicolaï/H.A. Simon.

H.A. Simon (1916-2001) appartient à un autre univers géographique et intellectuel que Nicolaï. Il vient du monde du conseil et des organisations[167]. Toute sa vie il nourrit le projet de penser la rationalité de la prise de décision, s'affranchissant des barrières disciplinaires, avec la même aisance que Nicolaï. A. Demailly écrit : *«L'œuvre de Herbert Alexander Simon couvre un spectre étonnamment large : administration publique, science des organisations, sciences de gestion, sciences économiques, psychologie, intelligence artificielle, logique, épistémologie, philosophie et mathématiques. Elle témoigne d'une liberté de pensée qui viole allègrement les frontières disciplinaires ou bouscule impassiblement les certitudes et les traditions les mieux ancrées…»*[168]. Cette œuvre protéiforme lui vaut les récompenses les plus prestigieuses, le grand prix de l'Association américaine de Psychologie en 1969, le prix Turing de l'Association américaine d'Informatique en 1975, le prix Nobel d'économie en 1978, le prix de l'Académie internationale de Management en 1983, ainsi que nombre de doctorats honoris causa d'universités prestigieuses. Le cas d'A. Nicolaï est à

164 Avant-propos de J. Lhomme à CESS, page V.

165 ASCD, page 544.

166 Alors qu'on lui demandait en séminaire où l'on pouvait se procurer l'ouvrage *Comportement économique et structures sociales* il répondait que l'ouvrage était épuisé et qu'il n'en n'avait plus d'exemplaire. A. Nicolaï semblait ne pas vouloir promouvoir son œuvre passée, sauf «Anthropologie des économistes» et «L'analyse sociologique du concept de domination».

167 On pourra lire avec intérêt, sur la vie et l'œuvre d'H.A. Simon, l'ouvrage de Demailly A. [2004], *Herbert Simon et les sciences de la conception*, éditions L'Harmattan, préface de Jean-Louis Le Moigne.

168 Demailly A. [2004], page 11.

rapprocher de la situation de Lucien Sfez, professeur d'université, grand spécialiste français de la décision à laquelle il a consacré plusieurs ouvrages majeurs – *Critique de la décision* (1973), *Décision et pouvoir dans la société française*(1979), *La Décision* dans la collection Que-sais-je ? (1984) - mais dont la pensée, en particulier la théorie du «surcode», n'a eu aucune descendance. Autre signe patent, les théories de L. Sfez ne figurent pratiquement dans aucun manuel de management, alors que H.A. Simon y est très souvent présent au moins pour ce qui est du modèle de la rationalité limité et du schéma IMC (intelligence, modelization, choice). Nous nous sommes interrogés ailleurs[169] sur le succès de l'œuvre d'H.A. Simon en comparaison de celle de L.Sfez relativement au concept de décision. H.A. Simon est lu et commenté car son œuvre est accessible, très lisible, didactique dans la forme. Les modèles proposés combinent une vraie interrogation théorique, le sens concret des organisations, des exemples efficaces et de situations clairement exposées et analysées. Ainsi les thèses d'H.A. Simon servent à baliser le champ d'interrogation sur la décision et se sont imposées comme des amers théoriques incontournables. L'œuvre de L. Sfez avait la même ambition initiale que celle d'H.A. Simon, ils ont tous les deux une grande capacité à conceptualiser et à travailler sur des organisations réelles, mais L. Sfez, ne cesse d'éreinter ses contemporains, s'engage dans la production d'une théorie absconse, son «*Que-sais-je ?*» n'a rien d'un ouvrage d'initiation, sa trop grande sophistication intellectuelle le condamne à un cercle très restreint de lecteurs. Le destin de l'œuvre de Nicolaï est finalement assez semblable à celle de Sfez. Le projet de Nicolaï est aussi vaste que celui de Simon, sa puissance de pensée est de la même envergure que celle du prix Nobel, mais Nicolaï ne produit pas de modèle général de la rationalité économique ou de la domination. Nicolaï reste un penseur pour happy few, élégant subtil, éblouissant, mais confidentiel. Baudrillard quant à lui a connu un autre destin, d'emblée célèbre dans les années 1970, car son œuvre était très en phase avec son époque – *Le Système des Objets* est publié en 1968 – et nous savons que le succès d'une œuvre est largement lié à sa capacité à rencontrer son époque. Baudrillard a continué de publier très régulièrement jusqu'à sa mort en 2007, sa notoriété s'est peu à peu estompée en France, alors qu'elle restait vive au Japon et aux Etats-Unis. Si le destin de leurs œuvres diffère Nicolaï et Baudrillard ont en commun un style exceptionnel.

III/ Le style d'André Nicolaï et de Jean Baudrillard.

Oublier Foucault, de Baudrillard commence ainsi : «*L'écriture de Foucault est parfaite en ce que le mouvement même du texte rend admirablement*

[169] Pour plus de développements sur ce sujet voir *Epistémologie et didactique de la gestion*, pages 157à 243.

compte de ce qu'il propose : cette spirale générative du pouvoir, qui n'est plus une architecture despotique mais une filiation en abyme (...) au déploiement toujours plus vaste et plus rigoureux (...) tout ceci se lit directement dans le discours de Foucault...»[170] . Ce passage montre à quel point Baudrillard est sensible à l'écriture de Foucault qu'il ne dissocie pas de sa pensée. De même la pensée de Baudrillard est indissociable de sa manière d'écrire, du rythme des phrases, de l'alliance du lexique le plus descriptif aux développements les plus spéculatifs. Nicolaï se livre aussi dans son style, cette rhétorique rigoureuse, ses plans nets, l'exigence d'exhaustivité qui le conduit à des développements très/trop denses, mais aussi une vraie liberté de ton, avec le sens de l'ellipse et de la formule. A. Nicolaï est toujours préoccupé de trouver le mot juste et s'engage parfois dans des explorations lexicales approfondies comme dans l'introduction de «*L'analyse sociologique du concept de domination*» : «*On bénéficie d'un pouvoir, d'une supériorité, d'un prestige, d'une force, d'une autorité, d'un ascendant, d'une exploitation ; on exerce une influence, une domination, une hégémonie, un commandement, un empire, un contrôle, un leadership, une contrainte. Inversement on est en situation de dépendance, de soumission, d'obéissance, d'infériorité, de subordination, de sujétion ou d'assujettissement».*[171]. S'ensuit un développement nourri sur le vocabulaire du pouvoir. Auteur en sciences humaines, A. Nicolaï accorde de l'importance à la langue, alors que nombre d'économistes n'y voient qu'un outil d'expression sans intérêt autre qu'instrumental et pensent qu'une formule mathématique sera toujours meilleure que l'usage de mots à la polysémie suspecte. L'analyse stylistique nous conduira à étudier la structure des textes de Nicolaï et de Baudrillard, leurs introductions, leur richesse lexicale et leur bibliographie.

3.1. La structure des textes.

Comportement économique et structures sociales, sa thèse soutenue en 1957 et publiée en 1960, est charpentée comme une copie d'agrégation. L'introduction elle-même se décline en trois sous-parties, posant diagnostic, problématique, et méthode. Le reste du texte se compose de deux parties égales de 104 pages et de la troisième de 63 pages. Le plan est d'un grand formalisme, conforme au titre, la première partie étant consacrée au «*Systèmes complexes et cohérents de structures*», la seconde au «*Comportement économique*» et la troisième réunissant les deux dans une «*Alliance dynamique des structures et des comportements*». Le découpage de la première partie distingue les structures sociales, les structures économiques et les classes sociales et rapports politiques. Ce découpage du

[170] Baudrillard J. [1997], *Oublier Foucault*, éditions Galilée, page 9 et 10.
[171] ASCD, page 539.

texte nous conduit à formuler une hypothèse sur la manière de travailler de Nicolaï : il semble poser un grand canevas du livre à naître, puis à nourrir les problématiques ainsi délimitées en invitant de très nombreux auteurs pour étayer sa réflexion, car Nicolaï cherche sans relâche et se nourrit des textes multiples qu'il conserve avec la rigueur d'un archiviste-paléographe. Il structure rigoureusement le texte de «*L'Analyse Sociologique du Concept de Domination*» (1967) qui est organisé de la même manière que la première partie que CESS : «*Pour ne point trop mal étreindre on ne retiendra ici que les rapports économiques, les rapports «sociaux», (de classe à classe, de sociétés à société...) et les rapports politiques, sans omettre que cette distinction n'est justifiable que par des propos didactiques qui ne sauraient oublier les interférences constantes entre les phénomènes*» [172]. Du point de vue du style A. Nicolaï est assurément structuraliste, ses textes sont d'une architecture classique avec des titres, parties et sous parties affichées. La richesse de la pensée et des sources s'accommoderait mal d'un récit linéaire ; sa forme d'esprit le conduit à produire des œuvres structurées et cette exigence sera constante tout au long de sa vie.
Baudrillard ne procède pas du tout ainsi, il écrit sur des sujets qui le réjouissent, qu'il s'agisse de l'horloge, des gadgets, des robots, du crédit, des collections, du strip-tease ou de la publicité,... Ensuite il s'évertue à faire rentrer le tout dans un ouvrage avec un plan, qui donne une unité plus ou moins illusoire à l'ensemble. Le plan est encore assez solide dans *Le Système des Objets* (1968), s'épure dans *L'échange symbolique et la Mort* (1976), il s'estompe dans *De la Séduction* (1979) et il ne restera que quelques tables des matières dans les livres suivants. Ce travail de structuration oblige Baudrillard à trouver des titres, contrainte qu'il transforme en jouissance, comme en témoigne le titrage des trois parties principales de *De la séduction* (1979) : 1) l'ellipse du sexe ; 2) les abîmes superficiels ; 3) le destin politique de la séduction [173].

3.2. Ce que deux introductions nous apprennent.

L'introduction de CESS est fortement écrite : «*Ceci est un livre des confins. Et des commencements. On y accepte de chasser dans les régions limitrophes de l'économie : le travail aux frontières mène à penser qu'il est bon d'élargir les lignes de l'esprit aux contours exacts de l'humain*»[174]. Nicolaï annonce le projet au lecteur, dans une concision parfaite et une seconde phrase sans verbe. L'économiste se fait ethnologue de la pensée et part explorer des terres inconnues. On ne se situe pas dans l'archéologie foucaldienne du savoir, mais dans une anthropologie économique, où

---

[172] ASCD, page 544.
[173] Baudrillard J. [1979] *De la séduction*, éditions Galilée, pages 247-248.
[174] CESS, page 1.

l'auteur extrêmement civilisé consent à élargir sa pensée aux contours exacts de l'humain. Le terme «exact» est intriguant. Il exprime le désir d'exactitude de l'auteur, son exigence scientifique ; mais quels sont ces contours de l'humain ? Comment élargir les «*lignes de l'esprit*» à quelque chose d'indéfini, élégamment appelé «*les contours de l'humain*» avec exactitude ? on frôle l'aporie. Nous ne sommes plus dans les confins, mais dans les contours ; ambitieux projet que l'auteur se donne avec un ton léger... puis il nous conduit sans transition à Socrate qui, nous dit-il, apprit la danse en même temps que la philosophie. Nicolaï pouvait-il se passer d'un clin d'œil au génie grec, inventeur du logos, avant d'interroger la rationalité occidentale, à ce moment inaugural de sa pensée publique ?
La seconde introduction à laquelle nous nous arrêterons est celle de «*l'Anthropologie des économistes*» (1974). Le ton est nouveau et différent. En 1974, Nicolaï s'accorde de la liberté, et adopte un ton radiophonique en nous donnant quelques brèves : *«Dernières nouvelles de la crise de la science économique»*[175]. Il se moque joyeusement des éditeurs français, des chercheurs, des «praxéologues », des colloques. Mais il n'oublie pas l'économie réelle, la crise monétaire, le prix du pétrole et aussi des sujets plus tragiques «*aucun économiste n'écrit l'économique des camps de concentration, de la misère, du génocide des ethnies, facteurs tellement résiduels qu'oubliés*»[176]. Le tragique n'est jamais loin de la légèreté, Nicolaï est un théoricien, mais les conditions matérielles de vie des hommes ne lui sont pas étrangères. Ce texte marque une rupture dans son travail, il s'émancipe d'une forme académique et montre son goût pour l'écriture, «*rimbaldiennement prosaïque*». Le clin d'œil à Rimbaud («*Je est un autre*») nous apprend que l'auteur de ce texte n'est pas uniquement celui que nous connaissions par ces textes précédents. A. Nicolaï essaie d'être un autre, y parviendra-t-il ?

3.3. La jouissance des mots.

Nicolaï, comme Baudrillard, a un rapport très élaboré au langage. Le registre de Nicolaï est souvent abstrait. Un titre comme «*III - les systèmes cohérents et spécifiques de structures*»[177], des phrases du type «*Au niveau des systèmes sociaux, par contre, cohérence et spécificité ont une égale importance : elles connotent l'existence d'une compatibilité et d'une hiérarchie de structures qui historiquement deviennent plus apparentes à la suite d'une «désyncrétisation» des rapports*»[178] peuvent plonger le lecteur

[175] Nicolaï A. [1974], «Anthropologie des économistes» *Revue économique*, n°25(4), page 57.
[176] Ibidem.
[177] CESS, page 46.
[178] Ibidem.

dans une nébulosité systémique. Notons, par honnêteté, qu'une telle citation, hors du mouvement général du texte, force le trait d'une écriture qui sait être vive, critique, leste comme l'introduction de *«l'Anthropologie des Economistes»* l'atteste.[179] Baudrillard, pour sa part, nous offre un festin de paroles, les mots rares mêlés aux termes les plus quotidiens, le propos sobre et les développements les plus spéculatifs dans une même phrase. « *Si j'utilise le réfrigérateur à fin de réfrigération, il est une médiation pratique : ce n'est pas un objet, mais un réfrigérateur. Dans cette mesure je ne le possède pas. La possession n'est jamais celle d'un ustensile car celui-ci ne renvoie au monde, c'est toujours celle de l'objet abstrait de sa fonction et devenu relatif au sujet»*[180]. Baudrillard nous conduit avec une redoutable aisance aux confins du sens.

3.4. Bibliographies, index et notes.

Ici tout sépare Nicolaï de Baudrillard. Nicolaï est encyclopédique, sa thèse comporte une bibliographie de treize pages de petits caractères, des centaines d'ouvrages recensés dans des champs très différents et son index des auteurs comprend aussi des centaines de noms. Il n'abuse pas des notes de bas de page, mais un simple article comme *«L'analyse sociologique du concept de domination»* propose une bibliographie encyclopédique de 238 entrées. Baudrillard, lui, ne s'encombre pas de bibliographie, aucun index d'auteurs, dans ses livres *Le système des objets* ne propose pas de bibliographie, celle de la société de consommation ne comporte que 23 livres, 3 revues et 2 études. Même *L'échange symbolique et la mort* publié dans la prestigieuse collection NRF n'offre aucune bibliographie. Ce choix radical révèle ses rapports aux normes universitaires ; Baudrillard n'en n'a cure et refuse de s'y conformer.

Conclusion : prise de congé.

Par-delà ce qui les éloigne Nicolaï et Baudrillard partagèrent le désir commun de construire une pensée nouvelle. Baudrillard, à partir des années 80, ne bride plus la dimension poétique de ses écrits. Nicolaï s'efforce de dépasser les confins de l'économie, pour construire une nouvelle anthropologie. Tous les deux prennent congé de leur discipline originelle de leur vivant. Baudrillard quitte progressivement la sociologie, en affirmant sa manière si particulière d'écrire, de penser et de rêver dans les nombreux textes qu'il écrira jusqu'à sa mort, le 6 mars 2007. Il se consacra aussi à la photographie à partir de 1981, et cette émancipation intellectuelle le conduira à une très grande liberté formelle, comme en témoignent les *Cool*

---

[179] Exemple ASCD, page 573.

[180] Baudrillard J. [1968], *Le système des objets*, éditions Gallimard, page 103 et 104.

Memories[181], carnets poétiques, aphoristiques, narratifs. Nicolaï prend congé en ne publiant presque plus à partir de 1975. On peut avoir le regret que Nicolaï n'ait jamais écrit de livre sur Freud, qu'il n'ait parlé ni de Baudrillard, ni d'H.A. Simon, ni de M. Foucault… Souhaitons que le travail sur les archives conduise à retrouver des textes non publiés et que *Le bestiaire des économistes*, une fois retrouvé, nous offrira de mieux comprendre cet animal souffrant et très doué qui voulait assumer assez de chaos en lui-même, «*pour enfanter d'une étoile qui danse*».

Bibliographie

Baudrillard J. [1968], *Le système des objets*, éditions Gallimard

Baudrillard J. [1970], *La société de consommation*, éditions Gallimard.

Baudrillard J. [1976], *L'échange symbolique et la mort*, éditions Gallimard.

Baudrillard J. [1977], *Oublier Foucault*, éditions Galilée.

Baudrillard J. [1979], *De la séduction*, éditions Galilée.

Baudrillard J. [1987], *Cool Memories*, éditions Galilée.

Boutier J., Passeron J.-C. et Revel J. [2006], *Qu'est-ce qu'une discipline ?*, éditions de l'EHESS.

Demailly A. [2004], *Herbert Simon et les sciences de la conception*, éditions L'Harmattan, préface Jean-Louis Le Moigne.

Foucault M. [1966], *Les mots et les choses*, éditions Gallimard.

Kéradec H. [2012], *Épistémologie et didactique de la gestion – Le cas du concept de décision,* thèse de doctorat, Paris, CNAM, disponible en ligne.

Mauss M. [1925], *Essais sur le don*, éditions presses universitaires de France.

Nicolaï A. [1960], *Comportement économique et structures sociales*, éditions Presses universitaires de France.

Nicolaï A. [1967], Analyse sociologique du concept de domination, in Palmade G. [1967], *L'économique et les sciences humaines Tome 2 : Psychologie et sociologie économiques*, éditions Dunod.

Nicolaï A. [1974], Anthropologie des économistes. *Revue économique,* n°25(4), pp. 578 à 610.

Sahlins M. [1972], *Age de pierre, âge d'abondance : l'économie des sociétés primitives,* éditions Gallimard,

Sfez L. [1973], *Critique de la décision*, éditions Presses de la fondation nationale des sciences politiques.

Simon H.A. [1947], *Administrative Behaviour,* éditions The Free Press

Simon H.A. [1983], *Administration et processus de décision*, éditions Economica.

[181] Baudrillard J. [1987], *Cool Memories*, éditions Galilée.

André Nicolaï et l'Institut havrais de sociologie économique et de psychologie des peuples

Albert Gueissaz

Ma contribution à cet ouvrage collectif a pour origine une suggestion de Thierry Suchère qui, au moment de préparer les Journées organisées à l'université du Havre en hommage à André Nicolaï, avait remarqué que des liens avaient existé dans le passé entre André Nicolaï et les *Cahiers de sociologie économique* de l'Institut havrais de sociologie économique et de psychologie des peuples. Connaissant par ailleurs mon implication, beaucoup plus récente, dans le fonctionnement de cet Institut et dans la publication de ses *Cahiers,* il m'avait encouragé à tenter de reconstituer les tenants et aboutissants de cette rencontre. Il s'avéra que celle-ci ne fut ni purement formelle ni seulement circonstancielle, puisque le directeur-fondateur de l'Institut havrais, Abel Miroglio, soucieux dès le milieu des années 1960 de prendre sa retraite, avait pressenti en Nicolaï le successeur idéal, capable de pérenniser son entreprise. S'ensuivit une négociation qui s'étendit sur deux années, 1967 et 1968, et qui donna lieu à un courrier relativement abondant entre les deux hommes (plus de 30 lettres échangées), et à plusieurs réunions. Si, pour des raisons sur lesquelles je reviendrai, le projet n'aboutit pas, le contact ne fut pas rompu pour autant, puisqu'André Nicolaï figure parmi les membres du conseil scientifique qui parraina le lancement d'une nouvelle série des *Cahiers de sociologie économique* en 1979.

N'ayant pas été moi-même témoin de cet épisode (Cf. ma relation avec l'Institut havrais ne remonte qu'au début des années 2000), je me suis appuyé pour cette tentative de reconstitution sur les indications des quelques (rares) témoins de la rencontre (et je dois ici remercier particulièrement Albert Nicollet, ancien directeur de l'Institut et des *Cahiers de sociologie économique et culturelle*), et sur un examen attentif de la correspondance échangée entre Abel Miroglio, André Nicolaï, et quelques autres personnalités, depuis le début de l'année 1967 jusqu'au début de l'année 1969[182].

Le contenu de cet échange épistolaire vaut en effet d'être restitué, tout d'abord par le contraste qu'il révèle entre des personnalités, des orientations et des choix épistémologiques, idéologiques et politiques que tout semblait devoir opposer. Il est également révélateur, me semble-t-il, de certains aspects du contexte institutionnel (notamment, des relations entre l'institution universitaire et ce qui lui est extérieur, par exemple les «sociétés

---

[182] Je remercie Hélène Réveillaud-Nielsen pour son aide précieuse dans la consultation des archives.

savantes»[183]), et du contexte historique, puisque cet échange est traversé et fortement conditionné par le mouvement de mai 1968 et par la transformation de l'université qui en a été un des produits –même si aucune allusion directe au dit mouvement n'apparaît dans les lettres échangées durant toute cette période.

Je me propose également, dans un deuxième temps, de faire ressortir les convergences entre le projet de Nicolaï et l'entreprise havraise – convergences dont il faut bien supposer qu'elles devaient exister sans quoi la discussion n'aurait pu avoir lieu ni *a fortiori* se prolonger à ce point – et d'en souligner l'originalité et le caractère novateur, voire l'actualité. La difficulté de l'exercice vient de ce que la correspondance ne fait pratiquement aucune allusion aux orientations épistémologiques ou théoriques en jeu, ce qui peut s'expliquer en partie par le fait que Miroglio ne possédait guère de compétences dans le domaine (la sociologie économique) pour lequel il faisait appel à Nicolaï, et que si des questions de fond ont sans doute été abordées au cours des entretiens que les deux interlocuteurs ont eus de 1967 à 1968, je n'en ai retrouvé aucune trace substantielle. Je tenterai donc de faire apparaître ces convergences de façon indirecte, en mettant en regard les textes publiés par l'Institut durant cette période, d'une part, et d'autre part, quelques textes d'André Nicolaï à peu près contemporains de l'épisode havrais, ainsi que mon propre souvenir de sa démarche telle que je pus la percevoir lorsque j'intervenais comme enseignant-chercheur à l'Université de Nanterre dans le cadre du «Certificat d'économie politique et sociale», et du «Centre d'anthropologie économique et sociale –applications et recherches», dispositifs initiés et pilotés par André Nicolaï.

A celles et à ceux des collègues qui ont eu la chance de connaître André Nicolaï de beaucoup plus près, cette tentative de reconstitution pourra paraître bien distanciée et hypothétique : je les prie de bien vouloir m'en excuser.

I/ Contexte.

L'Institut qu'André Nicolaï rencontre en 1967 avait été fondé en 1938 par Abel Miroglio, alors professeur de philosophie au lycée de garçons du Havre (actuellement lycée François 1er) sous la dénomination d'«Institut havrais de sociologie économique et de psychologie des peuples», avec l'idée de préfigurer l'implantation d'un centre universitaire, voire d'une Université au Havre. Il s'était donné d'emblée pour objectif de contribuer, par l'organisation de conférences et par des publications, à «*l'interconnaissance des peuples, des sociétés et de leurs cultures, incluant la dimension économique*» (article 1 des statuts). C'est la «*psychologie des peuples*» qui, à

[183] Dont le rôle était d'autant plus important dans une ville comme Le Havre, où l'université n'existe que depuis 1984, l'université de Rouen n'ayant elle-même été créée qu'en 1964.

titre personnel, intéressait prioritairement le fondateur-directeur de l'Institut. Son entreprise intellectuelle, qui s'inspirait des travaux d'André Siegfried et de la caractérologie de Le Senne, visait à identifier des caractères collectifs nationaux ou régionaux spécifiques, homogènes et stables dans le temps, avec une visée proche de celle de l'anthropologie culturelle, mais distincte d'elle en ce que selon Miroglio, «*les peuples ont une culture, peuvent en avoir plusieurs, en changer, mais ne sont pas une culture*» (Miroglio [1963]). Cette entreprise devait se traduire notamment par la publication, à partir de 1946, d'une revue trimestrielle, la *Revue de psychologie des peuples,* et par l'élaboration d'un volumineux *Dictionnaire des populations d'Europe,* auquel contribuèrent 174 auteurs, et qui fut finalement publié en 1978.

Si la sociologie économique ne connut qu'assez tardivement une traduction officielle dans les publications de l'Institut, elle faisait partie intégrante du projet initial, comme son directeur le rappelait en ces termes en 1959 : «*Cette sociologie économique [qui] fut élue, dès les temps de la fondation, tout simplement pour cette raison qu'en une ville d'affaires, il était opportun de choisir une science qui ne pût laisser indifférent le monde des affaires, ou tout au moins cette fraction du monde des affaires qui ne répugne pas à l'effort de pensée et qui est capable de s'élever au niveau de la pensée désintéressée*» (Miroglio [1959]). C'est en effet en 1959 que paraît, à l'initiative de Miroglio et sous l'impulsion de quatre enseignants-chercheurs en sociologie, géographie et économie[184], une nouvelle publication, les *Cahiers de sociologie économique.* Dans l'esprit des animateurs de cette revue, il s'agissait essentiellement d'explorer les mondes sociaux dans leurs différentes dimensions («*paliers en profondeur*», pour utiliser un concept dû à Georges Gurvitch, auquel les auteurs publiés dans la revue se référaient volontiers), de faire se rencontrer les diverses approches en sciences humaines et sociales (non seulement l'économie et la sociologie, mais aussi bien la psychologie, la géographie, l'histoire, la démographie, l'anthropologie sociale et culturelle) sur des ensembles de situations et de questions contextualisées, au premier rang desquelles figuraient, pour des raisons faciles à comprendre s'agissant du Havre, les activités portuaires, le transport maritime et le commerce international, le développement des pays et des peuples ex-colonisés, enfin, les conditions de vie et d'habitat dans les villes reconstruites et dans les villes nouvelles. Jacques Natanson écrivait ainsi dans le n° 1 des *Cahiers* : «*Nous croyons possible et souhaitable l'apparition d'une théorie synthétique des phénomènes sociaux, en ce sens que nous ne voulons pas qu'on l'exclue a priori. Mais nous pensons que «l'intégration des sciences sociales» – qui a fait couler beaucoup d'encre – ne doit pas être prématurée, mais surgir progressivement de la recherche elle-même, de la collaboration entre chercheurs utilisant des voies*

[184] Albert Nicollet, François Gay, Jacques Natanson et André Vigarié.

d'approche différentes dont il est sage de respecter la spécificité et l'autonomie» (Natanson, 1959).
Après avoir publié plus d'une soixantaine d'articles et de nombreux comptes rendus sur les thèmes mentionnés ci-dessus, mais aussi sur la consommation et divers autres sujets[185], les *Cahiers de sociologie économique* devaient cesser de paraître en 1966, à la fois pour des raisons matérielles et à cause du départ de trois des membres de l'équipe initiale, nommés dans des établissements universitaires plus ou moins éloignés. Et c'est à la fois pour relancer cette publication, à laquelle il tenait particulièrement, et pour trouver un successeur à la tête de l'Institut, qu'Abel Miroglio entreprend au début de 1967, de convaincre André Nicolaï qu'étant à sa connaissance l'un des très rares spécialistes («maîtres», disait-on à l'époque) de la sociologie économique, il serait le plus à même de prendre la direction de l'Institut et de remettre sur les rails la publication des *Cahiers de sociologie économique.* André Nicolaï se montre intéressé, mais la réalisation du projet dépend de son éventuelle nomination sur un poste de professeur à la Faculté de droit de Rouen, comportant la responsabilité de l'Institut havrais ; la non-réalisation de cette condition avait déjà provoqué l'échec de deux tentatives pour assurer la succession du directeur. S'ensuit un très long échange de lettres au cours duquel Nicolaï fait part des difficultés à Rouen et où Miroglio, qui fait état des assurances obtenues auprès du Recteur de l'académie, s'inquiète des délais apportés à cette nomination. Par ailleurs, Nicolaï veut être assuré d'obtenir des crédits suffisants et suffisamment pérennes pour pouvoir rémunérer à l'Institut une équipe de recherche en anthropologie économique. Il demande également le changement de dénomination de la revue, qui deviendrait «*Revue (ou Cahiers) d'anthropologie économique*», et la liberté de composer le comité de rédaction, ce à quoi Miroglio ne voit aucun inconvénient. Si ces deux dernières conditions sont donc remplies, il n'en va pas de même pour l'obtention des crédits ; quant à la nomination, elle semble avoir rencontré des difficultés majeures[186], si bien qu'après deux années de tractations, de lettres et de rencontres à Paris, Nicolaï annonce dans un courrier du 21 décembre 1968 qu'il renonce à ce projet, ses charges d'enseignement à Lille lui interdisant en tout état de cause de multiplier les déplacements. Tout cela n'empêchera pas les deux hommes de rester en bons termes, et les ponts ne

[185] On trouvera dans l'article d'Albert Nicollet (1996) une recension très détaillée des thématiques traitées dans les *Cahiers* entre 1959 et 1966, ainsi qu'une histoire assez complète de cette revue.

[186] Difficultés que Miroglio attribuera pour une part à l'hostilité d'un certain nombre d'enseignants de Rouen vis-à-vis et de ce qui se fait au Havre en général (la rivalité entre les deux villes est proverbiale), et à la psychologie des peuples en particulier, à quoi s'ajoute selon lui la nouvelle dynamique dans laquelle sont engagées les universités, entraînant une priorité pour les postes répondant à leurs propres besoins de développement (Lettre à M. Louis van Haecke du 31 juillet 1968).

sont pas définitivement rompus avec l'Institut havrais. Nicolaï suggère à Miroglio le nom d'un autre collègue économiste «*ouvert à la pluridisciplinarité*», lui donne des conseils, lui transmet une proposition d'article. Finalement, Abel Miroglio trouvera son successeur l'année suivante en la personne de Bernard Guillemain, maître de conférences en philosophie à l'université de Rouen. La *Revue de psychologie des peuples* deviendra *Ethnopsychologie*, et les *Cahiers de sociologie économique* renaîtront pour deux ans, avant d'être à nouveau interrompus, et ne renouer avec une parution régulière et continue qu'à partir de 1979 (on retrouvera alors, comme cela a été déjà signalé, André Nicolaï dans le conseil scientifique de cette nouvelle série), pour finalement fusionner en 1984, sous l'impulsion et la direction d'Albert Nicollet, avec la revue *Ethnopsychologie*, sous leur dénomination actuelle de *Cahiers de sociologie économique et culturelle.*

Le mouvement de mai 1968, ses préludes et ses suites, ont bien évidemment traversé cet épisode havrais, et pas seulement d'un point de vue chronologique, provoquant sur le plan universitaire en général et pour André Nicolaï lui-même en particulier, sur le plan professionnel comme sur le plan du projet scientifique, une importante redistribution des cartes, et modifiant profondément les conditions dans lesquelles une «société savante» comme l'Institut havrais pouvait trouver sa place dans le monde de l'enseignement supérieur et de la recherche[187]. Toutefois, la prise en compte de ce contexte exigerait une étude plus approfondie et le recours à d'autres sources que celles utilisées pour cette contribution.

II/ Portraits croisés.

Difficile d'imaginer contraste plus accentué entre deux personnalités, deux positionnements par rapport à l'organisation et au financement de la recherche, à l'Université et aux institutions en général, que celui que révèlent les lettres échangées au cours de ces deux années. Tout semble les opposer. Miroglio est un homme du XIXe siècle, protestant d'origine italienne et genevoise, normand de par sa naissance à Cherbourg, ancien combattant «*survivant de Verdun*» (ces éléments figurent fréquemment dans sa correspondance), optimiste prêt à tout entreprendre avec l'aide de la foi et du bénévolat, il se dépense sans compter pour animer une revue trimestrielle, un réseau international de correspondants, organiser des conférences et des rencontres. Quant à l'Institut, il le considère comme son œuvre personnelle, et d'une certaine manière, c'est plus un héritier qu'un successeur qu'il espère trouver dans les années 1960. La plupart du temps, il se situe lui-même, situe

[187] Dans une lettre à Miroglio du 19 juillet 1968, Albert Nicollet estimait que « *les événements du printemps vont peut-être favoriser les institutions originales et assurer l'avenir du centre havrais* » ; hypothèse qui ne s'est que très partiellement vérifiée à terme.

ses interlocuteurs et les questions en jeu sur un plan moral, et il attribue davantage d'importance à la qualité de relations personnelles qu'aux positionnements idéologiques, religieux ou politiques, qu'il affecte d'ignorer ou de recouvrir d'un œcuménisme humaniste sans limites. Fondateur et directeur d'une «société savante» ayant statut d'association, reliée de façon incertaine à l'institution universitaire (l'Institut avait été reconnu en 1960 comme centre universitaire rattaché à l'université de Caen, puis fut transféré en 1965 à l'université de Rouen nouvellement créée), se situant dans un rapport à la fois d'autonomie et de dépendance forcée vis-à-vis de l'université et du CNRS, extrêmement méfiant vis-à-vis des institutions en général[188], et d'une indifférence affichée pour les questions financières, il sera réellement choqué par les exigences présentées par Nicolaï, comme en témoigne cet extrait d'une lettre adressée le 15 octobre 1968 au député du Havre (!), le Dr Maurice Georges :
«*Monsieur Nicolaï, spécialiste de sociologie économique, est prêt à faire revivre notre revue ; il attend sa nomination à la Faculté de droit de l'université de Rouen. Seulement, il commence par demander... 10 millions ! Il s'agit, bien sûr, de millions anciens. Malgré tout, c'est quelque chose ! Je ne me permets pas de le blâmer, c'est un homme qui a été berné dans le passé et qui ne veut plus l'être. Je pourrais en dire autant. Je souhaite qu'il obtienne sa nomination à Rouen et ce qu'il demande. Mais avouez que le contraste sera éclatant entre sa manière de faire et la mienne, qui a consisté à marcher par la foi et à lancer sans capitaux une revue qui, ayant conquis 700 abonnés et abordant en 60 pays, peut se contenter de modestes subventions pour vivre. Il est clair que celui qui aura reçu de grosses sommes recevra bien plus de considération que le pionnier qui est parti avec presque rien*».
Lorsqu'il est contraint de rechercher des financements, au-delà des recettes d'abonnement de la revue, il se tourne de préférence vers les acteurs économiques locaux, comme la Chambre de commerce.
André Nicolaï est un homme du XXe, voire du XXIe siècle par son réalisme, sa lucidité et ce que Miroglio appelle son «*pessimisme actif*» (qualification validée par l'intéressé lui-même, si on en croit une lettre de Miroglio du 27 juillet 1968), auquel Miroglio reconnaît le mérite de la franchise, lui qui préfère les longs détours diplomatiques. André Nicolaï paraît peu soucieux de «*s'embarquer sans biscuit*» dans une entreprise intéressante mais hasardeuse, et il finit par conclure, fin 1968, que «*dans l'état actuel des choses, les ressources et les moyens en personnel du Centre havrais me paraissent insuffisants pour faire sérieusement de la recherche*», écrit-il, *«à*

---

[188] Dans une lettre à Jean Cazeneuve du 24 avril 1968, il lui annonce qu'il ne lui demandera pas son soutien pour une demande de renouvellement de la subvention au CNRS, pour ne pas le déranger, pour «des raisons de dignité», parce que ce n'est pas vraiment indispensable, et parce que c'est «trop de paperasserie empoisonnante».

faire ce que vous avez fait, à transformer sa vie en apostolat» (Lettre du 21 décembre 1968).

III/ Convergences.

Au vu de cet écart entre les personnalités et les positionnements théoriques et pratiques, on peut se demander quels pouvaient bien être les éléments de convergence qui ont pu motiver Nicolaï à poursuivre ce projet, au-delà même de considérations liées au besoin de construire une carrière universitaire dans des conditions difficiles et rendues imprévisibles par le contexte général. La chose paraît déjà un peu moins surprenante si on rappelle que Miroglio n'était pas seul à animer l'Institut et ses publications, et si on prend en considération un ensemble plus large de contributeurs (et notamment, mais pas seulement, ceux qui s'étaient investis depuis déjà une dizaine d'années, avec le soutien du directeur de l'Institut, dans les *Cahiers de sociologie économique*). Parmi les convergences repérables (encore une fois, de façon quelque peu hypothético-déductive), il en est quatre que je voudrais souligner particulièrement parce qu'elles ont, pour la plupart, tenu un rôle important dans les orientations ultérieures de l'Institut havrais, et parce qu'au-delà de cette considération, elles sont sans doute riches encore aujourd'hui de leçons fortes et de questions essentielles.
Il me semble que la première de ces convergences porte sur la conception même de ce que devrait être le mode de construction d'une anthropologie économique. Nicolaï est convaincu que la pluridisciplinarité est la condition sine qua non de la compréhension des systèmes sociaux et des pratiques sociales dans la complexité de leurs connexions et de leurs transformations. Il ne s'agit donc pas de viser la création d'une nouvelle discipline, quelle qu'en soit l'appellation, mais de provoquer la convergence de l'ensemble des disciplines sur des thèmes ou des questions spécifiés. Cette conception rejoint assez bien celle que se faisaient de la sociologie économique les animateurs des premiers *Cahiers de sociologie économique,* comme on l'a rappelé plus haut. Nicolaï l'a défendue dans une conférence donnée à Rouen en novembre 1967[189], et il la réaffirme dans un courrier qu'il adresse début

[189] Dans cette conférence, intitulée «*L'université, les sciences de l'homme et la région*», prononcée en novembre 1967 (6 mois avant mai 68) en présence du Recteur de l'académie de Rouen et de nombreuses personnalités du monde universitaire, Nicolaï dénonçait le malthusianisme et l'autisme de l'université et des universitaires, leur incapacité à faire face aux implications prévisibles de la croissance économique, de l'explosion démographique, du développement scientifique et technique et de la montée des aspirations. S'inspirant des travaux du colloque de Caen (1966), il distinguait parmi les diverses raisons du caractère obsolète de l'enseignement et de la recherche universitaires en France «*la mauvaise liaison entre les facultés elles-mêmes. Les facultés sont des tours d'ivoire qui refusent le contact avec les autres, alors que tout le monde sait que les découvertes les plus intéressantes [...] se sont faites justement aux carrefours, aux frontières*», et il préconisait « *des universités*

1969 à Miroglio qui lui demande conseil au sujet d'un projet de fusion avec les *Cahiers de l'ISEA* :
«*Un examen [...] du contenu de la série considérée des Cahiers de l'ISEA laisse présager une orientation qui ferait de la socio-ethnologie économique une discipline autonome, située en parallèle à la théorie économique. Dans mon optique (et c'est pour cela que j'avais proposé le titre d'«Anthropologie économique») il s'agissait plutôt d'orienter la revue vers un essai d'intégration théorique des différentes disciplines s'occupant de l'économie. L'une et l'autre orientation ont leurs mérites et leurs défauts, et pour être franc la première (Cf. Celle de Poirier*[190]*) est assurément moins hasardeuse que la seconde : celle que je me promettais d'expérimenter*» (Lettre du 14 mars 1969).
La conception de la pluridisciplinarité défendue par André Nicolaï devait trouver une concrétisation dans les années suivantes à l'Université de Nanterre avec la création, au département de sociologie, du «Certificat d'économie politique et sociale»[191], et avec celle du «Centre d'anthropologie économique et sociale –applications et recherches», expériences auxquelles j'ai eu la chance de participer dans la durée comme enseignant-chercheur. La conception qui présidait à ces réalisations était assez éloignée de celles qui ont été développées par la suite, en France, sous le titre de «sociologie économique», marquées par le souci d'échapper en quelque sorte à la malédiction de la pluridisciplinarité, de délimiter un territoire institutionnel et professionnel et d'en obtenir la reconnaissance, notamment par la mise en œuvre de schémas théoriques, d'outils de formalisation et de modélisation *sui generis*.
Au reste, si la pluridisciplinarité, inscrite formellement dans les structures de l'université née de 1968, a trouvé par la suite un certain nombre de traductions, notamment dans les universités «nouvelles» comme celle du Havre[192], les entreprises pluridisciplinaires auxquelles il m'a été donné de participer, qu'il s'agisse de l'enseignement ou de la recherche, m'ont permis de constater comme tout un chacun l'écart constant, sinon croissant, entre les proclamations officielles et la réalité quotidienne de l'institution universitaire. La question mérite donc toujours d'être discutée.

---

pluridisciplinaires avec des départements interdépendants, ainsi que la rupture des barrières entre les facultés, les grandes écoles, le CNRS, les IUT, le secteur privé» (Nicolaï, 1968).

[190] Jean Poirier, alors professeur à l'université de Nice et directeur du Centre d'études sur l'Afrique Noire et l'océan Indien, devait par la suite prendre une part importante dans la relance des *Cahiers de sociologie économique.*

[191] Animé notamment par Nguyen Huu Dong et par José Luis Leal.

[192] Comme il a été dit plus haut, l'Institut havrais devait être, dans la conception de Miroglio, la préfiguration de la création au Havre d'une véritable Université. Ce fut chose faite en 1984, et par bien des aspects, le développement de cette Université au cours de ces 30 dernières années a apporté sur le plan pratique des réponses intéressantes aux préoccupations exprimées en leur temps par André Nicolaï et par Abel Miroglio.

Cette position vis-à-vis des relations entre les disciplines scientifiques était sous-tendue chez André Nicolaï par la conviction que c'est dans leurs marges, à leurs frontières, que les systèmes se transforment, que se produisent découvertes et innovations (Nicolaï [1967], [1974]). Ce qui vaut pour les institutions en général vaut également pour les disciplines. Peut-être cette conviction est-elle aussi l'une des raisons de l'intérêt de Nicolaï pour l'Institut havrais, qui, en dépit de sa promotion au rang de « centre universitaire», se trouvait bien dans les marges du système universitaire. Et peut-être Nicolaï voyait-il dans cette particularité une opportunité à saisir pour faire avancer les choses dans le domaine de l'économie et plus largement, dans celui des sciences humaines et sociales... à condition de ne pas devoir «s'embarquer sans biscuit». On peut se demander à ce stade si la refondation de l'université en 1968-69, l'afflux d'étudiants et la multiplication des créations de postes, n'a pas eu pour effet d'assécher les marges (pluridisciplinaires) en question. Elle a sans doute eu pour effet d'institutionnaliser une nouvelle conception des rapports entre les disciplines universitaires, mais a-t-elle pour autant assuré la pérennité de ce type d'innovations ?
La nécessité de prendre pleinement en considération la diversité des sociétés, des peuples et des cultures est un deuxième point commun. Dans « *...Et le poussent jusqu'au bout*», texte où A. Nicolaï (1974) précise ses distances par rapport aux interprétations structuralistes de l'analyse marxiste des systèmes économiques et sociaux, figure en bonne place l'insistance sur «*l'analyse concrète de situations concrètes*». Or ce souci était bien d'une certaine manière celui qui sous-tendait la version de la «*psychologie des peuples*» que défendait Abel Miroglio.
Comme on peut s'en douter, la «*psychologie des peuples*» n'a pas manqué de susciter de nombreuses réserves y compris parmi les proches collaborateurs de l'Institut. Elle a été abondamment critiquée dès les premières années d'après la 2e guerre mondiale pour son caractère essentialiste, positiviste, fixiste, et par ses approximations conceptuelles. L'«oecuménisme» épistémologique de Miroglio[193], son refus, ou son incapacité, de donner une armature théorique à ce qu'il considérait toutefois comme une discipline originale, laissait le champ libre à toutes les interprétations, y compris à celles qui pouvaient venir à l'appui des préjugés et des stéréotypes les plus courants, c'est-à-dire à des formes de fermeture et de repli à l'opposé de ce qui était le projet même de l'Institut et de ses publications. Le terme finit par être discrètement abandonné par les responsables de l'Institut. Pourtant, à l'époque dont nous parlons, Miroglio, comme beaucoup de contributeurs à son entreprise voyait avant tout dans cette «psychologie des peuples» une volonté d'ouverture à la compréhension

[193] Qu'il faut relier à un oecuménisme plus proprement religieux pour lequel Miroglio militait activement.

des cultures et des peuples autres, et c'est sans doute ce qui explique ce que Miroglio appelle dans une de ses lettres «*l'absence d'hostilité d'André Nicolaï à la psychologie des peuples*» (Lettre à M. Louis van Haecke du 21 juillet 1968).

Double ouverture donc, aux disciplines et à la diversité des peuples et des cultures, dont la nécessité sera réaffirmée au moment du redémarrage de la publication des *Cahiers de sociologie économique* en 1979[194], et qui se manifeste clairement dans la composition du conseil scientifique constitué pour cette nouvelle série de la revue, puisqu'on y trouve, à côté d'André Nicolaï lui-même, Georges Balandier, Samir Amin, Gérard Destanne de Bernis, et René Passet. Cette double ouverture sera maintenue tout au long de l'histoire ultérieure des *Cahiers*. En ces temps de fermeture tous azimuts, il me paraît plus opportun que jamais d'en réaffirmer l'actualité et la nécessité.

La recherche des points de convergence révélés par cet épisode fait apparaître une troisième piste. André Nicolaï accordait une grande importance au rôle des couches profondes de la personnalité dans le comportement des acteurs-sujets du jeu social, et aux processus par lesquels ces couches profondes étaient structurées, intériorisées, notamment par la socialisation dans la famille, l'école, et par la régulation sociale (ce qu'il appelait alors le «mode de reproduction des acteurs» ou la «production anthroponomique») –personnalité dotée d'une stabilité nettement supérieure aux représentations, aux idéologies, à la culture. Pour lui, il s'agissait d'une dimension cruciale pour comprendre le destin des révolutions, et plus largement pour la transformation ou la non-transformation des systèmes économiques, sociaux et politiques (Nicolaï [1974]). Il n'est pas nécessaire d'insister sur l'actualité d'une telle perspective, face aux régressions qui se manifestent aujourd'hui dans nos sociétés.

A partir de préoccupations et de références totalement différentes, et pour marquer sa différence avec l'anthropologie culturelle, Miroglio cherchait à mettre en évidence les caractères profonds et stables communs aux membres d'une population géographiquement située, et qui, selon lui, ne pouvaient être confondus avec leur culture. La tentative de relier les dimensions profondes de la personnalité avec l'appartenance à un groupe humain

[194] Albert Nicollet conclut ainsi, en 1980, sa présentation du numéro 2 des *Cahiers*, consacré au colloque organisé l'année précédente sur le thème de l'anthropologie économique : «*Placé au départ d'une nouvelle série des Cahiers de sociologie économique, ce colloque inspirera leur orientation, car il traduit leur volonté d'ouverture : ouverture aux études de sciences humaines proches de la sociologie et aux chercheurs qui pratiquent le compagnonnage interdisciplinaire ; ouverture au monde, à la diversité humaine, à travers l'expérience sociale de peuples de cultures différentes*» (Nicollet, 1980).

déterminé sera poursuivie par nombre de contributeurs à la *Revue de psychologie des peuples,* parmi lesquels Roger Bastide[195] ou Yves Pélicier.
Enfin, et en quatrième lieu, pour André Nicolaï, la recherche en sciences sociales ne pouvait avoir pour seul but de produire des connaissances, elle devait avoir une dimension d'intervention dans le monde social, se soucier de son utilité sociale, être ouverte au monde professionnel, aux acteurs économiques. Cette conviction était sans doute partagée, même si elle se manifestait de deux manières très différentes : chez Nicolaï par des interventions – comme celle de 1966-67 dans le débat sur la réforme de l'Université, et chez Miroglio par le souci de donner un «supplément d'âme» aux milieux du négoce et des affaires.

En guise de conclusion.

Dans l'introduction à la nouvelle édition de son ouvrage *Comportements économiques et structures sociales,* André Nicolaï se plaignait d'avoir prêché dans le désert[196]. Constat amer et pessimiste, mais non dépourvu de justifications. Pourtant, en évoquant les points de convergence qui ont pu sous-tendre la tentative d'associer Nicolaï au destin de l'Institut havrais à la fin des années 1960, et leur prolongement dans l'histoire ultérieure de l'Institut, j'espère avoir contribué à suggérer la pertinence et l'actualité des leçons qu'ils comportent.
Dans le contexte actuel, marqué par une crise profonde du modèle économique du capitalisme développé et globalisé, par l'intensification des échanges et des rencontres entre les peuples et les cultures, qui sont devenus pour beaucoup d'individus une dimension importante de leur vie quotidienne urbaine ou professionnelle, et par le développement de mouvements de repli et de fermeture identitaires, il est en effet urgent de remettre à l'ordre du jour les propositions et les questionnements d'André Nicolaï, propositions et questionnements qui ont également été et demeurent ceux de l'Institut havrais de sociologie économique et culturelle.

Bibliographie :

Cahiers de sociologie économique, 1ère série, 1959 – 1966 ; 2e série, 1970 – 1971 ; nouvelle série, 1979 – 1983. Le Havre, Institut havrais de sociologie économique et de psychologie des peuples.
Correspondance Abel Miroglio / André Nicolaï, 1967 – 1969. Le Havre, Institut de sociologie économique et culturelle.

---

195 Fidèle soutien de l'entreprise havraise, Roger Bastide était membre du comité de rédaction de la *Revue de psychologie des peuples,* et y publia plusieurs articles.
196 C'était aussi le sentiment qu'exprimait Abel Miroglio quant à l'écho rencontré par ses propres efforts.

Gueissaz A. [2013], «La construction des identités et ses acteurs, réflexions autour de la contribution des Cahiers de sociologie économique et culturelle», *Cahiers,* n° 52, pp. 11-35.
Miroglio A. [1959], «Présentation», *Cahiers de sociologie économique,* n° 1, juin, p 3.
Miroglio A. (1963), «La psychologie des peuples et sa valeur», communication présentée à l'académie des sciences morales et politiques, séance du 25 février 1963. Reproduit dans *Cahiers de sociologie économique et culturelle,* n° 26, 1996, pp. 123-136.
Natanson J. [1959], «Pour situer la sociologie économique», *Cahiers de sociologie économique,* n° 1, juin, pp. 6-18.
Nicolaï A. [1967], «Problèmes actuels de la sociologie économique», *in* Palmade J. (dir.), *L'économique et les sciences humaines. Tome II : Psychosociologie et sociologie économiques,* éditions Dunod.
Nicolaï A. [1960], *Comportement économique et structures sociales,* éditions L'Harmattan.
Nicolaï A. [1968], «L'université, les sciences de l'homme et la région», conférence prononcée à Rouen, novembre 1967, *Etudes normandes,* n° 1, 1er trimestre 1968.
Nicolaï A. [1974], « ...Et le poussent jusqu'au bout », *Connexions,* n° 1.
Nicollet A. [1980], Présentation des Actes du colloque « L'anthropologue et l'économique », *Cahiers de sociologie économique et culturelle,* n° 2, nouvelle série, avril, p. 116.
Nicollet A. [1996], «La longue marche de la sociologie économique à l'Institut havrais de sociologie», *Cahiers de sociologie économique et culturelle,* n° 26, décembre 1996, p. 91-121.
Vatin F., Steiner P. (dir.) [2010], *Traité de sociologie économique,* éditions PUF.

Relecture de *Comportement économique et structures sociales* d'André Nicolaï au regard des institutionnalismes et de l'anthropologie économique.

Philippe Hugon

Le livre d'André Nicolaï de 1960 *Comportement économique et structures sociales* a été un ouvrage pionnier en analyse économique. Se situant aux confins de l'analyse économique et des sciences sociales, il était très ambitieux en visant à dépasser les frontières entre la micro et la macro économie, entre la statique et la dynamique ou entre l'individualisme méthodologique et l'holisme structuraliste. La relecture de cet ouvrage montre l'immense culture de son auteur et le caractère novateur de ses travaux sur l'«holindividualisme», la rationalité adaptative, les dynamiques socio-économiques, les fondements psychanalytiques des comportements humains, ou la compréhension des diverses trajectoires des sociétés[197]. Il donnait une grille de lecture très originale pour beaucoup de questions économiques comme, par exemple, l'inflation expliquée en relation avec les rôles dévolus aux acteurs.

Or cet ouvrage, ainsi que les autres écrits d'André Nicolaï, sont quasiment ignorés malgré la réédition de son ouvrage pionnier en 1999. L'auteur n'a pas fait école même s'il a des anciens élèves reconnaissants. La dominance d'une économie instrumentale et micro peut évidemment expliquer cet oubli. Le marxisme, le structuralisme, l'anthropologie économique ou les approches psychanalytiques sont largement passés de mode. L'amnésie des économistes, ayant gommé la pensée économique, est également un facteur explicatif d'une discipline qui fonctionne plus par rupture que par accumulation des savoirs. Il est plus étonnant, en revanche, qu'il soit oublié par ceux qui se réclament d'une économie hétérodoxe, notamment en France, les conventionnalistes, les régulationnistes ou les constructivistes travaillant sur la rationalité limitée ou complexe. Avec beaucoup de lucidité dans sa présentation de la réédition de *Comportement économique et structures sociales* en 1999, A Nicolaï «*tangue entre nausée (quelle prétention et incomplétude) et autosatisfaction (quelle audace et quelle prémonition)*» mais s'interroge avec nostalgie «*un prêche dans le désert peut-il devenir un best-seller de grandes surfaces ?*»

---

[197] Les écrits et le rôle à l'ORSTOM de André Nicolaï ont été également au cœur d'un renouvellement de l'économie par une anthropologie économique et sociale. A Nanterre, il a créé le centre de recherche Caesar, avec Eugène Enriquez et Michèle Salmona, ainsi que le DEA «économie et société». Il a joué un rôle important auprès des psychosociologues de l'ARIP, puis du CIRFIP qui se situe dans une tradition critique et clinique intégrant les apports de la psychanalyse et l'école de Francfort. Il a présidé en Corse la Mission interministérielle à l'Aménagement de l'équipement de la Corse. Il m'avait alors confié une étude sur le système scolaire que j'ai dirigée avec Isabelle Deblé.

Les raisons de ce prêche dans le désert sont-elles de langage (Exemples : structures et systèmes versus institutions, comportements versus stratégie ou logiques d'action), d'époque (contexte de la guerre froide et des conflits de systèmes, décolonisation, institutions fortes, poids des économies nationales peu insérées dans la mondialisation..), d'avancées théoriques significatives face au structuralisme, au «vieil institutionnalisme» de Commons ou Veblen ou au marxisme ? Sont-elles d'enjeux de pouvoir entre écoles de pensée, de volonté de tuer le père en refusant les filiations. Quelle est la responsabilité d'un auteur, ayant un souci de perfection dans l'écriture, ayant avant 30 ans réalisé un chef d'œuvre, se situant en marges ou aux confins des clivages disciplinaires et des écoles?[198]
Cet article présente le caractère novateur des travaux d'André Nicolaï et son positionnement ancien et actuel vis à vis des structuralismes et marxismes (I), des institutionnalismes (II) et de l'anthropologie[199].

I/ Les travaux de Nicolaï face aux structuralismes et aux marxismes dominants en 1960.

Son ouvrage majeur, écrit en 1960, se situait au sein du débat structuraliste et marxiste dominant à l'époque dans le domaine des sciences sociales et au cœur du positionnement de la pensée hétérodoxe en économie face à la synthèse classico-keynésienne. Il avait pour projet de réintroduire le sujet et l'histoire, les deux apories du structuralisme dominant. Le système social est un complexe cohérent et spécifique de structures et de comportements. Les structures sociales sont des interdépendances entre agents dont les comportements valident les rôles complémentaires et différenciés qu'ils tiennent dans une société. Elles s'imposent aux agents qui sont agis, supports de structures mais également acteurs et auteurs, créant des dynamiques par

---

198 Je relaterai une anecdote personnelle significative. Un jour, je le vis jeter par la fenêtre les écrits de sa collègue et amie Françoise Renversez en lui disant «*Nathanaël je t'enseignerai la ferveur*». Il se définissait avec son collègue Eugène Enriquez comme un indien campé dans sa tente face aux civilisés disposant du pouvoir académique.

199 Comme chacun sait les oppositions avec les autres tribus apparaissent quand le groupe est pris comme un tout mais sont encore plus grandes à l'intérieur de chacun des groupes. Les économistes ne sont pas d'accord sur l'objet de leur discipline définie par sa méthode (science de la rationalité ou de l'adéquation des moyens aux fins), par son domaine (science des richesses matérielles ou de la mise en valeur du monde matériel, science des échanges marchands), comme niveau de la totalité sociale voire comme science ou fausse représentation du capitalisme. L'économie se divise entre une conception instrumentale d'une science bouclée sur elle-même, une conception éthique de science morale intégrant les valeurs et une conception politique liant richesse et pouvoir. Les termes de néo classiques, nouveaux classiques, post, néo keynésiens, institutionnalistes et néo institutionnalistes, structuralistes et néo structuralistes, conventionnalistes et régulationnistes, marxiens et néo marxistes sont autant de totems désignant ces segments.

des comportements déviants. Sa conception de la structure est moins abstraite que celle du structuralisme notamment de Lévi-Strauss «*La structure économique est un rapport entre les hommes à propos de la lutte contre la rareté, rapport qui n'existe que par leur comportement mais qui s'impose aussi à eux*» (p. 56). Ce sont les comportements qui fondent la réalité des structures.

Un contexte intellectuel dominé par le structuralisme et le marxisme

Il y avait, à l'époque, affrontement des systèmes économiques notamment du capitalisme et du socialisme et décolonisation avec découverte et parfois valorisation des sociétés «primitives», sans écriture ou archaïques. Les travaux tiers-mondistes et dépendantistes croyaient que le système capitaliste était dans l'incapacité de se greffer dans les pays sous-développés et anciennement colonisés. Il y avait également croyance que les systèmes socialistes pouvaient se développer.

Les structuralismes sémiotique de Lévi-Strauss (1958), génétique de Piaget puis philosophique d'Althusser dominaient les sciences sociales. Les structuralismes étaient à la fois méthodologique (analyse structurale), philosophique ou idéologique[200]. Les diverses sciences sociales, notamment la linguistique et l'anthropologie, trouvaient un langage commun et s'enrichissaient par leur méthodologie. Il s'agissait de critiquer la dominance du sujet et de l'histoire, de dépasser l'institutionnalisme et l'empirisme en allant au-delà du sens commun et en dévoilant le signifiant, l'inconscient, les déterminants et l'explication profonde au-delà des apparences. Comprendre les sociétés impliquait de repérer la place des rapports économiques dans la logique profonde de fonctionnement et de l'évolution des sociétés humaines. Dans la tradition du structuralisme, comme dans celle du marxisme ou de la psychanalyse, il faut aller au-delà de la réalité visible et de l'empirie. Le concept de *structure* se situe à un niveau d'abstraction supérieure aux relations observables et mesurables. Selon Lévi-Strauss cité par André Nicolaï «*la notion de structure sociale ne se rapporte pas à la réalité empirique mais aux modèles construits d'après celle-ci*». Selon Nicolaï elle est une réalité objective ; il importe de différencier trois niveaux d'abstraction celle observable ou phénoménale des relations sociales, celle des modèles construits à partir de cette réalité et enfin celle des structures. Dans le structuralisme génétique de Piaget, la triade médiatrice entre structure et comportement est constituée de règles/institutions, de valeurs/intérêts et de symboles/idées. Le structuralisme se heurtait certes chez certains à l'aporie de l'évacuation du sujet et de l'histoire mais il

200 Les économistes universitaires traitaient également des systèmes et structures sans toutefois donner une même profondeur théorique à ces concepts et en les assimilant à des institutions..

voulait se placer à un niveau d'abstraction dépassant l'institutionnalisme et la fiction d'un sujet libre et transparent à lui-même.
Marx était également une référence incontournable vis-à-vis duquel il fallait se positionner. Au-delà des débats théoriques entre valeur et prix, modes de production et formations sociales, détermination en dernière instance de l'infrastructure, diverses lectures dominantes du marxisme étaient idéologiques en se voulant une philosophie de l'histoire liée à une praxis et à un engagement politique. Elles opposaient notamment les communistes pro-soviétiques, les maoïstes prochinois, les trotskistes croyant à la révolution mondiale et les dépendantistes analysant le blocage de l'accumulation dans les périphéries du capitalisme mondial.
Le marxisme a ensuite largement disparu du débat économique en étant confondu avec son utilisation idéologique et les régimes qui s'en réclamaient sans qu'il y ait une relecture de Marx et une intégration de ses apports. De même, le structuralisme a disparu du devant de la scène, exception faite d'auteurs tels P. Bourdieu (2000) et son école pour qui les rapports de pouvoir sont au cœur des jeux économiques[201]. Il a été rejeté au nom de plusieurs arguments, généralement réducteurs, tels l'oubli des institutions médiatrices entre les structures sociales et les comportements économiques, une évacuation de l'histoire et des processus de déstructuration/restructuration, d'ordre et de désordre (G. Balandier [1963]), un antihumanisme évacuant le sujet, un déterminisme faisant fi des intentionnalités des acteurs (M. Crozier, A. Touraine), un holisme supposé systémique traitant des seules questions globales. L'engouement du structuralisme et du marxisme a fait place ensuite alors à l'opprobre, à l'absence de deuil et à l'oubli de la part des nouvelles écoles de pensée. Les questions de long terme de la reproduction sociale par l'école, démographique par la famille, de la force de travail ou des conditions de la production ont été remplacées par des analyses court-termistes interindividuelles d'arrangements institutionnels ou inter-générationnelle et globales en termes de développement durable.

Le caractère novateur de Nicolaï face au structuralisme.
Nicolaï, économiste, se situait au niveau abstrait des dynamiques de structures et des systèmes dans une conception diachronique des sciences

---

[201] Il y a projet chez Bourdieu de «*construire une définition réaliste de la raison économique comme rencontre entre des dispositions socialement constituées (dans la relation à un champ) et les structures elles-mêmes socialement constituées de ce champ» Les structures sociales de l'économie* (p. 235). «*La structure oligopolistique du champ économique mondial c'est à dire la structure du rapport de force ou des relations de pouvoir entre les acteurs disposant du capital financier, social, symbolique mais aussi technologique oblige à dépasser une opposition entre l'ordre de l'économie qui serait régi par la logique efficiente du marché et l'ordre du social habité par les passions, les jeux de pouvoir*» op cité p. 236.

sociales mais il s'éloignait du matérialisme et du déterminisme marxiste et ne se situait pas au même niveau d'abstraction que le structuralisme. La prise en compte du temps, de la contradiction et de la pluralité des logiques d'action le conduisait à un structuralisme diachronique. Il répondait aux deux principales critiques du structuralisme, à savoir l'évacuation du sujet et de l'histoire.

Nicolaï réintroduisait le sujet. Il cite de nombreux auteurs tels F. Perroux marqués par le *personnalisme.* «*L'homme concret et vivant est le point de rencontre d'une liberté et de déterminations, le croisement d'une destinée individuelle et d'un destin collectif*» [202]. Celui-ci se veut un entre deux entre l'individu solitaire et l'être socialisé et solidaire, un lieu de tension entre utilitarisme et altruisme, raison et passion. Il fonde un être libre créateur. La personne exprime la tension entre l'égoïsme de l'individu et son surmoi lié au social et à l'inconscient communautaire, le combat entre soi et les autres (Hegel). Les référents des explications des *comportements économiques* renvoyaient essentiellement au structuralisme génétique de Piaget et à la psychanalyse de Freud. Nicolaï abordait, plus qu'il ne le développait, la pulsion d'agressivité et sa caractérisation sociale, la liaison entre la personnalité de base et la société (même s'il ne mobilisait pas l'*habitus* de P. Bourdieu) via le surmoi (intériorisation des rapports sociaux sous formes de normes et d'idéaux). Il intégrait à côté du moi, le çà et le surmoi.

Nicolaï fonde ainsi un holindividualisme qui prend en compte la subjectivité des acteurs porteurs de liberté et les effets de structures porteuses de contraintes[203]. Il vise à combiner l'holisme des structures et des déterminants collectifs et l'individualisme des comportements et des stratégies économiques. Son apport principal est d'articuler les schémas de comportement et de structure et d'analyser en quoi les agents sont simultanément agis, acteurs et auteurs du système social. Avant ou simultanément avec Simon ou Arrow, il a, développé l'analyse d'une rationalité procédurale, adaptative et satisfaisante. Les agents ont à des degrés divers, une *rationalité limitée et procédurale* (H. Simon) ou *adaptative* (Day); ils n'ont pas la possibilité d'affecter une distribution de probabilité subjective à l'ensemble des possibles. Ils construisent des registres de choix, c'est à dire les options entre lesquelles ils choisissent. Ils préfèrent souvent une situation satisfaisante à une situation optimale. Les acteurs ont également des *rationalités situées.* Ils sont insérés dans des espaces sociaux structurés et des environnements donnés (pluviométrie, qualité des sols, contrôle de la terre par les anciens...). Dans le langage actuel du constructivisme, les comportements économiques renvoient à la

[202] Perroux F. [1943] «Intégration de la théorie de la valeur de la monnaie à la théorie de la valeur des biens», *Revue économique contemporaine,* octobre, p 18.

[203] Son dernier article paru dans *la Revue internationale de psychosociologie* porte sur «Logique du système et raison instrumentale».

rationalité complexe (JL. Le Moigne [1995]). Elle se construit dans ses interactions socialisées avec la nature et la culture ; le subjectivisme n'est pas indépendant de la personne et la phénoménologie ; elle opère sur des représentations de la réalité. D'un point de vue psychanalytique le ça est en tension avec le surmoi.

Nicolaï se plaçait dans une représentation diachronique en introduisant l'Histoire, la contradiction et les déviances des acteurs par rapport aux rôles distribués, aux normes et aux règles dominantes. Il avait une interprétation fidèle à Marx mais éloignée de la doxa marxiste dominante qui privilégiait une vision holiste où le tout détermine les parties ; l'essence humaine c'est l'ensemble des rapports sociaux intériorisés au cours de l'enfance. Comme Marx, il intègre le matérialisme dialectique et s'éloigne de l'évolutionnisme en termes de successions de modes de production. Il sait que les hommes font l'histoire mais qu'ils ne savent pas l'histoire qu'ils font. Il sait que la révolution socialiste mondiale ne peut être limitée à un seul pays ni dans un contexte d'inégal développement. (Cf. «Et le poussent jusqu'au bout» *Connexions,* 1974)[204]. Écrivant au moment des 30 glorieuses de reconstruction d'après-guerre, il n'intégrait pas évidemment la financiarisation du capitalisme mondial ou les différentes composantes de la mondialisation (technologique, économique, financière, environnementale, politique).

II/ Les travaux de Nicolaï face aux débats institutionnalistes aujourd'hui dominants.

Comment classer les travaux de Nicolaï face aux différents institutionnalismes ? L'institutionnalisme est un territoire scientifique où s'affrontent des paradigmes et des écoles de pensée. André Nicolaï se réfère, dans son ouvrage, à l'institutionnalisme américain tout en considérant que les institutions n'ont pas la même profondeur analytique que les structures. Il critique la confusion entre structure, institution et modèles de comportements. L'institutionnalisme oublie que les situations structurelles promeuvent des comportements d'adaptation qui à leur tour promeuvent des mutations structurelles ; il néglige le décalage entre les situations réelles et les situations perçues et les motivations conscientes qui amènent au passage à l'acte. La confrontation de décisions et d'actions collectives induit des

[204] Ce titre est tiré de «*L'avant-propos à la contribution à la critique de l'économie politique*» de K Marx de 1859 (édition la Pléiade) Face au conflit qui oppose les forces productives matérielles et les rapports de production, «*Il y a le bouleversement matériel des conditions de production économique. On doit le considérer avec la rigueur des sciences naturelles. Mais il y a aussi les formes juridiques, politiques, religieuses, artistiques, philosophiques, bref les formes dans lesquelles les hommes prennent conscience de ce conflit et le poussent jusqu'au bout*»

résultats globaux qui ne concordent pas avec les plans initiaux d'aucune des parties en présence.

Apport et limites pour André Nicolaï du «vieil institutionnalisme»
André Nicolaï se référait implicitement à ce que l'on appelle aujourd'hui le «vieil institutionnalisme» de Commons, Parsons et Veblen. L'institution est la dimension de toute transaction entre personnes qui renvoie à l'ensemble des règles opérantes (*working rules*) stabilisant la contradiction entre ses deux autres dimensions que sont le conflit et la coopération. L'institution est le lieu de compromis ou de régulation d'un conflit structurel. L'institutionnalisme, à la Commons ou à la Veblen, considère que les structures n'existent que dans la mesure où des individus entrent par leur comportement en relation avec d'autres individus. Pour Parsons, les institutions sont des machines capables de transformer les valeurs en normes et les normes en personnalités. La société est un ensemble d'individus en interrelations ; les individus utilisent des modèles de comportement dans une aire culturelle donnée ; un modèle de comportement stable est une institution ; l'ensemble des institutions constitue la structure de la société ; cette structure se fonde sur un système de valeurs ; les groupes ensembles d'individus ayant le même statut social mettent en pratique ce système de valeurs et le modifient. Une institution désigne, ainsi, un système de relations sociales dotées d'une certaine stabilité dans le temps. Elle est une règle du jeu acceptée socialement. Toute institution se présente comme un ensemble de tâches, rôles, règles et conduites entre les personnes et les pratiques[205]. Les *arrangements institutionnels* renvoient à l'ensemble des règles et comportements qui gouvernent les actions et les relations entre les individus ; ils peuvent être à la fois formels (familles, firmes, hôpitaux, universités, etc..) ou informels (valeurs, coutumes, traditions, etc..) ; ils répondent à la fois à une fonction de réduction des coûts de transaction et des incertitudes.
La critique que André Nicolaï adresse aux institutionnalismes est celle de la confusion entre structures et institutions, du caractère hétérogène des institutions et de raisonnements tautologiques du type les individus sont en interrelations : les modèles de comportements sont forgés dans des aires culturelles données ; les modèles de comportements stables sont des institutions, l'ensemble des institutions constitue la structure des sociétés ; celle-ci se fonde sur un système de valeur. Il en résulte soit une simple homéostasie, soit une trivialité d'expression de simples rapports de force

[205] Il est également influencé par la définition juridique du milieu universitaire de référence de la Faculté de droit (Gaétan Pirou, André Marchal, Jean Lhomme, François Perroux, Maurice Hauriou) avec une conception relativement empirique des systèmes, des structures et des institutions.

entre les groupes, soit une typologie fondée sur la variété des schémas de comportements, la multiplicité des motivations concrètes purement descriptives sans interprétation causale.
En liant structures et comportements économiques André Nicolaï oubliait-il les institutions, comme le suggère B Théret (2003), en considérant que les structures réelles et objectives s'imposent directement sans médiation aux individus qui en sont les supports ? B Théret explique cette absence des institutions médiatrices par la conception politico-juridique dominante à l'époque dans les facultés de droit et par la non prise en compte des institutions formelles ou informelles différentes de celles objectives et extérieures aux individus. Les institutions formelles et informelles médiatisent la relation entre les structures sociales objectives et les comportements individuels subjectifs. «*L'institution est ce qui est à la fois présent dans la structure et dans le comportement. Sa présence fait et exprime que celui-ci n'est pas le pur reflet de celle-là*» (Théret, 2003).

Relecture des travaux de Nicolaï au regard des institutionnalismes contemporains

Comportements économiques et structures sociales peut être également relu au regard des débats actuels sur les institutionnalismes classés qui se différencient sur la base d'un rapport à la stratégie, au temps et à la rationalité. Les courants institutionnalistes se situent sur le curseur allant de l'unité des calculs des arrangements institutionnels des agents à la diversité des stratégies des acteurs et d'une vision synchronique des coordinations et celle diachronique des régulations et conflits (Billaudot [2004], Hall et Taylor [1997], Théret, [2003]). L'analyse d'André Nicolaï ne rentre pas dans les approches synchroniques ni dans l'individualisme méthodologique ; elle se distingue des approches diachroniques en distinguant structures et institutions, systèmes et régimes et en liant individualisme et holisme des structures.

Typologie des institutionnalismes selon le rapport au temps et à la rationalité

Rapport au temps/ à la rationalité	Synchronie (coordination) Individualisme méthodologique	Diachronie (conflits/ régulation) Holisme
Unité des calculs	Institutionnalisme rationnel (Economie)	Institutionnalisme historique, fruit des rapports sociaux, théorie évolutionniste (Structure)
Diversité des stratégies	Institutionnalisme conventionnaliste sociologique et cognitiviste (Culture)	Economie politique institutionnaliste. Pluralité des architectures et des formations institutionnelles (Politique)

L'analyse d'André Nicolaï est évidemment très éloignée de l'*institutionnalisme économique rationnel et individualiste* de Coase (1988), North (1990) et Williamson (2000) qui traitent des institutions en termes d'efficience, de capacité à réduire les coûts de transaction ou de règles du jeu (Aoki, [2005])[206]. *L'institutionnalisme économique* du choix rationnel et du calcul stratégique met l'accent sur l'universalisme des comportements économiques et de la rationalité. Les institutions sont le cadre stratégique des comportements individuels qui permettent de réduire les coûts de transaction de réguler la violence, de réduire l'incertitude de chacun quant à la conduite d'autrui. Les arbitrages existent entre plusieurs modes de coordination et limitent la référence au seul marché. Dans le cas d'informations asymétriques, des substituts au marché apparaissent sous forme de relations hiérarchiques ou de contrats qui limitent les *coûts de transaction.* Ces modes de coordinations facilitent en outre l'*action collective* des acteurs privés ou publics, qu'une coordination purement marchande ne peut réaliser. Les institutions joueraient enfin un rôle *incitatif.*

[206] Elles comprennent selon North (1990) des contraintes informelles, telles que les coutumes ou les codes de comportement, et des règles formelles, comme les lois ou les droits de propriété. Selon Aoki (2005), une institution est un système auto entretenu de croyances partagées sur la manière dont le jeu est joué ; elle combine des joueurs (organisations), des règles du jeu et des équilibres pouvant être formalisés par la théorie des jeux. L'*économie néo-institutionnelle* s'est développée autour de trois principaux postulats (He Yong [1994]) : les institutions sont déterminantes dans l'allocation des ressources ; elles peuvent être traitées de manière endogène ; elles ont un fondement micro économique dans le sens où l'on peut expliquer des choix organisationnels.

-Il y avait a priori plusieurs points de convergences entre et *l'institutionnalisme sociologique et cognitiviste* et la démarche psychosociologique de A Nicolaï. Celui-ci introduit les représentations dans les déterminants des comportements. Il est éloigné toutefois d'un institutionnalisme de la culture, des conventions ou des espaces de justification et des routines contextualisées où les institutions sont des modes de coordination et des cadres moraux et cognitifs qui fondent l'interprétation de l'action (Hall et Taylor [1997]). Le cognitivisme analyse les processus mentaux par lesquels les agents forment leurs représentations imparfaites du monde. Les institutions ne sont pas seulement des faits et des pratiques collectives mais aussi des cadres cognitifs et moraux dans lesquels se développent des pensées individuelles (Douglas [2004]). Les conventions sont ainsi des moyens de coordination arbitraires nécessaires à des individus rationnels ayant des intérêts communs, des interprétations liées à des incomplétudes de règles, qui améliorent l'efficacité coopérative des acteurs concernés. Il y a selon les espaces de légitimation ou cités ou les conventions plusieurs critères possibles de performances (Boltanski et Thevenot [1991], Favereau [1994], Boltanski et Chiapello [1999]). Se situant dans un postulat d'individualisme méthodologique, ces travaux ne peuvent intégrer les interdépendances entre les fonctions de préférence, l'intériorisation des normes au sein des groupes d'appartenance, les effets de mimétisme. Ils ignorent, ce sur quoi André Nicolaï met l'accent, à savoir les rôles, les classes sociales, les interrelations entre les acteurs et la manière dont les structures ou rapports sociaux privilégient, dans des contextes historiques donnés, certains espaces de justification. Ils n'intègrent pas ou refoulent les apports de la psychanalyse et des tensions entre le moi, le ça et le surmoi.

-La conception dynamique de l'approche d'A Nicolaï le rapproche davantage de l'*institutionnalisme historique*[207]. Celui-ci met l'accent sur les conflits et non les coordinations, sur les structures et les positions sociales, le jeu des intérêts et des visions du monde liées à ces positions. Dans une perspective historique et constructiviste, les intérêts sont construits politiquement tout en étant déterminés par des représentations et des idées reçues. Les acteurs ont des stratégies marquées par des intentionnalités. La prise en compte des conflits sociaux part des objets collectifs et rend compte de processus historiques (Greif [2006]). Les institutions sont instituées, évolutives et créées tout à la fois. Cette conception historique réintroduit la

[207] Ainsi North et al (2006) reprenant la tradition d'une représentation dualiste et évolutionniste différencient les *sociétés d'accès ouverts* (se référant au modèle idéal occidental de démocratie et de marché) et les *sociétés d'accès limités* où les élites prélèvent des rentes en assurant la stabilité. La régulation de la violence dans des États *naturels* se fait par une manipulation politique de l'économie visant à établir rentes et privilèges. Les causes ultimes du développement se trouvent, dès lors, dans les institutions qui génèrent des comportements humains, structurent les incitations, modèlent les croyances et légitiment les règles.

violence et les conflits, occultés par les deux courants précédents (Cf. la violence des droits de propriété liés aux enclosures, à la colonisation ou aujourd'hui aux transactions foncières dans le Sud). En revanche, cette dynamique des structures et des systèmes apparaît pour Nicolaï comme privilégiant les seules dynamiques endogènes alors que les effets de domination conduisent également, selon un processus diffusionniste, à des processus de déstructuration /restructuration. Cette dynamique oublie les autonomies des acteurs et le rôle des déviants.
C'est évidemment avec les théories de la régulation (Boyer et Saillard [1995]) que les rapprochements seraient à priori les plus importants. Ces théories visent, en privilégiant le cadre d'Etat-nations, à lier les régimes d'accumulation et les formes institutionnelles qui codifient les rapports sociaux définissent un mode de production et permettent le passage de la micro à la macro. La théorie de la régulation a toutefois dénié sa filiation structuraliste et se présente comme une forme d'institutionnalisme historique.
A part l'analyse critique de Théret (2003), elle a refusé de prendre en compte les travaux de Nicolaï qui lui auraient permis d'avancer sur deux principales faiblesses 1/ La faible conceptualisation des comportements économiques cohérente avec ses catégories macroéconomiques malgré certains emprunts à l'*habitus* et au champ de Bourdieu ou au *conatus* de Spinoza. L'holindividualisme, qui est au cœur de la préoccupation d'André Nicolaï, aurait été un apport important à la régulation. 2/ Une analyse largement stato-centrée privilégiant les formes institutionnelles des sociétés capitalistes et faisant abstraction des travaux d'anthropologie économique malgré certains emprunts à la théorie de l'articulation des modes de production. Malgré leur volonté d'élargir son champ aux économies en développement (Cf. La théorie de la régulation version 2), de différencier plusieurs formes de capitalismes, elles demeurent largement des analyses théorie de l'encastrement politique des économies capitalistes bouclées dans le cadre d'Etats-nations avec le plus souvent références aux cinq formes institutionnelles canoniques (Boyer et Saillard [1995]).
En revanche les travaux de Nicolaï intègrent mal les rapports de pouvoir et assimilent le politique et l'Etat. Ils sont peu en phase avec une *économie politique institutionnaliste* élaborée au niveau international ou mondial.

III/ Les travaux d'André Nicolaï au cœur des relations entre anthropologie et économie.

Comportement économique et structures sociales est également novateur sur la prise en compte des sociétés non «occidentales» même si l'essentiel des travaux d'André Nicolaï sur cette question sont postérieurs. L'histoire des relations entre l'anthropologie et l'économie peuvent relever de deux interprétations (Hugon [2001], [2011]). Les disciplines peuvent être conçues comme un mode d'inclusion et d'exclusion dans le champ de l'analyse au nom de méthodes spécifiques, de référents irréductibles et de conflits de valeur. Elles sont alors en opposition plus ou moins radicale ce que traduisent des divisions et des étanchéités dans le champ académique et de la recherche. Elles sont également une manière de découper le réel et de donner un éclairage partiel à une réalité complexe. Elles sont alors complémentaires. Voulant construire une science des confins et comprendre les sociétés «exotiques» les travaux de Nicolaï au sein du Caesar ou de l'ORSTOM visaient à fonder une anthropologie économique et sociale[208].

Anthropologie versus Économie : deux disciplines séparées selon leur champ et leurs méthodes

Selon la première interprétation, on opposera de manière plus ou moins radicale le marchand et le non marchand, le don et l'échange, l'utilitarisme et le symbolique, les valeurs «traditionnelles» et les valeurs «modernes», communautaires et individualistes, les structures pré ou non capitalistes et les structures capitalistes. Pour les occidentaux, l'économie est la science de soi, de son chez soi (la société marchande, capitaliste, évolué, développée …) alors que l'anthropologie est la science de l'autre et de l'ailleurs (les sociétés primitives, sans écritures, ante capitalistes..). La globalisation ou la mondialisation seront analysées comme un processus de changement des frontières, de marchandisation ou de désenchantement du monde voire de destruction des sociétés locales non marchandes. Le triomphe disciplinaire de l'économiste ne repose alors que sur une aliénation par rapport à la marchandise ou au capitalisme (et) ou une méconnaissance de la pluralité des terrains. D'un côté, l'économie apparaîtra, aux yeux des anthropologues, comme formaliste, réductionniste, hypothético-déductive, ésotérique dans sa formalisation voire marquée par une aliénation vis à vis des valeurs marchandes ou occidentales (Cf. *L'homo oeconomicus*). De l'autre, l'anthropologie, apparaîtra aux yeux des économistes, marquée par l'empirisme du terrain, l'induction, le totalisme pluridisciplinaire, la différentialité ou le relativisme voire l'exotisme par la recherche d'une différence radicale en termes d'ethnies, de communautés (*homo anthropologicus*)[209] ;

---

[208] En France, l'anthropologie économique conduira à des travaux appliqués très originaux que ce soit à l'ORSTOM sous l'impulsion d'André Nicolaï (1984) ou dans les cercles d'économistes du développement ou dans le groupe AMIRA. A l'ORSTOM de nombreux travaux seront menés sous l'impulsion de A Nicolaï à Madagascar (Charmes, Fauroux, Roy, Weber), au Sénégal (Couty, Gastellu, Rocheteau, Weigel), en Polynésie (Robineau), Aubertin..) .

[209] Ce débat a été illustré jadis notamment par la célèbre controverse de 1941 entre Knight et Herskovits dans *The Journal of Political Economy*. Il l'est aujourd'hui dans les travaux plus ou moins pamphlétaires qui s'appuient sur l'arrogance à coup de formalisation ou de formules ésotériques des économistes, pour rejeter l'économie dans le champ du religieux c'est à dire

En réalité, l'économie est segmentée en différentes écoles dont certaines dominantes sont dénommées orthodoxes et d'autres se dénomment hétérodoxes ou hérétiques.
D'un côté, *l'économie pure* avec la révolution marginaliste, la construction de l'équilibre général, une axiomatique et une méthode hypothétique à vocation universelle évacue l'histoire, les institutions et se veut science, autonome bouclée sur elle-même formalisée à l'instar des sciences dures. La théorie économique se veut grammaire générale de l'action humaine.
De l'autre, *l'anthropologie sociale ou culturelle* évacue également l'histoire en voulant s'éloigner de l'évolutionnisme et du diffusionnisme. Elle prend pour terrain d'observation approfondie les civilisations lointaines davantage que les sociétés antiques. Elle veut se construire comme science sur la base du particularisme historique et des aires culturelles, du fonctionnalisme propres à chaque société, des personnalités forgées dans des conditions sociales données (Cf. Les travaux de Linton différenciant les Tanala et les Betsileo de Madagascar selon le type de culture du riz) ou du structuralisme.
L'économie est rejetée comme spécifique aux seules sociétés occidentales, capitalistes ou européennes et donc relativisée dans son ambition universelle. *L'homo oeconomicus* est critiqué chez E. Sapir (1971) au nom de la pluralité des motivations, chez MJ. Herskovits (1952) du fait de l'acculturation ou chez F. Boas du fait des standards culturels intériorisés en cours d'apprentissage. La structure linguistique est de nature irrationnelle et inconsciente chez Sapir. Les sociétés primitives sont d'abondance et non de rareté chez Sahlins 1972. Malinowski nous apprend que dans l'économie des Trobriandais, on ne travaille pas sous contrainte de nécessité de gain mais selon la fantaisie. Les résultats sont liés à la sorcellerie. La nature n'est ni ludique comme chez les philosophes des lumières ni rare comme chez les classiques ou chez Marx. Le don et contre don ou la Kula créent le lien social
La distance entre anthropologie et économie est la plus forte dans l'anthropologie structurale de Lévi-Strauss (1958). Le structuralisme sémiotique se veut science humaine hors de la praxis et de l'histoire permettant de connaître de l'intérieur les sociétés, de révéler leur syntaxe et les relations signifiantes qui font sens. Alors que l'économie est une science sociale, apte à guider l'action, qui suppose des sujets conscients rationnels. Selon Lévi-Strauss les rapports de parenté ont une valeur opératoire comparable aux rapports économiques ou à l'échange marchand pour les sociétés marchandes. On peut opposer les sociétés froides hors de l'histoire et les sociétés chaudes ou entropiques. Lévi-Strauss a conscience, en revanche, que le temps de l'anthropologie est limité «*L'ethnologie consciente ne date que d'un siècle et n'a devant elle qu'un siècle à vivre. On*

---

des instances de production et de reproduction des croyances collectives (Bourdieu [2000], Lebaron [2000])

peut prévoir qu'au XXIe siècle, il n'y aura plus guère qu'une seule humanité. Pendant deux siècles et deux siècles seulement une humanité passera à côté d'une autre humanité» (1961). *La Tristesse des tropiques* renvoie à l'angoisse, à la lucidité ou au désespoir de l'ethnologue face aux mondes en disparition dans lesquels sa discipline s'engloutira. L'économiste a l'avenir devant lui mais dans un monde désenchanté et privé de sens.

L'anthropologie économique : une discipline des confins disciplinaires.
André Nicolaï a voulu au contraire transgresser les frontières entre les disciplines liant anthropologie et économie. L'anthropologie économique et sociale, au lieu d'opposer *Robinson et Vendredi,* veut les intégrer dans une *anthropologie économique* à vocation totalisante qui engloberait les deux disciplines dans une anthropologie générale. Les éclairages anthropologiques et économiques sont complémentaires pour analyser une réalité hybride et évolutive faite de destruction/restructuration, de combinaisons plus ou moins conflictuelles de référents pluriels, de confrontation de systèmes de valorisation, de jeux d'acteurs dominants et dominés en situation d'interactions. La question méthodologique est de voir comment il peut y avoir itération entre terrains et théories, local et global, prise en compte des conflits de valeurs et des rapports de pouvoir à diverses échelles territoriales, dialectique du particularisme et de l'universalisme. En reprenant la distinction de Godelier (1974), même si elle est discutable, trois approches vont s'opposer qui permettent de situer les travaux d'André Nicolaï:
-Celle *formaliste* qui considère universaliste la méthode du calcul économique, maximisation, adéquation des moyens aux fins. Les travaux de Firth ou de l'école de Chicago rejoignent le projet Beckerien d'appliquer la rationalité économique à tous les champs, la famille l'éducation, le capital humain. Dans les modèles d'interaction sociale, l'autre rentre dans la fonction de préférence. A priori les travaux de Nicolaï sont éloignés de cette école mais ce dernier retient toutefois l'hypothèse que le champ de l'économie se définit dans toutes les sociétés par la lutte contre la rareté.
-celle *substantiviste* de Polanyi (1957) étudiant l'économie, plus ou moins enchâssée, comme un procès institutionnalisé d'interaction entre l'homme et son environnement qui se traduit par la fourniture des moyens matériels permettant la satisfaction de ses besoins. Les trois formes sociales d'intégration la réciprocité, la redistribution et l'échange correspondent à trois principes la symétrie, la centricité et l'équivalence. Le prix du marché trouve place à côté du don, de l'impôt ou du tribut. Le marché capitaliste dominé par le profit s'oppose au marché local enchâssé. Le marché est un ordre construit et non spontané. L'économie n'acquière de validité que lorsque les systèmes économiques sont suffisamment autonomes. Cette approche polanyenne est, à ma connaissance, absente des travaux de Nicolaï qui se méfiait des typologies sans recherche des causalités et des dynamiques

et voulait se placer à des niveaux supérieurs d'abstraction et d'analyse théorique.

-celle *marxiste* ou *structuralo-marxiste* en termes de détermination des rapports matériels de production et d'articulation des modes de production. Trois approches d'anthropologie économique marxiste peuvent toutefois être distinguées, 1/ celle de Marx et d'Engels en termes d'évolution des sociétés mais également de comparaisons. Selon Engels «*pour mener jusqu'au bout la critique de l'économie bourgeoise, il ne suffisait pas de connaître la forme capitaliste de production, d'échange et de répartition. Les formes qui l'ont précédée ou qui existent à côté d'elle dans des pays moins évolués doivent être également être étudiées tout au moins dans leurs traits essentiels et servir de points de comparaison*»[210]. Nicolaï est proche de cette interprétation 2/ celle téléologique en termes de successions de modes de production et de formations sociales supposant un schéma évolutionniste opposant des sociétés pré ou ante capitalistes, des sociétés capitalistes et des sociétés post capitalistes. Nicolaï est très éloigné de cette doxa marxiste et préfère le Marx débattant avec Vera Zassoulitch des différentes voies pour construire le socialisme que celui influencé par Morgan montrant les bienfaits de la colonisation et renvoyant à un sens unilinéaire de l'histoire. 3/ celle en termes d'effets de domination, d'exploitation et d'aliénation ou d'articulation de modes de production. Le projet est transdisciplinaire. L'analyse refuse l'altérité isolant les sociétés autochtones et resitue les structures sociales notamment de parenté dans la violence de l'histoire. Nicolaï est proche de l'anthropologie diffusionniste, où les effets de domination, d'imitation peuvent être des facteurs de progrès des sociétés dominées. Au contraire, dans les thèses structuralo-marxistes elles sont facteurs de blocages de l'accumulation par transfert de valeurs et exploitation. Cette analyse que l'on trouve chez Wittfogel sur les sociétés hydrauliques et le despotisme oriental, chez Cl. Meillassoux (1975), PP Rey (1973), M. Godelier (1974). Ces travaux relient production matérielle et reproduction sociale ; ils montrent notamment comment les salariés insérés dans des rapports capitalistes sont également des cadets insérés dans des systèmes domestiques ou lignagers caractérisés par des prestations par exemple sous forme de dot versés à ceux qui contrôlent la circulation des femmes ou contrôlent les biens de prestige.

Quel positionnement d'André Nicolaï face à l'anthropologie économique ?

La position d'André Nicolaï s'insère dans une représentation d'une analyse économique centrée sur la question de la rareté, de l'inflation, de l'épargne, du développement, mais qui mobilise diverses disciplines des sciences sociales notamment la psychanalyse, la psychosociologie et permet de

---

210 Engels F. [1877] *Anti-Dühring M^{ieur} E. Duhring bouleverse la science*, éditions Sociales, p 183.

comparer les sociétés capitalistes industrielles et les sociétés dites en développement. L'école formaliste et l'école polanyienne ne sont ni mobilisées ni citées. En revanche, Nicolaï introduit de la liberté et de la contingence face aux travaux structuralistes et marxistes. En revanche, il fait, comme les formalistes, et à l'encontre de Sahlins, de la lutte contre la rareté un référent universel. Il met l'accent à l'instar des travaux diffusionnistes sur les dynamiques exogènes liées aux relations asymétriques et aux effets de domination. Il s'oppose aux travaux dépendantistes mettant en avant les effets de blocages des sociétés dominées. Il montre dans le cas de la colonisation européenne en quoi les effets de domination ont conduit à une déstructuration/restructuration par ré-interprétation et dépassement de la greffe externe. Il met en avant les effets de domination ou mise en relation asymétrique de systèmes à la Perroux ou les effets d'innovation à la Schumpeter.

Les travaux de terrain montraient que la relativisation des catégories économiques occidentales était d'autant plus nécessaire que les sociétés ne sont pas dominées par le marché, par la contrainte de la concurrence et de l'accumulation. L'économiste de terrain dès lors ne rencontre que des catégories *ambivalentes* ou hybrides et des pratiques d'agents à la fois insérées dans le marché et pris dans des réseaux multiples de relations sociales. Le prêteur de bétail kabyle de Bourdieu est l'obligé de l'emprunteur car celui-ci nourrit la bête. Le petit producteur d'économie populaire d'Antananarivo est à la fois inséré sur un marché concurrentiel et pris dans un réseau de relations familiales et sociales. La plupart des relations de crédit africaines sont de proximité et sont assises sur la confiance. Les relations sociales organisées sous formes de réseaux peuvent ainsi expliquer l'efficience des transactions. Dans les sociétés africaines, les contraintes de consommation conduisent à des revenus nécessaires grâce à la pluri-activité davantage que les choix se font sous contraintes de revenus (Hugon [2013]). Comme le montrait Jean-Marc Gastellu (1979), les unités qui consomment ne sont pas les mêmes que celles qui accumulent ou qui touchent des revenus. Les structures lignagères conduisent à des comportements économiques spécifiques. En l'absence d'assurance vieillesse ou de sécurité sociale, des mécanismes de redistribution existent permettant de prendre en compte les non productifs. Les acteurs ont des pratiques, en situation de risque et d'incertitude, les conduisant soit à minimiser les risques, soit à avoir des choix acceptables d'accommodement. Le poids de la quotidienneté et la nécessité de sécurité de long terme conduit à privilégier le très court terme et le très long terme aux dépens des détours productifs du moyen terme de l'épargne et de l'investissement. Dans de nombreuses sociétés africaines, l'argent n'est pas un équivalent général. La terre n'est pas aliénable. Les biens de prestige ou spéciaux ne sont pas échangeables contre les biens de subsistance. Resituées dans la violence de l'histoire, guerres, épidémies, migrations...), les sociétés sont caractérisées par des reconfigurations très rapides interdisant une représentation synchronique et autonome. Elles sont à la fois prises dans des référents mondialisés et dans des référents multiples localisés.

La quasi-disparition de l'anthropologie économique comme discipline et champ du pouvoir académique et de recherche.

Ces travaux, impulsés par A Nicolaï, comme ceux du groupe AMIRA reconsidérant les catégories de la comptabilité nationale, notamment le ménage, au regard des travaux d'anthropologie, ne sont plus à la mode et ceux qui les citent font parfois figure d'ancêtres un peu ringards. AMIRA reste un souvenir nostalgique. L'ORSTOM/ IRD a rompu avec la «tradition nicolaïenne» avec marginalisation de nombreux chercheurs ; il a davantage confronté la validation scientifique avec les critères académiques internationaux mais aux dépens de travaux de terrain en profondeur et en durée. La recherche a privilégié aujourd'hui les enquêtes quantitatives ou les travaux micro sur la pauvreté et la vulnérabilité. Deux évolutions opposées ont conduit à faire disparaître du paysage l'anthropologie économique. D'un côté, l'économie s'est instrumentalisée, soit en mobilisant des indicateurs universels normés permettant les comparaisons et les traitements économétriques sophistiqués et « hors sols, soit elle a privilégié la méthode expérimentale de la randomisation à la Duflo malgré toutes les limites de l'expérimentation en sciences sociales. De l'autre la philosophie libérale anglo-saxonne et les questions éthiques ont conduit une vision individualiste et universaliste souvent d'inspiration Kantienne réinterprétant les travaux de Rawls sur la justice, de Sen sur les droits et les *capabilités,* de Lévinas sur l'éthique intra-générationnelle ou de Jonas sur l'éthique inter-générationnelle travaillant sur l'interaction sociale et sur l'altruisme (Mahieu [2001]). L'universalisme des catégories économiques est fondé, alors, sur l'égale dignité, la prise en compte de l'autre par le sujet, les principes de responsabilité indépendamment des positions sociales et des rapports de pouvoir.

L'anthropologie économique à la Nicolaï demeure toutefois utile pour comprendre comment toutes les sociétés sont intégrées peu ou prou dans la société globale. La réalité est hybride et évolutive, faite de destruction/restructuration, de combinaisons plus ou moins conflictuelles et de référents pluriels, de confrontation de systèmes de valorisation, de jeux d'acteurs dominants et dominés en situation d'interactions. On peut parler ainsi, dans les sociétés du Sud dites en développement, caractérisées par la violence des contacts avec les sociétés dominantes et l'insertion dans des interdépendances asymétriques, de chocs asymétriques, de processus de déstructuration/restructuration et de *formations institutionnelles* au sens des formations géologiques avec à la fois superposition et enchevêtrement des règles: droits coutumiers ou communautaires, droits issus des conquêtes (islamique, anglo-saxon, romano germanique...), droits *sui generis* des indépendances, droits issus des conditionnalités des institutions de Bretton-Woods. La domination n'est pas réductible à la transplantation d'institutions exogènes ou progressistes. Elle conduit à une hybridation institutionnelle avec des jeux variables d'assimilation, de ré-interprétation des règles ou de ruses, d'accommodement.

L'*universalisme* des catégories économiques renvoie alors à la globalisation des marchés, au développement du capitalisme financier, à l'instantanéité et à l'uniformisation des informations, au caractère global des enjeux environnementaux. Les hommes ont également une aspiration croissante à des biens universels en termes de liberté, d'accès à des ressources et de gestion du patrimoine collectif. Le *particularisme* renvoie à la pluralité des référents culturels et identitaires, à la spécificité des relations sociales, aux résistances ou aux formes d'exclusion, aux cristallisations identitaires et au fait que les pratiques sont signifiantes. Il n'existe aujourd'hui dans un monde à la fois un et pluriel que des situations *ambiguës* (Balandier, 1957), que des pratiques contradictoires et des référents pluriels. Les relations sociales ne peuvent être analysées que dans une relation dialectique d'extériorité et d'intériorité. Le monde se traduit par des asymétries spatiales et des dynamiques inégalitaires qui interdisent de penser l'uniformisation. Une anthropologie et une économie incorporant l'histoire, qui prolongent le projet de Nicolaï, doivent étudier les conflits, les luttes, les contre-pouvoirs et comment, dans un contexte donné, il y a pluralité des référents et domination de certains.

En *définitive,* les apports de Nicolaï restent fondamentaux, tout en devant être évidemment actualisés.

Le langage et certaines analyses sont datés. Les institutions occidentales (la famille, l'État, les Églises...) ont aujourd'hui moins d'épaisseur qu'il y a 50 ans. La désinstitutionalisation est liée à l'individualisme et les règles fixes ont cédé la place à des contrats interindividuels ou à des conventions négociables. Les frontières nationales sont débordées par la finance mondialisée, les enjeux environnementaux planétaires, le commerce et l'internationalisation de la production assurés par les firmes transnationales, ou par les informations et communications permises par les NTIC. Les sociétés fonctionnent davantage en réseaux, avec fluidité des appartenances, pluralité des référents fondant les comportements économiques. Les sciences cognitives ont fait de grands progrès notamment par les neurosciences. Les analyses doivent intégrer les organisations et les réseaux. Il nous semble qu'André Nicolaï a en partie «raté» certains auteurs tels Michel Foucault (2001) ou Polanyi (1957). Ceci ne rend pas obsolète la démarche de Nicolaï mais doit conduire à déplacer les déterminants structurels, au-delà des référents au marché et à la démocratie, vers les technologies du numérique, les pouvoirs financiers, les systèmes de surveillance, les normes sociales ou environnementales, les désirs mimétiques liés à l'argent qui conditionnent les comportements économiques.

La dynamique structurelle et systémique de Nicolaï peut être prolongée dans trois domaines.

-Le rôle des *médiateurs institutionnels* qui relient structures et comportements. Étant entendus que le curseur allant du libre arbitre au déterminisme diffère selon les sociétés. Certaines plus holistes restent marquées par la voie verticale de l'autorité de la loi, du dogme religieux, des rites coutumiers ou routiniers et par des comportements économiques fortement normés par des institutions relativement stables fruit de structures fortes. D'autres sont marquées par un espace social où dominent l'autonomie plus grande des individus, des écarts à la norme, des systèmes de valeurs et des codes moraux plus divers et une pluralité des contrats se substituant aux contraintes et des modes de délibération entre acteurs pluriels. En arrière-plan de ces oppositions sociétales, il importe de décrypter quels sont les rapports de pouvoirs entre les groupes sociaux et le rôle que joue la dynamique de l'accumulation au sein de capitalismes à la fois différenciés, plus ou moins prégnants. La monnaie est dans les sociétés capitalistes au cœur du lien et du pouvoir (Orléan [1999]).

-La prise en compte des *dynamiques stochastiques* où les structures dissipatives ou désordre sont créatrices de nouvelles organisations au sein de systèmes complexes. Les sociétés sont des systèmes ouverts où interviennent des indéterminations (temps non probabilisable), des polycausalités et des innovations destructrices. Bien qu'intégrant les écarts par rapport aux normes, A Nicolaï privilégie la structuration sur la déstructuration, l'ordre sur le désordre, les régulations des conflits et le dépassement des contradictions sur les processus de vulnérabilité extrême, de catastrophes anthropiques ou naturelles et de conflits non régulés.

-La différenciation du politique et de l'analyse de l'État. Les analyses de pouvoirs sont peu intégrées et la dimension politique et économique de la mondialisation peu prise en compte. *Une économie politique structurale,* supposerait, de prendre en compte les enchevêtrements de structures, la violence de la mise en contact de plusieurs institutions, l'hybridation des *formations institutionnelles des pays en développement dans un contexte jadis colonisé et aujourd'hui mondialisé,* avec des jeux de conflits, de ruses et d'accommodement créant des dynamiques de rejet ou des greffes institutionnelles. Elle impliquerait ainsi d'analyser *la légitimité* des pouvoirs et des institutions, leurs spécificités et la place qu'elles occupent au sein de l'architecture politique nationale et internationale. La codification des rapports sociaux fondamentaux suppose de remonter non seulement aux rapports sociaux mais également aux rapports politiques de pouvoir.

Bibliographie :

Nicolaï A. [1960], *Comportement économique et structures sociales* éditions L'Harmattan.

Nicolaï A [1984], «Et le poussent jusqu'au bout», *Connexions,* n° 10

Institutionnalisme et structuralisme
Aoki M. [2005], *Fondements de l'analyse institutionnelle comparée*, éditions Albin Michel.
Billaudot B. [2004], «Développement et croissance. Les enjeux conceptuels des débats actuels», communication présentée lors des *1ères journées du développement du GRES* 16 et 17 septembre, Université Montesquieu-Bordeaux IV.
Boltanski L et Thevenot L. [1991], *De la justification : l'économie des grandeurs,* éditions Gallimard
Boyer R. et Saillard Y. [1995], *Théorie de la régulation. L'état des savoirs,* éditions La Découverte
Coase R.H [1988], *La firme, le marché et le Droit,* éditions Diderot
Douglas M [2004], *Comment penser les institutions ?* éditions La Découverte.
Favereau O [1994], «La question du développement et l'économie des conventions» in Hugon Ph., Pourcet G., Quiers Valette S., *L'Afrique des incertitudes*, éditions PUF.
Foucault M [2001], «La gouvernementalité» in *Dits et écrits tome II*, éditions Gallimard.
Greif A [2006], *Institutions and the Path to the Modern Economy Lessson from Medieval Trade*, éditions Cambridge University Press.
Hall PA, Taylor RG [1997], «La science politique et les trois néo-institutionnalismes», *Revue française de sciences politiques*, volume 47, n°3-4, pp. 469-496.
Hugon Ph [2013], «La mesure du développement est-elle l'expression de rapports de pouvoir ? Application au champ de l'éducation», *Revue Tiers Monde*, n°213, Janvier-mars pp. 105-122
Le Moigne [1995], *Le constructivisme. Des fondements Tome I, des épistémologies Tome* II, éditions ESF.
Nelson R. et Winter S. [1982], *An Evolutionary Theory of Economic Change* éditions Harvard University Press.
North D. [1990], *Institutions, Institutional Change and Economic Performance*, éditions Cambridge University Press.
North D, Wallis JJ, Weingast BR [2006], *Violences et ordres sociaux*, éditions Gallimard.
Theret B [2003], «Institutionnalismes et structuralismes : oppositions, substitution ou affinités électives *?», Cahiers d'économie politique* N°44 pp. 51-78.
Williamson O [2000], «The New institutional Economics. Taking Stock, Looking Ahead», *Journal of Economic Litterature,* volume XXXVIII, septembre, pp. 595- 613.

Yong, H. [1994], «Economie néo-institutionnelle et développement. Une analyse synthétique», *Revue d'économie du Développement*, n° 4, pp. 125-141.

L'anthropologie et l'économie

Balandier G. [1963], *Sociologie actuelle* de l'*Afrique noire. Dynamique sociale en Afrique centrale*, éditions PUF.

Bourdieu, P. [2000], *Les structures sociales de l'économie*, éditions du Seuil

Gastellu J M. [1979], «Mais où sont ces unités économiques que nos amis recherchent tant en Afrique ?», *Stateco.*

Godelier M. [1974], *L'anthropologie économique un domaine contesté*, éditions Mouton.

Herskovits M.J. [1952], *Economic Anthropology*, éditions Knopf.

Herskovits M.J. [1941], «Anthropology and economics, a rejoinder» *Journal of Political Economy*, n° 49, pp. 269-278.

Hugon Ph [2001], «Anthropologie et économie ou la rencontre de Robinson et de Vendredi», *Journal des anthropologues,* n° 84.

Hugon Ph. [2011], «Les sciences sociales peuvent-elles dépasser l'opposition entre l'universalisme de l'économie et le relativisme de l'anthropologie ?», *Cahiers d'études africaines,* volume 2-3, n°202-203.

Hugon Ph. [2013], *L'économie de l'Afrique*, collection Repères, éditions La Découverte.

Knight F H [1941], «Anthropology and economics», *Journal of Political Economy*, n°49, pp. 247-268.

Lebaron F. [2000], *La croyance économique. Les économistes entre science et politique*, éditions du Seuil.

Levy-Strauss Cl. [1958], *Anthropologie structurale*, éditions Plon.

Mahieu F-R. [2001], *Éthique économique. Fondements anthropologiques*, éditions l'Harmattan.

Mauss M. [1923], *Essai sur le don, forme et raison de l'échange dans les sociétés archaïques,* éditions PUF.

Meillassoux Cl. [1975], *Femmes, greniers, capitaux*, éditions Maspero.

Morgan L H. [1877], *La société archaïque*, éditions Anthropos.

Orlean A. [1999], *Le pouvoir de la monnaie*, éditions La Découverte.

Polanyi, K. Arensberg CM. et Pearson H W. [1957], *Les systèmes économiques dans l'histoire et la théorie,* éditions Larousse.

Rey P Ph. [1973], *Les alliances de classes*, éditions Maspero.

Sahlins M [1972], *Age de pierre, âge d'abondance : l'économie des sociétés primitives*, éditions, Gallimard.

La sociologie économique d'André Nicolaï : rétrospective et actualité d'un programme de recherche

Philippe Adair

André Nicolaï est un économiste hétérodoxe qui conjugue un marxisme critique (Nicolaï [1974b]) avec la contribution de Schumpeter et de Weber, économistes issus de l'école historique allemande. Ses travaux recouvrent l'épistémologie des sciences économiques et l'économie du développement. Sa réflexion porte notamment la question centrale de la rationalité économique, qui le conduit à esquisser une représentation des individus comme des personnes à la fois façonnées par les structures sociales et dont les comportements ne sont cependant ni mécaniques ni unidimensionnels.

La notice biographique, ébauchée par Enriquez (2011), évoque (parfois sans mention de date) plusieurs éléments de la carrière d'André Nicolaï. Son activité à l'Université de Lille n'est pas traitée, mais sont rappelées : la création du CAESAR (Centre d'Anthropologie Économique et Sociale, Applications et Recherches) et la direction du DEA «Économie et société» à l'Université de Nanterre au cours des années 1970 ; sa fonction de président de la Mission Interministérielle pour l'Aménagement et l'Équipement de la Corse en 1981 ; sa participation en qualité de membre fondateur de l'ONG Forum de Delphes (1985) ; son implication successive dans deux associations de psychosociologues.

La section 1 identifie les thématiques de recherche et la démarche pluridisciplinaire d'André Nicolaï. Elle s'attache principalement à la sociologie économique, domaine qui ressort de ses publications des années 1956-1966, notamment sa thèse (Nicolaï [1960]).

La section 2 retrace les jalons de la sociologie économique dont André Nicolaï plaide pour la construction et qui participe de l'élaboration du programme pluridisciplinaire des sciences économiques et sociales dans l'enseignement secondaire à partir de 1967. A la fin des années 1970, l'influence de la sociologie économique s'exerce sur le champ de l'économie et des sciences sociales dans l'enseignement secondaire, mais elle décline au sein de la discipline économique à l'université.

La section 3 est consacrée à la contribution d'André Nicolaï à l'analyse de la rationalité économique qui marque une inflexion à partir de 1974. Il dénonce le caractère irréaliste de la microéconomie standard et suggère une fécondation grâce à l'apport de la psychanalyse freudienne qui ne semble pas très compatible avec l'approche holiste de la sociologie durkheimienne qu'il défend. André Nicolaï va manquer un rendez-vous avec l'émergence d'une microéconomie non standard fondée sur la psychologie économique qui lui était pourtant familière.

La section 4 examine l'influence d'André Nicolaï à travers la supervision des quelques 39 thèses qu'il a dirigées à l'Université de Nanterre au cours des années 1972-1996 et s'interroge sur sa postérité.

I/ La restructuration de la discipline économique : une vision hétérodoxe.

Pour identifier le projet de restructuration de la discipline économique d'André Nicolaï, l'usage de la métaphore du jeu peut être éclairant et l'auteur lui-même note que la théorie des jeux peut être qualifiée d'approche «réaliste» (Nicolaï [1960], p. 260). Cette stratégie de longue haleine consiste à encercler la citadelle de l'économie standard par l'alliance des sciences sociales dont la sociologie économique serait le levier. Cette stratégie qui ne vise pas précisément le cœur, celui de la rationalité économique, mais le cadre de l'économie standard, va piétiner.
La contribution de Nicolaï s'inscrit à la fois dans une tradition de recherche et dans un contexte. La «tradition éclectique» (Koen [1986]) de la pensée économique française rassemblée autour de la *Revue Economique* est notamment caractérisée par l'ouverture à la sociologie au cours des années 1950 et 1960. La création du cours «systèmes et structures» par André Marchal date de 1954 (Le Merrer [1990]). Le contexte est celui l'institutionnalisation (tardive) de la discipline économique qui acquiert un statut autonome grâce à la création en 1959 de la Licence complète (en quatre ans) de sciences économiques, distincte de celle du Droit ; de même, la création de la Licence de sociologie distincte de la Licence de philosophie date de 1958 (Chatel [1990]).
La thèse que soutient André Nicolaï en 1957 sous la direction de Jean Lhomme est publiée en 1960 et sera rééditée en 1999 (Nicolaï [1960], [1999]). Elle comprend trois parties : les systèmes complexes et les spécificités des structures, le comportement économique, la dynamique articulant les structures et les comportements. De prime abord, son titre *Comportement économique et structures sociales* peut sembler intriguant. Le lecteur doit comprendre qu'il s'agit du comportement (singulier) qui est prêté aux agents par l'économie standard dans laquelle l'auteur classe la microéconomie néo-classique et la psychologie sous-jacente à l'analyse keynésienne relative aux comportements. André Nicolaï critique ce qui sera identifié comme l'irréalisme des hypothèses défendu par Friedman (1953) qui n'est pas cité. Il considère que la rationalité est adaptative et s'illustre par le comportement de consommation qui fait explicitement référence à l'effet de démonstration de Veblen (1899).
L'ouvrage propose une extension du domaine de la discipline économique selon une conception pluridisciplinaire qui intègre la contribution de la sociologie. La grille d'analyse principalement macroscopique emprunte l'approche de Marx et de Durkheim. Dès l'introduction, il énonce l'approche qu'il propose : promouvoir des schémas fondés sur une «abstraction réaliste» ; il considère que le réel est construit mais la construction doit être réaliste et présente une démarche très

poppérienne en trois étapes : l'élaboration d'hypothèses de recherche, la confrontation aux faits, la modification des hypothèses (Nicolaï [1960], p. 10, 15 et 18). Si l'exigence de réalisme est affirmée, il n'y a cependant pas de référence à des données empiriques (Steiner [2001]).

Nicolaï met l'accent sur l'économie réelle et laisse que très peu de place à la monnaie[211], institution pourtant typiquement anthropologique. Sur ce point, il suit la démarche essentialiste de Marx (1867) qui vise à dévoiler le réel au-delà des apparences (Nicolaï [1974a] p. 610) et relève d'une position épistémologique discutable (Adair et Rosier [1985]).

La thèse peut être résumée par quatre propositions : la structure correspond à l'interdépendance des comportements (1) et la structure induit des comportements nécessaires (2), ce qui renvoie à la première partie ; la structure implique l'adaptation (mais aussi l'invention) des comportements (3) qui fait l'objet de la deuxième partie ; enfin, la troisième partie a trait aux comportements qui induisent des changements structurels (4). Ces propositions sont similaires à celles que formulent March et Simon (1958) dans un cadre plus microéconomique et qui incluent notamment un effet de rétroaction qu'André Nicolaï ne considère pas (Nicolaï [1960], p. 142).

L'index nominum renvoie à nombre de travaux relevant de la sociologie et de la psychologie. Les auteurs les plus fréquemment cités sont Perroux (36 occurrences), Lhomme (34) André Marchal (33), Marx et Gurvitch (24), Schumpeter (18), Keynes (17), Max Weber (15), Katona (13), Halbwachs (12), Duesenberry et Lévi-Strauss (11), Von Neumann (10), Arrow et Guilbaud (8), Commons (7).

II/ La sociologie économique : un programme de recherche scientifique ?

Nous retraçons les jalons de l'émergence et du devenir de la sociologie économique. A cet égard, la publication de l'ouvrage de Palmade et al (1967) fait date. Celui-ci couvre deux tomes d'un millier de pages et rassemble 39 collaborateurs, économistes, sociologues, psychologues essentiellement français (à l'exception de quatre sociologues anglo-saxons). Le tome II, le plus volumineux, est consacré à la psychosociologie et à la sociologie économiques ; il comprend les trois contributions de Nicolaï ([1967a], [1967b], [1967c]).

Nicolaï (1967a) rappelle que la sociologie économique a des précurseurs, parmi les sociologues (Comte, Spencer, Durkheim, Weber...) comme parmi

[211] Seul fait exception un article (Nicolaï [1962]), qui est publié après sa thèse (Nicolaï [1960]). Il paraît étrange qu'il reproche à Henri Denis de négliger la théorie monétaire de Marx, dont il reconnaît qu'elle a fluctué (Nicolaï [1968], p. 493). En revanche, la thématique du travail fait l'objet de plusieurs thèses de sociologie et de sciences économiques qu'il dirige (voir annexe).

les économistes (les historicistes, Pareto, les institutionnalistes américains, Simiand, Schumpeter), mais pas de descendance. La sociologie économique a subi trois échecs qui sont imputés aux errements de l'historicisme, à la sclérose du marxisme, à l'incapacité des institutionnalistes[212] à intégrer approche sociologique et théorie économique. La convergence est possible à condition que les sociologues acceptent l'usage des outils analytiques des économistes tout en fournissant à ceux-ci une approche relativiste et non universaliste des comportements. Les quatre conditions d'une convergence sont la réforme des études en sciences économiques et sociales de l'enseignement secondaire, l'attribution de crédits, l'institutionnalisation d'une transdisciplinarité de l'enseignement et de la recherche au sein de l'Université, la mise en œuvre de thèmes communs. La sociologie économique n'existe pas encore et n'a pas de procédés propres ; discipline-carrefour en devenir, elle sera une étape puis une composante de l'anthropologie économique. L'article comprend 19 pages de texte et 24 pages de bibliographie thématique.

Nicolaï (1967b) définit les principaux concepts qui synthétisent sa thèse (Nicolaï, [1960]) et énonce huit propositions qui articulent les structures et les comportements, les fonctionnements et l'évolution du système (économique). Les structures et les groupes sociaux sont objectifs (1), interactifs (2) et forment un système (3) partiel (économique, politique, religieux…) ; les relations d'interaction modèlent les comportements (4) et ceux-ci relèvent d'un jeu de rôle selon un mécanisme ou un ordre préétabli (5). Les fonctionnements résultent de la confrontation des comportements (6) qui en retour suscite l'adaptation et l'innovation (7). Les structures changent sous l'effet des fonctionnements (8). Il y a là l'ébauche d'une représentation systémique qui suggère un modèle récursif que l'auteur ne formule ni ne réfère explicitement[213].

Nicolaï (1967c) décline l'analyse de la domination (ou pouvoir) sous trois angles à la fois à l'échelle nationale et internationale. Selon l'angle économique (pp. 548-556), la domination est liée à la hiérarchie et aux inégalités que secrète la société et serait alors endogène. La domination sociale (pp. 556-566) relève notamment de la reproduction des élites et de l'effet d'imitation (Tarde est cité mais ne figure pas dans l'abondante bibliographie raisonnée qui couvre 10 pages). Enfin la domination politique renvoie au rôle de l'Etat. Cet article, le plus long des trois que compte l'ouvrage, se présente comme un véritable traité.

---

[212] Sa réticence à l'égard de l'institutionnalisme tient à ce que ce courant lui semble trop voisin du droit (Nicolaï, 1960), ce qui est le cas de Commons mais non de Veblen. Cette perception résulte sans doute de l'influence exercée par la lecture de Pirou (1939).

[213] Implicitement, la référence concerne la théorie de l'évolution de Schumpeter (1912) citée en bibliographie dans la thèse (Nicolaï [1960], p. 355).

L'élaboration du programme pluridisciplinaire que Nicolaï appelle de ses vœux est engagée par la réforme Fouchet de l'enseignement secondaire que pilote Guy Palmade[214]. Elle va aboutir à la création de la section du baccalauréat B (sciences économiques et sociales) en 1967. La diffusion de la sociologie économique sera notamment propagée par des revues de vulgarisation *Alternatives économiques* (1980) puis *Sciences humaines* (1988) au cours des années 1980.
Cependant, cette évolution significative n'exerce aucun impact notable sur la discipline économique à l'université : la période des années 1980 est marquée par le scepticisme à l'égard de l'anthropologie économique (Couty et al, 1985), le déclin de l'influence du structuralisme en sciences sociales et l'érosion progressive du marxisme universitaire (Pouch [2001] ; Koen [1986]) qui vont marginaliser la sociologie économique au cœur des revues économiques académiques (Steiner [2004]).

III/ L'inflexion (1974-1999) : critique de la rationalité économique et rendez-vous manqué.

A partir de 1968, les publications se tarissent jusqu'en 1974. André Nicolaï (1974a) publie alors un long article, le dernier édité par la *Revue économique*. Cet article marque une inflexion en ce sens qu'il dénonce plus qu'il ne construit, sur le ton alors très en vogue d'un manifeste. Cette inflexion lui fera manquer un rendez-vous avec l'élaboration d'une microéconomie non standard. Cette élaboration est évoquée dans deux contributions tardives (Nicolaï [1997a], [1999]).
La première partie qui porte sur la fonction de la catégorie des économistes comme reproducteurs de l'élite[215], fait manifestement écho à Bourdieu et Passeron (1964), et dénonce la rationalité comme rationalisation du savoir empreinte d'idéologie.
La seconde partie s'attache à l'examen du contenu académique de la discipline économique et promet une suite sous la forme d'un bestiaire des économistes qui ne verra pas le jour.
L'auteur identifie l'économie pure qui «*largue l'histoire [...], la démographie [...], la politologie [...], se désintéresse totalement des premiers apports de la psychologie moderne (théorie de la forme, psychanalyse, psychologie expérimentale, behaviorisme). [...] Il ne restait alors qu'un seul adversaire théorique : la ou plutôt les sociologies* » (p. 584 et 586). Selon une conception holiste de la société incorporant les individus, «*la sociologie englobe l'économie*». A contrario, suivant une conception

[214] Historien issu du courant des *Annales*, il rédige les instructions et le programme notamment pour la terminale B au titre d'inspecteur général (Chate [1990]).
[215] Il cite la formule célèbre «*chiens de garde*» de Paul Nizan, très prisée dans le contexte post 1968 mais qui n'est évidemment pas très académique.

individualiste réduisant le social à l'activité des agents, «*la sociologie n'existe pas*». Cependant «*des lendemains de la première guerre jusqu'à nos jours, on assiste à une convergence des différentes sciences sociales*» (p. 588). Si l'histoire et la démographie cohabitent, la psychologie est en tension avec l'économie, tandis que la sociologie s'économicise sans concept unificateur (pp. 589-590). Une voie pour l'intégration des sciences sociales serait soit l'élaboration d'une théorie générale de l'action dans la lignée de Pareto et Weber (incluant Durkheim) ou bien un structuralisme (Lévi-Strauss [1958]) qui n'influence cependant que les marxistes. On peut observer une inflexion, voire une contradiction entre la conception de la sociologie comme subordonnée à l'économie (Nicolaï [1967a]) et celle de 1974 qui considère la sociologie comme une alternative à l'économie.

Cette deuxième partie de l'article qui semble dresser un constat d'impuissance appelle trois commentaires. En premier lieu, la référence à Durkheim toujours présente réaffirme la conception «holiste» défendue par André Nicolaï qui néglige l'approche interactionniste de Tarde. En second lieu, la référence à Freud est imprécise et pour le moins étrange ; elle suggère qu'une psychologie individuelle distincte de celle de la microéconomie standard est en effet requise ; cependant, bien qu'elle soit identifiée à travers notamment la *Gestaltpsychologie* (Nicolaï [1960], 2ème partie), elle ne sera pas élaborée par André Nicolaï. En dernier lieu, cette absence d'élaboration est pour le moins paradoxale au regard de la familiarité d'André Nicolaï avec la psychosociologie.

Reprenons ces commentaires. Tout d'abord, la conception «holiste» durkheimienne (et marxiste) renvoie au «psychologisme social» de Simiand (Adair et Rosier [2000]), selon lequel il n'y a qu'une rationalité macroscopique, celle du système auquel est soumis le comportement des agents, lesquels cependant peuvent se livrer à un jeu coopératif ou conflictuel. Dans ces conditions, André Nicolaï[216] aurait pu mobiliser l'approche interactionniste de Tarde (1890, 1902) qui servirait bien son propos. Ensuite, la référence à Freud, si elle n'est pas une provocation, doit être précisée : s'agit-il du parallèle avec la psychologie utilitariste[217] au regard du principe de plaisir ; s'agit-il du comportement du groupe et de la place du sujet individuel dont traite Freud (1921) qui s'inspire d'ailleurs de Tarde (1890) ? Enfin, l'absence de référence à la psychologie comme fondement critique de la rationalité économique standard est d'autant plus surprenante de la part d'André Nicolaï que son compagnonnage avec la

---

216 Comme précédemment noté, la référence aux lois de l'imitation de Tarde (1890) figure une seule fois (Nicolaï [1967c]) et celui-ci n'est pas mentionné au titre des précurseurs de la sociologie économique. La seule autre référence (Nicolaï [1960] p. 27) renvoie simplement à l'opposition entre Tarde et Durkheim.

217 Freud qui a traduit trois textes de Stuart Mill (Molnar [1999]) était familiarisé avec l'utilitarisme (Govrin, 2004).

psychosociologie est avéré dès 1967 : d'abord dans le cadre de sa collaboration à l'ouvrage collectif de Palmade et al (1967), puis au sein de l'ARIP[218] (qu'il préside en 1972) et enfin comme membre fondateur (en 1993) du CIRFIP[219] qui à nouveau rassemble notamment Eugène Enriquez et Guy Palmade.

Le programme de recherche scientifique dévolu à la psychologie économique, qui a été esquissé par le courant institutionnaliste américain, va renaître aux USA[220] à partir des années 1950 grâce aux travaux pionniers de Simon ([1955], [1957]). A partir des années 1980, il fait l'objet d'un intérêt croissant qui dépasse le cercle des courants hétérodoxes. L'accent mis sur les processus cognitifs et le traitement de l'information, le renouvellement de la théorie de l'utilité, le développement de l'économie expérimentale, l'extension de la théorie des jeux, la mise en lumière du rôle des conventions en situation d'incertitude et des représentations (...). Ces approches fondées sur l'interaction entre économie et psychologie procèdent tant de l'individualisme méthodologique que de l'intersubjectivité des agents (Adair [1998], [2001]).

L'article tardif consacré à la critique de la rationalité instrumentale (Nicolaï [1997]) est une mise à jour qui porte sur la réflexion économique récente depuis 1975, notamment celle de Gary Becker, et contient une bibliographie. André Nicolaï réitère la nécessité de considérer l'agent à la fois comme acteur et comme agi. Il plaide à nouveau pour l'exigence du syncrétisme, qui fait explicitement référence au «fait social total» de Mauss (1925), et pour le dépassement de la rationalité occidentale, qui passe par l'abandon du principe de non-contradiction et donc l'adoption d'une démarche dialectique. La présentation de la réédition de sa thèse (Nicolaï [1999]) est l'occasion pour André Nicolaï d'esquisser un bilan et d'élaborer une liste (raisonnée mais lacunaire) de ses publications. Il pointe les incomplétudes, parmi lesquelles la nécessité d'intégrer les apports de la psychanalyse à l'explication du comportement individuel. Au regard de ses «motifs d'autosatisfaction», il note tout d'abord qu'il a su comprendre la nécessaire articulation entre l'agent agi et acteur, afin de surmonter la séparation entre micro et macroéconomie qui est au cœur de sa thèse. Il considère ensuite qu'il a été pionnier, après Piaget[221], dans l'énonciation des concepts de

[218] Association pour la recherche et l'intervention psychosociologiques créée en 1959. A partir de 1972, elle publie la revue *Connexions*.

[219] Centre international de recherche, formation et intervention en psychosociologie. Il publie à partir de 1994 la Revue internationale de psychosociologie, à laquelle succède la Nouvelle revue de psychosociologie en 2006.

[220] La critique pionnière qu'adresse Allais (1953) à la théorie de l'utilité espérée a peu d'écho, y compris en France. Nicolaï (1960) y fait explicitement référence.

[221] Il s'agit du traité de Piaget (1950) qui est référencé dans la bibliographie de la thèse (Nicolaï [1960]). On note une parenté avec la démarche constructiviste de Lemoigne (1995), disciple de Simon.

rationalité adaptative et de rationalité satisfaisante (Nicolaï [1960], pp. 154-160)[222], dont il récuse que l'usage soit restreint à l'individualisme méthodologique.

IV/ L'essaimage des idées et la postérité d'André Nicolaï (1975-1999).

Selon Steiner (2001) la thèse d'André Nicolaï demeure sans postérité. On observe, en effet, peu de publications identifiées après 1974[223], à l'exception de deux articles (Nicolaï [1990], [1997a]), dont le dernier est repris dans l'ouvrage collectif de Giust-Desprairies et al (1998), et la préface à la réédition de son ouvrage (Nicolaï [1999]). Il convient alors d'examiner la transmission, voire l'essaimage de la contribution d'André Nicolaï à travers la supervision de quelques 39 thèses (dont quatre en sociologie) qu'il a dirigées à l'Université de Nanterre au cours des années 1972-1996 (voir annexe).
L'indexation des thèses répertoriées dans le catalogue SUDOC est incomplète, le résumé et les mots-clés faisant souvent défaut. A défaut d'une bibliométrie raisonnée, un inventaire sommaire montre que la majorité des thèses (un tiers) porte sur les pays en développement (11) et les pays en transition (2), principalement de 1975 à 1983. La rationalité économique fait l'objet de 3 thèses au cours d'une période de 10 ans (1983-1993) et 3 thèses sont consacrées à l'histoire de la pensée économique islamique à partir de 1992. Dès 1979, l'analyse du genre fait l'objet de 3 thèses et 4 thèses sont consacrées à l'analyse des biens culturels à partir de 1987 ; ces deux thématiques ne relèvent pas du domaine de l'économie standard.
A l'ORSTOM[224], André Nicolaï est responsable de la section d'économie au sein de laquelle il défend la reconnaissance de l'anthropologie économique comme domaine de la discipline économique. Il incite de jeunes chercheurs à explorer le domaine et dirige les 5 thèses (voir annexe) de Fauroux (1975), Blanchet (1977), Bernard (1977), Gastellu (1978) et Kassapu (1978). Cependant, Couty et al (1985) font écho aux interrogations déjà discutées par Godelier (1974) : y a-t-il véritablement un domaine de l'anthropologie économique (à l'ORSTOM) ? L'anthropologie économique constitue-t-elle

[222] Cette paternité est légitimement revendiquée en ce qui concerne la littérature francophone. La publication de Simon (1957) date de l'année de soutenance de la thèse d'André Nicolaï, lequel ne mentionne aucun des travaux de Simon, exception faite d'une référence vague (Nicolaï [1997], p. 29). Il s'agirait alors d'une «découverte multiple» au sens de Merton (1961).

[223] D'autres références qui sont fournies par l'auteur (Nicolaï [1999]) s'avèrent malheureusement imprécises.

[224] L'office de la recherche scientifique et technique outre-mer constitue une institution de recherche autonome jusqu'à sa transformation en 1984 en établissement public à caractère scientifique et technique. L'ORSTOM est remplacé en 1998 par l'Institut de Recherche sur le Développement (IRD).

une discipline à part entière, dont l'objet serait spécifique aux systèmes économiques «encastrés» (Polanyi et al [1957]) ? En ce cas, l'économique n'est que l'une des dimensions du «fait social total». Ne s'agit-il pas plutôt d'une méta-discipline qui aurait vocation à coiffer les sciences sociales ?

Conclusion.

André Nicolaï n'était pas un intellectuel qui s'est enfermé dans sa tour d'ivoire. En dépit du caractère érudit mais abstrait de sa thèse, il a encouragé la recherche appliquée et accompagné l'émergence de thématiques nouvelles.

Sa modestie ou son exigence de perfectionnisme, et peut-être l'inconfort de l'observateur qui se sait également observé, l'ont conduit à peu publier sur le rythme intensif qui est désormais celui qui est requis des chercheurs contemporains. De 1956 à 1974, outre sa thèse et ses trois contributions à l'ouvrage de 1967, la bibliographie (provisoire) de Nicolaï compte 16 publications : soit 3 articles et 10 notes bibliographiques et compte rendus (9 pour la seule année 1966) dans la *Revue économique* ainsi que 2 articles publiés dans *Tiers Monde* et deux articles publiés dans la revue *Connexions*. De 1975 à 1999, André Nicolaï publie avec parcimonie : soit une contribution à ouvrage édité par le Forum de Delphes (Mappa [1993]), un article repris dans un ouvrage (Nicolaï [1997]) et la préface à la réédition de sa thèse (Nicolaï [1999]).

Sa contribution à l'anthropologie économique comme méta-discipline s'inscrit dans la tradition sociologique durkheimienne (Steiner [2004]) dont l'espace intellectuel en France s'est avéré trop étroit pour permettre aux économistes de se déployer[225]. Cependant, la revue pluridisciplinaire *L'Homme et la société* (créée en 1966) partageait la même critique du structuralisme avec Nicolaï qui n'y a jamais collaboré. Plus tard, la critique de l'économisme des sciences sociales affiche ses totems - Mauss et Polanyi – et dispose d'une publication interdisciplinaire grâce à la *Revue du MAUSS* (créée en 1981). Beaucoup plus récemment, la création en 2008 de la *Revue Française de Socio-Économie* marque la volonté de rapprocher les sciences sociales, tandis que la *Revue de la régulation* s'efforce depuis 2007 de conjuguer économie et histoire ; le comité scientifiques de ces deux revues comprend des économistes et des sociologues qui sont parfois les mêmes.

---

225 Aux USA, la sociologie économique dispose d'un plus vaste espace et son statut académique, quoique fragile, est cependant reconnu (Zafirovski [1999]). Celle-ci bénéficie du support de revues dont *l'American Journal of Economics and Sociology*, (revue créée par John Dewey en 1941 dans le sillage de l'institutionnalisme américain). L'institution pluridisciplinaire *Society for the Advancement of Socio-Economics* (SASE), créée en 1989, publie *Socio-Economics Review* depuis 2003.

D'un point de vue contrefactuel et au regard du renouveau du programme de recherche scientifique institutionnaliste qui s'amorce à partir de la fin des années 1960 (Adair [1991]), la question peut être ainsi posée : si Nicolaï avait mis l'accent sur les institutions plutôt que sur les structures et remplacé la dialectique par la rétroaction, son message aurait-il été mieux entendu ?

Bibliographie :

Adair P. [2001], «Interactions entre économie et psychologie en France – le cheminement des traditions», *Psychologie française*, n° 46(4), décembre, pp. 297-304.

Adair P. [1998], «Une mise en perspective historique et thématique», in Adair P. et Roland-Lévy C. 1998, *Psychologie économique - Théories et applications*, éditions Economica, Chapitre 1, pp. 1-15.

Adair P. [1991] «L'institutionnalisme américain - un chapitre clos dans l'histoire de la pensée économique ?» *Cahiers du GRATICE* 1, mai, pp. 1-37.

Adair P. et Rosier M. [2000], «La notion de rationalité chez François Simiand», in Dockes P., Frobert L., Klotz G., Potier J. P. et Tiran A., *Les traditions économiques françaises 1848-1939*, CNRS, pp. 51-64.

Adair P. et Rosier M. [1985], «Sciences économiques et sciences sociales : synthèse et spécificité ?» *L'Homme et la société*, n° 75-76, pp. 191-208.

Allais M. [1953], «Le comportement de l'homme rationnel devant le risque : critique des postulats et axiomes de l'école américaine», *Econometrica,* n° 21(4), pp. 503–546.

Bourdieu P. et Passeron JC. [1964], *Les héritiers*, Editions de Minuit.

Chatel E., Caron P., Fenet-Chalaye C., Le Merrer P., Pasquier P., Simula L. [1990], *Enseigner les sciences économiques et sociales - le projet et son histoire*. Institut National de Recherche Pédagogique.

Couty P., Durand M-H., Gastellu J-M., Phélinas P., Pontié G., Robineau C. [1985], *Approche anthropologique et recherche économique à l'ORSTOM.* Colloques et Séminaires. Paris : ORSTOM.

Enriquez E. [2011] «André Nicolaï», *Nouvelle revue de psychosociologie*, n°12 (2), pp. 275-277.

Freud S. [1921], *Psychologie des masses et analyse du moi*, éditions Presses Universitaires de France.

Friedman M. [1953], *Essays in Positive Economics*, éditions University of Chicago Press.

Giust-Desprairies F., Lévy A., Nicolaï A. [1998], *La résistible emprise de la rationalité instrumentale*, éditions Eska.

Godelier M. [1974], *L'anthropologie économique : un domaine contesté*, édition Mouton.

Govrin A. [2004], «Some utilitarian influences in Freud's early writings», *Psychoanalysis and History*, n° 6(1), pp. 195-205.
Hugon P. [2001], «Anthropologie et économie du développement ou la rencontre de Robinson et de Vendredi», *Journal des anthropologues*, n° 84, pp. 37-52.
Koen V. [1986], «La production française de connaissances économiques : analyse bibliométrique», *Revue économique*, n° 37 (1), pp. 117-136.
Le Merrer P. [1990], «Réflexions sur les traditions de recherche et d'enseignement de l'économie en France depuis quarante ans» in Chatel E. [1990], *Enseigner les sciences économiques et sociales - le projet et son histoire*. Institut National de Recherche Pédagogique, pp. 207-230.
Lemoigne J. L. [1995], *Les épistémologies constructivistes*, éditions Presses Universitaires de France.
Lévi-Strauss C. [1958], *Anthropologie structurale*, éditions Plon.
March J. G. and Simon H. A. [1958], *Organizations,* éditions Wiley.
Marx K. [1867], *Le Capital. Livre 1,* éditions Garnier-Flammarion.
Mauss M. [1925], *Essai sur le don. Forme et raison de l'échange dans les sociétés archaïques*, éditions Presses Universitaires de France.
Merton R. K. [1961], «Singletons and Multiples in Scientific Discovery: a Chapter in the Sociology of Science» in Merton R. K. [1973], *The Sociology of Science: Theoretical and Empirical Investigations*, editions University of Chicago Press, pp. 343–370.
Nicolaï A. [1956], «Approche structurelle et effet de domination. Une application : la Tunisie». *Revue économique*, n°7(5), pp. 738 – 776.
Nicolaï A. (1960) *Comportement économique et structures sociales*. Paris : Presses Universitaires de France.
Nicolaï A. [1962], «Tunisie : fiscalité et développement». *Tiers-Monde,* n°3(11), p. 429-478.
Nicolaï A. [1962], «L'inflation comme régulation», Revue économique, n°13(4) : 521-547.
Nicolaï A. [1966a], «Swianiewicz (S.) - Forces, labour and economic development : an inquiry into the experience of soviet industrialization» Revue économique, n° 17(1), p. 143-144.
Nicolaï A. [1966b], «Fei (J.C.H.), Ranis (G.) - Development of the labor surplus economy», Revue économique, n° 17(1), p. 144.
Nicolaï A. (1966c) «Note sur le pouvoir économique. A propos du livre Pouvoir et société économique de J. Lhomme». Revue économique, n°17(2), pp. 317-323.
Nicolaï A. [1966d], «Salles (P.) - Initiation économique et sociale. Tome II, Les échanges, le produit national et sa répartition, les aspects des sociétés industrielles». Revue économique, n°17(3), p. 493.
Nicolaï A. [1966e], «Capocci (A.) - La hiérarchie des salaires», Revue économique, n° 17(3), p. 495.

Nicolaï A. [1966f], «Meade (JE.) - Efficiency, equality and the ownership of property», Revue économique, n° 17(3), pp. 496-497.
Nicolaï A. [1966g], «Devillebichot (M.) - Profit, revenu et résultat de l'entreprise», Revue économique, n°17(3), pp. 502-503.
Nicolaï A. [1966h], «Spencer (M.H.), Siegelman (L.) - Managerial economics» Revue économique, n° 17(4), p. 695.
Nicolaï A. [1966i], «Maillet (Pierre et Monique) - Le secteur public en France», Revue économique, n°17(4), pp. 872-873.
Nicolaï A. [1967a] «Evolution et problèmes actuels de la sociologie économique» in Palmade G., *L'économique et les sciences humaines Tome II : Psychosociologie et sociologie économiques*, éditions Dunod, pp. 391-409.
Nicolaï A. [1967b], «Structure, comportement, fonctionnement, évolution économiques», in Palmade G., *L'économique et les sciences humaines Tome II : Psychosociologie et sociologie économiques*, éditions Dunod, pp. 434-452.
Nicolaï A. [1967c], «Analyse sociologique du concept de domination», in Palmade G., *L'économique et les sciences humaines Tome II : Psychosociologie et sociologie économiques*, éditions Dunod, pp. 539-594.
Nicolaï A. [1968], «Épistémologie, marxisme et sociologie de la pensée économique d'après les ouvrages d'Henri Denis», Revue économique, n° 19(3), pp. 491-502.
Nicolaï A. [1973], «J. Copans, Ph. Couty, I. Roch et G. Rocheteau, Maintenance sociale et changement économique au Sénégal : I. Doctrine économique et pratique du travail chez les Mourides» *Tiers-Monde* n°53(14), pp. 203 – 207.
Nicolaï A. [1974a], «Anthropologie des économistes», Revue économique n°25(4), pp. 578-610.
Nicolaï A. [1974b], «Et le poussent jusqu'au bout», *Connexions* n°10, pp. 75-108.
Nicolaï A. [1990], «Identifications expérimentales et innovations sociales», *Connexions*, n° 55, pp. 61-84.
Nicolaï A. [1992], «Rupture et complexité en économie», in Grou P. *Rupture et complexité croissante : du Big Bang aux multinationales* - rencontre pluridisciplinaire des 28 et 29 mai 1990. CEREM. Université Paris X-Nanterre.
Nicolaï A. [1993], «Éloge d'une passion pratique : l'économie» in Mappa S., *Les deux sources de l'exclusion, économisme et replis identitaires,* éditions Karthala.
Nicolaï A. [1997], «Logique du système et raison instrumentale» in Desprairies F., Lévy A. et Nicolaï A., *La résistible emprise de la rationalité instrumentale*, éditions Eska.
Nicolaï A. [1997b], État de droit, démocratie et développement. Forum de Delphes, juillet.

Palmade G. [1967], *L'économique et les sciences humaines. Tome I : Théories, concepts, méthodes. Tome II : Psychosociologie et sociologie économiques,* éditions Dunod.
Piaget J. [1950], *Introduction à l'épistémologie génétique. Tome III : La pensée biologique, la pensée psychologique et la pensée sociale*, éditions Presses Universitaires de France.
Pirou G. [1939] *Les nouveaux courants de la théorie économique aux États-Unis Tome 2 : L'économie institutionnelle*, éditions Domat-Montchrestien.
Polanyi K., Arensberg C. M. and Pearson H. W [1957], *Les systèmes économiques dans l'histoire et la théorie,* éditions Larousse.
Pouch T. [2001] *Les économistes français et le marxisme. Apogée et déclin d'un discours critique (1950-2000)*, éditions Presses Universitaire de Rennes.
Simon H. A. [1955], «A Behavioral Model of Rational Choice», in *Quarterly Journal of Economics*, n°69(1), pp. 99-118.
Steiner P. [2001] «Note de lecture : André Nicolaï, comportement économiques et structures sociales» *Cahiers d'économie politique,* n° 38, pp. 167-174.
Steiner P. [2005], *L'école durkheimienne et l'économie*, éditions Droz.
Tarde G. [1890], Les lois de l'imitation. 2ème édition, 1895. Edition numérique, UQAC, Québec. http://classiques.uqac.ca/classiques/tarde_gabriel/lois.../ lois_imitation.html
Tarde G. [1902], *Psychologie économique.* Tomes I *et II.* Edition numérique, UQAC, Québec. http://classiques.uqac.ca/classiques/tarde_gabriel/psycho_economique_t1/psycho_eco_t1.htm
Veblen T. B. [1899], *La théorie de la classe de loisir*, éditions Gallimard.
Zafirovski, M. [1999], «Economic Sociology in Retrospect and Prospect: In Search of its Identity within Economics and Sociology», *American Journal of Economics & Sociology,* n°58, pp. 583-627.

Annexe : Thèses sous la direction d'André Nicolaï classées en ordre chronologique (SUDOC)

Weber Jean -François [1972], *Manipulation du consensus des actionnaires ou information et relations de pouvoir : l'OPA BSN Saint-Gobain.* Thèse de sociologie sous la direction d'André Nicolaï.
Gauthier Alain [1973], *La double stratégie du politique.* Thèse de sociologie sous la direction d'André Nicolaï.
Kia Faramaz [1975], *L'accumulation du capital en Iran.* Thèse de sciences économiques sous la direction d'André Nicolaï.
Fauroux Emmanuel [1975], *Le changement économique dans la société Sakalava du Menabe (région de Morondava-Madagascar).* Thèse de sciences économiques sous la direction d'André Nicolaï.

Werrebrouk Jean [1976], *La formation du sous-développement.* Thèse de sciences économiques sous la direction d'André Nicolaï.
Blanchet Gilles [1977], *Elites et changements dans une perspective africaine et dans le cas du Sénégal.* ORSTOM. Thèse de sociologie sous la direction d'André Nicolaï.
Bernard Alain [1977], *Essai sur les structures industrielles et artisanales et les comportements de production à Madagascar.* ORSTOM. Thèse de sciences économiques sous la direction d'André Nicolaï.
Gastellu Jean [1978], *L'égalitarisme des Serer au Sénégal.* ORSTOM. Thèse de sciences économiques sous la direction d'André Nicolaï.
Kassapu Samuel [1978], *Recherches agronomiques et transferts technologiques en Afrique.* Thèse de sciences économiques sous la direction d'André Nicolaï.
Ali Ahmet [1978], *Les investissements étrangers et le problème du développement économique en Turquie.* Thèse de sciences économiques sous la direction d'André Nicolaï.
Leconte Sébastien [1979], *Les inégalités économiques entre sexes dans les sociétés contemporaines.* Thèse de sciences économiques sous la direction d'André Nicolaï.
Baslé Louis [1979], *L'élaboration de l'économie politique du socialisme en Union soviétique (1917-1954).* Thèse de sciences économiques sous la direction d'André Nicolaï.
Linhart Danielle [1980], *Le rapport au travail dans la France d'aujourd'hui – du travail salarié au salarié associé.* Thèse de sociologie sous la direction d'André Nicolaï.
Rouze Jean-Pierre [1980], *L'odeur des pratiques : essai sur l'histoire, l'économie et la représentation des odeurs contemporaines à travers les pratiques et les pratiques.* Thèse de sciences économiques sous la direction d'André Nicolaï.
Gana Alia [1981], *Transformation agraire et intégration économique de l'agriculture en Tunisie, de la colonisation à nos jours.* Thèse de sciences économiques sous la direction d'André Nicolaï.
Boulouz Bouchra [1983], *Travail féminin et espace domestique, approche dans le cadre d'un espace sous-développé : le cas du Maroc.* Thèse de sciences économiques sous la direction d'André Nicolaï.
Siorak Richard [1983], *Etude de la pollution, de l'empire romain au début du XXe siècle. Présentation du phénomène en tant que revers de la production mais aussi en tant qu'élément de mainmise du pouvoir.* Thèse de sciences économiques sous la direction d'André Nicolaï.
Origet du Cluzeau Claude [1983], *La rationalité économique : contenu et acquisition.* Thèse de sciences économiques sous la direction d'André Nicolaï.

Bouillet Alain [1983], *La part des choses - prolégomènes à une problématique de l'économie du bien conjugal.* Thèse de sciences économiques sous la direction d'André Nicolaï.
Ternaux Patrick [1984], *Marginalisation et insertion des jeunes en situation d'exclusion scolaire.* Thèse de sciences économiques sous la direction d'André Nicolaï.
Koen Vincent [1984], *A la recherche des paradigmes : analyse de la pensée économique française contemporaine.* Thèse de sciences économiques sous la direction d'André Nicolaï.
Zerner Sylvie [1985], *Travail domestique et force de travail : ouvrières et employées entre la première guerre mondiale et la grande crise.* Thèse de sciences économiques sous la direction d'André Nicolaï.
Samary Catherine [1986], *Les logiques sociales contradictoires de l'accumulation en Yougoslavie 1945-1980.* Thèse de sciences économiques sous la direction d'André Nicolaï.
Vu Kim [1986], *L'hétérodoxie en économie.* Thèse de sciences économiques sous la direction d'André Nicolaï.
Paschaloudis Dimitrios [1986], *Agriculture : problème éternel ou secteur vital ?* Thèse de sciences économiques sous la direction d'André Nicolaï.
Courtot Pascal [1987], *Travail et rapports de production dans les petites unités économiques. Économie du refus, marché, État.* Thèse de sciences économiques sous la direction d'André Nicolaï.
Amziane Mohamed [1987], *Mutation technologique et changement organisationnel : l'impact de l'information sur la gestion des bibliothèques municipales en France.* Thèse de sciences économiques sous la direction d'André Nicolaï.
Elouardihi Benaissa [1987], *Etat, secteur public et rationalité économique au Maroc.* Thèse de sciences économiques sous la direction d'André Nicolaï.
Reynold de Seresin Diane [1988], *De l'industriel à la communication.* Thèse de sciences économiques sous la direction d'André Nicolaï.
Denoyelle Jacques [1989], *Autonomie et systèmes économiques : essai sur les formes de l'ordre.* Thèse de sciences économiques sous la direction d'André Nicolaï.
Rekik Mongi [1992], *Essai sur la pensée économique arabo-islamique du VIIe au XVe siècle.* Thèse de sciences économiques sous la direction d'André Nicolaï.
Abdallah Tarek [1992], *Essai sur les théories et les développements de la théorie économique arabe contemporaine.* Thèse de sciences économiques sous la direction d'André Nicolaï.
Flora Dominique [1992], *Organisation, motivation et prise de décision dans l'entreprise.* Thèse de sciences économiques sous la direction d'André Nicolaï.

Suchère Thierry [1993], *Essais de reformulation des hypothèses de la rationalité économique*. Thèse de sciences économiques sous la direction d'André Nicolaï.

Traouli Khaled [1993], *Normes éthiques et théories du développement économique : "Le cas islamique"*. Thèse de sciences économiques sous la direction d'André Nicolaï.

Costa Nathalie [1993], *Socio-économie de la culture et politiques culturelles européennes*. Thèse de sciences économiques sous la direction d'André Nicolaï.

Choi Sung-Joon [1995], *Culture d'entreprise et néo-management*. Thèse de sciences économiques sous la direction d'André Nicolaï.

Riahi Youssef [1996], *L'expérience bancaire islamique : une nouvelle voie de formation du capital*. Thèse de sciences économiques sous la direction d'André Nicolaï.

Denis Violaine [1996], *La "Mercatisation" du secteur culturel : contribution à l'élaboration d'une théorie économique non standard*. Thèse de sciences économiques sous la direction d'André Nicolaï.

PARTIE 5 / QUELQUES ÉCRITS D'ANDRÉ NICOLAÏ.

Lois économiques et lois sociales [1966] [226]

André Nicolaï.

Les sciences de l'homme proposent plus une collection d'opinions qu'un corps très universellement admis de propositions synthétiques générales. Elles se trouvent dans un état comparable à celui des sciences de la nature au XVIe siècle. À la différence près qu'elles utilisent des motions (largement empruntées aux secondes) et des outils (parfois originaux) caractéristiques du XXe siècle.

Cette situation est particulièrement apparente quand on aborde le problème des lois économiques et des lois sociales.

Dans son acceptation scientifique, constatative, une loi est une relation générale, constante et nécessaire, d'identité, de simultanéité ou de la succession qui unit entre eux certains phénomènes.

***

1) Cette définition, applicable à tout objet de science, a une histoire, qui est celle du progrès des sciences de la nature : aujourd'hui les variantes de l'énoncé ne cachent pas de divergences de fonds. Mais à l'accord sur la définition ne correspond plus actuellement celui sur l'existence des lois ni sur la connaissance qu'on peut en avoir : la contestation est de fait dans les sciences de la nature, à plus forte raison dans les sciences sociales.

La genèse de la notion de loi est celle d'un épurement poursuivi au fil des progrès dans les sciences de la nature.

À l'origine de la loi constatative se confond avec la loi impérative établie par la Divinité, la coutume ou le législateur. Platon conçoit l'ordre du monde comme un reflet déformé de celui qui régit les Idées; Aristote ne distingue pas la loi constatative de la loi morale et utilise plutôt dans l'ordre cognitif la notion de cause (matérielle, formelle, efficiente, finale) ; Empédocle parle de «*Grand Serment*» et Lucrèce des «*Pactes de la Nature*».

Le Moyen-Âge, de Saint Augustin à Saint Thomas d'Aquin renforce la liaison avec la loi morale ou se perd dans la querelle des Universaux, bien qu'on puisse trouver chez Duns Scot en Europe et chez Ibn Khaldoun en Afrique du Nord des notations préfigurant le déterminisme, physique pour le premier, social pour le second.

La Renaissance, en ce domaine, effectue plus une rupture qu'elle n'apporte d'éléments constructifs. Elle commence pourtant de répandre la notion de droit naturel supérieur aux lois écrites.

---

[226] Nos remerciements à Clara Suchère pour le travail de transposition de ce texte ancien sur ordinateur.

Aux progrès des sciences mathématiques et physiques aux XVIIe et XVIIIe siècles correspond l'idée des lois naturelles, manifestations de la volonté divine, lois arbitraires selon Malebranche, lois nécessaires selon Spinoza et surtout Leibniz. Nouveau glissement avec cet auteur : manifestations de la volonté divine, ces lois sont les meilleures possibles et même les meilleures pour les créatures humaines. On retrouve cette conception jusque chez les Physiocrates.

Pourtant la mise entre parenthèse du providentialisme sinon toujours du méliorisme sera opéré par leur contemporain Montesquieu qui énonce pour la première fois l'immanence des lois aux phénomènes : «*les lois, dans leur signification la plus étendue, sont les rapports nécessaires qui dérivent de la nature des choses : et dans ce sens tous les êtres ont leurs lois*...».

À partir de ce moment et jusqu'au début du XXe siècle, ce sera l'affirmation généralisée d'un déterminisme rigoureux et mécaniste que l'on dit repéré non seulement dans les sciences déjà constituées, astronomie et physique, mais aussi en chimie et en biologie. Ce déterminisme sera adopté aussi par les sciences de l'homme, affirmé par les Classiques en économie ; par les démographes en matière de population, par Marx (le mécanicisme en moins) et A. Comte en sociologie.

2) En ces domaines pourtant la contestation interviendra assez rapidement. Elle viendra de plusieurs côtés.

D'abord, au nom du libre-arbitre humain, tout en courant, assimilant matérialisme et déterminisme (les déterminismes étaient souvent, il est vrai, matérialistes) niera que le phénomène humain soit soumis à des lois strictes : mais c'était lier le sort du spiritualisme à celui de l'idéalisme.

Ensuite Marx, s'il adopte, le déterminisme et même le matérialisme, les déclare, dans l'ordre social, historique et non universel dialectiques et non mécanistes. C'était ouvrir une large brèche dans l'universalisme des Classiques, brèche qui sera agrandie par l'historisme allemand et l'institutionnalisme américain.

Enfin la contestation de déterminisme allait venir des sciences de la nature elles-mêmes.

À l'échelle corpusculaire l'interférence entre l'objet conservé et l'observateur rendait par exemple impossible la détermination simultanée de la position et de la vitesse de l'électron ; on en concluait donc des «*relations d'incertitudes*» (Heisenberg) voire à un «*libre-arbitre de l'électron*» (Dirac). Cette crise du déterminisme devait se révéler crise du mécanicisme. Mais par ricochet, elle devait atteindre les sciences sociales et se perpétuer encore de nos jours.

On serait ainsi passé de la notion de cause à celle de loi, de celle de loi à celle de relation fonctionnelle, de celle de relation à celle d'effet entendu comme une simple corrélation de concomitance sans liaison fonctionnelle repérée. Cette position remet en question non seulement la réalité et

l'extériorité de l'objet, comme le fait l'idéalisme, mais encore la rationalité et l'intelligibilité du réel. Comme l'idéalisme, elle est irréfutable et indémontrable. On passera outre en admettant soit que le réel est rationnel et intelligible, soit que «tout se passe comme si» il l'était.
Faisant ce pari, il est alors permis de poser le problème des lois sociales et des lois économiques. Ce problème revêt deux aspects : d'une part l'économie politique est une science sociale et par conséquent les lois économiques posséderont avec celles des autres domaines sociaux, des traits communs : d'autre part l'objet particulier de cette science la différenciera des disciplines voisines tandis que l'unité du social lui imposera de définir au contraire les liens qui unissent les phénomènes économiques aux autres phénomènes sociaux.
Plus simplement l'examen des lois économiques et des lois sociales pose d'abord un problème d'inclusion, ensuite un problème de relation.

***

I / Un problème d'inclusion : les lois économiques comme lois sociales.

L'économie politique traite des rapports qui lient les hommes dans leur lutte contre la rareté. À ce titre elle est une science sociale. Les lois économiques font donc partie des lois sociales et ce qui vaut pour celles-ci vaut par définition pour celles-là.
Trois questions se posent alors : existe-t-il des lois sociales et spécialement des lois économiques ? Si oui, peut-on les connaître ? Si oui, quelles sont-elles ?

1.1. Le problème d'existence

L'existence des lois naturelles demeure largement accréditée. Par contre, il y a toujours eu une certaine répugnance à admettre celles de lois sociales. La raison en est simple : on conçoit bien la liaison entre un homme et son acte, on conçoit mal un sujet conscient, animés d'un projet intentionnel, soumis à des lois. L'idée de détermination biologique est déjà un scandale que l'on admet en science, parce qu'on l'oublie dans la vie quotidienne. Celle de détermination sociale est plus que cela, elle parait un non-sens : il n'y a de réalité humaine immédiate qu'individuelle.

A) Pourtant la vie en société est une donnée permanente de la condition humaine. On serait alors tenté de conclure que les lois sociales ne sont que des lois de l'interindividuel. Et c'est bien ce que font certaines école par exemple : les sociologues culturalistes américains ou les économistes néo-classiques. Le social serait à la rigueur de l'interindividuel cristallisé.

Mais cristallisé, coutumier, l'interindividuel est déjà contraignant : le nouveau-né, l'immigrant, le trouvent déjà constitué, préexistant. On acquiesce mais on objecte : cette contrainte est arbitraire, elle aurait pu être autre et la preuve en est dans la variabilité temporelle et spatiale des modèles sociaux de comportement.
La variabilité est certaine; les similitudes ne le sont pas moins. On peut les expliquer par la diffusion des cultures dominantes aux cultures limitrophes dominées ? Mais la comparaison ethnographique et historique, si elle prouve cela montre aussi des similitudes de formes sociales chez des ensembles humains que n'a unis aucun contact.
Cette méthode comparative nous permet de répéter parfois des comptabilités nécessaires entre les divers types de rapport sociaux (rapports économiques et rapports domestiques par exemple) et au moins des incompatibilités majeures (entre le capitalisme et l'organisation politique féodale).
Bien plus elle nous livre, renforcée par la technique statistique, des régularités de fonctionnement : la substitution d'une conjoncture proprement sociale (crise) à la conjoncture naturelle (famine), avec l'apparition du capitalisme spontané ; la substitution de l'inflation au cycle avec l'apparition du capitalisme organisé.
Enfin elle nous révèle même des concordances d'évolution : la naissance de l'esclavage en des temps et des endroits différents à partir du moment où la technique et les connaissances font du prisonnier un producteur net, possible et non plus une charge que l'on supprime (en le mangeant).

B) Donc la contrainte sociale existe. Il y a quelques commencements de preuves qu'elle ne soit irrémédiablement arbitraire. Admettre l'existence de lois n'est à ce stade encore qu'une hypothèse qu'il faut rendre plausible en esprit.
Le problème est celui-ci : comment, de la confrontation d'actions individuelles sinon totalement libres, du moins intentionnelles, peut naître une nécessité qui s'impose à elle ?
L'exemple de la loi de Mariotte, expression macroscopique, simple des résultats des calculs des probabilités appliquées aux milliards de chocs de milliards de molécules de gaz contre les parois d'un récipient, fournit déjà par analogie, quelques éclaircissements. Mais ces molécules ne sont pas intentionnelles, tandis que les hommes le sont.
On a déjà dit que la contrainte sociale préexistait au nouveau-né et à l'immigrant et s'imposait à eux. Il faut ajouter maintenant qu'ils vont devenir les supports de cette contrainte en adoptant les modèles de comportement et en entrant dans les rapports sociaux caractéristiques de cette société. Enfin, objets et supports de la contrainte, ils vont en devenir les agents généralement involontaires d'évolution : l'assimilation, l'adoption des contraintes se double d'une adaptation à elle, qui amène leur transformation.

Pour qu'on les puisse dire manifestations de lois sociales, il manque maintenant à ces contraintes seulement d'être nécessaires et certains le sont effectivement qui rendent compte de façon générale, constante et nécessaire les relations entre deux phénomènes : ainsi de la loi et de l'offre et de la demande en économie, de la loi logistique en démographie humaine et animale.
Le scrupule oblige à s'arrêter là : peu de lois sociales sont universellement admises, beaucoup sont contestées. Mais le scrupule mène aussi à douter d'un déterminisme intermittent, d'une rationalité par plaques. Il y a certes encore un pari à faire pour affirmer toute la rationalité du réel. Mais l'on peut au moins dire qu'elle est parfois assurée et toujours plausible, cette immanence des lois au social.
Si l'on tient le pari, il reste alors à expliquer que la connaissance de ces lois sociales et économiques soit si imparfaite.

1.2. Le problème de la connaissance.

Le social, vraisemblablement rationnel, serait-il peu intelligible ? Et même, si l'existence des lois sociales et économiques est seulement vraisemblable, c'est peut-être que la connaissance qu'on en a est imparfaite.
À l'appui de cette thèse deux séries d'arguments ont été avancées. L'un concernant l'objet, l'autre le sujet du savoir. Y répondre est un préalable à l'examen de la valeur des lois.

A) La spécificité du social l'empêche d'être aussi intelligible que la nature : il est très complexe, il est instable, il est inexpérimentable.
a) Complexe, certainement puisqu'il s'y entrecroisent des phénomènes multiples, chacun objet de détermination particulière. Puisqu'un même phénomène peut être l'objet de déterminations multiples : le social serait indéterminé parce que sur déterminé.
Ceci est vrai d'un phénomène évènement mais non du phénomène général. La chute d'une pierre résulte de la conjonction de causes multiples, la chute des corps s'explique par la loi de gravitation universelle; expliquer la crise économique de 1929, ce n'est pas énoncer la loi des crises. Le problème du passage des multiples particuliers au général s'oppose en des termes semblables dans les sciences naturelles et dans les sciences sociales.
b) L'argument d'instabilité est plus sérieux : la mise en présence d'un acide et d'une base donne toujours un sel et de l'eau; par contre, le capitalisme du XXe siècle n'est pas celui du XIXe. Autrement dit, ici les phénomènes se transforment au fur et à mesure qu'on les étudie.
À cet argument héraclitéen, on peut répondre : d'une part que les faits se répètent dans le temps et l'espace avant de parfois disparaître, d'autre part que le processus de transformation est lui-même révélateur de régularité.

c) Enfin, on dit que l'expérimentation est possible dans les sciences sociales. À un argument de ce genre, les astronomes ont depuis longtemps répondu que l'observation scientifique conduite est expérimentation comme le prouve la découverte de Neptune par Le Verrier. À quoi on ajoutera que l'expérimentation stricto sensu est parfois possible dans les sciences sociales, non seulement au niveau des petits groupes, mais encore à celui de la société globale comme le prouve les sondages expérimentaux.
Du côté de l'objet observé, les difficultés existent. Elles ne sont pas insurmontables. Qu'en est-il de l'observateur ?

B) L'économiste et le sociologue seraient atteints d'une myopie particulièrement forte.
Toutes les limitations qui affectent le chercheur dans les sciences de la nature se retrouvent évidemment : caractères approximatifs, même parfois illusoires de l'expérience sensible; caractère borné de l'esprit humain ; interférence entre les déterminations de la technique d'observation et celle de l'objet observé. Toutes ces limitations n'ont point empêché le progrès des sciences naturelles.
Par contre, dans les sciences sociales, joue avec le plus de forces cette limitation qui découle de l'appartenance du chercheur à un milieu et une époque donnée, c'est-à-dire de son adhésion consciente ou inconsciente à un système de valeurs : «*l'ancrage historique*» (Merleau-Ponty) le soumet à la déformation idéologique («*idéological bias*» de Schumpeter) dont peut se libérer le physicien ou l'astronome (Galilée) mais non «l'humaniste». À partir de là, quatre conclusions ont été présentées : 1) Tous les systèmes sont également faux, soit également valables soit les deux à la fois (M. Weber); 2) Tandis que l'on peut expliquer la nature, on doit comprendre les faits humains (Dilthey); 3) «*La frei-schwebende Intelligenz*» arrive malgré mille difficultés à expliquer l'économie ou le social (K. Mannheim); 4) Le progrès de la connaissance est possible grâce au savant qui adopte l'idéologie de la classe révolutionnaire, qui est dévoilement plus que déformation (Marx).
En son état actuel, la sociologie de la connaissance dépasse ou enrichit ces quatre attitudes. Tous les groupes sociaux sont contraints à l'idéologie, mais aussi à la connaissance. Les groupes conservateurs, s'ils sécrètent de l'idéologie, sont obligés de découvrir les vérités théoriques dont l'application pratique permettra justement de maintenant les choses en l'état. Les groupes révolutionnaires, s'ils sont contraints, pour réaliser leur aspiration, de faire progresser la connaissance de la société qu'ils contestent, sont aussi soumis à la déformation idéologique; ils subissent la tentation du dogmatisme et celle de prendre leur désir pour des réalités (O. Lange). De cette dialectique des idéologies contradictoires et des connaissances partielles peut naître par des dépassements successifs des premières et synthèses successives des secondes, un progrès de la connaissance.

C) Si l'on fait sienne cette attitude épistémologique, la vérité dans les sciences sociales et économiques reste, sous des spécifications particulières, ce qu'elle est dans les sciences de la nature ; Les lois doivent avoir une valeur logique et une valeur expérimentale. Cette double exigence n'est guère plus aujourd'hui contestée.

a) Seuls quelques rares auteurs admettent encore qu'une loi est vraie pourvue qu'elle satisfasse aux règles du raisonnement logique ce qui est privilège exclusif des mathématiques.

Aussi bien, même les théoriciens qui, comme L. Robbins, mettent l'accent principal sur la méthode déductive, reconnaissent que les postulats de départ doivent être conformes aux faits et que les propositions générales qui en découlent doivent être explicatives de ces faits.

La question étant enfin entendue, il suffit de signaler que la conformité au principe d'identité, de non-contradiction, de tiers exclu et de raison suffisante est jugée actuellement insuffisante car la logique a révélé que les règles du raisonnement correct sont plus nombreuses que ces quatre-là. Un réexamen des lois économiques et sociales actuellement admises pour juger de leur conformité à ces règles, serait donc souhaitable.

b) Ces lois doivent aussi avoir une valeur expérimentale. On ne répétera pas ici les controverses sur l'expérimentation en matière de science sociale. Par contre il est nécessaire d'insister sur quelques déformations récentes de ce principe de valeur expérimentale.

La première critique concerne le pragmatisme (est vrai tout ce qui est utile) qui semble retrouver de nos jours quelque vigueur. On répondra, sans plus, que pour être utilisable, une loi doit être vraie, c'est-à-dire conforme aux faits.

Ce pragmatisme moderne est souvent teinté de phénoménologie. La réalité, dit-on, n'est ni extérieure à la conscience, ni confondue avec elle. Le seul réel est celui qui unit la conscience au monde : la conscience est toujours conscience de quelque chose; le monde n'existe qu'appréhendé par une conscience.

Sans entrer dans la discussion philosophique, il faut pourtant noter les conséquences de cette attitude quant à la valeur expérimentale des lois. Dans la lignée de Max Weber, on affirme que les lois n'expriment pas les faits, mais les construisent. La loi n'aurait donc de valeur expérimentale qu'en fonction du point de vue chercheur et du système d'interprétation adopté. Elle est une simple proposition opérationnelle.

Cette attitude semble appliquée à la nature de la connaissance. Ce qui est valable pour la genèse de cette connaissance, la psychologie de l'intelligence et l'histoire des sciences révèle en effet que concepts et lois sont élaborés par l'enfant ou le savant par abstraction successive sous la double nécessité de l'accommodation au réel et de l'assimilation du réel : concepts et lois sont bien, sur le plan génétique, opératoires. Mais il ne faut pas confondre élaboration et valeur expérimentale. Une fois élaborées, les lois sont vraies

ou fausses selon qu'elles rendent compte ou non des phénomènes et ce quel que soit l'individu ou le point de vue auquel on se place.
La loi ne construit pas les faits, elle les reconstruit.
Et on ne conclura pas du caractère variable et partiel de ces reconstructions à l'équivalence des vérités ou à la négation de la vérité. La connaissance scientifique procède par approximations successives dans les sciences sociales comme dans celles de la nature. Et ici comme là, une loi aura valeur définitive quand l'expérimentation aura reproduite les faits dont l'observation avait suggéré la loi, ou, si l'expérimentation stricte sensu est impossible quand la prévision se révèlera exacte.
«*The proof of the pudding is the eating*» disait Schumpeter après Engels. On ajoutera : and in the making.

3) L'essence des lois économiques et sociales.

L'existence de lois économiques et sociales est un pari raisonnable. Leur connaissance heurte à des difficultés mais qui ne sont pas insurmontables. Il reste à préciser ce qu'elles sont (ou pourraient être) : d'une part elles sont non pas ce qu'elles sont dans les sciences de la nature, mais ce qu'elles sont en général; d'autre part, elles ont des caractéristiques particulières qui tiennent à la spécificité du social.

A) Elles sont des relations générales, constantes et nécessaires entre certains phénomènes.
a) Elles ne s'appliquent donc pas au fait particulier, aux évènements, bien qu'elles soient abstraites à partir d'eux, bien que l'utilisation conjointe de plusieurs de ces lois puisse les expliquer et servir à les prévoir. La loi les subsume sous une relation idéale qui ne retient que la liaison générale, constante et nécessaire, alors que dans leur singularité ils sont sur-déterminés, c'est-à-dire le résultat de la convergence de plusieurs séries causales.
b) Ces lois sont conditionnelles : la relation signalée ne se réalisera que si l'ensemble des conditions requises sont réunies, mais alors elle interviendra nécessairement. Trait également valable pour les sciences de la nature où l'on énonce explicitement ou implicitement les conditions requises de pression, température etc.
Ceci à une double conséquence.
c) Ces lois sont «régionales» : elles ne sont valables que pour un niveau, une partie ou un aspect du réel : un phénomène peut présenter simultanément un aspect démographique et économique, religieux et politique comme c'est souvent le cas dans les sociétés dites primitives : la loi économique le concernant ne peut prétendre épuiser toutes ces réalités. De même une loi valable au niveau des comportements politiques peut ne pas l'être à celui des résultats, à celui du fonctionnement des rapports politiques.

Si une loi exhaustive pouvait être formulée, elle mériterait pleinement la qualification de loi sociale, mais nous n'en sommes ici qu'à l'âge des hypothèses.
d) Les lois économiques et sociales sont temporelles : les phénomènes qu'elles unissent peuvent ne pas se produire de façon permanente et même avoir cessé d'exister. À cet égard, la situation du chercheur est comparable à celle du paléontologue ou du géologue.
En plus de ces caractères généraux, ces lois reçoivent des spécifications propres au social.

B) Les caractéristiques particulières sont au nombre de quatre.
a) Ces lois sont d'abord des lois de comportement, puisque les phénomènes sociaux n'existent que par les actions des agents humains. Elles disent comment ces agents répondent à des situations sociales. Par exemple, comment un groupe, spécifié par la catégorie socio-professionnelle, le niveau des revenus et les relations de cette catégorie et de ce niveau avec ceux des autres groupes, comment ce groupe réagit à l'augmentation du prix d'un produit, caractérisé par sa place dans la hiérarchie des biens.
b) Ce sont ensuite des lois de structure, puisque les groupes d'agents sont liés entre eux par des rapports dont ils deviennent les supports en accomplissant certains activités sociales. Les structures économiques, politiques, religieuses, domestiques, présentent entre elles des comptabilités ou des incompatibilités : d'autres lois doivent énoncer les relations nécessaires entre ces divers ordres de structure.
c) En troisième lieu, on trouvera des lois de fonctionnement. La confrontation des comportements émis par des agents-supports des structures sociales, permet le fonctionnement de ces rapports, fonctionnement qui présente des manifestations conjoncturelles.
À ce plan, les phénomènes sociaux et économiques sont des «phénomènes nombreux» d'ensemble et comme tels ils ressortissent au domaine de la loi statistique, qui traduit une relation résultant d'une multiplicité d'actions particulières soumise à des lois autres que celle de l'ensemble. On trouve là une application du caractère régional des lois, et non, comme on le croit parfois, une occasion de renoncer au principe de légalité au profit de la notion «d'effet».
Car ces lois statistiques doivent être distinguées des relations de concomitance que révèle la simple observation méthodique. Même quand ces lois énoncent des relations probables (relations stochastiques), il faut entendre cela non comme la preuve du hasard assimilé à l'indétermination, mais soit comme le signe d'une connaissance imparfaite, soit comme l'indice de plusieurs niveaux de détermination ou de la rencontre d'une pluralité de déterminant.
Enfin, on aura des lois de classification et d'évolution des systèmes. L'étude comparative révèle que les conduites, les rapports, les fonctionnements

convergent ou divergent selon les systèmes conçus comme des ensemble cohérents et spécifiques de structures et de comportements… On aurait donc à établir une typologie et des lois de transformation des systèmes.

Ce qui précède indique plus ce que les lois sociales en général et les lois économiques en particulier, devraient être ce qu'elles sont. Car il y a peu de lois qui soient universellement admises et surtout effectivement expérimentés.
Cette situation permet difficilement de trancher le débat entre le caractère historique et le caractère universel des lois. Non pas des lois formulées qui sont nécessairement conditionnelles, régionales et temporelles, mais des lois *immanentes* au réel social. S'il est permis de conjecturer, on dira prudemment que certaines de ces lois exercent leurs effets quelles que soient les sociétés et les époques parce qu'elles reflètent les données permanentes de la condition humaine. Le caractère universel vaudrait aussi pour un second groupe de lois, celles qui ont trait à l'évolution. Enfin, il est beaucoup plus probable qu'un dernier groupe ne commande au réel que localement.
Sur le plan de la connaissance, il y aurait à leur place pour une sociologie et une économie «fondamentale», «généralisée», côté d'une sociologie et d'une économique valable pour certains systèmes sociaux seulement.
Mais en plus de cette distinction, il faut en introduire une seconde qui spécifie les lois économiques dans leur relation avec les autres lois sociales.

II/ Un problème de relation : comparaison et interdépendance de lois économiques et des lois sociales.

En plus de leurs caractères généraux communs, les lois sociales possèdent des traits spécifiques selon leur objet d'application : économie, démographie, sociologie… Il faut donc les comparer.
Les divers phénomènes sociaux sont interdépendants et l'interdépendance peut jouer à propos d'un autre phénomène. Il faut alors analyser ces inter-relations.

2.1. Comparaison des lois économiques et des autres lois sociales.

Cette comparaison est difficile : la connaissance du social est imparfaite; elle est surtout fragmentaire. L'unité initiale des sciences humaines s'est résolue en une pluralité de disciplines que ne parvient encore à effacer la tendance actuelle à la convergence.
En attendant que naisse une anthropologie sociale et générale, on sera tenté de dire que la comparaison ne porte pas entre lois économiques et loi sociales, mais entre les lois mises à jour par les économistes et celles découvertes par les autres spécialistes. Ainsi il n'y a pas d'accords sur ce

qu'étudie la sociologie : soit sciences englobant tout le social, soit sciences étudiant tout ce qui n'est pas étudié par les sciences sociales particulières. Ainsi également, la démographie s'occupe des phénomènes de population sous leurs aspects nombreux, laissant à la sociologie domestique les relations de parenté alors qu'il serait préférable qu'existe une science qui traiterait des comportements, rapports, fonctionnements et systèmes qui résultent de l'activité sexuelle.
Ces difficultés peuvent être dépassées, en définissant l'objet de chaque science sociale, d'après la nature de l'activité socialement accomplie. Ainsi l'économie politique s'occuperait des rapports sociaux qui naissent de la lutte collective contre la rareté, lutte où des agents en groupe tiennent des rôles différenciés et complémentaires.
L'adoption de cette définition permet de clarifier les différences et les ressemblances entre les lois économiques et les autres lois sociales sur le triple plan commode et déjà repéré de l'existence, de la connaissance et de l'essence de ces lois.

A) L'existence des lois économiques parait plus assurée que celle des autres lois sociales.
a) D'abord parce que l'activité économique est la plus contraignante des activités : les hommes sont condamnés de façon permanente à jouer le jeu économique; ils peuvent se passer d'activités artistiques.
Ainsi condamnés, ils sont alors soumis à deux séries de contraintes. Les unes sont techniques, qui naissent de leurs rapports extérieurs avec une nature soumise à des lois, c'est-à-dire de la nécessité de se soumettre à ces lois pour les mieux commander aux fins de les faire servir à la satisfaction des besoins humains. Les secondes sont proprement sociales et découlent de la division du travail en général, c'est-à-dire de la différenciation continue et de la complémentarité évolutive des rôles économiques. Cette division du travail résulte de la faculté d'adaptation au et de transformation au monde extérieur par l'homme : n'étant pas immuable, elle est dont sociale et non pas naturelle comme chez les sociétés animales.
Les lois économiques sont ainsi des lois qui contraignent les hommes à apprivoiser les lois de la nature. Il en est de même pour les lois de la sociologie domestique et de la démographie. Par contre, les autres activités sont purement sociales, ce qui pourrait expliquer peut-être une certaine indétermination, et tout au moins une sur-détermination, qui accentuerait le caractère stochastique des lois qui les gouvernent.
b) Ensuite, on l'a déjà dit, certains phénomènes économiques sont des phénomènes «nombreux». Ceci doit s'entendre en un double sens.
En premier lieu, celui de résultante d'ensemble obéissant à une rationalité éventuellement différente de celle qui s'applique aux comportements de multiples agents individuels : les déterminations au niveau global, repérables

par des lois statistiques, peuvent différer de celles du niveau élémentaire. Même si celles-là sont le résultat de celles-ci.
En un deuxième sens, les phénomènes économiques sont nombreux parce que leur numération est en certains cas nécessairement et spontanément opérée par les sujets économiques : comptabilisation des biens produits et consommés, surtout comptabilisation des valeurs d'échange dès qu'intervient un embryon de division du travail. Même en l'absence d'un étalon stable, les rapports relatifs des valeurs d'échange sont fournis spontanément par la société et donc immédiatement repérables.
Il suffit souvent à l'économiste de noter; le démographe doit déjà compter; les autres spécialistes sont obligés de susciter des traductions numériques de faits non spontanément numérés.
S'il n'y a de science que mesurable, on conçoit que l'économie politique (et la démographie) soient en position plus favorable que les autres sciences sociales pour énoncer des relations générales quantifiées. À l'heure actuelle, le handicap tend à se réduire : on s'efforce de créer partout des transcriptions numériques (sondages d'opinions par exemple) et les progrès des mathématiques qualitatives permettent de cerner des phénomènes qui échappaient autrefois à l'investigation.

B) Ceci relève déjà du problème de la connaissance comparée des lois économiques et sociales. Les phénomènes économiques sont mieux étudiés et peut-être mieux étudiables.
a- L'existence des lois économiques parait plus assurée parce que ce domaine de l'activité humaine a été plus exploré. Les lois préexistent certes à la connaissance qu'on en a, mais leur existence n'est prouvée qu'à partir du moment où la connaissance permet de la rendre praticable, c'est à dire recréable ou prévisible par la pratique humaine.
Or les impératifs politiques, au départ fiscaux, puis révolutionnaires, puis anti-cycliques, enfin d'intervention généralisée, ont amené à mieux étudier es phénomènes économiques afin de les domestiquer. On a pu constater par exemple que la prévision économique est née de la crise et la prévision démographique de la guerre. Ce n'est alors par un hasard si économie et démographie sont des sciences sociales mieux constituées que les sociologies politique, religieuse ou domestique.
b- De plus, si l'activité économique est une dimension permanente et inéluctable de la condition humaine, les faits économiques seront toujours présents et le chercheur pourra travailler sur une collection plus large de données factuelles. L'expérimentation, au sens d'observation scientifique conduite, sera plus facile ; l'induction amplifiante se rapprochera moins de la généralisation hasardeuse que du raisonnement par récurrence.

C) Quant à l'essence des lois économiques, comparées à celle des autres lois sociales, la seule chose qu'on puisse en dire, c'est qu'on est certain de voir jouer les premières aux quatre niveaux des comportements, des structures, des fonctionnements et des systèmes, sous forme de relation d'identité, de simultanéité ou de succession. La présence des secondes à ces quatre niveaux et sous ces trois formes est parfois plus difficilement repérable, sans qu'on puisse juger s'il s'agit d'une imperfection d'existence ou d'une lacune du savoir.

a- L'économiste part d'une double constatation : l'homme est contraint à la lutte contre la rareté ; cette lutte est menée en société, en relation avec d'autres hommes.

Ce point de départ l'oblige à tenir compte des lois psychologiques et même physiologiques qui gouvernent le comportement. On pourrait alors penser que si l'économie est une science sociale, elle peut ne pas être que cela, mais aussi une psychologie. Cependant, dès ce niveau le social apparaît sous l'aspect des modèles de comportement proposés par la société.

En un sens les lois du comportement sont individuelles et en un autre elles sont déjà sociales. Faute d'avoir tenu compte de ces exigences simultanées, la science économique a cru, notamment avec l'école marginaliste, pouvoir énoncer des lois fondées exclusivement sur les conduites individuelles caractérisées d'ailleurs uniquement par les principes de rationalité et de maximisation des satisfactions, eux-mêmes entendus de façon très restrictives. L'exemple-type donné à l'appui de cette thèse est celui-ci : un monopoleur, s'il est rationnel et veut maximiser son profit, se comportera de la même façon dans l'Égypte ancienne (monopole d'état du papyrus) et dans la France contemporaine (monopole d'État du tabac). À l'opposé, des écoles comme l'historisme, l'institutionnalisme et le culturalisme, inféraient de la pluralité des comportements économiques la prédominance du social, celui-ci étant contraignant mais arbitraire.

En liant ces deux aspects la science économique moderne est amenée à repérer la rationalité dans le social et la relativité dans l'individuel : l'activité économique est déterminée car elle est adaptation nécessaire, mais les formes et l'efficacité de cette adaptation varient selon les systèmes sociaux. Les lois de la psychologie économique individuelle sont déjà celles de la psychologie sociale, à plus forte raison quand elles traitent des comportements collectifs.

b- Dans l'activité économique les agents tiennent des rôles différenciés et complémentaires : ils entrent en des relations qui leurs préexistent et dont, adultes, ils deviennent les supports.

Ces rapports coercitifs forment les structures de l'activité économique qui sont structures de production, de distribution et même d'utilisation des biens et des revenus, puisque l'on sait maintenant que chaque fonction individuelle de consommation dépend des fonctions d'autres utilisateurs du revenu

Ce sont pourtant les rapports de production qui paraissent obéir aux lois les plus strictes ou au moins les mieux connues. Les rapports intersectoriels semblent ainsi soumis à des règles sinon constantes du moins de cohérence

et d'évolution nécessaires. Ce qui a permis aux économistes américains et soviétiques de comparer la méthode des balances avec celles des tableaux d'input-output. Les uns et les autres n'en sont pas à s'accorder sur les rapports sociaux de production ni sur les lois qui les gouvernent, mais ils conviennent déjà de leur existence.
Dans ce domaine des structures, la sociologie domestique des rapports de parenté et la sociologie politique des rapports politiques sont en train de progresser plus vite que l'analyse économique. Il sera ainsi possible, dans quelque temps de comparer leurs typologies respectives, de les rapprocher de la classification des "communications" que propose la cybernétique et d'arriver ainsi à une classification interdisciplinaire des rapports sociaux, prélude à la découverte des lois de leur formation.
c) La confrontation des comportements permet aux rapports sociaux de sa réaliser dans leur fonctionnement.
À chaque type de rapports sociaux correspondent des modes de confrontation des comportements : en économie elle se réalise par exemple dans les unités d'exploitation et sur les marchés des facteurs et des biens. De la confrontation naît le fonctionnement, qui se manifeste par une conjoncture qui lui est caractéristique (cycle, inflation...). Cette conjoncture est souvent signe de l'incompatibilité des plans, signe de distorsion entre les flux réels et monétaires : elle apparaît en ce cas comme un phénomène pathologique. Mais elle a aussi un rôle régulateur : la crise ou l'inflation rétablissent les comptabilités et corrigent les distorsions : elles sont des "tensions structurelles" mais aussi déjà des réponses à ces tensions.
Ces quelques notations doivent être complétées par la remarque que beaucoup de ces lois de fonctionnement sont variables selon les systèmes économiques.
d) Les systèmes peuvent être dits des ensembles cohérents et spécifiques de structures et de comportements.
Si la définition ne porte plus qu'à des controverses mineures, par contre la classification des systèmes économiques est très peu avancée pour la double raison que les sciences sociales sont européennes et donc européocentristes et que l'ethnologie économique est peu développée. On tend donc à négliger les sociétés extra-européennes et à recouvrir du nom de sociétés primitives un ensemble de systèmes très différents. Il existe par exemple, à l'heure actuelle, environ 2000 sociétés différentes sur la surface du globe (le double au XIXe siècle), dont guère plus d'une ou deux centaines sont étudiées sur le plan économique. Or ces deux milles sociétés doivent bien appartenir à quelques dizaines de systèmes économiques dissemblables. Et l'unification économique du monde effacera les différences entre les sociétés primitives encore existantes avant qu'on ait pu les étudier.
Les classifications proposées par les Historicistes, Marx ou même les économistes et les sociologues contemporains sont donc nécessairement élémentaires.

Il est alors très difficile de formuler des lois d'évolution des systèmes puisque les séquences repérées sont trop peu nombreuses. Ces lois risquent de demeurer inconnues, non parce qu'elles n'existent pas, mais parce qu'elles auront cessé de jouer sur un échantillon étendu avant qu'on se décide à l'étudier.

Les systèmes politiques, domestiques et même religieux, par contre, ont fait l'objet de classifications très anciennes : par exemple celle d'Aristote pour les premiers. Il faut reconnaître qu'il n'en est pas pour autant résulté un corps de lois d'évolution politique.

De cette brève comparaison de lois économiques et des autres lois sociales on retiendra que les premières sont souvent privilégiées aux trois points de vue étudiés, mais que les progrès récents des autres sciences laissent augurer une réduction du privilège pour le plus grand bien d'une convergence et d'une unification des sciences sociales.

L'unification des connaissances ne fera alors que refléter l'unité du social, unité faite non pas seulement d'uniformité, mais d'enchevêtrement des divers ordres de détermination.

2.2. Les interrelations entre lois économiques et autres lois sociales.

On a déjà signalé l'interdépendance des phénomènes sociaux d'ordres différents et même l'interdépendance de ces ordres au sein d'un phénomène.

Le problème est alors celui-ci : existe-t-il des super-lois qui ordonnent l'agencement des lois économiques, politiques, domestiques entre elles ? Si oui, quelles sont-elles ?

A) L'existence de ces lois qui établiraient des relations nécessaires entre les lois sociales elles-mêmes est une croyance fort ancienne que l'on peut faire remonter jusqu'aux cosmogonies antiques. C'est pourtant au XVIIIe siècle qu'elle s'affirme, au XIXe siècle qu'elle se renforce sous l'influence du darwinisme et de la philosophie de l'histoire au début du XXe siècle qu'elle est discréditée, pour connaître aujourd'hui un renouveau.

Les divergences cependant ont toujours été extrêmes quant à la forme du processus.

a) Chercher l'origine de ce super-déterminisme revient à privilégier une des composantes de la condition humaine pour lui conférer la qualité de cause dominante.

L'anthropologie et la géopolitique ont insisté sur le rôle de l'environnement naturel, mais il y a eu aussi un racisme, un technicisme et un économisme. Sans oublier le déterminisme idéaliste à la Hegel.

En vérité toutes ces déterminations ne peuvent jouer que reprises dans la pratique humaine : ce sont les hommes qui, transformant l'environnement grâce à des connaissances et des techniques au service d'un projet, mettent en œuvre ces diverses déterminations.

Ainsi, dire par exemple que l'économie conditionne les autres domaines sociaux ne peut signifier que ceci : c'est en tant qu'agents économiques, que les hommes se déterminent eux-mêmes inconsciemment, comme sujets des autres sphères d'activité. En ce sens il semble alors effectivement que l'activité économique joue un rôle qui se renforce apparemment au fur et à mesure que l'on se rapproche des sociétés modernes.

On laissera à chacun le soin d'en inférer ou non que l'interdépendance et l'interaction (Wechselwirkung) des différents phénomènes sociaux sont orientés par la pratique économique.

b) Dans quel sens agirait cette causalité en réseau, en réseau éventuellement orienté ?

Là aussi le choix est ouvert entre des hypothèses très diverses, qui peuvent pourtant se grouper sous trois chefs : un processus ascendant (Herder, Condorcet, Hegel, Compte, Marx, Spencer), ascendant puis descendant (O. Spengler), neutre parce que circulaire (Vico) ou parce qu'indéterminé (P. Sorokin).

Faute d'un accord sur la notion de progrès il est hasardeux de prendre parti en la matière : les économistes, prudents, parlent de croissance ou de développement.

C'est que presque toutes ces grandes théories ont un grave défaut : elles envisagent l'évolution, sans détours ou errements possibles, comme un processus nécessaire, unique, linéaire, même quand cette linéarité est la circularité de l'éternel retour.

c) Par contre l'opinion est plus généralement répandue que la force du processus obéirait à un principe dialectique : dépassement et conservation chez Hegel ou chez Marx, "challenge" et "response" chez Toynbee, dialectique généralisée chez certains auteurs modernes.

B) Ces lois dialectiques éventuelles rendraient alors compte de deux séries de phénomènes ; il y aurait :

a) des lois d'interaction entre les comportements, les structures, les fonctionnements, les systèmes afférents aux divers domaines des activités sociales de l'homme ; éventuellement des lois de la prédominance et de la dissymétric de certaines d'entre elles, qui détermineraient au plus des comptabilités nécessaires et au moins des incompatibilités majeures ;

b) des lois d'évolution des systèmes sociaux totaux, conçus comme des ensembles cohérents et spécifiques de comportements et de structures relatifs aux différentes activités socialement accomplies

Dans l'un et l'autre cas, du fait de l'enchevêtrement des phénomènes ces lois ne pourraient être que lois **tendancielles**.

En l'état actuel des connaissances, l'existence de ces lois économiques et sociales d'interaction et d'évolution est une simple conjecture et l'adoption d'une des théories avancées doit s'entendre comme adoption d'une hypothèse de travail.

C'est donc là philosopher. Mais la philosophie, si elle illustre la démesure de notre ignorance, est aussi le réservoir d'hypothèses où puise la connaissance qui se fait.

La nécessité, la norme et le jeu en économie [1990] [227]

André Nicolaï

Toutes les écoles d'économistes attribuent aux acteurs significatifs de leurs théories, des comportements nécessaires : maximiser chez les Néo-classiques, être des «fonctionnaires du capital» chez Marx, sous consommer chez Keynes. La résultante de ces comportements devient alors, elle-même inéluctable. Respectivement : l'équilibre du marché, l'explosion du système, l'équilibre de sous-emploi.

C'est dire que les théoriciens admettent d'une part que les agents fonctionnent sous l'emprise de la seule nécessité (même les agents des Néoclassiques sont condamnés à «choisir» l'unique solution optimale) et d'autre part qu'une complémentarité entre leurs rôles est toujours réalisée en «période normale» ou au moins rétablie par des régulations Ces deux hypothèses sont pourtant hasardeuses. La première suppose des agents monovalents, spécialisés en tant que producteurs et déterminés (aux deux sens du terme) comme utilisateurs de leur revenu. La seconde parce qu'elle pose l'équilibre ou l'homéostasie comme postulat, se montre incapable de rendre compte des changements économiques.

En ce qui concerne la première (seule discutée dans ce texte) le paradigme néo-classique, actuellement dominant, a connu entre 1975 et 1989 sa période de triomphalisme : cela l'a amené non seulement à sophistiquer ses raisonnements et ses outils pour conforter ses conclusions (Arrow-Debreu pour l'équilibre général) et étendre son champ d'application (Muth-Lucas pour les anticipations rationnelles), mais aussi à annexer des domaines extra-économiques (G. Becker et le choix du conjoint ou l'économie du crime par exemple). Cette extension l'a fait se heurter à des limites et donc, pour préserver l'essentiel, à opérer des replis (hypothèses de «rationalité satisfaisante» ou «rationalité procédurale», ou à se trouver des étayages (l'économie des conventions après l'économie de la régulation) dans d'autres disciplines : ainsi l'économie de la régulation emprunte à la biologie et le conventionnalisme à la psychosociologie des organisations.

L'économie des conventions, tout récemment, constate alors que les données fournies par le marché sont insuffisantes pour éclairer vraiment le jeu et donc pour dicter leur conduite aux agents : il faut donc assortir les informations du marché de normes pour rendre les joueurs actifs et la partie praticable[228]. (On réinvente ainsi Weber, Durkheim et Parsons, mais mieux vaut tard que jamais). Mais cette approche laisse intact le problème du respect de ces conventions par tous les partenaires. C'est que, ici, les normes ne sont analysées qu'en fonction de l'intérêt supposé qu'elles présentent pour

[227] Article publié initialement par la revue «*Économie*» de l'université de Perpignan. Tous nos remerciements à la responsable de la revue Marie-Hélène Gilman.

[228] L'économie des Conventions (Revue économique, mars 1989)

eux (on ne sort pas de l'individualisme méthodologique). Au mieux ajoutera-t-on que l'intérêt de ces co-contractants est assorti d'un contrôle social, c'est-à-dire de la réprobation que susciteraient les infractions (d'où les objections du «passager clandestin» ou du «cavalier libre»); Est ainsi évacuée l'hypothèse du respect des règles grâce à leur intériorisation, alors justement, que le contrôle social n'est réellement efficace que s'il réactive une culpabilité latente chez les agents : le contrôle social doit ainsi rencontrer non seulement l'intérêt mais aussi «la vertu» des acteurs[229]. Ou, dit autrement: la répression externe, pour être efficace doit être légitimée par le refoulement interne (sinon : «qui gardera les gardiens» ?).

Maîtriser la nécessité économique permet, bien sûr, des satisfactions (avoir un métier, percevoir et utiliser un revenu). Se conformer aux normes (de l'organisation ou du standard de consommation du groupe d'appartenance ou de référence) non seulement accroît la quantité et la probabilité des utilités économiques, mais procure en plus les gratifications de l'accomplissement du devoir et de la validation du statut social de l'agent. Ces gratifications «morales» renforcent donc les satisfactions «matérielles», mais surtout réduisent l'ouverture de l'éventail des comportements possibles et finalement renforcent ainsi la complémentarité des rôles sans laquelle il n'y a pas de circuit économique.

Mais (et c'est l'hypothèse sur laquelle on insistera ici) les contraintes et incitations normatives, même quand elles vont dans le même sens que les contraintes et incitations matérielles, demeurent insuffisantes pour assigner un comportement déterminé aux agents et pour parfaire la complémentarité de leurs rôles. Il faut pour que le lien se noue et que le jeu se joue, qu'un troisième facteur de motivations et d'astreintes renforce les deux premiers et referme encore plus l'éventail des comportements possibles : justement **le plaisir pris à jouer** les rôles économiques respectivement complémentaires. «*A quoi joue le garçon de café ?* » demandait déjà Sartre, qui répondait : «*Au garçon de café*». Et ce qui est vrai pour lui, l'est aussi pour l'employé, l'entrepreneur, le fonctionnaire, le sacristain... . Sinon «1e moral n'y est pas» et l'entreprise, l'administration ou l'association fonctionne mal (ainsi le ludique fait-il partie intégrante de la "culture d'entreprise", quand elle existe). Donc les agents économiques se comportent comme ils doivent se comporter (selon la logique du système) si les deux derniers types de gratifications vont dans le même sens que les gratifications matérielles. On peut même ajouter qu'il doit y avoir «une commune mesure» implicite entre les trois puisqu'elles sont, partiellement, substituables entre elles : par exemple la valorisation du statut ou le plaisir du jeu convivial dans «*l'atelier à bon moral*" peuvent faire accepter une certaine sous-rémunération.

On aurait ainsi trois niveaux de contraintes et incitations, repérables en chaque agent économique :

---

[229] Minc A.[1990], *L'argent fou*, éditions Grasset

1) **La nécessité :** mais, on le sait, une nécessité socialement créée (la gastronomie n'est pas la faim et la mode pas la protection contre le climat). Puisqu'elle est créée, si on se trouve en situation de croissance, cette nécessité doit être continuellement renforcée par l'incorporation de nouveaux besoins d'une part, par l'élimination continue de biens devenus trop «bon marché» d'autre part (le secteur de la santé connaît exemplairement ce phénomène). Il en résulte, toujours en situation de croissance, une augmentation des coûts fixes non seulement pour les organisations (l'accumulation du capital, la multiplication des établissements d'enseignement...), mais aussi pour les individus. Pour ceux-ci il y a, au mieux, maintien du revenu discrétionnaire et, plus probablement, sa diminution. Or l'accroissement de ce revenu est justement ce qui permettrait aux agents dominés (les agriculteurs, les salariés...) ou au moins à leur progéniture, de changer de rôle et de s'élever dans la hiérarchie sociale. Mais on sait que l'inégalité des revenus et surtout des patrimoines tend à s'accroître[230] ; c'est dire que la répartition et l'utilisation du revenu sont au service de la reproduction des rôles productifs. A deux exceptions près : 1) les rares cas de réussite individuelle (Floirat, Dassault, Lagardère, Tapie...) ; 2) les transferts publics et les dépenses privées qui permettent de former aux nouveaux rôles économiques, la génération montante (sinon on aurait une reproduction à l'identique). .
2) **La vertu :** c'est l'aspect normatif de la culture (de la société globale, de l'entreprise...) avec ses trois composantes : l'existence de normes, le contrôle social de conformité à ces normes, la culpabilité déclenchée par la simple perspective d'infraction personnelle à ces normes.
3) **Le plaisir ludique** : accompagnant toute activité même «sérieuse» (non-initiée, si on préfère telle que l'activité économique, politique ou même sacrée (sinon il n'y aurait pas de fêtes religieuses).
Si ces trois types de contraintes et d'incitations convergent et s'étayent l'une, l'autre, le comportement de production et d'utilisation des agents économiques sera fortement déterminé (donc analysable et utilisable) et la complémentarité des rôles tenus tendra à se rappeler de celle d'une société animale[231].
Mais les problèmes commencent quand l'un des deux cas suivants se réalise :
1) Les trois faisceaux de contraintes et d'incitations à mettent à diverger. Par exemple le statut (de l'infirmière. du prêtre, du professeur, du médecin...) ne vient plus en renfort ou en substitut partiel de la rémunération. Beaucoup des

[230] Rapport du CERC sur les revenus des Français (novembre 1989). Même pendant la période des «trente glorieuses», les mobilités latérales (les enfants des paysans devenant postiers par exemple) l'emportent de loin sur les mobilités ascendantes tandis que la mobilité descendante est pratiquement nulle. Cf. Bertaux, D. [1977], *Destins personnels et structure de classe*, éditions PUF.
[231] Tendra seulement : car une complémentarité parfaite exclut le changement autrement que par essaimage et reproduction, ailleurs par l'essaim d'une structure identique.

mouvements sociaux catégoriels contemporains se réalisent ainsi sur le terrain : faute de considération, au moins de l'argent. Ainsi, autre exemple, le plaisir ludique d'enseigner s'amenuise sous le poids d'étudiants trop nombreux et sous l'effet d'une diminution du temps disponible pour la recherche (et donc d'originalité possible de l'enseignement). Ou encore : la morosité, la mobilité et l'opportunisme actuels des jeunes cadres, soumis à l'injonction contradictoire de la réussite individuelle et de la fidélité à l'entreprise (et c'est une des raisons de la difficulté de maintenir ou de reconstituer des "cultures d'entreprise").

2) Un des deux niveaux d'étayage de la nécessité (en l'occurrence la vertu ou le plaisir ludique) s'autonomise au point qu'il se subordonne les deux autres et trouve ainsi l'occasion, de «s'emballer». Ainsi. après l'effondrement des mythes collectifs politiques de 1945-1975, de la résurgence de fanatismes religieux ou nationalistes (ou les deux) actuels : la nécessité économique y est niée même dans la vie quotidienne (qu'on pense aux affrontements libanais) tandis que les seules fêtes ludiques permises sont celles de la célébration religieuse ou du jeu de la guerre. On peut ainsi retrouver l'analyse de Pareto des comportements non-rationnels (fondés chez lui, on le sait, sur des "résidus" pulsionnels). Mais le plaisir ludique lui-même peut également s'autonomiser et donc se soumettre la nécessité et la vertu. Exemple pris dans la vie quotidienne : les automobilistes français, par excès de vitesse, sont deux fois plus nombreux à se tuer sur les routes que leurs homologues européens ou américains. Plus sérieusement : l'emballement actuel du jeu économique (y compris boursier) en Occident ou dans l'Asie des Cinq Dragons, après la période de croissance relativement harmonisée de 1945-1975 et la période de crise de 1975-1985. Car on ne voit pas, même pour les jeunes générations, la nécessité "objective" de cette création accélérée de nouveaux produits (y compris financiers) ni la vertu de cette destruction des biens, des qualifications et de l'environnement. (Mais il est vrai que cette même perplexité a dû apparaître lors de chaque révolution industrielle, de celle du néolithique à celle de l'informatique).

Laissons donc de côté ici le domaine relativement bien balisé de la nécessité (créée) pour ceux de la culture (vertueuse) et du plaisir (ludique).

I/ Structures, cultures, pratiques : la culture comme médiation.

1.1. La cohésion en renfort de la cohérence.

A la différence des sociétés animales où la socialisation stricte des agents résulte d'une différenciation et d'une complémentarité somatiques renforcées par des signaux physico-chimique: (les phéromones par exemple), dans les sociétés humaines la spécialisation est imparfaite (puisque acquise) et imparfaite la coordination même quand elle prend les formes de la soumission à l'autorité (esclavage, servage) ou au marché (capitalisme). La

nécessité des recyclages prouve l'imperfection des spécialisations, le besoin de conventions culturelles prouve l'imperfection du marché. C'est dire que la détermination des comportements par les structures (l'assignation des rôles par le marché pour les uns, la place dans les rapports de production pour les autres) n'obéit pas à la relation directe et univoque qui, dans l'arc réflexe, lie la réponse au stimulus. La nécessité induit certes de la cohérence, mais la maîtrise de cette nécessité rend aussitôt la cohérence imparfaite. La culture, déjà présente dès qu'on passe *De la horde à l'État* (E. Enriquez)... et à la société civile, s'instaure sûrement, avec le surplus, comme médiation inévitable entre la nécessité individuelle: (la faim) ou structurelle (le salariat) et les comportements des agents.
Autrement dit : la cohérence (nécessité) a besoin de la cohésion (culture) pour se parfaire. Au point que celle-ci peut se substituer partiellement à celle-là. En période «calme» les conventions (explicites comme les conventions collectives ou implicites comme «les règles de pouce») ne laissent au marché que le rôle d'affineur du lien économique et ce n'est qu'aux époques troublées (comme l'époque actuelle) que l'on recourt au marché comme à une ordalie.

1.2. La culture comme médiation.

Pour ne pas retomber dans le débat entre le structuralisme et le culturalisme, ce culturalisme qui voit dans la culture (une échelle de valeurs arbitraires, mais spécifique à un groupe) la cause ultime des pratiques et des rapports sociaux, on mettra ici uniquement l'accent sur la fonction médiatrice de la culture entre les structures et les comportements : la nécessité naturelle et structurelle doit être interprétée intellectuellement, normativement et affectivement par une culture pour être rendue intelligible, acceptable (voire glorifiable) et donc maîtrisable (Hegel : «*la liberté c'est la nécessité maîtrisée*»
Si la culture fournit aux agents les moyens de cette médiation interprétative nécessaire qui distingue, selon Marx lui-même, l'architecte le plus maladroit de l'abeille la plus exacte, cela rend utile une définition plus précise.
A) Généralement on l'a dit : système de modèles de comportements d'interrelation propre à un groupe donné permettant la réalisation d'activités socialement accomplies. Ces modèles de comportements concernent aussi bien les activités matérielles (les modèles de pratiques agricoles par exemple) que les activités symboliques (les modèles de pratique religieuse par exemple).
Mais comme la médiation passe à son tour par la conscience des agents, la culture devient alors : système de représentations techniques (efficace - inefficace), normatives (bien – mal), scientifiques (vrai - faux), artistiques (beau - laid) des dits comportements d'interrelation.

B) Si on parle de représentations, on n'est pas loin du couple marxiste science-idéologie puisque ces représentations peuvent donc être vraies ou fausses. Mais les culturalistes comme les marxistes excluent généralement l'affectif de leurs nomenclatures respectives et par voie de conséquence la possibilité d'un inconscient culturel, c'est-à-dire des contenus et agencements refoulés, déviés, déplacés... concernant les pulsions du ça non-socialisées, les mécanismes de défense du Moi inavoués et la part inconsciente du Surmoi censeur et idéalisateur, qui sont propres à un groupe donné. Les rationalisations (Freud), les dérivations (Pareto), les idéologies (Marx), les illusions (Marx et Freud), tous ces imaginaires d'explication-justification sont les travestissements de cet inconscient.
Qui est pourtant constitutive de la préservation de l'identité culturelle du groupe, dont les membres s'entre-reconnaissent autant par ce qu'ils expriment, que par ce qu'ils occultent. Cet inconscient collectif permet l'opacité fonctionnelle du social et renforce donc le culturel d'auto-conservation qui, à son tour, permet la «distinction» vis-à-vis des autres groupes.
En symbiose avec lequel existe un **culturel de projet** où l'inconscient du groupe projette dans l'avenir (et sur les autres) la satisfaction des désirs ajournés et déplacés et leur idéalisation. Ce culturel de projet est, lui, plus pleinement encore que celui d'explication-justification, un imaginaire : illusoire pour partie comme le premier (la consolation de la vallée de larmes par un avenir radieux souvent aussi mythique que l'eldorado ou le communisme universel et sans confits), mais aussi auto-réalisateur, parfois de catastrophes mais le plus souvent gratifiant puisque éventuellement instaurateur d'un idéal du Nous[232].
Ce culturel de projet, avec son inconscient et son imaginaire prospectifs, s'étaye sur le culturel d'auto-conservation soit pour conserver telles quelles l'identité et la distinction du groupe, soit au contraire pour les simplifier ou les généraliser, selon les logiques fantasmées d'une loi circulaire ou spiralée de l'éternel retour ou d'une loi de progrès linéaire ou révolutionnaire. Ainsi ce culturel de projet est-il la condition de toute prophétie auto-réalisante.
Fors les époques de crise où se relâche la cohérence et où elle disjoncte de la cohésion, le référent et le projet culturels viennent donc en confort de la nécessité, parfois même en se substituant partiellement à elle (les gratifications de la considération sociale en substitut partiel au gain pécuniaire). La spécialisation des agents devient alors plus étroite tandis que se renforce la complémentarité des rôles.
En Occident, comme ailleurs, la culture (le profit et le travail comme valeurs complémentaires dans l'entreprise) vient donc en confort de la nécessité (celle de réaliser du profit ou de vendre sa force de travail, à peine de se faire éliminer). Dans les pays dominés la situation est plus compliquée

[232] Cf. Castoriadis C. [1975], *L'institution imaginaire de la société*, éditions du Seuil..

puisque nécessité et culture sont imposées de l'extérieur et entrent en conflit avec la nécessité et la culturel locales (celle-ci résistant d'ailleurs plus longtemps que celle-là). De plus, en Occident, c'est tout l'extra-économique (le politique, l'anthropoïétique[233] et -comme on le verra même le ludique) qui renforce l'économique (avec, bien sûr des rétroactions.
Mais le confort, en période normale. de la nécessité par la culture laissera encore l'éventail des comportements possibles trop ouverts et donc la complémentarité trop imparfaite, si n'intervenait un troisième élément : le plaisir.

II/ Fonctionnement : la nécessité, les normes, le plaisir.

Est-ce que la nécessité et la vertu (l'existence du référent et du projet culturel et l'intériorisation des normes et des idéaux) qui lui sont assortis, suffisent-elles à caractériser le problème ? Il ne le semble pas.
Si la nécessité doit être transformée en vertu, celle-ci doit à son tour être transformée en plaisir pour que le jeu continue[234]. Et cela est vrai dans les pays capitalistes développés aussi bien pour les entrepreneurs (privés que publics, propriétaires ou managers) que pour les travailleurs (des entreprises des administrations, des associations). On va voir dans un instant comment dans les pays occidentaux s'effectue cette transsubstantiation.

2.1. L'ophélimité évacué : le plaisir.

A) Le plaisir, dit Freud, est d'abord un élément connexe à la satisfaction d'un besoin. Mais il s'autonomise et peut ainsi être reproduit librement et artificiellement, en dehors de toute activité «besogneuse» (la succion du pouce s'autonomise de la succion du sein). Malgré les satisfactions de l'auto—érotisme, il se trouve que le plaisir, comme Dieu, a lui aussi pour se renforcer besoin des hommes. Une activité inutile donc mais gratifiante et une gratification accrue par la participation d'autrui. Mais celle-ci implique des règles et le maintien en jeu des partenaires. L'éloignement vis-à-vis du besoin, les règles, le maintien de la présence des partenaires, tout cela fait du plaisir, le résultat d'une activité fictive et donc nécessairement limitée dans le temps et dans l'espace. On a là la définition du jeu par Caillois. Le plaisir (autonome) est donc la gratification liée au jeu.

---

[233] Anthropoïétique : la sphère de la reproduction physique et sociale des agents.

[234] Un plaisir «en plus» de celui qui résulte des gains issus de la maîtrise de la nécessité et de la «considération» publique et narcissique qu'induit la conformité à la vertu. Gain pécuniaire et considération qui sont partiellement substituables comme on le voit régulièrement à l'occasion des conflits du travail.

B) Mais le capitalisme pendant quatre siècles, récuse le jeu au nom des contraintes du marché et de la vertu associées («Enrichissez-vous par le travail et par l'épargne»). Aussi ce plaisir ludique réprimé et refoulé, fait bien sûr retour au sein même de l'activité licite et même vertueuse par excellence: l'activité économique. D'une part, il la conforte : maîtrisée la nécessité et épuisées les joies de la vertu, l'incitation à surenchérir simplement à continuer cesserait (l'équilibre keynésien de saturation, comme celui de la névrose, est un équilibre de sous- emploi). D'autre part, il la pervertit, car une des caractéristiques du jeu c'est, on l'a vu, d'être réglé et limité dans le temps et dans l'espace. Que se passe-t-il ?
«Quand l'univers du jeu n'est plus étanche ? Quand il y a contamination avec le monde réel, où chaque geste entraîne des conséquences inéluctables ?... Ce qui était plaisir devient alors une idée fixe ; ce qui était évasion devient une obligation ; ce qui était divertissement devient passion, obsession et source d'angoisse» [235]
Ce double effet d'accentuation et de dévoilement, on est prêt à l'admettre en politique (le stalinisme, le nazisme et plus généralement le fanatisme organisé comme retour par l'étatique du plaisir ludique s'étayent sur les pulsions de mort) et dans toutes les sphères du social... sauf dans l'économique[236].
C'est pourtant cette relance perversive par le ludique qui peut expliquer non seulement la pérennisation, l'expansion géographique, l'extension sectorielle du système. Tout ceci, qui se répète depuis quelques siècles indique bien que les agents du système se prennent (et se piquent) à son jeu. C'est justement la raison pour laquelle les acteurs du système (et pas seulement les entrepreneurs «en font trop» par rapport à la nécessité de l'utile et aux normes de la culture. Mais cette raison est inavouable puisque le jeu est officiellement condamné : aussi se situe-t-elle dans l'opacité du social.

2.2. La perversité obsessionnelle ou l'obsession réalisante.

La banalité des actions surdérogatoires à l'utile et au vertueux n'est propre ni à la sphère économique du système, ni au capitalisme lui-même. Dans toutes les sociétés l'opacité fonctionnelle du social ne résulte pas seulement d'amnésies opportunes, d'imaginaires compensatoires et de manipulations idéologiques mais aussi de compulsions à des rites conjuratoires et à des espérances en des satisfactions de désirs pourtant non totalement assouvissables.

---

[235] Caillois R. [1955], *Les jeux et les hommes : le masque et le vertige*, éditions Gallimard p.103.

[236] Morishima explique en partie les succès économiques japonais par le Confucianisme. Mais peut-on admettre, qu'en plus, les Japonais sont joueurs... et furent (?) militaristes ?

C'est dire que, malheureusement, la pérennisation des liens sociaux (dont les liens économiques) implique sans doute une composante pathologique. Mais en capitalisme, cette composante prend des aspects spécifiques puisqu'elle intervient principalement dans la sphère économique. Et la question devient alors : qu'est qui peut y rendre les acteurs «accrochés» ? Quelles sont les drogues ou les passions (c'est tout comme) attachées au jeu qui s'y joue[237] ?
On propose une hypothèse : celle d'une perversité obsessionnelle, c'est-à-dire du «positif» d'une névrose obsessionnelle[238].
Avec comme source moins «le besoin» que la création ininterrompue de nouveaux besoins c'est-à-dire en fait, la transformation incessante de désirs en besoins : un objet déterminé au lieu d'une pluralité d'objets potentiels et l'inéluctabilité de la satisfaction en place du différé possible du désir.
Avec comme but, certes une satisfaction, mais satisfaction de quoi surtout si la satisfaction doit être toujours élargie ? Comme s'il y avait un étayage babélique sur des pulsions de vie déréglées (une érotisation déplacée sur l'accumulation, elle-même étayée sur de l'auto-conservation boulimique) et sur des pulsions de mort masquées par l'emprise triomphante sur la nature (et sur les autres). L'asymétrie de la substituabilité du temps à l'argent, est là pour le prouver. Si «le temps c'est de l'argent», l'inverse n'est pas validé que par les «rentiers», ce qui explique que l'inflation les euthanasie de temps à autre. C'est donc que l'argent et le capital et les biens qu'il permet sont vécus comme une assurance illusoire conte la mort[239].
Avec pour objet bien sûr l'accumulation et la satisfaction toujours élargie et comme corollaire la généralisation de la compétition et du rapport salarial. Et cet objet ressortit bien d'abord de la nécessité puisque, sans argent, moyen et signe de sa maîtrise, les acteurs- entrepreneurs et salariés- seraient éliminés de la sphère du capital ou du travail. Il ressortit bien de la culture puisque la sacralisation de l'argent et du travail les indique comme récompense de la vertu, c'est-à-dire du censeur externe (le contrôle social) et interne (le Surmoi). Mais n'y a-t-il que ces deux gratifications alors que les agents, on le sait, font au-delà de ce qui serait nécessaire pour les obtenir ? Et pourquoi l'objet est-il l'argent et cet argent là, qui n'est pas celui de l'avare, comme le notait déjà Marx, ni tout à fait celui du moyen de la possession religieuse, ni même de l'outil de précaution et de transaction. S'il y a accumulation spéculative pour les entrepreneurs et spéculaire pour les consommateurs, c'est bien que le moyen a mué non seulement en symbole

[237] Cf. Aulagnier P [1979], *Les destins du plaisir*, éditions PUF.

[238] Cf. Freud : «*La névrose est le négatif de la perversion*» et ' «*la névrose passionnelle est une religion déformée*». Ici perversité est pris dans le sens de perversion morale (Cf. Le masochisme moral). Pour la liste des symptômes (négatifs) de la névrose obsessionnelle. (Cf. Cottraux J. [1989], *Obsessions et compulsions*, éditions PUF notamment p. 50 sqq). En affectant ces symptômes d'un signe positif on obtient ceux de la perversité obsessionnelle.

[239] C'est ce qui amène actuellement à l'expulsion culturelle de la mort.

vertueux, mais de surcroît en gratifications imaginaires. L'argent troqué contre quoi ?[240]

1) L'éternité conjecturale, répondait déjà Max Weber. Si Dieu n'existe pas, tout est permis, on le sait. Mais si Dieu est certain et le paradis incertain (la prédestination semble inanticipable), la terre doit devenir un risque probabilisable. Car de trois choses l'une : au mieux l'accumulation (avec le travail bien fait) est peut-être un signe de la prédestination et l'auto-réaliser n'est pas pécher ; au pire, l'argent terrestre en place du paradis céleste (la diversion activiste aura au moins été un divertissement) ; et, l'entre-deux vraisemblable : l'argent (vertueux) ne fait pas obstacle au paradis (les oeuvres efficaces sont aussi œuvres bonnes). On gagne ainsi le pari à tout coup puisque si le maximax fait défaut, on aura soit le minimax, soit le maximin. Plus tard le désenchantement du monde deviendra le désenchantement de l'Autre Monde qui conduira à enchanter le premier.

2) Car il existe un substitut tangible et probabilisable à cette éternité incertaine, qui est l'enfant et un substitut à l'enfant qui est l'oeuvre. Et en économie l'œuvre c'est la firme où la trop fameuse trilogie fèces, pénis, enfant devient argent, pouvoir, entreprise.

L'entreprise est une des formes de captation de la fécondité maternelle qui permet au fantasme masculin, d'enfantement de se réaliser. Un enfant dont on espère qu'il grandira, mais à la différence des vrais qu'il ne vous échappera pas (peut-être mourra-t-il avec vous).

Mais la réalisation de ce fantasme ne satisferait pas totalement l'idéal du Moi s'il devait être parthénogenèse et privation de pouvoir. Il faut qu'il y ait androgynéité. Et ça s'accouple bien puisque l'entreprise c'est aussi le pouvoir : le clivage se résorbe dans l'auto-accouplement, l'entreprise devient, elle aussi, «*prolem sine matre creatam*» et le déni de la réalité engendre la réalité entrepreneuriale. En plus c'est un pouvoir occulte, à la différence du pouvoir politique qui est un priapisme institutionnel d'exhibition.

Et l'accumulation est là comme preuve et mesure de la fécondité de l'androgyne. Même si on ne gagne pas le paradis, on aura gagné l'enfant qu'on espère indéfiniment grandissant et infiniment obéissant. Ce qui explique la violence des O.P.A. sauvages et plus généralement les difficultés de transmission de l'entreprise[241].

---

240 On ne renonce jamais à rien dit Freud. On trouve.

241 I.M. Normand «Un psychanalyste à l'écoute des chefs d'entreprise» (Le Monde du 04. 10.89) et le recueil de Borneman E. [1978], *Psychanalyse de l'argent*, éditions, PUF. Une autre forme, nettement plus sublimée, de réalisation de ce fantasme masculin d'enfantement est évidemment la création artistique ou l'invention scientifique, que l'on trouve exprimée |par Montesquieu comparant justement son oeuvre à «*un enfant engendré sans mère*».

2.3. L'activisme efface de la perversité obsessionnelle.

Déjà Marx notait :

«Ce bouleversement continuel de la production, ce constant ébranlement de tout le système social, cette agitation et cette insécurité perpétuelles distinguent l'époque bourgeoise de toutes les précédentes»

Et Max Weber : pour les entreprises capitalistes *«l'affaire avec son activité sans trêve, est tout simplement devenue indispensable à leur existence»* [242].
Et enfin, Keynes qui associait l'activité boursière, paradigme de la spéculation, à la fébrilité acharnée et cruelle qui règne dans un casino.
Cette fébrilité efficace, extravertie, alloplastique, vise à la maîtrise de la nature («*se rendre comme maître et possesseur de la nature*»), quitte à la détruire, et à la domination des autres, quitte à les éliminer, et trouve dans l'accumulation une preuve hésitante, puisque mesurable de son succès. C'est une forme particulière de la compulsion de répétition : au lieu de «toujours le même», «toujours plus» du même. Peut-être parce que l'argent permet de polariser la compulsion sur un seul objet et la polarisant de la désangoisser fictivement puisqu'on passe d'un ordinal flou (l'agitation, comme le désir, pourrait avoir plusieurs objets) vers un cardinal apparemment mesurable (apparemment car qui peut dire combien «vaut» une entreprise ?).
Et c'est cette fébrilité qui dévoile le mieux les symptômes comme étant ceux de la perversité obsessionnelle, «positif» de la névrose du même nom. Il y a bien ici comme là, obsession d'objet avec substitution de l'accumulation, de l'entreprise et du pouvoir caché à l'objet refoulé. Il y a aussi dans cette perversité, ces comportements compulsifs dans le même registre d'actions, «mais» à cette différence fondamentale près qu'ici les actes compulsifs ne sont pas annulés par des *«actes désirables de sens inverse»*, comme si le déplacement de l'objet du désir avait réussi à lever l'inhibition attachée à la notion et à l'objet refoulés, pour permettre une convergence des actions vers l'accumulation.
Le «positif de la névrose» ce sera aussi l'inversion du mode de pensée : ici, pas de doutes, pas de ruminations mentales, pas de scrupules autres que ceux utiles à la bonne marche des affaires. Les rites conjuratoires sont transformés en rites propitiatoires et la divination (on consulte les experts comme les voyantes) permet l'auto- divination. L'isolation des pensées, des moyens, des objectifs fait place à leur concentration et l'annulation rétroactive à la validation prospective. Et finalement au lieu de la tension entre le Moi et un Surmoi cruel, on trouve la tension entre le Moi et un idéal du Moi

---

[242] Marx, "Manifeste---". p. 18 et Max Weber, "Éthique protestante...", p. 73.

narcissique, la condamnation ne portant que sur les écarts à la réalisation de cet idéal : la honte de l'échec au lieu de la culpabilité liée à la transgression. Tout ce «positif» se paye, bien sûr, au prix de la subordination de la réalisation du plaisir à la «*réalisation de conditions extrinsèques*» : ici le fétichisme de l'argent[243].

2.4. Une fois le prix payé (qui d'ailleurs au lieu d'appauvrir, enrichit), il y a les gratifications.

On a déjà noté : l'éternité devenue conjecturable ou substituable, l'engendrement, le pouvoir caché, l'accumulation, la maîtrise de la nature, la domination d'autrui. qui permettent au plaisir de s'épanouir sur la nécessité et la vertu tout en y satisfaisant.

A) Mais il va y avoir autonomisation et surgénération de ces plaisirs et puisque ce jeu déjà ininterrompu, cette révolution déjà permanente se joue non plus à l'écart et entre parenthèses, mais dans le monde réel, cela va entraîner des «conséquences inéluctables» de cette perversion ; le jeu devient sans limite l'accumulation élargie), sans fin (la flèche du temps ne joue que dans un sens : le temps c'est de l'argent et on «tue le temps en le fécondant» aurait pu dire Caillois) et sans autres règles que celles qui permettent, sur la période, la poursuite du jeu (et encore les capitalistes du début du XIXe siècle auraient bien exterminé leurs ouvriers, si l'Etat du capitalisme n'avait sauvé ceux-là en protégeant ceux-ci).

Cet emballement du réel par le retour en son sein du jeu refoulé est sa perversion qui entretient la perversité obsessionnelle de ses acteurs|. Et comme celle-ci est efficace puisqu'elle affine la complémentarité des rôles et accroît l'emprise sur la nature, le jeu est à somme non-nulle croissante. Le système utilise des crises pour renaître et rejoint ainsi la classe de «*ces morts qu'il faut qu'on tue*» (A. Allais).

Aussi les gratifications déjà énumérées sont celles que procure un jeu de stratégie à somme non nulle croissante : la compétition gagnée grâce à l'élimination des concurrents et à la subordination des dominés; l'aléa manipulé grace aux conventions qui le rendent prévisible et aux maîtrises du marché; le pouvoir masqué qui limite et oriente le pouvoir exhibé du politique; et surtout le vertige apparemment maîtrise par un dépassement de

---

243 Le fétichisme, on le sait, exprime un désir de la réalité qui est négation et admission décalée de l'absence de pénis chez la mère. Et le fétichisme de l'argent cherche une «preuve» de la non-contradiction entre les deux attitudes dans l'équivalence fèces = pénis. Mais le fétichisme renvoie aussi au sacré. Si le sacré (le pur, l'impur) est démocratisé, il y aura aussi retour du sacré dans le profane. «La *« religion de l'argent»* est retour du «*sacré de respect*», le jeu de l'argent est un retour du «*sacré de transgression*». Il y a ainsi une double captation du sacré par le profane. D'où le double plaisir de cette obsession (Cf. Caillois R. [1950], *L'homme et le sacré*, éditions Gallimard.).

soi-même à l'infinie. Les quatre dimensions du ludique sont bien présentes dans le jeu économique.
B) Mais ce n'est qu'apparence inextinguible et ainsi polarisée, la jouissance ne saurait avoir de conclusion. Au lieu d'une satisfaction limitée, mais renouvelée celle-là suscite un manque insatiable. Ce jeu subordonne donc les pulsions de vie aux pulsions de mort et s'étaye principalement sur celles-ci en disant réaliser celle-là. Aussi se met-il à créer sa nécessité (la transformation perpétuelle des désirs en min), sa culture, sa vertu et son imaginaire (la raison du gagnant est la plus rationnelle) renversant ainsi l'ordre des déterminants et mettant alors une raison et une vertu au service d'une passion obsessionnellement ludique[244] .
La logique emballée de la reproduction croissante (l'accumulation du capital) et élargie (La généralisation du marché et du salariat) utilise certes l'inégale répartition des stocks et des flux matériels, intellectuels, symboliques et même imaginaires, mais les subordonne désormais à la participation à un même type de plaisir ludique pour se réaliser. Avec une efficacité difficilement papable puisque simultanément elle mobilise les agents (avec l'argent, la carotte et le bâton ne font qu'un) et leur fournit les moyens de poursuivre le jeu et finalement de s'y obstiner.
C) Car l'imaginaire ludique obsessionnel s'auto-réalisant ne concerne pas seulement les propriétaires du capital, mais aussi les managers, les cadres étude et de proche en proche, jusqu'aux salariés du bas de l'échelle et à la paysannerie (l'exode rural, en Europe, même à la période de «l'accumulation primitive» et l'exode rural en Chine actuelle ne s'expliquent pas seulement par l'effet de la nécessité économique, l'utilisation de la contrainte étatique ou l'attrait de la culture urbaine. mais par la conversion au jeu capitaliste).
Le système procure une ultime gratification aux dominant, celle de séduire les dominés et même de les fasciner. La fascination qui est celle de l'entrepreneur victorieux sur ses concurrents moins pervers que lui et donc éliminés ou subordonnés, descend en cascades successives jusqu'aux plus inférieurs des dominés. Car le pervers n'a guère de Surmoi, mais sait que les autos en ont un et ont de ce fait besoin de lois. En transgressant celles-ci sans être puni, mais au contraire récompensé, il fascine ceux-là et, les fascinant, peut les manipuler[245].

---

244 Aussi l'économie devient-elle une lutte contre une rareté produite par le système lui-même. C'est donc une rareté artificielle ou plutôt artéfactuelle et les biens produits doivent répondre à ce type |de demande : ce seront des biens symboliques à obsolescence accélérée, ce qui permet de réduire le temps d'utilisation et donc de le «bourrer» sinon de tous nos péchés (Brassens) du moins de tous nos fantasmes.

245 Cf. La déclaration d'Hersant transgressant les interdictions de la loi sur les cumuls dans les médias, édictée sous la législature socialiste de 1981 : «*Je suis en avance d'une loi*».

Ainsi les dominés participent nécessairement au jeu non seulement sous l'emprise de la nécessité (qui pèse plus fort sur eux par l'augmentation des coûts fixes qu'induit la transformation permanente des désirs en besoins) non seulement sous l'effet de la culture (la sacralisation du travail mais aussi de l'acclimatation des objets symboliques), mais aussi sous l'effet de la séduction exercée par le jeu lui-même (comment expliquer le succès des jeux télévisés sinon par la croyance qu'un «coup de dé abolira» le destin social au profit d'une trajectoire individuelle).
Pour que les dominés s'impliquent à ce point dans ce jeu, il faut donc qu'il y ait un langage commun aux dominants et aux dominés, sinon les signaux de séduction émis par les premiers seraient inintelligibles aux seconds (par exemple la perversité obsessionnelle des entrepreneurs est en complémentarité avec la névrose obsessionnelle des cadres et des exécutants). L'obsession devient ainsi un trait psychologique distribué dans la population pratiquant le système. Aussi le jeu obsessionnel n'apparaît pas comme tel, mais comme jeu gratifiant[246] et l'économie se donne ainsi, et à tous ses acteurs les moyens d'une prophétie autoréalisante. Il n'y a pas de bourreau sans victimes relativement consentantes quand la résignation se mue en adhésion et le poids des circonstances en complicité à leur égard.
Ici aussi on fait de nécessité vertu et de vertu plaisir. Outre la satisfaction de besoins croissants (le gaspillage fonctionnel) et le bénéfice de la sécurité (civile et sociale) la vie par identification (l'identification latérale aux semblables et l'identification verticale aux dominants, assorties de conventions, fonde le sentiment d'appartenance à l'«entreprise performante» et prestigieuse et donc à sa culture), la vie par procuration (des supporters de l'équipe de foot aux fans des idoles du show-business), le sentiment de supériorité vis-à-vis des immigrés, conduisent même parfois à entonner *«des hymnes d'esclaves aux murènes»*. Et paradoxalement, lorsque la crise et le chômage arrivent et que s'effondrent les espérances et les illusions concernant les formes sociales crues substituables au système, l'implication s'accroît : la revendication du plus d'argent colmate la réalité du moins de pouvoir et de «considération» et après le patronat, c'est le salariat lui-même qui transforme le marché en ordalie puisqu'il réussit à transformer du qualitatif en quantitatif. Mortes les conventions de la période de plein emploi, le marché devient l'ultime convention.
Ainsi y a-t-il dans les pays développés, et même en période de crise une certaine coïncidence entre les satisfactions de la nécessité, les récompenses de la vertu et les gratifications du plaisir ludique obsessionnel parfois sous l'égide de celui-ci. Et c'est sans doute ce qui paradoxalement agit comme pouvoir de séduction sur les pays du Tiers-Monde et, maintenant, sur les

---

[246] Caillois R. [1955], *Les jeux et les hommes : Le masque et le vertige* : «*Les maîtres imposent leurs mœurs à leurs prisonniers* » (p. 117)... ici en les séduisant.

pays de l'Est. Une séduction parée d'efficacité; aussi «l'institution imaginaire» du capitalisme par les Occidentaux va s'imposer comme modèle attrayant à tous les autres. Condamnée comme immorale ou louangée au nom de la destruction créatrice (après tout Marx applaudissait à l'impérialisme homogénéisateur), la domination et la fascination exercées par les pays développés sur le Tiers-Monde et, maintenant sur les Pays de l'Est, sont actuellement au moins, inéluctables. Faute de solutions crédibles de substitution, «le Socialisme réel» avec ses divers variantes nationales, le Tiers Mondisme et là aussi ses différentes recettes, l'universalisation du marché semble placer les sociétés autres devant le seul dilemme d'un mimétisme d'identification ou d'un mimétisme de sur-identification

Pour conclure : retour à l'économie.

La critique de l'économisme (expliquer toute l'économie par le seul économique) ne doit pas conclure à la forclusion de toute théorie économique, mais à un réexamen après désillusionnement. L'insistance mise ici sur le rôle des normes et du ludique (et sur leur automatisation et leur emballement possibles) n'est pas négation du rôle de la nécessité (le chômage existe même dans les pays développés) sur les motivations des agents et dans leur mise en complémentarité.
L'hypothèse avancée est, au contraire, que le système «fonctionne bien» (comme pendant la période 1945-1974) à deux conditions : 1) que la morale et le ludique viennent en étayage, en confort, des contraintes et incitations matérielles; 2) que des régulations (par exemple l'inflation de croissance) interviennent pour rétablir la complémentarité des rôles quand elle se distend. Sinon il peut y avoir crise des liens économiques (comme en 1929 ou en 1974) ou leur emballement (l'euphorie boursière d'avant le krach de 1987), ou parfois les deux (comme cela semble être le cas actuellement).
Dans tous les cas de figure se pose le problème de la place de la rationalité et du calcul dans le comportement économique des agents. Car calcul et rationalité sont toujours présents. sinon tous les ménages seraient surendettés et tous les actifs au R.M.I., hypothèses évidemment absurdes.
La critique porte donc plutôt sur l'universalité (et l'impérialité) de la théorie économique néoclassique, actuellement dominante, depuis qu'elle a substitué (de Walras à Debreu) l'hypothèse du marché (équilibre général ou croissance linéaire) à celle de la complémentarité optimiste (Quesnay, Smith, Mill) ou pessimiste (Malthus, Ricardo, Marx) des rôles entre groupes d'agents différenciés engagés dans le circuit économique. Cette substitution s'est faite sur la base de trois postulats : 1) la projection du comportement (supposé) de l'entrepreneur sur celui des autres producteurs et des utilisateurs de revenu (postulat de maximisation) ; 2) le dépassement du problème de la mesurabilité des utilités mais au prix d'un appauvrissement des

caractéristiques de la rationalité (la transitivité comme seul critère retenu) ; 3) et, bien sûr, la concurrence pure et parfaite.

Alors que depuis Veblen, la critique de ces postulats a été une critique externe (par "recours aux faits" ou par référence aux autres sciences de l'homme); actuellement c'est la Théorie Standard qui, au nom même de l'individualisme méthodologique, découvre ses propres limites. Par exemple, ces «conventions» permettraient de réduire le coût de la recherche de l'information ou d'accroître la productivité du travail. Ou encore : faute d'arriver à une information parfaite et de pouvoir optimiser le traitement de l'information disponible, les agents se contenteraient s'inscrire leur comportement effectif dans l'éventail des «solutions satisfaisantes», plus ou moins haut l'on leur «niveau d'aspiration».

Il reste que le problème du no-bridge de la période keynésienne demeure posé, même s'il prend actuellement la forme de l'opposition entre individualisme méthodologique et holisme régulationniste ou celle de l'opposition entre marché et circuit. On peut alors suggérer comme hypothèse pour une solution à venir :

1) ce qui prime c'est la logique de reproduction de la cohérence entre des rôles complémentaires et inégaux. ne serait-ce que parce que le "système" ou le «circuit» préexiste aux futurs agents (ils vont d'ailleurs être socialisés pour être préparés à leurs rôles futurs).

2) L'inégalité des rôles s'explique non seulement par les différences (largement héritées) entre les patrimoines «matériels, culturels et symboliques» (P. Bourdieu) des agents appartenant aux différents ensembles complémentaires.

Elle doit être maintenue par la «dilapidation» du revenu discrétionnaire éventuel des agents subordonnés : la transformation de leurs désirs vagues en besoins implacables (et donc la transformation de coûts évitables en coûts fixes) sous le jeu de l'effet de démonstration exercé en cascade par les groupes supérieurs, permet ce maintien. Cette dilapidation tolère quelques exceptions de réussites individuelles fulgurantes et doit épargner cette fraction du revenu discrétionnaire consacrée à la formation de la génération future au recyclage de l'actuelle. ainsi que la part des profits destinés à l'investissement et à l'innovation. Tout ceci établit les bases de la cohérence entre les rôles des agents.

3) Même si la cohésion (les adhésions complémentaires aux normes culturelles) vient en étayage de la cohérence fonctionnelle inégale (la division et la complémentarité des rôles économiques. issues de la nécessité), les contraintes et incitations de ces deux ordres sont insuffisantes pour que fonctionne le circuit : le ludique et le plaisir de jouer doivent les renforcer pour que le Jeu économique, justement, se poursuive et s'amplifie. Dit en termes weberiens, la Wertrationaliltät vient certes en confort de la Zweckrationaliltät, mais quelque chose comme une « Spiebrationalität » doit à en tour étayer les deux premières.

4) Si cette rationalité ludique s'autonomise au point de se subordonner les deux autres, le système d'une part risque de se dévoyer (la spéculation financière à court terme l'emporte sur la logique productive à long terme : c'est la critique qu'adressent actuellement les Japonais aux Américains) mais aussi, d'autre part, de s'emballer (l'hyper-inflation allemande des Années 20 ; le krach boursier de 1987).
Cependant même dans ce cas, des régulations (après assainissement) interviennent. La chute actuelle (près de 50 %) de l'épargne prive spontanée dans les pays occidentaux est certainement due à l'accélération de la transformation des désirs en besoins, sous l'effet de l'incorporation croissante dans la consommation "inéluctable" d'objets symboliques renouvelés. Mais elle est compensée par l'augmentation des revenus (et donc aussi de l'épargne investie) des détenteurs de propriété mobilière et immobilière d'une part, et surtout des fonds propres disponibles des entreprises d'autre part. Ainsi l'augmentation de la demande solvable n'empêche pas la croissance de l'investissement productif, mais au contraire, fournit un débouché à ses produits.
On pourrait certes, du point de vue de Sirius, se demander si l'agitation déclenchée par la Spielrationalität est rationnelle. Mais comme, au-dessus du niveau de stricte survie. et, en l'absence de normes culturelles fortes et respectées, il n'y a plus de rationalité objective des fins, autant se poser la question du joueur invétéré, du drogué «accroché». du militaire impérialiste ou de l'amoureux passionné. A cette différence près pourtant que dans ces quatre cas l'agent finit par se détruire physiquement, tandis que les joueurs de la Spielrationalität se donnent les moyens entretenir leur divertissement. Quant aux autres, ils ont le recours d'admirer la réussite des premiers ou de la mimer sur les terrains de foot improvisés des bidonvilles.

Bibliographie :

Attali J. et Guillaume M. [1975], *L'anti-économique*, éditions PUF.
Aulagnier P [1979], *Les destins du plaisir*, éditions PUF.
Barel Y. [1989], *Le paradoxe et le système*, éditions PUG.
Bertaux D. [1977], *Destins personnels et structure de classe*, éditions PUF.
Borneman E. [1978], *Psychanalyse de l'argent*, éditions, PUF.
Bourdieu P. [1979], *La distinction*, éditions de Minuit.
Boyer R. [1987], *La théorie de la régulation*, éditions La Découverte.
Brun C. [1990], *L'irrationnel dans l'entreprise*, éditions Balland.
Caille A. [1989], *Critique de la raison utilitaire*, éditions La Découverte.
Caillois R. [1950], *L'homme et le sacré*, éditions Gallimard.
Caillois R. [1958], *Les jeux et les hommes : le masque et le vertige*, éditions Gallimard.
Castoriadis C. [1975], *L'institution imaginaire de la société*, éditions du Seuil.

Cottraux I. [1989], *Obsessions et compulsions*, éditions PUF.
De Closets F. [1982], *'Toujours plus*, éditions Grasset.
Duvignaud J. [1990], *La genèse des passions dans la vie sociale*, éditions PUF.
Enriquez E. [1983], *De la horde à l'Etat*, éditions Gallimard.
Hirschman A.O. [1980], *Les passions et les intérêts*, éditions PUF.
Lantz P. [1988], *L'argent, la mort*, éditions L'Harmattan.
Lyotard J.F [1974], *Économie libidinale*, éditions de Minuit.
Morishima M. [1988], *Capitalisme et confucianisme*, éditions Flammarion.
Mauriras-Bousquet M. [1984], *Théorie et pratique ludique*, éditions Economica.
Nicolaï A. [1962], «L'inflation comme régulation», *Revue économique,* volume 13, n°4.
Nicolaï A. [1987], «Et mourir de plaisir», *Peuples méditerranéens*, n° 38-39.
Preel B. [1989], *La société des enfants gâtés*, éditions La découverte.
Revue économique "L'économie des conventions" , n° 40 (2), mars 1989.
Reynaud J.D. [1980], *Les règles du jeu*, éditions Armand Colin.
Sahlins M [1976], *Age de pierre, âge d'abondance : l'économie des sociétés primitives*, éditions, Gallimard.
Simmel G. [1900], *Philosophie de l'argent*, éditions PUF.
Turnbull C [1973], *Les Iks : survivre par la cruauté*, éditions Stock.
Weber M. [1921], *Économie et Société*, éditions Plon.

Ruptures, mutations et complexification en économie [1992]

André Nicolaï

L'objectif de la majorité des économistes est d'aligner le fonctionnement de l'économie sur celui d'une société animale

Cela signifie :

1) Qu'existe une parfaite détermination du comportement des acteurs (la réalisation d'un optimum unique pour les acteurs parétiens ; la nécessaire baisse de la propension à consommer des keynésiens ; les rôles de «fonctionnaires du capital» des marxistes) : chacun d'eux n'a alors à sa disposition qu'un seul modèle de comportement possible.

2) Qu'il y ait entre ces acteurs une parfaite complémentarité des rôles et donc des comportements mis en oeuvre pour les pratiquer.

3) Qu'il en résulte nécessairement, un équilibre optimal pour Walras, de sous-emploi pour Keynes, de profit zéro pour Ricardo. Au mieux admettra-t-on une croissance équilibrée (Solow) ou au pire une descente vers l'état stationnaire (Ricardo). On pourra même admettre que l'équilibre est rarement atteint mais qu'alors jouent des régulations qui sont autant de rééquilibrages du système.

Rares sont donc les économistes qui traitent du changement par rupture et encore moins du tableau d'une éventuelle complexification après chaque crise profonde sur système. Seuls quelques auteurs fondateurs ou quelques courants hétérodoxes oseront s'attaquer au problème. Smith dans le livre III de la Richesse des Nations («*De la marche différente des progrès de l'opulence chez différentes Nations*»). Marx dans toute son œuvre; Schumpeter (*Théorie de l'évolution économique* et *Capitalisme, Socialisme et Démocratie*) ; Perroux (*L'économie du XX*ᵉ *siècle*) ; les Historicistes allemands qui, d'ailleurs, ne se mettront jamais d'accord sur la succession des stades historiques de l'évolution économique; les institutionnalistes américains (de Veblen à Galbraith en passant par Rostow) qui refusent de laisser aux seuls historiens et sociologues le thème du changement.

A cette situation de rareté théorique, plusieurs raisons : d'abord la crainte d'être perçus comme influencés par Marx ; ensuite l'alignement du principal courant de pensée (les néo-classiques) sur la physique du XIXᵉ siècle (celle de l'équilibre et de la réversibilité) ; également la leçon tirée de Keynes (les interrogations sur la longue durée n'intéressent que les sous-diplômés et d'ailleurs «*dans le long terme, nous sommes tous morts*») ; la peur de tomber dans le non-formalisable et que l'économique cesse d'être «*la plus dure des sciences molles*» ; le misonéisme à l'égard des découvertes ou hypothèses émises dans les récentes décennies par les «sciences dures» (les «catastrophes» des mathématiciens, les structures dissipatives ou les attracteurs étranges des physiciens, le néo-évolutionnisme des biologistes:

ainsi, par exemple, le concept de régulation mettra cinquante ans avant d'être «économicisé»). Plus fondamentalement encore : la difficulté (logique mais aussi affective), d'admettre que dans les sociétés humaines et donc aussi dans la sphère des activités économiques, les agents sont **simultanément** : des **agis** par la logique de reproduction-changement des rapports (des structures) du système logique et rapports - qui préexistent - aux agents et donc s'imposent à eux ; des **acteurs** du système, puisque, par leurs comportements, ils sont les supports de ses structures : des **auteurs**, même si c'est involontairement, des changements qui s'y produisent. Difficulté d'admettre donc que la détermination des comportements n'est pas totale et que chaque agent dispose d'un éventail de modèles possibles ; que la complémentarité entre ces agents n'est pas parfaite, ce qui laisse place à la possibilité de crises mais aussi à la possibilité de stratégies dans les zones de complémentarité imparfaite ; que les crises, quand elles sont profondes, répétées et durables permettent justement ruptures et changements. Toutes hypothèses qui contredisent, terme à terme, celles énoncées plus haut, de la détermination des agents, de la parfaite complémentarité des rôles et de l'équilibre.

Il résulte de tout ceci deux conséquences

1) La théorie économique dépend toujours, pour le renouvellement de ses hypothèses de base, des découvertes ou hypothèses émises par les sciences dures. Mais, il lui faut toujours aussi quelques décennies avant de savoir acclimater ou naturaliser ces idées venues d'ailleurs.

2) Quand, enfin l'adoption se produit, c'est le raisonnement par analogie qui prévaut : on utilise tels quels les nouveaux concepts ou hypothèses sans les transformer pour les rendre applicables à un champ dont les «éléments», i.e. les acteurs, sont (Cf. supra) simultanément agis, acteurs et auteurs de leur système, ce qui n'est pas le cas des éléments physiques, chimiques ou biologiques.

*

Quels sont donc les nouveaux concepts et hypothèses, venus d'ailleurs qui seraient transposables dans le champ économique ?

1) D'abord ceux de dynamique des systèmes et d'autorégulation (l'homéostasie des biologistes des années 1920). Ils concernent des systèmes autonomes, mais ouverts sur leur environnement et donc capables de s'autoréguler face à un «bruit» émanant de l'extérieur. Mais là déjà il faut assimiler et naturaliser l'hypothèse dans le champ économique (et plus généralement sociétal) les «bruits» sont de plus en plus endogènes puisque émis par le fonctionnement même du système. L'environnement naturel et même le corps naturel des agents sont littéralement « dénaturés » par l'extension du marché tandis que les «sociétés différentes» (autre composante de l'environnement) disparaissent à une rapidité accélérée (on

comptait 50.000 sociétés différentes sur le globe en 1900 ; il n'en restait plus que 10.000 déjà en 1950).
Ainsi les crises économiques depuis le XIXe siècle, sont d'abord la traduction conjoncturelle d'une imperfection répétitive dans la complémentarité des rôles des agents, donc des crises momentanées de cohérence. En période de crises simplement conjoncturelles (les crises du cycle Juglar) des régulations spontanées ou volontaristes rééquilibrent le système grâce aux comportements d'adaptation de certains acteurs. Il en résulte une augmentation de la «variété» du système, c'est à dire de sa capacité à faire face à un éventail élargi de dysfonctionnements.
2) Les concepts d'auto-organisation, autopoïèse, auto-création, auto-engendrement, etc., posent d'autres problèmes parce qu'ils concernent les solutions éventuellement apportées (le succès n'est pas certain) à des crises structurelles, à des crises-ruptures. A ces époques il y a non seulement dislocation de la cohérence entre les rôles, mais aussi une dislocation de la cohésion entre agents, c'est à dire un refus de poursuivre l'adhésion aux «compromis historiques» requis par la complémentarité nécessairement conflictuelle (puisque inégalitaire) entre les rôles qu'ils jouent (exemples de ces compromis mis à mal : l'alliance paysannerie-industrie sous le protectionnisme de Méline en France ; le compromis fordiste entrepreneurs-salariés, sous l'égide de l'Etat, pendant l'inflation-croissance des Trente Glorieuses).
Ces crises-ruptures, dues à un épuisement de la variété propre à ce stade du système, impliquent la prise en compte de «la flèche du temps» : l'irréversibilité du choix qui sera fait entre les embranchements qu'offre la bifurcation (la poly-furcation ?) où l'on se trouve. Bien sûr ce choix est aléatoire, non prédictible donc, et ne pourra vraiment être expliqué qu'a posteriori. En attendant, ce que l'on sait, c'est que ce type de crise accroît les zones de complémentarité imparfaite (les «*zones d'incertitude*» de Crozier) et donc la marge de manœuvre des innovateurs qui expérimentent, de façon dispersée pour le moment, les multiples solutions possibles à cette crise.
Mais chez les économistes, on trouve peu (Dupuy, Passet en France) de réflexions sur ce qui pourrait être l'équivalent économique des «structures dissipatives» et notamment sur les rôles respectifs de l'épuisement de la variété propre à ce stade du système et du hasard lui-même dans le choix qui sera fait entre les occasions présentes.
Également : la mutation structurelle dépend évidemment de la «grappe d'innovation» qui se révélera dominante, mais on oublie que ces innovations dépendent de la présence ou non dans la société ou l'aire économique considérée, d'innovateurs potentiels. Leur présence est tenue pour acquise alors que de multiples exemples historiques (de la stagnation arabe à partir du XIe siècle jusqu'aux contestations périphériques actuelles de l'empire économique américain) semblent montrer d'une part qu'il existe beaucoup de sociétés fermées - ou refermées- d'autre part que les réservoirs de déviants

innovateurs potentiels se constituent soit à la périphérie du Centre (les N.P.I. par exemple), soit entre les mailles trop larges ou déchirées de ce Centre (l'économie souterraine lombarde ou l'économie «bismarkienne» bavaroise). Expliquer l'activisme de l'entrepreneur-innovateur par la «*volonté de puissance*» (Schumpeter) ou «*le tempérament sanguin*» (Keynes) n'est certes pas faux mais laisse dans l'ombre les facteurs culturels (Max Weber, Morishima) qui permettent ou non la présence de ces types d'agents et surtout l'accueil, donc la diffusion ou non, de leurs innovations.

C'est dire qu'aux deux premières conditions de la sortie de crise (l'élargissement des occasions; la présence d'innovateurs), il faut en rajouter une troisième : l'existence d'un imaginaire social qui fasse place à ces occasions et à ces agents et qui soit capable de se vivre en perspective (Cf. C. Castoriadis).

Même si ces théorisations existaient, elles risqueraient de tomber dans le piège de l'évolutionnisme naïf : celui d'une linéarité (certes désormais discontinue) du «progrès». Ce serait oublier le fait, déjà mentionné, de la disparition de 40.000 sociétés en 50 ans. Oublier aussi les millions d'acteurs marginalisés ou même euthanasiés par les changements intervenus dans la complémentarité des rôles. Reste toujours à faire une théorie de l'échec.

Reste aussi à articuler les rôles respectifs du marché et des stratégies (publiques et privées) dans ces mutations structurelles. En période de non – crise (ou de crises régulées) le marché ne fait que parfaire dans les détails, la complémentarité des rôles : il est ajustement. Aux époques de crises-ruptures il devient ordalie, Jugement de Dieu face à l'incertain non-probabilisable (Cf. F. Knight). Mais la raison du plus fort doit bien s'inscrire dans une logique clandestine, inhérente au système, de la désignation, de la prédestination du plus fort. On a déjà parlé de la localisation à la périphérie ou dans les mailles trop lâches du filet; aussi des facteurs culturels. Mais demeure entier le problème de la coïncidence réussie du shake-hand, entre la main invisible et la poigne de fer.

Autre problème non étudié quand «il faut laisser le temps au temps» (malgré la répétition du phénomène, depuis les goliards du Moyen-âge jusqu'aux jeunes loups des N.P.I., en passant par la révolution des moeurs de 1968), le fait que les ruptures s'accomplissent à la faveur des conflits de générations, qui apparaissent ainsi comme des conflits trans-classes. Peut-être la crise de cohérence était-elle masquée par une persistance anachronique de l'ancienne cohésion : l'incrédulité vis à vis du compromis historique ancien ne peut venir que de la nouvelle génération et la disparition chez elle de l'adhésion prépare-t-elle, peut-être à l'élargissement des occasions d'innover et la multiplication des expérimentations innovantes.

Enfin mêmes si l'on sait depuis Braudel, que le Centre se déplace, on ne peut toujours pas prédire vers où il se déplace.

3) Dernière hypothèse à acclimater en économie : l'accroissement de complexité après le dépassement éventuel de la rupture. On la définit (P.

Grou par exemple) comme «*un accroissement du nombre des éléments concernés et leur accroissement des liaisons existant entre eux*». On peut certes multiplier les références actuelles :
- Augmentation du nombre des agents concernés par l'extension actuelle du marché et même parfois du capitalisme (les N.P.I.);
-Augmentation de la quantité d'informations émises et du nombre de connexions entre les agents concernés ;
- Intrication croissante des mécanismes de régulation (R. Boyer par exemple), concurrence, pouvoirs oligopolistiques à l'échelle internationale, intégrations régionales (C.E.E., etc.), polymorphisme des interventions étatiques ;
Mais en même temps on constate :
- Des phénomènes de simplification : diminution du nombre de sociétés différentes ; diminution du nombre des agents ayant un véritable pouvoir d'action ; homogénéisation du langage, de la culture ; mercatisation généralisée du globe et des activités autrefois non-marchandes (la culture, le ludique, le sacré, mais pas encore tout à fait la famille et l'école);
- Des phénomènes de régression vers des formes plus simples, avant éventuelles mutations et complexifications réussies (l'équivalent de la néoténie) : le recours au marché- ordalie (comme au temps du capitalisme sauvage) après désacralisation, dépolitisation, désensibilisation et même désidentifications[247];
- Des phénomènes d'extension tronquée : le marché s'étend mais pas nécessairement le capitalisme (le marché + l'accumulation + «*la destruction créatrice*» + le rapport salarial);
- Des phénomènes de repli sur des appartenances locales et des «identifications massives» (E. Enriquez) nationalismes, intégristes, «sectisme» (avec leurs conséquences sur les comportements économiques eux-mêmes).
- Enfin des phénomènes d'autonomisation et d'emballement ludique de certains sous-ensembles économiques (les «bulles financières» par exemple).
Aussi faudrait-il reposer, à propos de la complexification, le problème ancien de la relation entre l'accroissement des quantités (des éléments, des connexions) et celui du «bond qualitatif» cher aux marxistes d'antan.

*

Tout ceci pour rappeler que les analogies, pour être fécondes, doivent être d'abord être spécifiées pour pouvoir être transposées au niveau du champ d'application. On peut suggérer quelques hypothèses sur les spécificités propres aux systèmes sociaux (dont l'économie) anthropologiques, pour marquer les différences d'avec l'étude des systèmes physiques, mécaniques,

---

[247] Cf. «Malaise dans l'identification» (Connexions n° 55, 1990 (1)).

informatiques, chimiques, biologiques et même ethnologiques, d'où nous viennent hypothèses et concepts nouveaux.

1) Contrairement à tous ces systèmes (les sociétés animales par exemple), dans les systèmes sociaux la complémentarité entre les rôles et groupes d'agents tenant ces rôles n'est jamais parfaite. Bien que la nécessité économique soit renforcée par la contrainte sociale (le contrôle social et les normes intériorisées) et même par le plaisir pris au jeu économique (politique…), l'éventail des comportements n'est, pour chaque groupe d'agents, rarement complètement refermé. Aussi la complémentarité qui les unit (par le marché et les pouvoirs) est-elle toujours imparfaite et potentiellement conflictuelle. Il faut donc, en plus des contraintes du marché et des pouvoirs, introduire des normes, règles ou conventions pour la conforter[248]. Mais ces règles ne valent qu'autant qu'elles sont (approximativement) respectées par la majorité des agents : la cohésion doit venir en étayage de la cohérence et cette cohésion suppose une adhésion aux règles du jeu (J.D. Reynaud). Et cette adhésion elle-même ne se donne pas seulement par «intérêt bien compris», comme l'affirme l'individualisme méthodologique. Elle suppose : d'une part une intériorisation des normes et une culpabilisation à l'égard de leur transgression ; d'autre part des identifications latérales (envers le semblable) et verticales (envers le supérieur). A contrario une époque de crise-rupture suppose non seulement une dislocation de la cohérence mais aussi une dislocation de la cohésion : donc d'une part une déculpabilisation à l'égard du désir d'infraction ; d'autre part un déplacement des identifications latérales (le lointain au lieu du prochain) et verticales (de l'establishment vers les innovateurs). Et ceux-ci, pour pouvoir innover et entraîner doivent d'abord figurer dans des réservoirs de déviants, ensuite voir les occasions d'expérimenter, s'élargir et enfin prendre un plaisir ludique à transgresser les règles du jeu et à «repositionner» les acteurs anciens trop nombreux et/ou trop obsolètes. L'imaginaire de la destruction peut alors espérer défaire l'imaginaire de conservation et engager le système dans une des branches de la poly-furcation.

2) Quand il y a rupture, il y a généralement changement du nombre et de la qualification des acteurs, sans forcément disparition du rôle que tenaient les joueurs contestés (les agriculteurs remplacent les paysans; les informaticiens et les roboticiens remplacent les ouvriers déqualifiés; les outsiders et les parvenus renouvellent, à coup d'OPA le personnel patronal). Le tout avec variation du nombre des joueurs (les agriculteurs sont moins nombreux que les paysans) et de la distribution des cartes (déplacement des formations requises et réallocation des informations nécessaires) sans oublier les marginalisations, exclusions et euthanasies, violentes ou douces que cela implique. Il y a donc, en période de crise, un New Deal des pouvoirs et une

[248] Cf. « L'économie des conventions», *Revue économique*, mars 1989, Vol. 40, n°2.

modification des règles du jeu. Il en résultera un changement dans le fonctionnement de la complémentarité et donc une modification du type de conjoncture.

3) Pour ne pas tomber dans le travers du facteur explicatif unique et bon à tout faire, il faudrait distinguer plus nettement entre ruptures et changements à l'intérieur du système (les mutations structurelles = les transcriptions nécessaires de l'identité du système : rapport salarial, accumulation, innovations, formes de marché) et le passage d'un système à un autre (les mutations systémiques : le passage du servage au salariat par exemple). Dans le premier cas on a affaire aux avatars d'un même système, et dans le second, au passage d'une logique de reproduction économique et sociale à une autre. Compte tenu de l'imprévisibilité des mutations systémiques, de leur unicité historique, des faits de régression (de la sédentarisation au nomadisme par exemple) il est plus prudent de laisser aux historiens l'explication rétrospective de ces changements. Par contre comme, malgré Keynes, le long terme se télescope en quotidien, les économistes ne devraient pas pouvoir continuer d'exclure de leur champ l'étude des transformations d'un système (l'actuel) qui conjugue le futur au présent. On pourrait alors peut-être proposer un schéma idéal typique tel que celui-ci :

a) Les structures (les rapports de complémentarité donc de cohérence) + la culture (les connaissances, représentations, normes ; l'acquisition des connaissances et des représentations, l'adhésion aux normes donc la cohésion) + les comportements des acteurs pour mettre en oeuvre ces rôles et ces normes, expliquent la logique de fonctionnement et de reproduction du système.

b) Comme, malgré la nécessité et les normes (éventuellement le plaisir) la complémentarité entre les rôles demeure imparfaite, il peut se produire des dysfonctionnements (des crises conjoncturelles). La modification spontanée ou orientée des comportements de certains acteurs permet des régulations, des rééquilibrages du système.

c) Mais l'adaptabilité du système, à un stade donné (sa capacité de «variété» donc de régulation), rencontre des limites (il y a, par exemple, «*épuisement du rapport salarial fordiste*»). La poursuite du fonctionnement implique alors une nouvelle transcription des rapports qui identifient le système, donc une mutation structurelle. Celle-ci n'est possible (le succès n'est pas assuré) que si certains agents, émergeant de réservoirs clandestins ou périphériques de déviants, existent dans la société considérée, peuvent profiter du relâchement des contraintes de la cohérence et de la cohésion pour expérimenter des innovations et deviennent les porteurs d'un renouveau de l'imaginaire social.

Anthropologie économique : pour une refondation :
réponse à F.R. Mahieu – Lettre du 31 août 1995

André Nicolaï

1. Le problème est effectivement «anthropologie économique» ou «économie anthropologique»

- Anthropologie économique (Cf. M. Mauss) : suppose qu'on abolisse la délimitation des champs décrétée par les différentes sciences de l'homme. Par exemple, Mauss s'est toujours moqué de la distinction entre psychologie (au départ forcément à base d'individualisme méthodologique) et sociologie (qui, à son époque, était principalement holiste et, en France, durkheimienne). La querelle Durkheim–Tarde lui est fondamentalement étrangère.

- Economie anthropologique : il s'agit d'intégrer, ou de faire digérer, à la théorie néo-classique, des aliments omis au départ (information imparfaite, durée et coût des apprentissages, coûts de transaction, etc.) ou même qui lui étaient tout à fait exotiques (niveau d'aspiration, altruisme... viennent de la psychologie ; autorité, pouvoir, organisation, institution... viennent de la sociologie ; coopération, alliances, coalition, conflits... viennent de la psychosociologie ; sans parler des emprunts plus fréquents à la physique : bruits, catastrophe, chaos...).

Reste à savoir si la grenouille individualiste pourra continuer d'absorber ces nourritures sans éclater (Cf. Le dilemme d'Olivier Favereau du choix entre Théorie Standard Elargie ou Théorie Non Standard).

NB : sur le thème de l'ethnologie économique, d'autres références existent telles que Herskovits, citées par toi. Par exemple : BW. Firth [1967] *Themes in Economic Anthropology* ; E.E. Le Clair et H.K. Schneider [1968] *Economic Anthropology. Readings in Theory.* Et du côté de la psychosociologie économique : Georges Katona [1969], *Analyse psychologique du comportement économique* et les divers ouvrages de Paul Albou.

2. Si le problème de l'altruisme est effectivement important, celui de son origine (biologique, morale, sociétale) est, pour le moment, non élucidé. Mais, quelle que soit son origine, ce qu'il importe de recenser et d'étudier, ce sont les comportements effectifs de coopération et de don, même à supposer qu'ils résultent tous de «l'intérêt bien compris» comme le disait déjà La Rochefoucaud. Les problèmes traitables sont :

1) Celui des cultures ou subcultures qui prédisposent à ces comportements.

2) Celui des circonstances et des situations où ces comportements coopératifs ou oblatifs peuvent éventuellement être mis en œuvre.

3. Je suis d'accord avec toi pour ne pas enfermer l'agent en appartenances et les relations dans les conflits méthodologiques de «inductivisme/déductivisme» et «réalisme comparatif/méthode hypothétique», car dans toutes les disciplines ayant un objet concret (les mathématiques doivent être mises à part) les chercheurs combinent les quatre attitudes. Par contre, je crois que le dilemme individualisme / holisme doit être nécessairement tranché puisque c'est un faux problème, bien qu'il traverse toutes les sciences humaines depuis, au moins, Platon et Aristote.
C'est d'ailleurs l'individualisme qui a montré la voie d'un possible dépassement du dilemme en intégrant des éléments jusqu'ici à lui étrangers. C'est-à-dire qu'il a accepté «d'affaiblir» ses hypothèses initiales (par exemple en admettant une rationalité limitée). Il faudrait donc affaiblir aussi la base du holisme et ceci de deux façons :
Au lieu de supposer le Tout «au-dessus» des parties (ici les agents) et **donc** les déterminants, il suffirait d'admettre que le Tout **préexiste** aux agents et donc simplement les oriente, selon d'ailleurs des échelles de probabilité différentes selon les groupes. Cela est évident dans le cas du nouveau-né (le futur agent) ou dans celui de l'immigré, formé dans une autre culture, et qui débarque dans une société ayant d'autres rapports et d'autres règles du jeu. L'un et l'autre vont être amenés (par cette préexistence de la société et de sa culture) à intérioriser ou ré-intérioriser des savoirs et des normes et donc aussi à socialiser ou re-socialiser leurs affects (Cf. le Surmoi chez Freud qui correspond aux rapports sociaux intériorisés sous forme de normes, voire aussi Marx, «*L'essence humaine .. est l'ensemble des rapports sociaux*», Thèse VI sur Feuerbach, mais la III est intéressante aussi). Bref, comme le dit Vercors, «*l'homme est un animal (individualisme) dénaturé (= socialisé, y compris en ce qui concerne ses besoins les plus naturels, agressivité comprise)*». C'est en ce sens que les agents, du fait de la préexistence du social et de son intériorisation, sont des **agis** (probabilisés) du système. Agis, mais pas déterminés, car chaque groupe et micro-groupe, chaque institution ou organisation et finalement chaque agent, d'abord ne reçoivent pas les mêmes «nourritures», ensuite «trient» ces nourritures («*On ne vit pas de ce qu'on mange, mais de ce qu'on digère*», Cf. le tri des phonèmes par le bébé qui aboutit à ce qu'il ne retienne que ceux de sa langue maternelle).
Entre les contraintes et incitations sociales, triées et, plus ou moins digérées, et l'action, s'intercalent des «représentations» (certaines inconscientes) et des anticipations, s'intercalent, dit Marx, «*les formes idéologiques sous lesquelles les hommes prennent conscience de ce conflit*» et **le mènent jusqu'au bout** (in *Contribution à la critique de l'économie politique*. Voire aussi *L'abeille et l'architecte*, sur la médiation des représentations). A contrario, sans cette médiation le problème n'est pas résolu.

Conclusion : c'est de l'affaiblissement des hypothèses de base de l'individualisme et du holisme que peut naître leur rencontre et donc la disparition de ce problème pourri.

4. Si on admet cette préexistence du sociétal, il faut ensuite décomposer le système (pluri-fonctionnel) concerné, en ses différentes sphères d'activité. Certaines sont bien balisées (parfois trop) comme l'économique, le politique, le religieux. Mais d'autres sont soit négligées (le 1er livre consacré au ludique par Johan Huizinga ne date que de 1939), soit atomisées entre différentes disciplines (la sphère de la reproduction physique et sociale des agents relève de la démographie, de la sociologie et de l'économie de la famille et de l'école, de la psychologie de l'apprentissage (Piaget), de la psychanalyse…). Mais, de plus, ces sphères ne sont pas séparées et encore moins étanches. D'abord, c'est le même agent qui agit dans ces différentes sphères. Ensuite, ce que dit Godelier de l'économie (une activité spécifique et un aspect de toutes les autres) peut être généralisé à toutes les autres sphères : la formation comme la retraite des agents ont un aspect économique, rendu évident par l'actualité; il n'y a pas d'autorité politique ou économique sans charisme, etc.

5. Ce qui pose aussitôt un autre problème, non résolu : celui de l'harmonisation entre ces différentes sphères interdépendantes. Marx avait cru résoudre ce problème en décrétant que l'économie déterminait («en dernière analyse» certes) les superstructures et les représentations (J.B. Say aussi d'ailleurs) et Weber que la culture jouait le même rôle. Mais il vaut mieux laisser aux chercheurs du XXIe siècle le soin de le résoudre. Ce qu'on peut dire pour le moment c'est :

1) Que ce sont les mêmes agents qui sont les supports des rapports caractéristiques de ces différentes sphères : tout à l'heure ils étaient les agis de la société; maintenant, ils en sont les **acteurs**.

2) Qu'il y a, entre les sphères d'un même système, des compatibilités multiples (le capitalisme s'accommode de plusieurs religions) même si certaines sont préférentielles (capitalisme et démocratie).

6. Si on ne retient qu'une de ces sphères, l'économie par exemple, on tombe sur une constatation banale : les agents économiques pré-socialisés sont (même dans leurs rêves) en interaction avec d'autres agents similaires ou complémentaires au sein de micro-groupes, soit informels (une discussion entre inconnus dans la rue), soit formels, c'est-à-dire insérés dans des organisations (entreprises, associations...) ou des institutions (les «ménages») elles-mêmes en complémentarité et/ou en concurrence, selon des contraintes objectives et des normes. Émergent alors deux problèmes.

Celui des groupes multiples d'appartenance et de référence. Mais ce problème a été assez bien ratissé par les sociologues et les psychosociologues. Ce qui en ressort, à propos des choix collectifs engendrés par les appartenances (multiples) et les références (variables), c'est qu'il faut distinguer au moins deux types de cas : les comportements collectifs par similitude (tous les agents d'un ensemble donné font le même type de choix, mais demeurent concurrents entre eux face à la rareté (Exemple : la concurrence entre chômeurs de même qualification, âge, sexe, etc.) ; les comportements collectifs par homogénéité où l'ensemble se comporte comme un joueur collectif unique (depuis le micro-groupe qu'est, par exemple, une équipe, jusqu'au macro-groupe tel un trust international ou même une nation lors d'une guerre économique ou politique), joueur collectif où disparaît la concurrence entre les agents. On pourrait sans doute imaginer un troisième cas : celui où les agents, qu'ils soient antagonistes ou coopératifs, sont contraints, de par leur complémentarité, à «s'entendre» (cas des conventions collectives ou encore, exemples de nombreuses relations internationales).

Celui des «mécanismes» ou «procédures» de mise en complémentarité des agents (ou groupes d'agents). Est-ce que le marché et/ou l'autorité sont les seuls moyens mis en œuvre ? Assurément non, puisqu'on peut déjà rajouter à la liste les conventions officialisées ou pas : il me semble que l'Italie d'avant «Mani puliti», avec son Etat déliquescent, et ses marchés tordus, est un bon exemple de fonctionnement de conventions implicites, au niveau global comme au niveau des entreprises, sinon il n'y aurait pas eu le fameux «miracle italien». Mais il y a certainement encore d'autres mécanismes ou procédés de mise en complémentarité. Dans le domaine politique c'est évident : phénomène d'Union Sacrée 14-18 ; mixte d'adhésion et de contrainte dans l'Allemagne nazie, etc. Il faudrait pouvoir transposer à l'économie. Conséquence générale : les agents, même en l'absence de règles et de sanctions et sans doute même de marché, inventent à chaque niveau des moyens et des procédés pour rendre ou maintenir complémentaires leurs rôles, depuis l'émergence d'équipes jusqu'à la corruption en passant par la palabre. Il y a là, comme dans tous les états de défaillance, des phénomènes de vicariance (la biologie comme l'Eglise ont cette référence en commun). Il faudrait donc faire une liste des moyens de mise en complémentarité avec en face, une liste des relations préférentielles avec tel ou tel type de situation.

Ces phénomènes de substitution des moyens de mise en complémentarité confirment l'idée que les agents (agis) sont aussi les acteurs et les supports des rapports sociaux.

7. Mais, du vivant au sociétal, toutes les complémentarités sont imparfaites ou le deviennent (et même en physique, toutes les pièces d'un même moteur ne se dégradent pas au même rythme). Dans le domaine du vivant on a donc admis, depuis les années 20, l'existence de régulations (Canon : *The Wisdow*

of the Body, et Richet père) et de leurs ratés éventuels (le cancer est un processus raté de renouvellement des cellules; «L'émotion est un raté de l'action»...).
En économie existent, bien sûr, les trois écoles de la régulation. Mais il semble que leur essoufflement tient d'une part qu'elles n'ont pas fait une typologie exhaustive des différentes crises, d'autre part qu'elles caractérisent mal, pour chaque type de crise, les acteurs entre lesquels la régulation devrait rétablir la complémentarité. Également elles oublient que toute régulation implique des gagnants, mais aussi des perdants : ainsi dans mon article sur «*L'inflation comme régulation*», j'ai oublié de dire que ce type de régulation impliquait que, non seulement les rentiers (détenteurs de revenus fixes), mais aussi le Tiers-monde, étaient les perdants nécessaires à la réussite de cette régulation ; oublié aussi l'alternance des pertes et des gains entre entreprises et banques (Alain Cotta répara cet oubli). Au surplus perdants et gagnants se déplacent dans l'espace géo-économique (cf. infra sur les «mailles du filet» et la périphérie).
Ces écoles ont pourtant permis de **constater** (c'est peut-être leur seul mérite) qu'à partir «d'un certain moment» (un seuil) tel type de régulation ne fonctionnait plus. Mais elles n'ont pas **expliqué** le phénomène : par exemple, pourquoi de 1945 à 1975 l'inflation avait remplacé le cycle comme processus régulatoire (sur le cycle, il serait amusant de comparer Hayek et Marx) et pourquoi, depuis 1975, l'inflation avait cessé de tenir ce rôle.

8. On en arrive alors au problème de la «dynamique grandiose». Comme dans ce domaine ni Marx, ni Schumpeter ne sont formalisables, on assiste actuellement à ce paradoxe qu'à notre époque de grandes mutations ne correspond qu'un très petit nombre d'articles de théorisation. Au mieux, on fait référence aux théories physiques des catastrophes ou du chaos, sans même se donner la peine de transposer ces théories pour les rendre applicables au domaine économique : au lieu de les digérer (Piaget : «*un lapin est un animal qui transforme du choux en lapin*»), on tombe dans la pure analogie.
Pour essayer de résoudre le problème du changement, revenons en arrière : les complémentarités sont imparfaites, les régulations connaissent des ratés, toute crise rend flous les rapports et les groupes économiques et, malgré l'internationalisation, subsistent et s'accroissent des disparités géo-économiques. Ce sont dans ces moments et dans ces zones de complémentarité imparfaite (Crozier parle de «*zones d'incertitude*») que peuvent émerger des acteurs innovateurs, soit «*entre les mailles du filet*» pour Marx, soit aux périphéries selon Braudel. Certains acteurs deviennent alors les **auteurs** des changements – même si la résultante globale «*n'entrait nullement dans leurs intentions*» (cf. Adam Smith, bien sûr, mais aussi Hegel : Napoléon avait pour projet de dominer l'Europe, mais l'échec de ce

projet s'accompagna de la diffusion à l'Europe du Code Civil ; Cf. aussi Hayek sur l'émergence et la sélection des institutions).
Tu me diras : «qui trop embrasse ...» et qu'il est, pour le moment, plus sage de contribuer à l'élargissement (et donc à «l'affaiblissement») du paradigme de l'individualisme méthodologique. Effectivement la capacité digestive de cette grenouille boulimique est actuellement étonnante puisque susceptible de s'approprier l'altruisme, la coopération, l'autorité, etc. sans pour autant renoncer à son hypothèse de base du requis d'une rationalité minimale (sur laquelle tous sont d'accord, sauf Caillé, mais y compris Marx : Cf. Dans «*Le Manifeste*», 5ème page, on trouve le passage suivant, la phrase, « *La bourgeoisie a joué dans l'histoire un rôle éminemment révolutionnaire*».)
Mais l'obstacle à atteindre la taille du bœuf (= «*le phénomène social total*» de Mauss) est ailleurs. Si on admet que la rationalité est généralement limitée, alors, nécessairement, on remet en question la seconde hypothèse fondamentale de la théorie néo-classique : l'équilibre et son unicité. Conséquence déjà perçue par Pareto n°2 (celui du *Traité de sociologie* où il traite des actions non rationnelles ou encore des actions ni irrationnelles ni optimales et de leurs résultantes globales), reprise par Keynes et aujourd'hui par la théorie des jeux. Le thème de l'unicité peut donc être amendé : on sait maintenant démontrer la pluralité des équilibres possibles. Mais ce qu'on constate ce n'est pas l'unicité ou la pluralité des équilibres, mais un processus continu de rééquilibrations (la marche est une suite de chutes dévoyées et se compensant) même dans les périodes où le même processus est continûment mis en œuvre (l'inflation – régulation entre 1945 et 1975).
J'en suis arrivé à penser que les grandes querelles des dernières décennies ont été menées, par facilité, sur les thèmes de la rationalité ou encore du rapport économie – sociologie (par facilité, comme dans l'histoire bien connue du gars qui cherche ses clefs sous le réverbère, alors qu'il les a perdues ailleurs) pour ne pas débattre des vrais problèmes : équilibre(s) ou rééquilibrations. Ou encore : économie et psychologie (si toutes les théories économiques n'utilisent pas l'hypothèse structurale, par contre elles utilisent toutes – marxisme compris – des schémas de comportement; ce dont s'occupe justement la psychologie).

Conclusion / André Nicolaï, un homme dans son œuvre

Eugène Enriquez

Être le dernier conférencier de ce colloque me fait certainement plaisir mais me rend anxieux en même temps. Ceci, d'autant plus que ayant connu André Nicolaï depuis l'âge de 14 ans et étant resté un ami fidèle jusqu'à sa mort, je me sens responsable de l'image que je vais donner de lui. Certes, vous avez entendu des exposés argumentés sur son œuvre par certains de ses collègues qui l'ont bien connu comme économiste et qui ont apprécié son travail comme sa personne. Vous avez donc déjà une idée assez précise de l'homme Nicolaï.

Or ce que je vais dire à son propos, car je m'attacherai plus à l'homme qu'à l'œuvre, risque de brouiller ou de perturber la représentation que vous avez de lui. N'ayez néanmoins pas trop de craintes car il s'agit pour moi de lui rendre hommage et non de le critiquer. Mais il est incontestable que ce que je peux dire, en tant qu'ami durant près de 70 ans, connaissant de près ses qualités et ses défauts, sa volonté et ses angoisses, ses certitudes et ses doutes, ne peut, je crois, que donner à voir un autre (naturellement pas complètement différent) Nicolaï que celui que vous croyez connaître. D'où mes interrogations et mes scrupules. Je suis d'autant moins à mon aise qu'il n'est pas là pour me répondre et corriger peut-être certains de mes dires, alors que j'avais pu l'écouter et être son interlocuteur lorsqu'il était intervenu au colloque qu'avaient préparé en mon honneur mes amis de Paris VII.

Mais il faut taire «ces repentirs, ces doutes, ces contraintes» comme disait P. Valéry et entrer «*in medias res*».

Tout d'abord je dois préciser le titre : «un homme dans son œuvre», titre que j'avais déjà utilisé pour un article concernant un autre grand ami, le philosophe, psychanalyste et économiste : Cornelius Castoriadis. Pourquoi reprendre cet énoncé ? Tout simplement parce que pour André Nicolaï (que j'appellerai André ou Nico comme nous - ses amis – avions l'habitude de le nommer), il est impossible de séparer l'œuvre de l'individu. Ses textes écrits expriment directement sa personne. Naturellement un texte cache toujours en même temps la personne et la protège, il met une barrière au surgissement des processus inconscients et à la violence des sentiments. C'est pour cela que Proust estimait dans son «Contre Sainte-Beuve» qu'il n'y avait pas de rapport entre l'ouvrage et la personnalité de l'auteur. Mais il aurait eu tort pour Nicolaï et Castoriadis. Car pour les deux auteurs, on pourrait reprendre la phrase de Montaigne à propos de ses écrits et de sa personne «*qui touche l'un, touche l'autre*». On ne connaîtrait rien de la biographie de Nicolaï (laissons Castoriadis) qu'on pourrait se la figurer en lisant ses travaux et qu'on peut en connaissant son histoire mieux saisir ce qu'il a voulu nous transmettre. C'est pour cela que si ses collègues ont privilégié son œuvre, je

privilégierai son histoire personnelle sans toutefois en dire trop long car chacun a le droit de garder secrets certains de ses sentiments et de ses actes.
Quand André Nicolaï entre au lycée Carnot de Tunis en quatrième, il n'a pas encore 14 ans mais il est déjà marqué par la vie. Son père est mort jeune, et il vit avec sa mère et sa tante toutes deux d'origine allemande. La pension reçue par sa mère est modique ; aussi mère et tante feront différents travaux pour avoir une vie décente. Néanmoins comme je le saurai plus tard, la famille vit fort pauvrement et André, pendant toute son adolescence, devra faire une extrême attention à ses dépenses. Ce n'est pas la misère, mais ce n'en est pas loin, malgré les efforts de ces deux femmes courageuses mais dépourvues de qualification.
André va donc au lycée Carnot, considéré comme le meilleur lycée de Tunisie. Il a perdu son père, il n'a pas d'argent, il éprouve une très grande affection pour sa mère et sa tante qui sont, comme on disait dans l'ancien temps «des femmes de devoir».
Or il rencontre au lycée des compagnons qui viennent tous de milieux aisés, qu'ils soient français, italiens, tunisiens, maltais, autrichiens, russes «blancs» et qu'ils soient catholiques, protestants, juifs ou musulmans. André qui vient de France n'est pas habitué à un tel milieu.
De plus, il a été quelque peu influencé par son père, homme de droite sinon d'extrême droite. Quand je le connaîtrai mieux et que j'irai chez lui, je verrai la bibliothèque de son père. Les livres de Maurras, de Léon Daudet, d'Henri Massis, de Céline ou de Rebatet sont en nombre. Cela me frappe.
Aussi André va-t-il rejoindre un petit groupe d'élèves réactionnaires, antisémites et manifestant le plus grand mépris pour les musulmans. Naturellement, il va se heurter, parfois physiquement au groupe d'élèves plus ou moins de gauche dont je fais partie. Heureusement les bagarres sont relativement rares et même entre adversaires (on ne disait jamais ennemis), il y avait des trêves et même des moments de camaraderie, de dialogues et parfois même de conversations presque amicales.
Quant aux enseignants du lycée, ils sont, en général de très bon niveau, ils sont tolérants, ils encouragent les liens affectifs entre élèves, les remises en cause, les interrogations. Ils favorisent un climat libéral au bon sens du terme.
Aussi aident-ils les élèves à évoluer et à développer des rapports sinon amicaux du moins cordiaux. En conséquence, les personnes évoluent et lorsque nous arrivons à Paris en 1948, André, quelques camarades et moi, nous n'avons pas tous les mêmes idées mais nous sommes devenus de véritables amis et nous avons tous, Nico y compris, ce qu'on peut appeler une sensibilité de gauche qui ne fera que s'accentuer au fur et à mesure des années.
Si de mon côté, une telle évolution ne m'a guère coûté, mon père, mes oncles étant tous soit socialistes soit de centre gauche, il n'en a pas été de même pour Nicolaï qui a dû faire un travail considérable sur lui-même pour

évacuer de son esprit ses références fascistes, pour se lier avec de nombreux juifs, pour aimer discuter avec eux, pour lire Montaigne, Rousseau et surtout Marx. Pendant de nombreuses années, il a dû travailler à dépouiller «*le vieil homme*», il a dû désidéaliser son père (processus toujours difficile mais rendu encore plus ardu quand le père est mort), trouver d'autres groupes de références et d'appartenance, changer son modèle de pensée.
Ce que j'ai réalisé, plus tardivement, c'était aussi le choc qu'avait éprouvé Nico en se rapprochant de notre petite bande qui avait des prétentions intellectuelles et voulait être un petit «groupe de pensée» (je note simplement que quatre d'entre nous sont devenus professeurs d'université, un avocat, un directeur commercial d'une grande entreprise, deux médecins, un préfet de région, etc.) qui lisait beaucoup, qui allait à toutes les expositions, au cinéma, à l'opéra, au concert, au théâtre (je précise que Tunis était un lieu où venaient facilement les grands artistes. Exemple : A. Cortot, S. François pianistes, J. Thibeau violoniste- Le T.N.P. avec Jean Vilar, G. Philippe, Maria Casarès, les bons chanteurs italiens et français de grands peintres comme A. Lhote, J. Villon, Y. Klein, etc., des intellectuels de renom comme Simone de Beauvoir ou V. Jankélévitch. Or Nicolaï n'avait jamais baigné dans un tel milieu et il n'avait pas d'argent pour profiter de tous les événements artistiques ou pour s'acheter des romans et les revues en vogue. Il a donc dû (il m'en a parlé plus tard) faire un effort énorme pour lire ce que nous lisions en empruntant les ouvrages de la grande bibliothèque de Tunis et pour se mettre au courant de toutes les manifestations artistiques auxquelles il ne pouvait pas assister.
Il a dû se comporter comme un véritable autodidacte. Je n'ai aucune prévention contre les autodidactes car nous le sommes tous sauf en ce qui concerne notre profession.
Mais Nico quant à lui, ressentait vivement ce qu'il définissait comme son manque de culture générale. Aussi, et cela durant toute sa vie, il n'a eu de cesse de tenter d'y remédier. D'où une boulimie de lecture, tous azimuts. D'où également la tenue d'un énorme fichier (plusieurs milliers de fiches) où se trouvait résumée la totalité des livres qu'il avait lus : ouvrages littéraires et aussi et surtout livres de sciences sociales et humaines. En conséquence, il est parvenu à devenir le plus cultivé de notre petit groupe. Il connaissait non seulement les grands chefs-d'œuvre de la littérature internationale, non seulement encore les principaux livres d'économie mais aussi ceux de sociologie, d'ethnologie, de psychologie, et de psychanalyse, de géopolitique et il était au courant des recherches les plus avancées en sciences sociales et humaines. Ses étudiants peuvent en témoigner. Chaque fois que l'un d'entre eux avait besoin d'une bibliographie sur un problème défini et circonscrit, Nico était en mesure de la leur donner quasiment immédiatement. Il était devenu «l'homme bibliothèque», une des personnes les plus cultivées en profondeur qu'il m'a été donné de connaître. Il suffit d'ailleurs de consulter les bibliographies de son livre et de ses articles pour être littéralement effaré

par leur abondance, leur pertinence et l'extraordinaire diversité des thèmes abordés.

Pourtant, toute médaille a son revers. À force de lire, d'écrire ses fiches, de vérifier qu'aucun livre important ne lui avait échappé, de préparer soigneusement ses cours, de renseigner ses étudiants qui étaient en demande, Nico n'avait plus guère de temps pour écrire. J'ajoute à ces obstacles, son souci de tout dire sur un problème, son amour de la perfection qui l'amenait à travailler extrêmement ces textes, on peut comprendre qu'après sa thèse, rédigée à 30 ans, il ait si peu écrit durant 50 ans. Et encore la moitié des textes qu'il a rédigés, ce fut sous les impulsions de G. Palmade, d'un ami très cher Lucien Nizard et de moi. Sinon il n'aurait publié que six ou sept articles. Tous ses amis, tous ses collègues qui voyaient en lui un futur chef de file d'une économie sociologique, d'une nouvelle anthropologie économique et sociale, ont profondément regretté qu'il n'ait pas pu ou pas voulu tenir ce rôle, bien utile devant le triomphe programmé du «mainstream actuel». Il savait qu'il aurait dû être plus présent sur la scène médiatique, mais cela lui était difficile voire impossible.

Pour parvenir à être un homme si cultivé, pour élaborer une pensée économique rigoureuse novatrice, pour abandonner les vieilles croyances que lui avait inculquées son milieu, pour se remettre en cause, il avait dû faire un effort considérable, qui lui avait occasionné bien des angoisses.

Pour lutter contre elles, il a voulu faire, comme moi, des études de philosophie et surtout de psychologie en pensant que cela l'aiderait à surmonter ses problèmes. D'ailleurs pour bien se connaître et pour continuer son évolution, je dirais même sa transformation, il a entrepris une longue analyse qui lui a fait, à son avis est aussi au mien, beaucoup de bien. Elle lui a mis en particulier de se réconcilier imaginairement avec son père (et on sait à quel point la réconciliation avec les parents est un élément central de toute psychanalyse) et d'accéder à plus de sérénité. A tel point qu'il aurait pu, si la construction d'une anthropologie économique ne l'avait pas passionnée, devenir un brillant psychologue et psychosociologue clinicien. Son attrait pour la psychosociologie ne s'est jamais démenti et était connu par les principaux psychosociologues français. Aussi lorsque mon collègue de l'association pour la recherche et l'intervention psychosociologique, André Lévy a été chargé de mettre en œuvre un accord CAPES-COFECUB (Brésil-France) visant à favoriser la formation et le perfectionnement de psychosociologues brésiliens (de Belo Horizonte et de Rio de Janeiro), il a pensé, après en avoir discuté avec moi, à faire appel pour l'aider dans sa tâche de formation à une psychosociologie qui tiendrait compte des processus économiques et sociaux, à André Nicolaï qui a accepté tout de suite, d'autant plus que Jean Dubost, psychosociologue particulièrement ouvert aux problèmes économiques et sociaux, ami d'A. Touraine et de S. Moscovici, et moi faisions également partie de l'équipe. Nico est allé à deux reprises au Brésil et son apport a été fortement apprécié par les Brésiliens.

Un livre «Analyse sociale et intervention» rédigé par notre quatuor, publié au Brésil et contenant un inédit d'André Nicolaï témoigne de ce travail.
Il faut ajouter que si André Nicolaï est un remarquable théoricien (et les exposés de mes confrères l'ont montré), c'est aussi un homme qui a toujours aimé l'action et qui est extrêmement sensible aux processus locaux. C'est pour cela qu'il a accepté la charge du développement économique et social de la Corse que lui avait confiée Michel Rocard. C'est pour cela qu'il s'est toujours intéressé au terrain et qu'il était capable, aux dires de Michèle Salmona qui l'a bien connu, de s'intéresser aux «choses de la vie», à l'économie domestique, au rapprochement des producteurs et des consommateurs, à la manière dont les «gens de peu» pouvaient affronter les problèmes de leur vie.
Son penchant pour la théorie mêlé à son intérêt pour la vie dans son «effervescence» (pour reprendre un terme qu'affectionnait Durkheim), sa formation multiple et diversifiée, l'étendue continue de ses connaissances, sa capacité à opérer des articulations, des connexions entre les différents champs des sciences humaines, son expérience analytique, son attrait pour une psychosociologie ayant comme visée le décloisonnement des Sciences sociales et humaines et la création d'une anthropologie, devait l'amener nécessairement à créer le C.A.E.S.A.R. (Centre d'anthropologie économique et sociale, application et recherche) avec l'aide active de Michèle Salmona et la mienne, qui devait, à ses yeux, devenir le centre de développement économique des études anthropoïétiques.
Il donna une vive impulsion à ce centre où travaillèrent différents chercheurs qui transmirent leurs méthodes et les résultats de leurs travaux dans les séminaires faisant partie du D.E.A. «Economie et Société» (la référence à Max Weber était rien moins qu'innocente !) qu'il mit au point avec la collaboration de Carlo Benetti et la mienne. J'étais très heureux d'être présent dans ces entreprises où j'ai pu l'aider à mettre en œuvre et en scène son talent transdisciplinaire et même indisciplinaire qui avait pour but de comprendre le monde dans sa variété, son dynamisme, sa complexité, et pour reprendre une expression de Castoriadis «*de penser tout ce qui est pensable*», sans œillères, sans a priori, sans interdits avec une liberté de l'esprit qu'on aimerait trouver plus souvent chez les «enseignants-chercheurs». J'en ai été d'autant plus heureux que c'était principalement grâce à son action que j'avais pu être nommé à Paris X-Nanterre en sciences économiques devenant ainsi le psychosociologue et le sociologue des économistes, être marginal et intempestif qui avaient pour rôle de placer son grain de sel et de mettre ainsi en péril la bonne conscience des économistes le plus rigides et les plus accrochés à leurs certitudes.
La suite de nos rencontres fut de même qualité. Il m'avait donc fait venir à Paris X ; en retour, je l'avais aidé à monter le C.A.E.S.A.R. et le D.E.A. «Economie et Société». Je l'avais recommandé à mon ami André Lévy pour prendre part à l'accord France – Brésil en le présentant comme un

économiste ouvert. Progressivement, compte tenu de son intérêt pour la manière dont à l'ARIP (Association pour la recherche et l'intervention psychosociologique) nous concevions la psychosociologie, il s'est rapproché de notre association, il a travaillé avec nous sur certains projets et il en est devenu le Président, réalisant ainsi un exploit unique : je n'ai jamais vu un autre groupe regroupant essentiellement des psychologues, des psychosociologues et des sociologues mettant avec plaisir un économiste à sa tête. Dernier exemple de collaboration : le Forum de Delphes. Il s'agissait d'une O.N.G. qui avait été créée par la Commission de Bruxelles pour examiner les possibilités d'autres modalités d'aide au développement que celles qui était pratiquées jusqu'alors pour les pays et des régions dites «ACP» (Afrique, Caraïbes, Pacifique) et qui était animée par l'économiste et la sociologue d'origine grecque Sophia Mappa. Celle-ci m'avait contacté. Elle connaissait mes écrits et elle m'a demandé de collaborer avec l'équipe du Forum qui se positionnait à l'extrême gauche et qui comprenait alors des personnalités comme I. Wallerstein, S. Amin, A. Lipietz, S. Hessel, etc... Je lui ai proposé de faire appel également à Nicolaï et à d'autres collègues comme J. Palmade puis plus tard C. Castoriadis. Nico s'est très bien intégré dans cette équipe et a contribué à son dynamisme pendant longtemps. Il a écrit pour les publications du Forum deux textes importants que beaucoup d'entre vous connaissent bien et qui ont fait l'objet de discussions serrées dans notre groupe. Nico a joué un rôle important dans la vie de cette équipe, il s'entendait fort bien avec Sophia Mappa car leurs origines méditerranéennes les rapprochaient, tous deux manifestaient le même goût de vivre, d'aller de l'avant, de savoir mêler plaisir et réflexion approfondie. Le Forum de Delphes n'existe plus maintenant. Pour Nico et moi, ce fut une belle aventure ponctuée de discussions pointues, de vrais débats, de controverses et parfois de conflits ouverts et violents comme il est de mise dans tout groupe vivant.

Vous voyez ainsi qu'A. Nicolaï n'a pas ménagé ses efforts pour avoir une certaine influence sur les processus économiques et sociaux. Il ne s'est jamais résigné à n'être qu'un intellectuel en chambre. Comme il le disait, il avait besoin du «*vent du large, du soleil méditerranéen et d'action à entreprendre*».

Je n'ai pas insisté sur ce qu'il a accompli en Corse puisqu'un exposé a été consacré à ce travail. J'ai contribué avec d'autres à cette aventure qui lui a laissé un goût amer. Le texte : «*Et mourir de plaisir*» en témoigne. Nicolaï s'était vraiment voué corps et âme à cette véritable épopée. Il ne pouvait qu'être déçu de la modicité des résultats obtenus. Je me souviens qu'il avait un peu hésité avant d'accepter cette mission. Il m'avait demandé mon avis, compte tenu des liens d'amitié que j'avais noués depuis 20 ans avec Michel Rocard. Je lui avais dit alors que ce travail lui convenait fort bien et qu'il aurait des regrets s'il le refusait. Il a eu des regrets mais ils n'ont pas été ceux auxquels j'avais pensés.

J'ai peu parlé de son œuvre dans mon propos car d'autres plus compétents que moi l'ont abordé avec brio et sympathie. Je voudrais simplement faire une remarque (qui n'est pas secondaire) à propos de son style d'écriture. Si on lit sa thèse et ses premiers articles, on est frappé par la volonté qui s'y manifeste d'explorer les problèmes à fond et de manière systématique. Rien ne doit échapper aux chercheurs. Les chapitres sont divisés en paragraphes, ceux-ci en sections et en sous-sections. On croirait presque lire du Spinoza. Le ton est constamment sérieux. Il s'agit d'œuvres scientifiques qui doivent être lues par d'autres scientifiques. Il n'est pas question que le moindre sourire, la plus petite remarque amusante vienne égayer un texte qui se veut consistant et robuste et accompagné de multiples références empruntées à tout l'arsenal intellectuel des sciences sociales. Quand on connaît le Nicolaï de cette période, ce style d'écriture n'étonne pas. Au contraire. Il correspond à ce moment d'énormes lectures dans les domaines les plus variés, de la manifestation d'une volonté encyclopédique, d'un désir irrépressible, de «tout dire» de la part d'un homme jeune qui doit prouver à lui-même et aux autres sa faculté à rédiger une œuvre «*plus durable que l'airain*» selon la formule d'Horace, qui n'a aucun doute et qui se montre donc comme un être «caparaçonné», sans failles et sans fêlures. Écrits doctrinaux faits pour durer et montrer à tous l'empreinte d'une personnalité forte et unifiée qui en réalité masque ses interrogations sous la protection d'une véritable «*cuirasse émotionnelle*» (pour reprendre le terme de W. Reich).

Si on lit ses articles les plus récents et si on n'a pas suivi son itinéraire personnel, scandé par ces actions, sa réflexion, son expérience d'analysant qui l'a rendu plus souple, plus aimable aux autres, plus détendu et souriant, on ne peut qu'être étonné du changement de ton.

Certes les textes demeurent systématiques, les références aussi nombreuses mais de temps en temps quelques lignes amusantes, ironiques viennent égayer ce bel édifice quand ce n'est pas un titre difficile à mémoriser car quelque peu sarcastique. Exemple : «*Les ACP, les N.P.I, les transhumants et les autres, ou les infortunes tiers-mondiales de la nécessité, de la vertu et du plaisir*».

Quelques citations pour à l'appui de mes dires : un paragraphe intitulé les «*terrifiants pépins de la réalité*» (emprunté à Jacques Prévert).

«*Si l'on admet que la perversité obsessionnelle du système conduit ses acteurs à poursuivre une jouissance insatiable, il est normal que la drogue y soit un sédatif momentané à cette quête en même temps qu'elle la prolonge et en quelque sorte en soi la perfection*».

«*L'éthique protestante laïcisée vire, actuellement, officiellement à la maçonnerie éclairante et officieusement au catharisme économique : il y a les Parfaits, les Aspirants à la perfection et les Autres. Aux Aspirants les Parfaits administreront les sacrements après confession, aux Autres les politiques d'ajustement structurel*».

«Discerner n'est pas agir : il faudrait être cru et suivi. Cassandre discernait très bien. Jean-Baptiste, malgré le désert, un peu mieux encore si on en juge par le succès historique du christianisme».

«Placés par leur discipline au point-rencontre des Sciences de l'Homme et de la société, les psychosociologues laissent actuellement le champ libre aux annexions de leur carrefour aux autres spécialistes. Par vicariance, les ethnologues, historiens, géographes et sociologues sont présents dans les entreprises, les syndicats, les marchés, l'appareil d'État mais plus guère les psychosociologues. Au point de ressembler aux Kantiens de Péguy : ils ont les mains propres mais ils n'ont pas de mains. Ils optent pour la belle âme et la bonne conscience au moment même où la situation les requiert. Mais il n'y aura pas de parc naturel ou des réserves indigènes ou animales pour protéger cette espèce que l'on peut craindre en voie de disparition. Heureusement que, pour eux aussi «le pire n'est pas toujours certain». Vers le temps des psychosociologues en col bleu ?»

«On sait que le lien social et donc ses reconstitutions passent par l'invention du langage et par la sublimation horizontale de l'affectivité. Or tout le monde a signalé «le silence des intellectuels» (les reconnus) au plus profond de la crise (1981-1983) et au moment même où la reprise économique et les changements sociaux devenaient plus patents. Ce qui pose la question : «Est-ce qu'Ulysse parlait quand chantaient les sirènes ?»

« A la limite, le langage lui-même joue le rôle du mauvais objet substitutif : les chômeurs deviennent des demandeurs d'emploi, les aveugles des malvoyants et les balayeurs des techniciens de surface. En généralisant on a «le politiquement correct». À ce train-là on ne pourra plus appeler un chat un chat et Chirac ou Mitterrand un fripon».

«Comme presque toutes les figures névrotiques perverses ont été expérimentées (dans le monde) et sont devenues obsolètes, on ne voit guère qu'une seule configuration sociale mortifère qui n'ait pas été encore pratiquée : la psychose maniaco-dépressive. L'interrogation devient alors : le libéralisme, la mondialisation et la crise comme antichambre d'une démocratie auto-organisée et maniaco-dépressive ?»

Arrêtons là ces citations qui pourraient être plus nombreuses. Nous sommes frappés par le feu d'artifice de ces phrases, par leur ironie, par l'utilisation d'une grande culture pour forger des images incongrues, par la liberté de l'écriture qui ne craint de mêler le sérieux et le frivole, la réflexion posée à l'aphorisme enjoué. Nicolaï fait montre, comme dirait Kundera, d'une «*insoutenable légèreté de l'être*». C'est pour cela qu'il nous est cher. Il n'a plus besoin de jouer à l'homme clôturé et cuirassé. Il est devenu un homme ouvert, ayant traversé les épreuves, sûr de lui c'est-à-dire capable de réflexivité sans angoisse, écrivant avec plaisir, ayant accepté en lui la montée du ludique. Il se montre alors homo sapiens et homo ludens, et d'autant plus sapiens qu'il sait être ludens, même si on peut déceler un peu d'amertume dans ces textes. Amertume compréhensible car il a eu souvent le sentiment de «*prêcher dans le désert*» (Cf. sa préface à la réédition de sa thèse en 1999).

J'aimerais terminer cet exposé en disant qu'André fut un ami très cher, qui a été là quand j'ai eu besoin, à une certaine période, de sa présence active. Il ne m'a jamais manqué. On ne peut pas dire cela de tout le monde. Notre amitié ne fut pas idyllique. Nous nous sommes affrontés à plusieurs reprises mais nous avons toujours su dialoguer et faire prévaloir les liens positifs sur les réactions négatives. Un véritable ami est celui avec lequel on discute et on se dispute. Nous le savions tous deux et nous avons pratiqué cette forme de lien.

Nicolaï a été jusqu'au bout un homme courageux, bien que marqué par divers accidents et maladies. Lors du cancer qui devait l'emporter, il avait demandé à son médecin qui lui disait qu'il n'y avait plus rien à tenter, compte tenu de son état physique : «*Combien de temps me reste-t-il à vivre ?*». Le médecin lui a répondu : «*Six mois au moins, deux ans au plus*». Il a tenu plus de deux ans. Il s'était un peu renfermé sur lui-même et il ne voyait plus que sa compagne, ses enfants et ses amis intimes. Je suis heureux de l'avoir accompagné, avec quelques autres, durant cette période. Il s'est toujours conduit, pour reprendre un terme qu'affectionnait Castoriadis, qui était devenu un de ses grands amis, comme «*un homme debout, affrontant l'abîme*».

Il a toujours eu le sens de l'humour. Il aimait beaucoup comme moi le titre des mémoires, que je lui avais fait connaître, de l'acteur italien Vittorio Gassman : «*un grand avenir derrière moi*».

Je suis sûr, en ce moment du colloque, en voyant tant de collègues qui l'ont bien connu, qui l'ont estimé et qui sont venus témoigner, en découvrant ces doctorants qui nous écoutent, qu'en réalité, personne n'oubliera André Nicolaï et que sa pensée a encore un grand avenir devant elle.

Liste des auteurs :

- Philippe ADAIR, maître de conférences en économie, université de Paris Est Créteil.
- Sophie BOUTILLER, maître de conférences en économie, université du Littoral.
- Guy CAIRE, professeur émérite de sciences économiques, université Paris Ouest La Défense.
- Nathalie COSTA, économiste, European Businness School.
-Jacques DENOYELLE, économiste, directeur associé du cabinet Secafi.
- Eugène ENRIQUEZ, professeur émérite de sociologie, université Paris 7-Denis Diderot.
- Albert GUEISSAZ, professeur émérite de sociologie, président de l'Institut de sociologie économique et culturelle, université du Havre.
- Philippe HUGON, professeur émérite de sciences économiques, université Paris Ouest La Défense.
- Andrée KARTCHEVSKY, professeure en sciences économiques, université de Reims Champagne Ardenne.
- Hervé KERADEC, agrégé d'économie et gestion.
- François-Régis MAHIEU, professeur émérite de sciences économiques, université de Versailles Saint Quentin en Yvelines.
- Françoise RENVERSEZ, professeure émérite de sciences économiques, université Paris Ouest La Défense.
- Claude ORIGET, économiste, ingénieur conseil en tourisme culturel.
- Thierry SUCHERE, maître de conférences en économie, université du Havre.
- Dimitri UZUNIDIS, économiste, professeur et éditeur, Technical University of Crete, Grèce.

Économie et Entreprise aux éditions L'Harmattan

Dernières parutions

REGARDS CROISÉS SUR LE CODESIGN
L'expérience du codesign dans trois écoles d'ingénieurs de Lille
Sous la direction de Roche Claude
Le codesign est une pratique de conception collaborative apparue récemment dans l'univers de l'innovation. Il promeut une approche transdisciplinaire de la conception, permettant notamment de confronter les expertises pointues à la vision des simples usagers. Cet ouvrage répond à plusieurs interrogations : comment concevons-nous le codesign et son animation, comment les étudiants ont-ils vécu cette expérience, quels en sont les effets sur la formation et au-delà leur impact prévisible en entreprise ?
(31.00 euros, 308 p.)
ISBN : 978-2-343-03761-5, ISBN EBOOK : 978-2-336-35142-1

POUR UNE POLITIQUE DU RISQUE
Comprendre et agir
Sous la direction de Bernard Guillon
Les contributions ici réunies portent attention à de nouveaux secteurs comme à des initiatives proactives dans l'univers particulier du risque. Que l'on ait à faire à des entreprises privées, à des groupes liant les sociétés aux structures publiques ou encore à des collectivités territoriales, ces travaux montrent la nécessité d'adopter une vision managériale des problèmes ouvrant la voie à de réelles opportunités.
(Coll. Recherches en Gestion, 37.00 euros, 360 p.)
ISBN : 978-2-343-03780-6, ISBN EBOOK : 978-2-336-35267-1

GÉOSTRATÉGIE DES ENTREPRISES
Propositions pour la zone OHADA
Garrier Claude - Préface Mamadou Koulibaly
L'auteur montre aux entrepreneurs africains que l'étatisme français est préjudiciable à la croissance de leur activité. Les propositions pour la zone OHADA sont aussi nécessaires pour les PME d'Europe souvent plus grosses que leurs cousines africaines et d'autant plus en mesure de «monter à l'assaut» commercial de la planète. L'ouvrage expose les modes de raisonnement du géo-stratège et présente divers outils juridiques.
(Coll. Le droit en marche, 38.00 euros, 378 p.)
ISBN : 978-2-343-03376-1, ISBN EBOOK : 978-2-336-35230-5

DIRIGEANT (LE) DE SOCIÉTÉS COMMERCIALES (Tome 1)
Le dirigeant sociétal officiel
Ayangma Ayangma Joseph - Préface de Jean Gatsi
Le véritable dirigeant n'est pas nécessairement celui qui trône au sommet de la pyramide sociétale. Le dirigeant connu, dont il est question dans ce premier tome, est simplement un manager officiellement consacré et, par voie de corollaire, hissé au sommet de la pyramide sociétale. Il est légalement et solennellement le gestionnaire sociétal et engage éventuellement, en cette qualité, sa responsabilité.
(Coll. Harmattan Cameroun, 33.00 euros, 328 p.)
ISBN : 978-2-343-02509-4, ISBN EBOOK : 978-2-336-35205-3

DIRIGEANT (LE) DE SOCIÉTÉS COMMERCIALES (Tome 2)
Le dirigeant sociétal effectif
Ayangma Ayangma Joseph
Préface de Jean Gatsi
Le véritable dirigeant de la société commerciale, c'est-à-dire celui qui détient le pouvoir et l'exerce directement ou indirectement dans la société commerciale, serait le dirigeant le dirigeant effectif ou «en veilleuse». Il décide et fait prévaloir sa rationalité au dirigeant officiel, qui se charge de l'appliquer. Celui-ci devient une sorte d'agent d'exécution, à défaut d'être spectateur de l'exercice du pouvoir managerial. Pourtant, le dirigeant en veilleuse n'a pas toujours recours à un pouvoir de fait pour s'imposer dans la gestion.
(Coll. Harmattan Cameroun, 37.50 euros, 372 p.)
ISBN : 978-2-336-30128-0, ISBN EBOOK : 978-2-336-35206-0

COMMENT (RE)FAIRE DE LA FRANCE UN PAYS ENTREPRENANT ?
Daniel Laurent, Lirzin Franck - Préface de Claude Bébéar ;
avec la collaboration de Hubert Lévy-Lambert
Comment relancer l'économie française et en exploiter le formidable potentiel ? Le pays a déjà été confronté à des situations semblables à la fin du XIXe siècle ou après 1945, et chaque fois il a su se réinventer. Après Friedman et Keynes, voici venu le temps de Schumpeter et de la «destruction-créatrice». Loin du déclinisme actuel, ce livre montre au travers d'exemples précis que les initiatives se multiplient pour créer un nouveau «modèle français», original et performant.
(19.00 euros, 184 p.)
ISBN : 978-2-343-00992-6, ISBN EBOOK : 978-2-296-53749-1

FILIÈRE (LA) PORCINE EN FRANCE
Le porc français a-t-il un avenir ?
Marzio Antoine
Consommerons-nous encore du porc français dans dix ans ? Et de quelle qualité ? Après une visite détaillée de la filière, ce livre analyse la question environnementale, du bien-être animal, des surconsommations vétérinaires, de l'hyperconcentration des élevages en Bretagne, et propose des solutions axées sur le redéploiement géographique, la diversification des races de porcs et des techniques d'élevage et la montée en gamme.
(23.00 euros, 232 p.)
ISBN : 978-2-343-00634-5, ISBN EBOOK : 978-2-296-53791-0

ÉCONOMIE (L') SOCIALE ET SOLIDAIRE ET LE TRAVAIL
Sous la direction de Patrice Braconnier et Gilles Caire
Dans un contexte où l'accès à l'emploi se fait toujours plus difficile et où les conditions de travail se durcissent, l'économie sociale et solidaire est-elle en mesure de proposer des façons de «travailler autrement» ? Existe-t-il une spécificité de l'emploi et de l'organisation du travail dans le champ de l'ESS ? Entre travail et bénévolat, entre salariat et entrepreneuriat, entre employeurs et employés, les frontières au sein de l'ESS sont floues. Mais peut-elle encore proposer de nouvelles utopies en matière de travail ?
(Coll. L'esprit économique, série L'économie formelle, 26.00 euros, 252 p.)
ISBN : 978-2-343-00563-8, ISBN EBOOK : 978-2-296-53764-4

ART (L') DE LA CRISE
Prévenir, contenir et sortir d'une situation sensible
Fusalba Thierry
L'objectif de cet ouvrage est de proposer aux organisations prises dans le maelström des événements une méthode fiable et performante qui leur permette d'avoir des points de repères solides afin d'élaborer une stratégie de sortie de crise efficace. L'auteur propose une réflexion sur la stratégie, sur l'organisation et l'entraînement des cellules de crises, sur l'exploitation des enseignements ainsi que sur le management et la communication de crise.
(34.00 euros, 332 p.)
ISBN : 978-2-343-00042-8, ISBN EBOOK : 978-2-296-53717-0

CONTRÔLE (LE) DES CONCENTRATIONS TRANSNATIONALES
Burnier Da Silveira Paulo
Préface de Bruno Lasserre ; avant-propos de Vinicius Carvalho
Les concentrations transnationales augmentent et les systèmes de contrôle des concentrations se multiplient. Alors que les enjeux économiques revêtent désormais une dimension internationale, les mécanismes juridiques de régulation demeurent cantonnés à une échelle nationale ou régionale. Le risque : être confronté à des décisions contradictoires ou incohérentes rendues par différentes autorités de la concurrence... Des mécanismes de régulation s'imposent, ainsi que l'adoption par l'OMC de règles contraignantes.
(39.00 euros, 406 p.)
ISBN : 978-2-336-29198-7, ISBN EBOOK : 978-2-296-53776-7

DES HOMMES ET DES RISQUES
Le rôle des assurances dans la construction des sociétés humaines
Nabeth Marc
Préface de Jean-Hervé Lorenzi - Postface de François-Xavier Albouy
Il est difficile d'imaginer un monde sans assurance ni protection sociale de nos jours. Pourtant, pour plus de 80% de la population des pays en développement, l'absence d'assurance est une réalité tangible. Les témoignages que ces personnes nous livrent sur leur perception des risques et leur créativité pour y faire face démentent de nombreux préjugés religieux, sociaux et culturels. L'enjeu est stratégique : il révèle le rôle essentiel de l'assurance dans la construction des sociétés humaines.
(Coll. Affaires stratégiques, 20.00 euros, 194 p.)
ISBN : 978-2-343-00120-3, ISBN EBOOK : 978-2-296-53744-6

INTELLIGENCE STRATÉGIQUE ET ÉNERGIE : UN TANDEM INDISSOCIABLE AU SERVICE D'UNE NOUVELLE GÉOPOLITIQUE
Du Castel Viviane
Voici un éclairage sur les enjeux énergétiques de demain, à travers la grille de lecture que propose l'intelligence économique et stratégique. Celle-ci permet, grâce à ses capacités d'analyse et d'investigation, de se projeter dans l'avenir, d'anticiper les évolutions et de se positionner en leader sur le marché international de l'énergie.
(Coll. Intelligence stratégique et géostratégie, 28.00 euros, 276 p.)
ISBN : 978-2-336-00726-7, ISBN EBOOK : 978-2-296-53876-4

DES MARCHÉS SANS FOI NI LOI
Bensebaa Faouzi, Boudier Fabienne
Tout est vendable, tout est échangeable, tel est le credo des « drôles de marchés ». Parmi eux, les « marchés sans foi ni loi ». Jetant aux orties le sacré, contournant la règle ou profitant de ses imperfections, ils sont peu visibles du grand public. Pourtant, les pratiques que l'on y découvre sont inédites et permettent souvent à des acteurs situés à la marge du système de se rencontrer. Ces « marchés sans foi ni loi » peuvent tout aussi bien être facteurs de désordre et de transgression que sources de créativité.
(Coll. Drôles de Marchés, 14.00 euros, 132 p.)
ISBN : 978-2-343-00469-3, ISBN EBOOK : 978-2-296-53537-4

PROJETS ET ENTREPRENEURIAT AU SEIN DES PAYS ÉMERGENTS
Coordonné par Robert Paturel
Voici les dernières investigations réalisées dans des pays émergents. Le rôle de trois institutions de formation dans le développement de l'entrepreneuriat est exposé, puis des particularités de trois autres contrées permettant de voir la façon dont leur entrepreneuriat est stimulé sont relevées. Enfin, ce livre étudie l'entrepreneuriat féminin : objet d'un projet d'envergure au Maroc, il est analysé différemment à Madagascar et en Turquie.
(CEDIMES, Coll. Mouvements Économiques et Sociaux, 31.00 euros, 316 p.)
ISBN : 978-2-343-00345-0, ISBN EBOOK : 978-2-296-53631-9

RAPPORTS (LES) ENTRE AUTORITÉS DE RÉGULATION EN MATIÈRE DE CONCURRENCE
Medjnah Mourad
Parce que le droit suit le mouvement du marché et compte tenu de la réalité économique des secteurs régulés, la quête d'une réelle efficacité des autorités de régulation et d'une meilleure protection de la sécurité juridique des acteurs de marché (entreprises et consommateurs) commande d'adopter une nouvelle conception de régulation, selon laquelle des rapports équilibrés entre les deux types de régulateur doivent progressivement laisser place à un processus d'intégration des régulateurs sectoriels au sein du régulateur commun de la concurrence.
(79.00 euros, 892 p.)
ISBN : 978-2-336-29750-7, ISBN EBOOK : 978-2-296-53649-4

TAUX D'INTÉRÊT ET MARCHÉS FINANCIERS
Daniel Laurent, Ruimy Michel
Les taux d'intérêt ont récemment acquis une place centrale au sein des marchés de capitaux. Cet ouvrage vise à mieux cerner le «prix de l'argent» à travers trois axes : l'évolution de la place des taux d'intérêt dans l'économie, les impacts des fluctuations sur le comportement des ménages, des entreprises et de l'État ; et enfin le marché monétaire et la courbe des taux pour décrypter les dernières évolutions de la politique monétaire. Un ouvrage didactique, illustré par de nombreux exemples.
(Coll. L'esprit économique, série Cours Principaux, 22.00 euros, 226 p.)
ISBN : 978-2-343-00362-7, ISBN EBOOK : 978-2-296-53423-0

QUOTIDIEN (LE) DES BÂTISSEURS OU L'HISTOIRE HUMAINE D'UNE CONSTRUCTION
Revon Jacques - Préface de François Rebsamen
La philosophie dégagée à travers ce témoignage photographique se veut avant tout humaniste : un vrai patrimoine à transmettre et à faire découvrir. Les images (photos toutes réalisées par l'auteur) témoignent du travail et de l'engagement d'ouvriers, de compagnons, de cadres, tous en action, au rythme des saisons en toutes circonstances. Chaque chapitre aborde une étape de la vie d'un chantier : une phase de construction, un métier, une méthode, un événement de chantier, une cérémonie... (Nombreuses illustrations en couleur.)
(35.00 euros, 264 p.)
ISBN : 978-2-343-00100-5, ISBN EBOOK : 978-2-296-53419-3

INDUSTRIE (L') EN CALE SÈCHE – Matière premières : de la gestion des flux aux rapports de forces
Charles Thierry
À force d'abnégation les gueules noires des siècles passés ont permis le développement industriel de notre pays. «Il faut rappeler aux nations croissantes qu'il n'y a point d'arbre dans la nature qui, placé dans les meilleures conditions (...) puisse grandir et s'élargir indéfiniment» (Paul Valery, 1931) Pour l'avenir de l'industrie, la crise des matières premières et de l'énergie est mère de toutes les batailles. Quant aux choix qui s'offrent à nous, ils doivent désormais être considérés comme des choix de civilisation.
(21.00 euros, 206 p.)
ISBN : 978-2-336-00868-4, ISBN EBOOK : 978-2-296-53416-2

ART (L') DE DIRIGER ?
Lajous Olivier
L'art de diriger conduit à conjuguer de nombreux paramètres humains, techniques et financiers en vue de faire aboutir un projet dont les valeurs partagées assurent la cohésion de l'équipe qui le porte. Il suppose de la part des dirigeants la maîtrise de la savante alchimie entre savoir, savoir être, savoir-faire et faire savoir. L'autorité, le bonheur, l'esprit d'innovation, la gestion du temps et du sens sont autant d'ingrédients de cette alchimie qui fait les grands capitaines d'entreprise.
(Coll. Diplomatie et stratégie, 16.50 euros, 164 p.)
ISBN : 978-2-343-00175-3, ISBN EBOOK : 978-2-296-53352-3

L'HARMATTAN ITALIA
Via Degli Artisti 15; 10124 Torino

L'HARMATTAN HONGRIE
Könyvesbolt ; Kossuth L. u. 14-16
1053 Budapest

L'HARMATTAN KINSHASA
185, avenue Nyangwe
Commune de Lingwala
Kinshasa, R.D. Congo
(00243) 998697603 ou (00243) 999229662

L'HARMATTAN CONGO
67, av. E. P. Lumumba
Bât. – Congo Pharmacie (Bib. Nat.)
BP2874 Brazzaville
harmattan.congo@yahoo.fr

L'HARMATTAN GUINÉE
Almamya Rue KA 028, en face du restaurant Le Cèdre
OKB agency BP 3470 Conakry
(00224) 60 20 85 08
harmattanguinee@yahoo.fr

L'HARMATTAN CAMEROUN
BP 11486
Face à la SNI, immeuble Don Bosco
Yaoundé
(00237) 99 76 61 66
harmattancam@yahoo.fr

L'HARMATTAN CÔTE D'IVOIRE
Résidence Karl / cité des arts
Abidjan-Cocody 03 BP 1588 Abidjan 03
(00225) 05 77 87 31
etien_nda@yahoo.fr

L'HARMATTAN MAURITANIE
Espace El Kettab du livre francophone
N° 472 avenue du Palais des Congrès
BP 316 Nouakchott
(00222) 63 25 980

L'HARMATTAN SÉNÉGAL
10 VDN en face Mermoz, après le pont de Fann
BP 45034 Dakar Fann
33 825 98 58 / 33 860 9858
senharmattan@gmail.com / senlibraire@gmail.com
www.harmattansenegal.com

L'HARMATTAN BÉNIN
ISOR-BENIN
01 BP 359 COTONOU-RP
Quartier Gbèdjromèdé,
Rue Agbélenco, Lot 1247 I
Tél : 00 229 21 32 53 79
christian_dablaka123@yahoo.fr

635229 - Décembre 2015
Achevé d'imprimer par

1livre.com
du rêve à la réalité !

www.ingramcontent.com/pod-product-compliance
Lightning Source LLC
LaVergne TN
LVHW011253061026
849535LV00005B/1248